本资料集获得大连外国语大学资助

刘乃忠　崔学森 主编

中国近代法制史料

戴　瑛　崔存明 编

第一册

中华书局

图书在版编目（CIP）数据

中国近代法制史料/刘乃忠，崔学森主编. —北京：中华书局，
2024.1
ISBN 978-7-101-16349-0

Ⅰ.中… Ⅱ.①刘…②崔… Ⅲ.法制史-史料-中国-近代
Ⅳ.D929.6

中国国家版本馆 CIP 数据核字（2023）第 182753 号

书　　名	中国近代法制史料（全十册）
主　　编	刘乃忠　崔学森
编　　者	崔学森　崔存明　戴　瑛　刘乃忠 吴　迪　许　乐　（按音序排序）
责任编辑	欧阳红
责任印制	管　斌
出版发行	中华书局 （北京市丰台区太平桥西里38号　100073） http://www.zhbc.com.cn E-mail:zhbc@zhbc.com.cn
印　　刷	北京建宏印刷有限公司
版　　次	2024年1月第1版 2024年1月第1次印刷
规　　格	开本/640×960毫米　1/16 印张238¾　插页20　字数3000千字
印　　数	1-500册
国际书号	ISBN 978-7-101-16349-0
定　　价	860.00元

凡　例

一、本书所收资料，大致按照出版时间先后顺序编排，每一种资料由编者撰写整理说明，置于篇首。

二、本书采用简体横排，底本中的异体字、通假字、古体字，原则上改为简体规范汉字，属于误植的错字径改，不做特别标记。特殊用法、习惯用法及日文特有汉字，一律遵从原文。

三、底本中的错字，以〔〕括出改正字。底本漏字、衍字，据他本校改以〈〉表示。底本辨识不清约略可计字数者，用□符号表示；底本辨识不清不可计字数者，以……表示。

四、底本中的历史纪年及"如左"、"如右"等表述，遵从原文。

五、列举或者一般性描述数字，使用中文数字，必要时使用阿拉伯数字。

六、底本系日语者，由编者译成中文。

七、标点符号的使用等，遵从现代汉语规范。

八、因立场、见识、时代环境等差异，原文观点纷繁多歧，不代表整理者和出版社观点，敬希读者明辨并批判性对待。

前　言

　　两千余年独立发展、自成一体的中华法系,在西学东渐之后,经历百年左右的探索,完成了向近代的转型。回顾这一百余年的转型过程,清末民初既是转型的起点,也为转型奠定了坚实的近代法律思想、法律用语、法律人才等方面的基础。而细加分析,早于中国完成近代化的日本,在中国法律的近代转型过程中扮演着多重角色,发挥了重要的作用。日本既是中国法律转型的中介,又是师法对象,甚至为中国提供了转型的基础条件。

　　自 1868 年明治维新起,至 1898 年《日本民法典》颁布实施,日本在 30 年内仿效西方建立起近代法律体系。20 世纪最初 10 年中国着手法制改革之际,中国人发现已经完成法制近代化的日本为中国吸收欧美法律提供了诸多便利条件,完全可以以日本为中介走一条法律转型的“捷径”。非但如此,明治法律转型的成功,让日本直接成为中国的师法对象,以至于清末新政期间中国的改革者“言必称日本”。张之洞向清廷上奏的奏折,明确表示师法日本的态度:“日本诸事,虽仿西法,然多有参酌本国情形,斟酌改易者。亦有熟查近日利弊,删减变通者。与中国采用,尤为相宜。”①而且,日本还成为培养近代中国法制人才的摇篮,大批留学日本的中国人在日本接受法律教育。日本法政大学甚至为留日学生专设法政速成科,从 1905 至 1907 年间,为中国培养出 1800 余名法政人才。20 世纪前 20 年,中国的知名法律人才多有留日经历。而且,从法律用语的角度来讲,日本为中国提供了现成的对译西方法律的汉字词汇,它们通过书籍、报刊和留学生传至中国,奠定了近代中国法律用语的基础。

　　我们将这里的“近代中国”解释为中国法制转型的 20 世纪初至 1945 年的近半个世纪,主要包括清末新政时期、中华民国时期和伪满洲国时期。这套史料中的“法制”,包括宪法、行政法、国际法、民法、刑

---

　　①　赵德鑫主编:《张之洞全集》第 4 册,武汉出版社,2008 年,第 7 页。

法、商法、诉讼法在内的公法和私法史料。这套史料既有近代中国人关于中国法制论著，又有日本学者关于中国法制的的论著，而且中国人的法制论著，又与日本有着某种关联，作者或者留学日本，或者受到日本法学家的影响而写作。比如第一册中王鸿年的《宪法法理要义》，作者作为日本法学家穗积八束的学生，将在日本听讲的内容编纂成此书。又如保廷梁的《大清宪法论》，作者以明治日本的宪法学为借鉴和批评对象，在此基础上构建了自己的宪法学说。日本学者关于中国的论著，如北鬼三郎撰写的《大清宪法论》，后来直接成为清政府起草《钦定宪法草案》的参考书；或者间接针对中国，如穗积八束的《宪法说明书》，是其为五大臣出洋考察滞留日本的随从人员的讲座。

　　近年法制史学者整理出版了《清末民国法律史料丛刊》①等清末民初法制史料，但仍然有大批颇具价值的史料尚未系统整理，尤其是日本学者关于中国法制观察和评论的日文著述，尚未被系统地整理和翻译。因此，在史料选择上，我们注重史料的稀缺性和权威性。就稀缺性而言，北京公益法学社出版的《高等文官考试试用科教材》，目前仅见存于日本庆应义塾大学图书馆，其作为一套清末"公务员"考试的参考教材，涵盖宪法、行政法、平时国际公法、战时国际公法、刑法、民法等，所讲述的内容均围绕近代中国的法制展开。另如同样藏于庆应义塾大学图书馆的《检查制度》，是清政府聘用日本刑法专家冈田朝太郎、松冈正义、小河滋次郎和志田钾太郎四人为刑部司法检查人员进行的讲座，它是较早的一部关于检查方面的著述，至今鲜有人提及。此外，发掘于庆应义塾大学图书馆的伪满洲国时期的《奉派赴日司法考察记录》，是反映伪满洲国司法与日本交流的重要史料，迄今未见学者予以关注。不仅如此，伪满的《满洲帝国六法》全书更是至今未受重视的研究伪满法制体系建构的资料。

　　就权威性而言，本套资料的作者多为中日法学界、史学界的翘楚，如撰写《大清宪法论》的保廷梁，不仅与清国驻日公使关系密切，且民国时期历任云南高等法院院长等职。至于日本学者，多为近代日本著名法学家或史学家，如穗积八束、冈田朝太郎、有贺长雄、织田万、中村进

---

　　①　该套史料由"京师法律学堂笔记系列"、"朝阳法科讲义系列"、"法律辞书系列"和"汉译六法系列"构成。参见何勤华等主编：《清末民国法理丛刊辑要》，上海人民出版社，2015年。

午、副岛义一、及川恒忠、蜡山正道、川岛武宜、我妻荣，等等。他们从专业视角对中国法制进行的解读，不乏洞见，也引领了日本政府和法学界对中国法制的认识。与以往法制史料的整理不同，本套史料中日本法学家关于中国的著述多第一次被翻译成汉语。如北鬼三郎的《大清宪法案》及川恒忠的《支那宪法史抄》，以及伪满洲国时期日本法学家的论著，都是首次以汉译的形式呈现在读者面前。翻译整理的部分占全套史料的五分之一左右。

在每一种史料前，整理者以按语的形式对各种资料的背景、构成、国内外学界的利用情况等做了简要说明，兹不重复。此处仅对本资料的学术价值略加探讨。

首先，从法学的角度而言，本套史料对于探讨近代中国法制如何从古代以刑法为主的中华法系向近代法律体系的过渡，具有重要意义。通过这些史料，我们不但可以厘清近代中国法制转型期各种法学理论如何传入中国、如何为中国人所接受的，而且可以清晰地看出包括实体法和程序法在内的所有法律门类进入中国的过程。以国际法为例，东亚范围内近代意义上的国际法虽然首先传入中国，并对日本产生过影响，但20世纪初日本法学者撰写的国际法著作反而对国际法在中国的普及产生了不小的影响。通过本套史料收集的中村进午所著《国际公法》《国际法访问录》《平时国际公法》《战时国际公法》，以及今井嘉幸的《中国国际法论》等，不难看出清末民初之际，国际法理论经由日本反哺中国的过程中，史学家、法学家等日本学者从中起到的作用，再参考留日学生在日本所受到的国际法教育，便可以大致厘清近代中国国际法理论形成的一个主要渠道。

其次，从史学的角度而言，本套资料对于补充和丰富近代中国历史认知，尤其是对于探讨近代中日历史的互动具有重要意义。众所周知，自中日甲午战争至1945年间的半个世纪，中日关系之密切为历史上所罕见，尤其是20世纪初的10年间，甚至被美国学者任达称为中日关系的"黄金十年"[①]。受到以往研究视角和立场的影响，从中日历史互动角度的研究一直是薄弱环节，史料发掘也不尽如人意。例如清政府在

---

① 任达：《新政革命与日本——中国，1898—1912》，李仲贤译，江苏人民出版社，1998年版，第4页。

新政期间聘请日本法学家冈田朝太郎、小河滋次郎等人充当法律顾问，协助清政府修订法律。这些日本法学家除了供职法律修订馆，还受聘于京师法律学堂，从事法律教学工作。他们在中国受聘期间活动的史料，仍有待发掘。本套史料中辑录了冈田朝太郎的《宪法》《刑法总则》和《刑法分则》，还有冈田朝太郎和松冈正义、小河滋太郎、志田钾太郎等人为司法检查人员做的《检查制度》，从中大致可以窥见作为刑法学家的冈田受聘期间从事的教学和研究活动。

最后，从语言学的角度，这套史料也体现出其自身价值。早于中国实现近代化的日本，由于所谓的"同文同种"的关系，在语言方面（尤其是学术术语）为汉语走向近代化起了一定的作用。本书辑录的清末史料，有不少讲义录和教材，它们如实反映了当时中国人如何吸收日语词汇的过程。目前，通过清末报纸、杂志等数字语料库，进行汉语受到日语影响的研究已不在少数，但通过各种讲义和教材进行这一传播途径的研究，仍然比较薄弱。无疑，本套史料提供了丰富的法律、政治术语走向近代化的实例。

中国的法制建设，百余年来取得了辉煌的成就，但也有诸多不如人意之处。在着手当下法制改革和思考未来法制发展方向时，一方面要不断反思以往的教训，另一方面要从近代中国法制转型期的法制建设中汲取资源、获取灵感。以民法为例，中国经历长期的摸索，于2020年颁布了中国历史上的第一部民法典，今后必将兴起该法典的研究热潮。本套史料中不但收集了清末中国人经由日本法律顾问或日本法学家形成的，对日本1898年颁布《民法典》的认识的相关研究资料，同时还整理了伪满洲国时期制定的民商事等法律。

法制的繁荣是所有法律从业者以及广大国民共同努力的结果。勾稽法制史料，让它们为今人所用，是法学者义不容辞的责任。这套法制史料的编辑是中日法制互动视角下的一次尝试。由于时间关系和整理者水平所限，本资料在史料选择、体例编排、翻译整理等方面一定存在诸多不足之处，请学界同仁多加批判指正。

刘乃忠　崔学森

2020年8月

全书总目

目　　录

宪法古义

衔石生　撰

整理者按：据文献记载，晚清立宪派代表人物汤寿潜曾撰《宪法古义》一书，但撰成后鲜见于世。汤书的序言和目录，现存于浙江省档案馆所藏"汤寿潜个人全宗"之中。1993 年政协浙江省萧山市委员会文史工作委员会编《汤寿潜史料专辑》，收录了浙江省档案馆所藏"汤寿潜个人全宗"中《宪法古义》的序言和目录。2007 年南通高等师范学校都樾撰文《汤寿潜佚著〈宪法古义〉考证》（载《江苏教育学院学报》，2007 年第 2 期），文中说得见署名"衙石生"的"光绪三十一年通州（今江苏南通）翰墨林编译印书局"本（简称"翰墨林本"）《宪法古义》。都樾考证翰墨林本《宪法古义》即汤寿潜所著《宪法古义》。这是建国后《宪法古义》一书的全文完整版首次面世。2011 年邵勇撰文《汤寿潜宪政思想论析——以〈宪法古义〉为中心的解读》，文中说明在国家图书馆检得"通州翰墨林编译印书局"和"上海点石斋书局"（简称"点石斋本"）二种版本的《宪法古义》，二本所署印行时间和作者相同，内容无异。邵勇进一步考证《宪法古义》的作者即汤寿潜。2013 年仲春，大连外国语大学崔学森在日本搜集中国近代法制史料时，检得现藏于日本东京为日本国公益财团法人东洋文库藏书之一种，内署"光绪三十一年仲秋月上海点石斋书局印行"版的《宪法古义》，线装单行本一册三卷，繁体竖排，半页 12 行，行 31 字，双行小注，署名"衙石生"。因此，目前所见《宪法古义》有两个版本，皆署名"衙石生"。2015 年，中国人民大学出版社出版汪林茂编《中国近代思想家文库》之《汤寿潜卷》，收入"翰墨林本"《宪法古义》，改为简体横排，并加以新式标点。这是该书首次标点整理出版。然而细检此书，其标点整理多有不尽完善之处，且"点石斋本"《宪法古义》尚未有整理本印行，故本次编辑出版"近代中国法制史料"之际，将"点石斋本"《宪法古义》收入其中，并加以点校整理，庶几为学界提供可供研究参考之《宪法古义》又一新的标点整理本。

叙

　　《尚书·说命》言时宪、言成宪，传宪法也。此为中国古籍言宪之始乎？然于立宪无与。《周官》经为中国公布法律之始，虽宪政内容书缺有间，综其全体观之，主于限君财而达民隐，《朝士》杜注："宪谓幡书以明之"，则固宪政之句萌也。降及东周，君权骎骎盛矣，独管子知以宪法治齐，《立政》篇之言曰："正月之朔，百官在朝，君乃出令，布宪于国。宪既布，有不行宪者，罪死不赦；考宪而有不合于太府之籍者，侈曰专制，不足曰亏。"令以立宪与专制对言，则齐国之定宪法明甚。惜乎！齐为侯国，周而行此，八百年未有艾也。西人乐称以法制国，管子亦言以法制国，则举错而已。盖以法律为一国所共定，故君臣上下同受制于法律之中。《任法》篇之言曰："君臣、上下、贵贱皆从法，此之谓大治。"重法律故重主权，重主权故重操握主权之人。管子唯尊视法律，益以尊视君权。然则宪法者，民权之护符而亦君权之后盾，或疑立宪之有损于君权，非真知宪法者也！商君为秦立法，大抵不离于专制者，近是。其《修权》篇之言曰："法者，君臣之所共操也；权者，君之所独操也。"以人君操国家之主权，而非以人君为国家之主体，何先后与伯伦知理①国家法人语若合符节也？又《墨子·非命》上篇云："先王之国〔书〕所以出国家、布施百姓者，宪也。"以出国家、施百姓者为宪，则宪为一国君民所共遵，而非压服臣民之苛法。墨子之所谓宪，殆即《荀子·非十二子》篇所谓"成文典"乎？其时封建之法将敝，专制之势已成，诸老先太息于君与民之间若城堑然，思有以沟而通之，理想所寄而不能发皇其说，以专树立宪之帜，其幪卒待西儒而开，斯亦吾民之不幸，而不得谓中国古代曾无一人知宪法，亦无一言及宪法者也。陆子静曰："典宪二字甚大，惟知道者能明之。"后人乃指其所撰苛法，名之曰宪典。此正所为无忌惮。此宋儒之精言，非（下走）一人之私言。驳立宪者，亦肄业及之耶？特中国

---

　　① 伯伦知理（ Bluntchli Johann Caspar, 1808—1881），欧洲著名宪政研究学者，其国家理论和法学理论对民国时期的中国学界多有影响。——整理者注

自三代以来，即有君尊臣卑之说，由是尊卑之分严，上下之等立。盖中国以礼为立国之本，故制礼以繁而尊，西人以利为立国之本，故立法以公而平。人君利法之不平也，悉挟其名分以临民，而天下之强者遂变其权力为权利，天下之弱者复变其顺从为义务，习而安之，变而加厉焉。君权之盛，遂一放不可复制。此民气所由不伸，宪法所由不立，而中国遂无数百年不斩之统，无数十年不乱之省乎？甲申、乙酉以前，吾国士大夫不谂专制以外有何政体，视立宪若毒螫，谈辄色变。戊戌变法亦三四月曾无一字言立宪。无识者偏以是归之。久饥之食，因噎而废，亦何为者？庚子乱后，救亡无术，立宪之说，腾于朝野，然只知宪法为东西所已行，不知宪法为中国所固有。故胪举东西国宪法所许之权利，一一证以中国古书，凡为卷三。使中国人民知宪法为沉渊之珠，汲而取之，固所自有，未始非考求宪法之一助。中国急起直追，已虑其晚。嗟乎！西人绞无量数生灵之血，始得此数十条之宪法。日本行之而效矣，犹有病立宪为异制而挠之者，愿以是间执其口也。

光绪二十七年八月日，衔石生识

卷一　元首之权利

一、君位承继：民主选举势不可行，男统女统争端生，不立储贰中律平。

谨案：中国古代君不一姓，承继之法大抵以长子承君统，若长子已没，则立长孙（如明太祖立惠帝是），或舍孙而立次子；商人兄终弟及。此君位承继之略也。然其间同族相篡，或以疏族践位，或以庶子为君（卫石碏以贱妨贵、少陵长疏间亲为逆、周公以匹敌偶正为乱国之本，是庶子疏族之即位，乃立君之变例），载在史册，不可胜纪。惟西国承继，或以男统，或以女统；中国立君皆系男统，偶有女主践位，亦皇后而非公主，与西人以王女继统者不同。上世有女娲氏，说者谓其音适得女娲，而非女主。惟王莽以后统篡位，则又君位承继法之变例。若尧禅舜、舜禅禹，自以天下为重，意在传贤，不得据尧禅舜为翁婿相承，谓与西国传位王后之例相似。孟子曰："天子不能以天下与人。"《周礼·小司寇》："询万民……三曰询立君。"足证君位继承亦非君主所能专一,一以法规定。西国泥于冢嫡则拘,代以女子则杂,移于疏远则争。圣祖仁皇帝鉴于理密亲王之不禄,隐寓传贤于传子,择皇子中之贤者,预书其名,以为承继之券,不传嫡长而传贤。圣人公天下之盛心千古如见,岂不有以酌东西国宪法之通哉!

二、神圣不可犯:犯者如犯其国。

谨案:中国古代多称天以制君。《太誓》:"天视自我民视,天听自我民听。"以天为民之代表,盖奉天以即位,称天以制君,皆所以制人君滥用其权也。《春秋》一书,以元统天,以天统君。夫所谓元者,即黎元之谓也,即人民也。既以元统天,则君当受民间之监制矣。又墨子作《天志》三篇,大抵谓民之所善即天之所善,民之所恶即天之所恶;又谓顺天意则得赏,反天意则得罚。两汉经师亦言灾异五行之说,以儆戒人君,仍古人以天统君之遗意。至于后世,则人君用天以愚民。中国之君,自称曰"天王"、"天子"。《左传》贾注云:"诸夏称天王,夷狄称天子。"此曲说不可从。古《周礼》说曰"天子无爵,同号于天"。《曲礼》云:"君天下曰'天子',自称奉行天命。"使至后世之君求长生、受天书,俨然以君与天直接,盖仍神权时代之遗也。西人之称君也,曰"神圣不可犯",亦沿耶教之旧称,所谓神授君权之说,与中国称君为"天子"、"天王"者,大约相符;其言君主不可犯者,亦与中国指斥乘舆为大不敬律相合。《论语》子路问事君,子曰:"勿欺也,而犯之。"犯,指直言极谏,非侵犯其身体也。《左传》曰:"天生民而立之君,使司牧之。"《书》云:"作之君,作之师。"君掌政权,师掌教权,政教合一,故曰神圣不可犯。虽以郑庄之跋扈,而曰"不敢陵天子"。鬻权曰:"吾惧君以兵,罪莫大焉。"是君不可犯,春秋时,人多知此义。今立宪国民其于元首也,尊之、亲之、保护之。尧民之颂尧者曰:"仁如天,智如神。"宪法定之曰"神圣"。其所以重视君身者,亦至矣哉!

三、无责任:无责之责,是谓法律。

谨案:《书》:"后克艰厥后。"《论语》:"为君难。"盖职愈高者责愈重,责愈重者位愈危(《明夷侍访录·原君》一篇,读之悚然)。此皆君主负责任之说,而西国独言君主无责任。《商君·修权》篇:"尧舜君天下,非私天下之利也,为天下位天下耳。"以位为主,以君为客,即西人所谓法人国家(《孟子》亦言天子一位)。君主为国家代表,故法律皆所自出,不在法律之中,亦不在法律之外。然出一政、布一令,必使有关系之大臣副署于下,代君主任其责。汉唐以来,每以灾异策免三公,亦有自陈请退者;国朝定制,"凡郊社大典,祝文必以领衔大学士副署",亦即此义。孔子称舜禹不与,称舜无为,足证古代君主事权最轻。事权轻则威力轻,责任亦轻。《周礼》司市职:国君过市,则刑人赦;夫人、世子过市,皆有罚。以天子虽不为法律所制,然不可不负罪名,非赦刑人,则天子不能逍遥法外。是天子虽无责任,实不啻负责任也。若立宪民主则为人民所委任,皆在法律之下,其责任先由法律负之矣。

四、召集议会,且命开会、停会、闭会及解散之权:全国精神汇于议会,议会聚散命于君主。能守宪法,无权有权。

谨案:《商书·盘庚》:"王命众悉至于庭。"而《周礼》小司寇职云:"掌外朝之政,以致万民而询焉。一曰询国危;二曰询国迁;三曰询立君。其位:王南向,自三公及州长、百姓北面,群臣西面,群吏东面。"朝士职云:"面三槐,三公位焉,州长、众庶屏其后。"群臣群吏者,即上议院也;众庶者,即下议院也。观《书经》《大诰》《多士》《多方》,犹想见当时之君惟恐士庶有不达之隐。春秋列国之君,亦有集民使言者,陈怀公谋从楚从吴,则召国人而问;卫灵公谋叛晋,则召国人而询,皆召集议会之意。惟古代之开会无定时而有定所,王有三朝,外朝不常视,在路门外者为正朝,在路寝者为内朝。正朝、外朝之位,见于《周礼·司士》,即西国开上下议院之意,是天子有开会之权。周制凡国有大故,则王不视朝,是天子有停会闭会之权。秦取李斯之言,悉罢诸生之议;宋因太学生论事,议设解散之条。虽无道之政不足为训,亦可见朝廷自有解散之权。元御史台议有不合,往往空台以去,此则议会自行解散矣。

五、提议法案、裁可法案、公布法令之权:三法鼎峙,有利无弊,议行此制,仍待君命。

谨案:《周礼》小司寇:"掌外朝之职,以致万民而询。"询民即提议。《考工记》曰:"坐而论道谓之王公,作而行之谓之士大夫。"论道即议政,是提议法案之权当归君也。考两汉之制,国有大事,廷臣会议丞相府,天子亲临决焉。夫廷臣议事必俟天子裁决者,以天子有裁可法案之权也。又汉制,凡国家有一大政、大狱,由大臣会议,会议既毕,汇择上闻,诏曰可。其有两议不合者,则君主判其是非,以决从违。是裁可法案之权归之君也。至公布法令,在《周礼》虽为六官之职,然六官悉奉天子之命令,职亦兼属于太史诸官,盖官司其职,而君操其权。《管子·立政》篇云:"正月之朔,百官在朝,君乃出令,布宪于国。"是公布法令之权归之君也。《中庸》云:"非天子不议礼,不制度,不考文。""文"即荀子所谓"成文典"也,"考"读如管子"考宪"之"考","考文"犹言稽核法典。古说制度、考文,皆天子之事,则一国之法令,非天子莫能定矣。后世会典律例诸书,皆曰"钦定",其遗意也。

六、宣战、讲和、结条约之权:外交变幻,贵乎独断;财政商约,必关议院。

谨案:宣战、讲和、结条约,皆君主对外之权也。君主为一国之代表,故有对外之实权,试以《春秋》证之。隐四年,宋伐郑至鲁,乞师,隐公弗许,公子翚固请以行。《春秋》书曰:"翚率师。"左氏《传》曰:"翚帅师,疾之也。"此宣战权当归君主之证。隐元年,郑请师于邾,邾子使私于鲁公子豫,豫请往,公弗许,遂行。及邾人、郑人盟于翼。《春秋》不书,左氏《传》曰:"不书,非公命也。"哀二十七年,诸侯盟于宋,鲁叔孙豹往会,公命鲁视邾、滕,叔孙以列国之礼与盟。《春秋》书曰:"豹及诸侯盟。"左氏《传》云:"不书其族,言违命也。"此讲和权当归君主之证。至结条约之权,则《周礼》司盟职云:"凡邦国之有约剂者,则贰在司盟。"司盟为天子之官。是诸侯结约之时,仍当入告天子。又《左》文元年《传》:"凡君即位,卿出并聘,要结外援。"故《春秋》于公子遂等之出使也,皆曰"尊君命"。是结盟定约之权,亦当归君主也。观汉致书匈奴,必称汉天子;国朝初与外藩,敕必自称"大皇帝",所以崇主权而重契约者至矣。

七、统帅海陆军之权:大事惟戎,将兵将将,虽不临阵,厥权无恙。

谨案:汤武夏启,皆系自将。孟子曰:"天子讨而不伐。"《王制》及《周礼·大司马》亦载天子出征之礼。《诗·六月》篇云:"王子兴师,以匡王国。"①春秋时,宋公不王,郑伯以王命讨之,君子美其以王命讨不廷,是出军当秉王命也。其所以秉王命者,以率师之权当归王也。故《春秋》一书于王师败绩于茅戎,特书王师,所以明天子有率师之权也。又考汉灵帝时,纳许凉、伍宕之说,谓太公《六韬》有天子将兵事,因讲武平乐观,躬擐甲胄,称无上将军,读史者多笑之。然证之西法,则统帅海

---

① 《诗经·小雅·六月》有言"王于出征,以匡王国",又《诗经·国风·无衣》有言"王于兴师,修我戈矛"。——整理者注

陆军之权因操于天子,汉灵之事未为非也。汉代以后,天子多将兵出征,如魏文、后魏太武、隋炀、唐太宗、宋真宗、明太祖、成祖,皆亲临前敌。明武宗自号总督军务威武大将军,令兵部宣敕,虽御名不讳,与灵帝同一儿戏,兵危事而易言之,皆不足为训,然亦见其意在尚武。与普国宪法以国王为兵马元帅,益见将权之有专属矣。

八、任官、免官之权:法官以外,唯君主命。

谨案:舜命九官十二牧在摄位之后,而成王命君陈,康王命毕公,穆王命吕侯,皆以天子之命任官。《书》曰:"任官惟其贤。"《礼记·王制》:"大国三卿,皆命于天子;次国三卿,二卿命于天子,一卿命于其君。"是任官之权当归君主也。《左传》襄二十六年《传》:"臣之禄,君实有之。义者进,否则奉身而退。"是免官之权当归君主也。秦汉以降,凡大臣之用舍,必待天子之诏书。两汉之制,拜三公必待天子临轩,易三公必待天子策免,亦其证也。然任官、免官之权,其名虽出于天子,其实仍操于庶民。《孟子》云:不以左右诸大夫为可,必进而决议于国人,[①]尤合《王制》"众共众新"之意。《书·洪范》:"惟辟作福,惟辟作威。"全谢山《经史问答》已详辨之矣。

九、爵赏之权:凡立宪国,名誉元气,爵之赏之,光荣未艾。

谨案:爵赏之制,历朝备有官书,古籍所载尤多。《书·皋陶谟》:"天命有德,五服五章哉!"《孟子》言天子之于诸侯,有庆有让。《春秋》左氏成二年《传》:"惟器与名,不可以假人。"此言爵赏之权宜自天子出矣。《孟子》述齐桓葵丘之会曰:"无有封而不告。"言专封国邑,不得不告天子也。此即爵赏权当归天子之证。然爵赏虽归天子,特权去取,亦当采万民公论。《王制》:"爵人于朝,与众共之。"能与众共爵赏,益见天子能善用其权。西人每以海陆军官并各等宝星,移赠邻国君臣,国朝亦采用其制,以示爵赏之无外,良云盛矣!

十、恩赦之权:特赦大赦,莫非君恩,权不碍法,赦而不滥。

谨案:大恩不赦,恐以长奸而滋乱也,然其说古代有之。《逸周书》[②]

---

① 《孟子·梁惠王下》:"左右皆曰贤,未可也;诸大夫皆曰贤,未可也;国人皆曰贤,然后察之;见贤焉,然后用之。"参见〔宋〕朱熹撰,《四书章句集注》,中华书局,2012年,第221页。——整理者注

② "《逸周书》"为《国语·周语》之误。参见《国语集解》,中华书局,2002年,第127页。——整理者注

载:武王克殷,反及嬴内,以无射之上宫,布宪施舍于百姓。是天子有布宪法,以行恩赦之权。《周礼·司刺》有三宥三赦之法。又司市职云:"国君过市,则刑人赦。"《春秋》庄公二十二年《经》云:"肆大眚。"是恩赦之权归君主也。周代以降,凡新主即位及国有大故,必行大赦之典,以与天下更始。如《北周书·闵帝纪》:"元年八月诏曰:'朕甫临大位,政教未孚,使我民农,多陷刑网。今秋律已应,将行大戮,言念群生,责在于朕。宜从肆眚,与其更新。'"即《夏书》"旧染污俗,咸与维新"之义。然法国宪法,大赦非依法律,元首不得擅行。比国宪法,凡关于大臣之事为法律所定者,不在恩赦之限。而《王制》篇云:"三公以狱成,告于王,王三宥,然后制刑。""王三宥"者,天子之恩赦权也。其必欲制刑者,则以法律既定,虽天子亦不能擅更。此亦古法与西法相合之证。

卷二 议院之权利

一、立法权:希腊、罗马、印度亦有国会,而非选举,无救于亡。

谨案:《周礼》:"小司寇掌外朝之政,以致万民而询焉,其位:王南乡,三公及州长、百姓北面,群臣东面。"又"以三刺断庶民狱讼之中:一询群臣,二询群史,三询万民,听民所刺,宥以施刑。"注:"宥,宽也。民言杀,杀之;民言宽,宽之。"《王制》:爵与众共,刑与众弃①。《书·盘庚》:诞告有众咸造在王庭②。盖国有大事,博访群情,庶民咸与,固商周之通法,为民操立法权之证。中古时,立法之权不在民而在官,然犹与行政权分立。秦汉以还,虽行中央集权之制,然东汉政归尚书(见《后汉书·陈忠传》),魏晋政归中书,后魏政归门下,亦各有所司矣。两汉时有大事,亦廷臣会议丞相府,天子亲临决焉,虽下不及庶民,而议郎、博士以六百石之微员,亦得与议。始元议盐铁③,贤良、文学与丞相、御

---

① 《礼记·王制》:"爵人于朝,与士共之;刑人于市,与众弃之。"参见《礼记集解》,中华书局,1989年,第325页。——整理者注

② 《尚书·盘庚》:"……诞告用亶,其有众咸造,勿亵在王庭。"参见《尚书今古文注疏》,中华书局,1986年,第232页。——整理者注

③ 西汉昭帝始元六年开盐铁会议。——整理者按

史辩论至数万言,犹见古者询群臣、询群吏之意。唐初立法,区省为三,中书主出令,门下主封驳,尚书主奉行。厥后设政事堂,合门下、中书为一省。中书、门下者,立法权所在也;尚书省者,行政权所在也。虽立法之权不操于民,然立法行政区划分明,未尝以一人之命令为法律。自汉设给事中为给事殿中之职,至唐设四员,隶门下,权足与朝廷埒。卢杞量移,袁高封还诏书;延龄入相,阳城廷裂白麻,是朝廷尚不能专立法之权(明代给事中分设六部,其权始轻),立法行政乃笼而归之中央,以庶人议政为大禁矣,昔子产不毁郑之乡校,宋太学诸生皆得议政,甚至宰相视为进退。今泰西各国凡议院与政府冲突,则行政大臣相率去位。士论既畅,民气自伸,古制今情,若合符节耳。

二、监财权:豫算非议院许可,不得征一兵,不得用一钱。上院无权,各国皆然。

谨案:古代国用,皆有定制。《周官》太宰九式为岁出之大端,曰均节财用。均节者,以年之上下计国用之隆杀,使无羡不足,即《王制》所言,一岁之国用,量入为出也[①]。每岁之终,太宰与司会、大府、司书会计一年赋入之大较,而豫计明年用出之数,即西国立豫算、决算表之意也。豫算即《周礼》职内所掌赋入之制,决算即《周礼》职岁所掌赋出之制。以财用之数公之民,即默许人民以监财权矣。又西法君主之财与国家之财分异,亦符古制。《周礼》庖人〔司裘〕职云:"惟王之裘与其皮事不会";酒正职云:"惟王及后之饮酒不会";庖人职云:"惟王及后之膳禽不会";外府职云:"惟王及后之服不会"。则王及后、世子之无限制者,惟饮食衣服二端,余则皆有限制。然太府职云:关市之赋,以供王之膳服;而太宰职四曰:羞服之式。则膳服虽不会,要不出关市之赋而已。可见古代之君有一定之私产,无侵蚀国用之权。西汉之制,大农掌国用,少府掌君主私财,亦分君主私财与国家公财为之。张氏《大宝箴》曰:"闻以一人治天下,不闻以天下奉一人。"旨深哉!

三、议员资格:选议员者,先有资格,而后议员之资格益尊。

谨案:周有议官。《汉·艺文志》曰:杂家出于议官。是议官之名甚古。秦置谏议大夫,掌论议,无常员,多至数十人。西汉置谏大夫,东汉

---

　　①　《礼记·王制》:"冢宰制国用,必于岁之杪。五谷皆入,然后制国用。用地小大,视年之丰耗。以三十年之通制国用,量入以为出。"参见《礼记集解》,第 337 页。——整理者注

置谏议大夫,又有议郎,职六百石。凡国有大政、大狱,必下博士、议郎会议(见于《汉书》者共数十事)。魏晋以降,皆有谏议大夫。唐至德元年制曰:"谏议大夫论事,自今以后不须令宰相先知。"乾元二年,令两省谏官十日上一封事,直论得失。后又置补阙、拾遗等官,以掌谏议。此议员之在中央者。若地方所选之议员,汉代亦有之。汉制凡郡邑各地,皆有议民,以与贱民区别(议民、贱民见《汉橐长蔡湛碑》阴,又《成阳灵台碑》阴,又义民,陈彦:义、议古通),而守令以下,复有议史(《汉北海相景君碑》阴有议史平昌蔡规)、议曹(《汉苍颉碑》阴有议曹史莲苟、杨坦,《鼋池五瑞碑》有议曹掾下辨李旻,《校官碑》有议曹掾李就、梅桧,《曹全碑》有议掾王毕,皆地方议政之吏也)。诸官又有贼曹、法曹、功曹、塞曹、金曹、户曹、教化史诸职(见《苍颉碑》、《校官碑》、《曹全碑》),以分理地方之庶务。盖议民即西国之公民,有议政之权者也;贱民即西国之私民,无议政之权者也。此地方之议员也。

四、代表全国:表全国人,非专表选举人。国不治,问之代议士。

谨案:《书》"民为邦本",《孟子》"民为贵",诚以民为国家主体。《易》,"百姓与能";《书》,"谋及庶人"。观于古籍之言,则庶民皆有论议国事之权,不能尽庶人而一一论议之也,则各举议员,以为之代表。《墨子·法仪》篇谓:立法之初,当以多数之人所定者为法,不当以少数之人所定者为法(盖以少数之人所定利于一己,必不利于多数人民也)。《尚同》下篇亦言:为人君者,当依人民多数之意,以兴利除弊。近泰西各国与议员以立法之权,故制定一法必合于举国人民。所欲出以国者,国民之国也。全国之生命财产皆系于议员,皆汇于议院,全国代表顾不重哉!

(一)上院

1. 英国之贵族院制:非王命则世袭,代表平民其何益?

谨案:中国古代尊崇宗法,故亦有贵族之制度,天子、诸侯各分子弟以采邑,而使之参政。晋六卿、齐二惠、郑七穆、鲁三家,皆以贵族参政。孔子讥世卿等贵族于平民,盖深慨之。东汉以后,渐崇门第,九品中正,据以铨选。晋元渡江,王谢顾贺参预清列,白面少年动矜阀阅,甚至平民不能与贵族通婚嫁,何其傲也!降及唐代,习俗相仍,朝廷不能振其衰宗,天子且自援为士族,不可谓非贵族之一大阶级,科第盛而门荫衰矣。英人之以贵族为平民代表,不过习惯所成耳。

2. 米国之联邦院制：合邦而成国，各表其邦，乌能无畛域？

谨案：联邦制度，中国古有之。卫康叔兼治邶、鄘二国，以三政府而奉一君（《诗》分邶、鄘、卫为三，犹噢太利之兼王匈牙利）。又古有方伯联帅，而《管子·轻重》篇以大者为兼霸之壤，小者为仳诸侯。仳诸侯者，即小国之属于大国者也，春秋时五霸叠兴，为诸侯所归属。故盟主之国，诸侯各邦皆遣使听命，与德美由各邦政府送议员于中央者颇合。《左》襄五年《传》："季文子如晋，听政礼也。六年，季武子如晋见且听命。"又襄元年："诸侯即位，小国朝焉，大国聘焉，以继好结信、谋事补阙，礼之大者也。"夫谋事补缺，非即议政之谓邪？足证春秋各邦互议政事，有联邦政体之规。他如郑子太叔如晋听政，齐庆封如晋听政，皆曰知礼，亦小国派议员于大国之证。

3. 法国之元老院制：名则上院，实则民选，议出两院庶无憾。

谨案：元老院制古所未有，元老二字始见《诗》"方叔元老"。元老犹言元勋也，与元老院之义不同。元老院虽亦是上院，而任由民选，满有限年，与他国之敕任贵族世袭迥乎不同，所以防下院新进之嚣杂而持其平。孟子所言之"左右诸大夫"，殆类是欤！明制凡用一大臣，如尚书、督抚、巡按之类，必由廷臣会推，以多数决用。特明未规定院制，每有讦持之弊；法则规定院制，斯无偏胜之虞耳！

4. 上议院之权限：监财之权归下院，高等法权归上院，为民防弊制益善。

谨案：立法权上下议院所共，高等司法权则上议院所独。考秦汉之制，御史大夫位列上卿。汉御史大夫有两丞，一为御史丞，一为中丞。中丞外督部刺史，内领侍御史，受公卿奏事，举劾案章，盖居殿中以察举非法也。后汉时，中丞与尚书令、司隶校尉，朝会皆专席而坐。晋因汉制，以中丞为台主，与司隶分督百僚，自皇子以下，无所不纠。后魏为御史中尉，出入步清道，王公百辟，咸使退避，其余百僚下马，驰车止路旁，缓者以棒棒之，此即高等司法。西人亦以上院为高等法院，御史、司隶校尉之职任，今西国上议院实任之。又元立御史台，与丞相省、枢密省鼎立，而御史大夫始尽其职。西制或行政官为下议院所劾，非通常法院所能判，不得不别设法院，自以上院为最当，是以威严与位置皆高出于行政官、众议院之上，盖御史台差近之矣。

5. 上议院议员之资格：一限财产，一限年岁，一限门地。

谨案:西国上院议员,其年龄必崇,其品秩必尊,与下院议员稍别。中国古代虽未规定上下议院之制,每议政,必合卿士、大夫与庶人而断其从违。《书》,"谋及卿士,谋及庶人",以卿士从、庶民从者为大同,以卿士从、庶民逆为吉,而庶民从、卿士逆亦为吉。庶民约如下院,卿士约如上院也。《周礼·小司寇》:"召询万民,凡三公、州长、群臣、群吏咸在。"三公、州长、群臣、群吏者,盖皆如上院之议员耳。或以中书省比上议院,然考古代中书省,大抵为立法机关。昔舜摄位,命龙作纳言,出入帝命。《周官》,内史掌王之八柄,爵、禄、废、置、生、杀、予、夺,"执国法及国令之贰,以考政事。"即中书令之权舆! 六朝以后,中书之权渐尊,总国内机要,俨然操宰相之权,而尚书惟事画诺,此则与西国上院相类。今列国重大事件,惟下议院主之、决之,上院议员资格太拘,殆不能常立于代议盛行之日矣!

（二）行政

1. 行政大臣:分之君劳,亦任之君责,八大臣此职焉。

谨案:行政者,与立法权对立者也。首长唯君主,君主力有所不给,于是分置大臣以辅其成。立法之权不可分,行政之职不可不分。斯制也,中国古代亦有之。《周礼》:"设官分职,以为民极。"是古代设官重在分职。先郑注:"置冢宰、司徒、宗伯、司马、司寇、司空,各有所职。"冢宰即总理大臣,司徒即民部,宗伯即文部,司马即海陆军省,司寇即司法省,司空即工部,西国所谓八大臣也。又云:"六官各率其属,以掌邦政、邦治、邦礼、邦教、邦刑、邦事。"又云:"正月之吉,于邦国都鄙,冢宰布治,司徒布教,宗伯布礼,司马布政,司寇布刑。"曰掌曰布,则为行政之官明矣。东汉之制,尚书权最重,然尚书以下分设二千石曹、常侍曹、民曹、南北客曹,至魏而所分益多。唐张说之并中书门下也,亦于政事堂后分设吏房、枢密院、兵房、户房、刑礼房,皆分曹以理众务,殆即内阁各部统于总理大臣之制欤! 明代虽罢相职,然中叶以降,内阁权力称最,首辅操一切之权,次揆以下不敢与较,与西国政权之操于首相者,若合一辙。英国之制,以户部大臣兼首相,极合古代以冢宰制国用之意。法国之制,以司法卿兼首相,亦与孔子以司寇摄相事者同。西国政制为古代所已行者,不一而足也。

2. 参列议席:以行政官参议席,可验其政见之得失,而莫能藏拙。

谨案:大臣不宜兼议员,而不可不参议席。《周礼·冬官·考工

记》："坐而论道,谓之三〔王〕公。"《尚书·周官》:"三公论道经邦。"盖内
阁为行政之官,然与立法有关系,不得不参列议席矣。后汉废丞相官,
以三公总理庶务,中年以后,事归台阁,以尚书司机衡。尚书者,掌行政
之官也,兼司机衡。即大臣身列议席之意。唐太宗时,杜淹以吏部尚书
参议朝政,厥后为宰相者,皆加参知政事之官,又加同中书门下三品之
衔(贞观八年,使李靖一日一至中书门下平章事,李勣同中书门下三品,
谓同侍中、中书令。厥后宰相皆加此衔)。宋设参知政事堂,设副宰相
以参庶务,及神宗置侍中、中书令,以尚书左仆射行侍中之职,以尚书右
仆射行中书令之职。夫侍中、中书令皆立法之官,而尚书仆射则行政之
官也,以行政之官兼立法之事,非又西国大臣参列议席之说乎? 近制多
以内阁大学士兼军机大臣,内阁为行政之地,军机为立法之地,亦大臣
参列议席之意。米国特不许行政官入议院,亦防之过当焉矣。

3. 大臣任责之主义:将欲裁君主以法律,而又恐伤君主之尊严,故
不能不以大臣任其肩。

谨案:君与民之不可相胜也,君权无限,恐胜其民而有侧目重足之
苦。故以大臣为君主之代表,君主有过,责之大臣,有所责斯有所限,盖
设君以为民也。秦制大臣权甚尊,秦王兴叹,范雎辞职,太子犯过,师傅
受刑。周代初兴,亦用此制。《礼·文王世子》:"昔者周公摄政,授世子
法于伯禽,所以示成王知父子君臣之道也。成王有过,则挞伯禽,所以
示成王之为世子也。"盖周公欲以礼法范成王,而虑伤国君之尊严,乃举
而归之伯禽,是伯禽为成王任责者也。贾谊《新书》:"天子不喻于前圣
之徒,不知君民之道,不见义礼之正,诗书无宗,学业不法,太师之责也,
古者齐太公职之。天子不惠于庶民,不礼于大臣,不中于抑狱,不经于
百官,不哀于丧,不敬于祭,太傅之责也,古者周公职之。天子处位不
端,受业不敬,言语不叙,音声不中,进退升降不以礼,俯仰周旋无以节,
此太保之责也,古者燕召公职之。"其余少师、少傅、少保,亦各为君主任
责。凡以开牖其君,随时随事,无一不协于礼义,而后臣责尽矣。

(三)法院

1. 法院之独立:刑事民事,均待审判,独立不羁,权归法院。

谨案:法院者,三权鼎立之一大部分也。《书·立政》:"庶言、庶狱、
庶慎……文王罔敢知。"所以明君主不能干涉司法权也。春秋时,申无
宇陈《仆区》之法,至斥楚灵为盗,曰"盗所隐念〔器〕,与盗同罪"。孟子

言皋陶执瞽瞍，由于法有所受。所以明法为一国所遵守，虽天子亦不能以私违之，即法院独立之意也。汉张释之有言："廷尉，天下之平也。"魏高柔有言："岂得以自尊喜怒毁法。"足证司法之权不操于君主，而操于法院。宋太祖建隆定制：凡诸州罪案，皆由刑部主持。此令虽不能尽行，亦即西国司法卿综理一国刑狱之意。明初定制：各行省中有布政使，以理财牧民；有按察司，以理刑狱，即西国地方裁判所与州县长分治之意。此皆司法别于行政之确证。至《周礼》六官，司马、司寇分职而治，尤人所知。《左》宣二年《传》："赵宣子为法受恶，法不为权相屈。"此亦法院独立之已事。

2. 法官之选任：国王选任而非国王之属官，任之也重，则副之也难。

谨案：《尚书》之言刑法者，有《康诰》《吕刑》。《康诰》者，成王命康叔为司寇之词；《吕刑》者，穆王命吕侯为司寇之词。然《康诰》之言曰："勿替朕典命，听朕告汝。"《吕刑》之言曰："受王嘉词。"皆郑重其言之。今西国法官必以国王之命任之，重法官正以重民命，与《康诰》《吕刑》之旨正合。且《尚书》舍《康诰》《吕刑》外，如《立政》篇，亦载告司寇苏公之言，足证法官之选任，自古慎之。《康诰》又云："非汝封刑人、杀人，无或刑人、杀人；非汝封劓、刵人，无或劓、刵人。"证知古代法官权力甚尊。周世宗置守礼不问，咸以为非、诚以法者，君与民共之者也。汉杨赐以皋陶不与三后，耻拜廷尉，此则不知法官之责任者已。

3. 终身官：贵族官终身，司法官亦终身，一循例，一创例。

谨案：《书·舜典》，舜摄政之初，即命皋陶作士，而《大禹谟》述帝谓皋陶之词："汝作士，明于五刑，以弼五教。"时阅数十年，而皋陶之任士师如故。后人至以庭坚不祀，由于终身刑官所致。何以汉于公为廷尉，民以不冤，自谓"治狱平恕，子孙必兴"？岂皋陶乃不如于公哉！苏忿生世为周司寇，至东周未替。则刑官不独终身已也，且从而世袭之。今流俗相沿，动言老吏断狱，曰老吏则非历年久远者，不能任之，愈久则经验益富，法律益熟。是以英国于法官，非经两院弹劾，国王不得免其职也。

4. 陪审官：法问属法官，事问属陪审，罪必求其证。

谨案：西言救理，以辅法官之不逮，译曰"誓士"，亦曰"陪审官"。《周礼·小司寇》："凡命夫命妇，不躬坐狱诉。"是当时亦有抱告意者，陪审官之制亦可以类求之欤！司刺掌三刺之法，"一刺曰讯群臣，再刺曰诋群吏,三刺曰诋万民"。小司寇"以三刺断庶民狱讼之中：一曰讯群臣,二曰讯群吏,三曰讯万民"。群臣、群吏安知非即陪审官乎？今考西国刑官鞫狱,亦有是法,其情罪较重,或有疑不易决者,则由官为延著名公正者十二人作为陪审官,或商或民,皆可充选,示期集讯。陪讯官与司刑官同鞫其狱辞,既退则相与推勘证佐,斟酌情理,以定其狱。陪讯官究其情,司法官科其罪,被刑者不敢再事请谳。此例始于英,而通行于东西洋各国,即周三讯,与群臣、群吏、万民公定刑宥之意。又西国有大陪审、寻常陪审、特别陪审。大陪审不常用,凡听商人之讼,多以银行大贾任之。《周礼》市师职："市师莅焉,而听大治大讼",或即大陪审乎！"胥师、贾师莅于介次,而听小治小讼",此即审判商人用陪审官之证。又《周礼・大司徒》："凡民讼,以地比正之。"《汉志》："啬夫听狱讼",是乡官有听讼之权。此即本土人民之充陪审官者。由此二证观之,足征古代有陪审制度矣。

卷三　国民之权利

一、言论自由：监谤益谤,理无足怪。言者无罪,闻者以戒。

谨案：言论不外二种,一著述,一论议。孔子之作《春秋》,语多微词,两汉经生各尊所闻,未尝奉一家之言以为主,此说经之自由也。马迁作史,力陈武帝之非；班固著书,不讳元后之恶,此作史之自由也。周末九流并兴,各持一说,此著书之自由也。是皆著述自由之证。若论议之自由,征之古代,厥证尤多。昔夏代时,"道人以木铎殉于路,官师相规,工执艺事以谏"。及周代时,"士传言,庶人谤,商旅于市,百工宣议",未尝禁人民之言论也。周厉王欲弭谤,召公谓"防民之口,甚于防川",是论议自由不当受法律之限制。自秦定"偶语弃市"之律,人民言论始失自由之权。秦汉以后,文网益严,汉武时至定腹诽之罪,非惟无言论之自由,并思想而亦禁其自由矣！宋苏辙驳张安道"私议盛,朝廷轻"之说有曰："诚使正人在上,与物无私而举动适当,下无以议之,而朝廷重矣。安在使下之不议哉？下情不甚通,此亦人主之〈深〉患也。"苏氏此言,深得孔子"天下有道,庶人不议"之旨。孔〔朱〕子亦谓"上无失政,则下无私议",非禁庶人之议也。盖深明言论自由之公理者。

二、出版自由:言所言,笔则笔,版行之,告全国。

谨案:胶泥印书,始于毕昇;五经雕版,始于后唐明宗长兴三年。印刷之术古代尚未发明,所著之书非简册,则缣帛焉耳,然未闻以国家法律限之。自孔子著《春秋》,微言大义皆以口授,不著竹帛,以避时君之祸,此为出版不能自由之始。孟子言诸侯去周旧籍,商鞅、始皇先后焚书,汉代虽除挟书之禁,然武帝以《史记》为谤书,削景武本纪,亦出版不能自由之证。魏晋以还,五胡宅夏,如师彧修史于前赵,而刘聪焚之;赵渊秉笔于前秦,而苻坚去之;崔浩作史于后魏,而及身灭之,不第曹操禁孔融之集、宋禁苏黄之集、明禁高启之集,为出版之不能自由而已。中国不禁于出版之先,每禁于出版之后,说者遂据为自由之病。东西律凡书成,必由文部检定,警察以时保护其版权。新学、新理之书每年出版,多者至千百余种,可为自由矣。第东西重新书,中国重旧书。宋刻《太平御览》,明刻《永乐大典》,国朝自《图书集成》以外,钦定之本、御制之文,琳琅灿列,搜求遗书、官为刊校,而庋之四阁者,尤不一而足。谓所版多古人之作,则有之,谓出版之不自由,奚可乎?

三、集会自由:独学无友,孤立无群,依律集会,谁得与闻。

谨案:《周礼》士师之职,"掌士之八成","七曰为邦朋"。邦朋者,即近日东西各国之政党、民党也。孔子曰:"必有邻",又曰:"以文会友"。荀子曰:"人之所以异于禽兽者,以其能群也。"人非群不立,国非群不成,是古代未有集会之禁也。郡县以来,以立党为大戒。汉有党锢之祸,唐有牛李之争,北宋立党人之碑,南宋申伪学之禁,明季东林激成大哄,而集会不能自由矣。然东周之时,孔子弟子三千,聚稷下谈者千人;两汉时,聚徒讲学者动以百数;宋《白》鹿洞之会、鹅湖之讲,皆聚众数百十人;明代之时,四方之地讲坛林立,而徐华亭聚京官数千人,讲学京师灵济观,是辇毂重地,不禁立会矣。明季绍兴有蕺山讲舍,余姚有证人书院,甬上有五经会,而李二曲、孙夏峰诸儒授徒讲学、游处如市,未闻触政府之怒,伏横议之诛也。康熙初年,李刚主、万季野诸先犹在京师设讲会,是当时文网尚未严也。《周礼》,太宰以九两系民,"八曰友,以贤得民;九曰薮,以富得民。"以贤得民,即西人社会之意;以富得民,即西人公司之意。战国任侠,诸侯倚为轻重,至汉犹然,即《史记》所谓剧孟之来,隐若一敌国,足证古代民党得与政府相持。此皆结会自由之效。汉武禁游侠,人民重足而立,岂可以时君之私制而废流传之古义哉!

四、迁徙自由:人情在谋生,政策在殖民,徒禁迁徙何纷纷。

谨案:迁徙任令自由则可,迁徙而一无调查则不可。中国上古人民老死不相往来(见《老子》),封建之代交通渐密,迁徙遂繁。《礼记·曲礼》:"入境问禁,入国问俗。"其时诸侯各自为国,人民有往来之便。春秋之世迁徙自由,大抵为各国通例,战国其禁益宽,惟秦法以鸡鸣出客,又禁秦民归国不得载他国之客同归(见《范雎传》),秦民之迁徙者稍稍受法律之限制矣。然孟子对齐王曰:"使天下之仕者皆欲立于王之朝,耕者皆欲耕于王之野,商贾皆欲藏于王之市,行旅皆欲出于王之途,安可以限制为常法乎?"《魏风·硕鼠》篇云:"逝将去汝,适彼乐国。"是人民有去国之自由。《史记》言商君治秦,诱三晋农人往耕,是人民有适他国之自由,然犹在诸夏耳。《史记·季布传》载夏侯婴曰:"今若不赦布,则布不北适胡,即南适越耳。"又考《汉书·西域传》言:"汉民往西域者,岁以千百计",即远适异国,皆为法律所不禁。况汉于匈奴、唐于回纥,皆许入居内地,而元代色目散布各方,明代于西人来华者不悬异禁,又于中国得有治外法权,而交涉日益多。其视外人之限我华工政策抑何相反?此特放弃耳,乌足言宽大乎?大抵不分治不能实行警察,不实行警察不能清查户口,无论无以讯问外人,并华人之迁徙而莫能踪迹,不患不自由,特患太自由耳。

五、尊信自由:教无新旧,苟无妨乎国安,唯民心所自守。

谨案:学术至周末派别至庞杂矣,儒有八,墨有三,各尊所闻,各行所知,未闻各国之政府择一术以尊为国教,强人必从,且助之排斥异术也。学术虽与宗教不同,然儒、老、墨三家皆含有宗教之性质,是为尊信自由之时代。至秦皇坑儒,使人民之尊信悉出于一途。汉初儒术而外,如曹参、汲黯、田叔,信黄老之术者甚多。黄生信黄老,辕固信儒术,至争议于人主之前,是皆尊信自由之证。汉武虽辍百家,至东汉而谶纬之说风行,然桓谭、张衡诸人不信,力破朝廷之失,亦未尝强使从己也。六朝隋唐,道、佛二教陷溺民心,信徒颇众,与儒教抗颜行。然唐代虽崇佛、老,亦未尝不并重儒术矣。元世祖时,使诸臣受佛戒,廉希宪独曰"臣受孔子戒",世祖无如之何也。至于明代,耶教入华,徐光启、李之藻等崇信如不及,从未设为厉禁也。盖中国不知教派之关繁治乱,一切听之民间,未尝规为法律以限之,独于白莲、天理、红阳、无为、八卦等教,惧其以众叛也，三令五申，禁之不遗余力，而时有窃发以酿滔天之祸者，则治权不分，警察不实行，误之矣！

六、产业自由：英国三大自由，田地居其一，不据法律不能夺。

谨案：所谓产业者，一为财物动产，一为土地静产也。中国古代人民财物有自主之权，土地无自主之权，交易而退，各得其所。《周礼·地官》有司市、质人诸职，凡人民所有之财物，皆得政府保护之特权。《左》昭十七〔六〕①年《传》，郑子产对晋韩起曰："昔我先君桓公，与商人皆出自周，庸次比耦，以艾杀此地，斩刈蓬蒿藜藿，而共处之，世有盟誓以相信也，曰：'尔无我叛，我无强贾，毋或匄夺。尔有利市宝贿，我勿与知。'恃此质誓，故能相保，以至于今。"足证人民之财物非政府所能侵夺，首当保护之者。惟田产则异，是上古天下之田归之天子，画井分疆，按亩以授民，与欧洲十五世纪农仆之制差同。故君民之关系皆农仆之制度，是以春秋时周僖取韦伯之圃、取编伯之室，夺子禽、祝贵之田；楚灵王夺许芳田；郑子驷夺尉止田；鲁闵公傅夺卜齮田。其时视民人无保护田产之特权，强有力者乃悍然攘取之而不忌。及井田制废，人得买卖，富者连阡陌，贫者无立锥，乃人人得专其田产之权。井田不必治，民田不必乱，此亦时势为之矣。若宋代括秀州等田为官田，元代拨平江路田赐色目，明代凡贫民有田产者多为奸民，籍没而献诸权势之家，此无政者之所为，而不足为田产不能自主之证也。

七、家宅自主：英人有言，各人之家，各人之城郭，无违律强入而搜索。

谨案：自家族制度成而人民各私其家。《周礼·秋官》朝士职云："凡盗贼军乡邑及家人，杀之无罪。"先郑注引《汉律》云："无故入室宅庐舍，上人车船，牵引人欲犯法者，其时格杀之，无辜。"疏云："先郑举《汉贼律》。"按：此即今律所谓夜无故入人家，登时杀之勿论也。无故入人家宅，杀之无罪，所以保家宅之自主也。《诗·郑风·出其东门》小序言"民人思保其室家"，则以民当乱世，失家宅自主之权，故各思自保。嗟乎！国之不存，家将焉附！知家宅失其主权为可痛，盍先群力以保此国家之主权哉！

八、本身自主：人同此身，无贵无贱，若不违法，谁其敢犯。

---

① "昭十七年"为"昭十六年"之误。——整理者按

谨案：西国人身自主之说，始于《民约论》之天赋人权，而中国《大学》"在明明德"，《中庸》"天命之谓性"，亦皆天赋人权之说。惟其重人权，故重人身之自主，《孝经》言"身体发肤不敢毁伤"，孟子言"民贵"，董仲舒言"人贵"，皆自主之证。有自主之权，故无轶出于政治之范围，常得自由。《礼记・儒行》篇："儒者可亲而不可劫也，可近而不可迫也，可杀而不可辱也。"此尤本身自主之显然者矣。汉宣帝诏，郡国无罪之民不可妄逮，后虽无罪妄逮者甚多，而帝王下诏每以此为言。可见司法、行政之权操于一手，故官吏敢于轻犯自主。历观宪法所许，非法制所定不能拘捕，罪人非依法律不得逮捕、监禁、审问、处罚，以明人身自主之权，即中国无罪不妄逮之意。彼所以能实行者，以三法分峙耳。中国亦有三法司，而权限分而不专，寺权终压于部。又自阶级制兴，周籍罪人为奴，东周以敌国军民为俘虏而操贱役者愈众。秦汉以降，民多鬻身为奴。后世蓄奴益众而不能自主者愈多。英美各国不惜输款动兵，以禁贩鬻黑奴之谬，中国亦思古义而幡然哉！

九、书函秘密权：人不愿人之窥其密，即在政府不干涉、妄干涉之，即背律。

谨案：《春秋左氏传》载晋国盟词："交赞往来，道路无壅"，即书函权不被侵犯之证。东周时，如叔向贻子产书（昭六年），子产贻范宣书（襄二十二年），鲁仲连贻燕将书，未闻有法律之干涉。自汉杨恽致孙会宗书，语涉怨讟致伏刑诛，是为政府干涉书函之始。然《中律》"凡私拆人之书函者，罪杖；惟匿名书概不举发者，与本人同科"，似亦与宪法之意相合。

十、赴诉权：无告为穷民①，赴诉权久失，宪法所许裁判设。

谨案：《周礼》，太仆"建路鼓于大寝之门外，而掌其政，以待达穷者与遽令。闻鼓声，则速逆御仆〈与〉御庶子。"郑司农云："穷谓穷冤，失职则来击此鼓，以达于主。"康成云："穷者，谓司寇之属朝士，掌以肺石达穷民，听其词以告于王。御仆、御庶子，直事鼓所者。太仆闻鼓声，则速逆此二者，当受其事以奏。"小司寇"以五声听狱，求民情"，朝士"右肺石，达穷民焉"。禁杀戮掌司"攘狱者，遏讼者，以告而诛之"。先郑云：

---

① "无告为穷民"，典出《孟子・梁惠王下》，大义为"无依无靠，穷困的人"。参见朱熹撰，《四书章句集注》，第218页。——整理者按

"攘狱者,拒当狱者也;遏讼者,遏止欲讼者也。"后郑云:"攘,隙也;遏讼,言不受也。"是周代之制,人人皆有赴诉权。汉制凡民间冤狱,得叩阁入告。鲍宣对簿,而太学生数百人皆举幡殿下,亦人民有赴诉权之证。唐麟德以来,侍御史分直朝堂,与给事中、中书舍人同受表理冤讼,是唐代人民犹有赴诉之权也。近世虽设刑部、大理寺诸官管理人民之狱讼,然人民有越诉者,皆设禁止之条(今州县公堂皆有"越诉笞五十"一条,言不经州县而上诉府道按察司也),而越诉不能自由矣。

十一、鸣愿权:赴诉者诉其所害,鸣愿者鸣其所利。

谨案:《周礼》,小宰"以叙听其情";宰夫"叙群吏之治,以待宾客之令、诸臣之复、万民之逆"(先郑云:"复,请也。逆,迎受王命者。"后郑云:"反报于王,谓于朝廷奏事。自下而上曰逆,〈逆〉谓上书。");大司寇"凡远近茕独、老幼之欲有复于上,而其长弗达者,立于肺石三日,士取其词,以告于上"(注云:"报之者,若上书诣公府言事。");掌交"达万民之说"(注云:"〈说〉,所喜也。达者,达之于王若其国君。")盖周代之制,自公卿至于庶民,凡有复逆,无不达于上,是人人皆有鸣愿之权。至西汉时,此权未失,故三老董公上言事之书,而娄敬诸人皆以布衣进策,文帝止辇受言。中叶以后,凡人民皆得上书言事,言事善者即待诏金马门,如严安、主父偃、贾山、梅福之流,东方朔且上书自荐,此皆人民有鸣愿权之证。盖许人民以各鸣所愿者,所以革上下不通之弊。《周易》以"上下交通其象为泰,上下不通其象为否"。《咸卦》曰:"君子以虚受人。"《韩诗外传》:"人主之疾十有二发,而隔居其一。"(隔者,即下情不上通之谓)《管子·明法》篇亦曰:"国有四亡:一曰塞,二曰侵。塞者,下情不通。侵者,下情上而道止。"(房注云:"下情虽欲上通,中道为左右所止。")苟人人有鸣愿之权,则民情悉能上达,隔于何有? 古人集民使言,导民使言,有以哉!

十二、服官权:服官有定律,流品乃不杂,人人可官,不必人人皆官,异乎以官为业者。

谨案:《周礼》,乡大夫登一乡可任之人;遂师、遂大夫,登一遂可任之人;而遂大夫三岁大比,则帅吏兴甿。夫所谓可任之人者,即其有服官之资格者也。虽三代之时行阶级之制度,贵族在上位,平民在下位,然舜起于陶渔,伊尹起于农,傅说起于筑,太公起于屠钓,是服官不必贵族,卑贱之士亦得进身于朝。《公羊传》何注云:"古者王公之子孙,不能属于礼义则归之庶人；庶人之子孙能积文学、正身行，则加诸上位。"是三代时人人有服官之权，不必尽属之贵族也。《礼·王制》："命乡论秀士升之司徒，曰选士。司徒论选士之秀者而升之学，曰进士。升于司徒者不征于乡，升于学者不征于司徒，曰造士。"又云："王太子，王子，群后之太子，卿、大夫、元士之嫡子，国之俊选，皆造焉。凡入学以齿。"又曰："司马辨论官材，论进士之贤者而告于王……任定然后官之，任官然后爵之，位定然后禄之。"足证古代人民凡出于乡里选举，及受学校之教育者，人人皆可服官。今西国之制，必列身议院及卒业学校者乃能服官，此尤西法之合于古制者。

十三、参政权：不宪政无代议，不代议无宪政，人得保其政权，国斯保其王权，无谓中国独不然。

谨案：所谓参政权者，一曰有被选之资格，一曰有选举他人之资格。考之周制，"司士掌群臣之版……以诏王治，以德诏爵，以功诏禄，以能诏事，以久奠食。"（注云：德谓贤者。食，稍食也。贤者既爵乃禄之，能者事成乃食之。《王制》曰："司马辨论官材，论进士之贤者以告于王，而定其论，论定然后官之，任然后爵之，位定然后禄之。"）太宰"以八统诏王驭万民：一曰亲亲，二曰敬故，三曰进贤，四曰使能，五曰保庸，六曰尊贵，七曰达吏，八曰礼宾"（注云：贤，有善行也。能，多才艺者。保庸，安有功者。达吏，察举勤劳之小吏也）。宰夫"正岁，则以法警戒群吏，令修宫中之职事。书其能者与其良者，而以告于上"（注云：若今时举孝廉、贤良方正、茂才异等）。乡大夫"三年则大比，考其德行道艺，而兴贤能者，乡老及乡大夫帅其吏与〔兴〕其众寡，以礼礼宾之。厥明，乡老及乡大夫、群吏献贤能之书于王，王再拜受之，登于天府，内史贰之……此谓使民兴贤，出使长之；使民兴能，入使治之"（注云：言是乃所谓使民自举贤者，因出之而使之长民，教以德行道艺于外也；使民自举能者，因入之而使之治民之贡赋田役之事于内也）。州长"三年大比，则大考州里，以赞乡大夫废兴"。党正"正岁，属民读法，而书其德行道艺"。族师"月吉，则属民而读邦法，书其孝弟睦姻有学者"。闾胥"既比则读法，书其敬敏任恤者"。司谏"以时书其德行道艺，辨其能而可任于国事者"。遂大夫"三岁大比，则帅其吏而兴甿，明其有功者，属其有地治者"（注云：兴甿，举民贤者能者，如六乡之为也）。足证当时人人有选举乡人之权，亦人人有被乡人选举之权。《墨子·尚同》篇云："里长者，里之仁人，闻善而不善以告乡长，乡长以告国君。"明太祖时，令中外诸臣，下至仓库杂流，皆得举士，亦此制也。特当时所谓参政者，仅有行政之权，无立法之权耳。

一曰乡官。《周礼》太宰职之言曰："吏以治得民。"而《管子·修权》篇亦曰："乡与朝分治。"又曰："有乡不治，奚待于国（朝指政府而言，乃中央集权之制。乡指町、村而言，乃地方分权之制也）?"是古代地方之分权几与中央之权相埒。而《周礼》地官之职，自州长以下有党正、族师、闾胥、比长诸职；自县正以下有鄙师、邻长、里宰诸官。又《汉书·百官表》所言，亦谓"县令、长皆秦官，掌治其县。万户以上为令，减万户为长，皆有丞、尉，是为长吏。百石以下有斗食、佐史之杂，是为少吏。大率十里一亭，亭有长。十亭一乡，乡有三老、有秩、啬夫、游徼。"是乡官之制，秦汉犹存（按县令、长、丞、尉，皆政府所命之官。日本译西制所谓市、町、村，各长也。少吏诸官，大抵皆由众民推举，即西人地方各参事会之意）。北魏孝文时设邻长、里长、乡长之职，至隋文即位，尽罢乡官。试即乡官之义务，考之《汉书·百官志》，云"三老掌教化"，即西国建设乡学之意；乡师、轶长掌军旅，即西国募集军队之意；闾师、里宰征赋税，即西国征集租税之意；遂人稽民教，即西国调查户口之意；啬夫听狱讼，即西国司裁判之意；游徼、亭长禁盗贼，即西国警察保公安之意。此皆古代之乡官也。

一曰吏胥。《周礼·天官·序官》："太宰卿一人……府六人，史十有二人，胥十有二人，徒百有二十人（注云：府，治藏。史，掌书者。凡府、史，皆其官长所自辟除。胥、徒，此民给徭役者，若今卫士矣）。"大宰"施法于官府，而建其正，立其贰，设其考，陈其殷，置其辅"（注云：正谓冢宰、司徒、宗伯、司马、司寇、司空也。贰谓小宰、小司徒、小宗伯、小司马、小司寇、小司空也。考，成也。佐成事者，谓宰夫、乡师、肆师、军司马、士师也。殷，众也，谓众士也。辅，府史，庶人在官者）。宰夫掌百官府之征令，辨其职，"五曰府，掌官契以治藏；六曰史，掌官书以赞治；七曰胥，掌官叙以治叙；八曰徒，掌官令以征令"（注云：治藏，藏文书及器物。赞治，若令起文书草也。治叙，次序官中，如今侍曹伍百。征令，趋走给召呼）。案周时百官府分职而治，公、卿、大夫、士为正吏，自一命以上皆命于王。降而府史，则犹今之书吏。再降而为胥徒，则犹今之差役，所谓庶人在官者也。乡官、胥吏者，皆古代人民之有参政权者，实占多数。又按西人有参政权者，一曰为本土之人；二曰有一定之年龄；三曰为不犯罪恶之人；四曰有一定之财产。若中国古代参政之民，其权限亦与此类。如汉高祖为沛亭长，爰延为外黄乡啬夫，乃本土之人也。如汉高三年令，民年五十以上，有修行，能率众为善，置以为三老，择乡三老一人为县三老，与县令、丞尉以事相杀，即有一定年龄及不犯罪恶之人。此皆古法之合于西制者。惟汉代少吏，岁给禄俸（职皆百名），与西民有一定财产者不同。

十四、赋税义务：取一国财，办一国事，欲去其弊，莫如分治。

谨案：所谓赋税者，即人民纳财于政府之谓也。上古之时，人尽为兵，后世不能人尽为兵，乃纳财以免役。古皆以田赋出兵，故以兵为赋，此赋字所由从武。有田则税，无田则免。《周礼》："太宰以九赋敛财贿。"注云："财，泉谷也。赋，口率出钱也。今之算泉，人或谓之赋。"此计口纳赋之始。《管子·海王》篇云："万乘之国，正人百万也。月人三十泉之籍，为钱三千万。"人口税固若是，其重欤！至汉高四年，制为算赋；十一年，令民岁纳六十三钱，以口数计。元帝时，令民七岁出口钱，盖所谓口钱者，即按口纳赋之谓也。后魏之制，有妻者为一床，派徭银六分；无妻者为半床，派徭银三分。汉代以降，大抵户口之赋与田土之赋并行，所谓人人有纳税之义务也（宋代岁赋，于公田、民田之赋外，另有丁口之赋。盖古代人尽有田，故尽有田赋，后世不能人尽有田，故丁口之赋在田赋而外。元明皆有丁税丁赋）。近世以丁银摊入地粮，于是田有税而人无税，议者咸以为赋税过轻。然民间田产出入皆税契一次，又牙行有税、当铺有税，此外小税多归商贾摊派，而徭役每重于士、农。是中国取民之制亦多与西法相符，其所以异者，则人民有纳税之义务未获相当之权利，且收税之权归于官吏而不归于议院耳。今浙江嵊县一县，每年钱粮归四乡绅民议价，以上下忙分缴，官虽贪而无从浮收，吏虽蠹而不敢滥征，推而行之，庶几分治之意欤！

十五、服兵义务：民兵扰，募兵耗，人人尽义务，国保家亦保。

谨案：《周官·小司徒》："五人为伍，五伍为两，四两为卒，五卒为旅，五旅为师，五师为军……上地家七人，可任也者家三人；中地家六人，可任也者家三人；下地家五人，可任也者家二人。"盖周代之民，舍老弱不任事者外，家家使之为兵，人人使之知兵，故虽至小之国，胜兵万数可指顾而集。又据《司马法》所言："地方一里为井，四井为邑，四邑为丘，四丘为甸，甸六十四井，有甲士三人，卒七十二人。每甸之中以中地二家五人计之，则五百一十二家可任者一千三百八十人。"后世兵与农分，兵乃别于四民以外，于服兵之义务缺矣。近儒颜习斋云"以六字强天下"，曰"人皆兵，官皆将"，与西人籍民为兵之制合。又据《韩诗外传》诸书，则古代男子咸二十而应征，四十五而免籍。今西国兵制，凡民自二十以上，悉隶兵籍，朝暮操习者为常备兵；五年期满，退为豫备兵；又四年，退为后备兵；又五年，退为民兵；及民兵期满，始出兵籍。虽服兵之期限古代与西国不同，而其立法则相类，大抵六乡之正卒即常备军也，六遂之副卒即豫备兵也，羡丁、余子即后备军也。

　　国朝初用养兵，八旗绿营耗费而无用，改募兵。又以募兵无用，参练兵卒。以募兵练兵相持，而均归于敝，将欲复民兵之制乎！人已忘服兵之为义务，新安折臂之翁，石壕捉人之吏，诵者流涕。计惟合募兵、民兵之制而变通之。中国成丁之人何啻一二百兆，势不能尽签以为兵。募土著之民之愿为兵者，而以常备、豫备之制编之，先限学龄，广小学。今人人出于学堂，朝廷一以尚武为政策，而令应募者恍然于义务之宜尽，以当兵为乐，不徒以当兵为荣，庶无敌于中外乎！

宪法法理要义

王鸿年　撰

　　整理者按：《宪法法理要义》，全 1 册，明治三十五年（1902）铅印本，日本三协合资会社印刷。封面篆书"宪法法理要义"，楷书"王鸿年撰"，页面对开，有版框，文字竖排，每页 13 行，每行 30 字，无标点，宋体。全书共 180 页，五万余字，由叙、正文和附录三部分组成，叙为作者自序，正文分为上下卷，附录为作者译《明治宪法》。目前日本国立国会图书馆等处藏有此书。

　　作者王鸿年（1870—1946），字世玙，号鲁璠，生于浙江温州，自幼聪明好学，博览群书。光绪十五年（1889）中秀才，1897 年春考入湖北武备学堂，1904 年毕业于东京帝国大学法科。回国后应聘于四川将弁学堂和山东法政学堂、济南皇华馆法政学堂。1906 年为法政科举人，授内阁中书，供职学部兼京师大学堂译学馆教席。1912 年王鸿年被任命为外交部佥事，1919 年暂署驻朝鲜总领事。1920 年擢任驻日使馆参事官、代理驻日本国全权公使。1921 年 11 月，任专门委员参加太平洋会议，同年奉命调回。此后屡奉外交部委派，历任汉口、福州、铁岭等地外事特派交涉员。1922 年至 1924 年，王鸿年任驻苏联远东外交代表兼驻赤塔总领事。1923 年调任外交部参事，以全权公使记名。1926 年，任外交部俄文法政专门学校校长。1934 年代驻日本横滨总领事，1936 年卸任。王鸿年著作颇丰，翻译的法学著作有《步兵斥候论》《骑兵斥候答问》等，编纂政法学著作有《国际公法总纲》《日本陆军军制提要》《宪法法理要义》《国际中立法则提纲》《内阁制度刍议》《战时现行国际法规》《日本教育制度之沿革》《局外中立国法案》《中国政治沿革史》《地方自治制度》《调查日本外务省制度报告》等。

　　《宪法法理要义》是近代较早撰写的宪法学著作之一，共六编，分为上下卷。上卷四编，第一编绪言，第二编总论，第三编统治之主体，第四编统治之客体；下卷两编，第五编统治之机关，第六编统治之作用。据王氏自序，作者于留学日本期间听取明治宪法学家穗积八束讲授宪法课程，课余时间摘录其要旨，参考其他各家之说，比照欧美各国宪法最终写成此书。

　　《宪法法理要义》出版之际，恰逢清末立宪思想渐兴，清政府即将推行新政。该书以编辑整理的方式简要介绍了以穗积八束为主的明治宪法学说，对清末中国知识分子具有一定启蒙的作用。目前，学界尚缺乏对该书的综合研究，熊月之在《晚清新学书目提要》中提及该书（熊月之主编：《晚清新学书目提要》，上海书店出版社，2007 年，第 406 页）。

叙

治天下者不可无法,尤不可不明其立法之义。法不立,则政不成;义不明,则天下之精神不能归于一致,虽有法,犹之无法也。日本维新以前,所谓法者尚隘。至近世,以法治国之说盛行,而法益日备。曰民法、曰刑法、曰商法、曰民事诉讼法、曰刑事诉讼法,皆治国者所不可稍缺之典则。曰宪法,亦法律之一种,所以明其主权之所在而制定主权之作用,以立国家不易之政体者也。何谓主权? 主权者,为国家最高无限之权力,而国民全体所当服从者是也。无主权,则不得为国家。主权统于一人,以聚涣散之团体,以通全国之气脉,臣民一体,上下同心,保持秩序,增进幸福,而无政党纷争之祸者,则立宪君主政体尚焉。

余留学日本大学校学其政治科,而于校长穗积八束氏所授宪法,尤兢兢致意。穗积氏于异说鸥张之际而独阐扬君主主权说,以痛遏孟德斯鸠之三权分立论及鲁所民约论之流弊,而维持忠君爱国之大义,以鼓舞人心。抉政略之秘密,穿人心之隐微,其与一千五百四十年伊太利人吗嵌薇鲁所著之《君主论》,及一千六百年间英人霍普司所著之《巨人论》、佛人磅秦所著之《主权论》,实先后同揆所以救社会之分裂、集中央之权力,其有功于当世岂小补哉! 余于课暇摘录其要旨,更旁征诸说,搜罗欧米各国宪法以互相比证,勒为一卷,命曰《宪法法理要义》。

庶世之君子,知变法之源在明其国家之历史与天下之大势,而后能运掉自如,扩张国运。否则以古绳今,以彼律此,不揣其本而齐其末,与蕾蕾无知者其误国家一也。况当此列国环视并峙之际,以种族相竞,以势力相搏,优胜劣败之势间不容发,苟不洞察其国家之历史与其大势,而狃于激烈痛快之空论,同室操戈,一家胡越,外人乘衅以肆其吞噬,几何不蹈印度、波兰之覆辙哉!

日本维新之初,内变外患交乘迭至,存亡之机不绝如缕,而二三元杰唱尊王之正义,削强藩之跋扈,使大权统于一人,卒能戡定大难,称雄于东亚,以成立宪君主之制度。呜乎,何其伟也! 我中国之历史与今日之大势，其去日本不相远，诚能师而行之，而厘定君主立宪政体，以明大权统一之主义，使天下精神皆归于一致，而复裁改庶政，鼓练兵力，收回自主之权利，增殖臣民之隆福，以达国家独立自强之目的，又何难振起数十年积弱之势，而大雪其耻辱哉！亡羊补牢，犹未为晚，是在善行其法已耳。

光绪壬寅二月

王鸿年

自叙于日本法科大学

上卷

（万国宪法对照）

第一编　绪言

第一章　法之观念

法者，所以维持社会之秩序，而为国家所强行之规则。夫社会之成立由于人之集合体，固不待言。然使所谓集合者以平等之人而为平等之集合，则社会之观念必不成立。譬之于家，家之所以为家者，非男女老幼麇然聚集所成。为父母者有管辖其家族之权力，家族之人莫不服从于此权力之下，而自认为家族中之一分子，然后家族之团体始立。故社会之所以成立者，亦必多数之人自认为总团体中之一分子，而服从于主权者权力之下，而后社会之团体始能成立。然则人间社会之组织，实由于两种关系所结合：其一为中心权力服从之关系，即服从主权者之命令；其二为个人相互平等之关系，即于主权者权力之下，多数之人互为平等之交际是也。有此二关系，而后社会之秩序乃定。法者，实即维持此二关系，以国权之力杜乱崇治、抑强扶弱，使社会之团体皆能遂其共同生活。此实法律之最大目的所定，为规则以制裁社会之全体者也。

要而言之，法之观念实具有形式与实质之二要素。所谓形式者，即权力之谓。所谓实质者，即规定社会之利益而分配于各个人之谓。明此二者，而后法之性质始可洞识。若偏于一说，则其见解必不能适当。但欧洲学派言人人殊，兹更条列而辨正之于左：

一、意志主义

此主义自黑搿尔以来，哲学者所传授于法学者之主旨，一时颇为盛行。意志之发动即为权力，此说固然，但偏于形式一面，而法之为法所规定者何事，未能提阐显豁。故其说究不能归于纯正。

二、利益主义

此主义以为，法之观念专在分配社会之利益，使世人皆得平等享有之意。其言法律实质上之作用颇为合理，但法必因权力而始行，无权力则法必不能存在，故其说亦为未妥。

三、自然主义

以法为天然自然之存在，而非国家国权之所造成。其说亦误。盖法者为国家社会之生产物，有国权而后有法。未有法以前之国家，其国家之事实昭然存在，特此时国家与人民之关系，为事实上关系，而非法律上关系而已。故若以法之发达与社会之发达自然相互并进，则可；以法为出于自然之存在而非人力之所造成，则不可。

四、神意主义

以法系出于神意，而为最高原理，所以定人间一切之行为运动者。此实宗教家之所主张，其说亦各人不同。但此不过为譬喻之传说，而不能构成一种理论，余辈亦不必深辩其是非。

五、民约主义

自个人主义之学说及天赋人权说盛行以后，人皆以自由平等为要义。英之霍普司等皆主张此说，而尤以鲁所之《民约论》为最著。其说之纰缪处，难者甚多，且于今日实际之情形决不适用，此更不待辩而自明矣。

此外则有道德主义、性法主义、自由主义、命令主义、总意主义。学者之说，各有不同，亦不必一一为之证辩。总而言之，法者，所以定人类生活之规则，维持社会之秩序，而以公力强制而行者也。

第二章　公法及私法

社会之关系,既由于服从权力者之关系及个人相互平等之关系所由成,则法之所以维持此二种元素者,亦必分而为二,曰公法,曰私法是也。

公法者,为规定权力关系之规则;私法者,为规定平等关系之规则。而论者或于法之形式上区别之,如成文法及不文法之区别是也;或于法所规定之事物上区别之,如关系刑罚之规则则称为刑法,关系学校之规则则称为学校法是也;或又于法所管辖之人类上区别之,如贵族法、士族法、农民法是也。学者所论,言人人殊,不遑枚举。然此皆非学问上必要之点,不过于解释上求其便利已耳。

此外则有最大之区别。自有历史之学说以来,莫不主张此说,计分三种类:一、由法之主体上区别之。二、由法律关系之种类上区别之。三、由法之目的上区别之。

由法之主体而区别者,则谓公法者为国家所关系之法,私法者一私人相互关系之法,其说最为盛行。然彼仅以国家与私人所定之规则,或国家与国家所定之规则为公法,一私人相互间所定之规则为私法,而不言其区别之所由,则其说尚未为纯粹。今譬如一私人间相互之借债及国家与私人间之借债,其为借债一也,不得以其为国家之借债则定为公法,为私人之借债则定为私法。然则其所区别者,亦特机械之区别耳(犹言勉强区别),而于理论上实不正当。

由法之目的而区别者,则谓保护公益之法则为公法,保护私益之法则为私法。此说最古,罗马之旧法律书中即有此定义,故至今日而其根据亦最深固。但所谓公益、私益之区别,甚不明晰。盖同一现象中,在彼则为利益,在此则为损害。若于客观一面而概称之为利益,则于理论上未为完足,即社会之利害亦因社会之境遇而异,不可以"利益"二字概括之。

由法律关系之种类而区别者,即吾人所谓权力之关系及平等之关系是也。此外则启鲁开之学派,谓公法者为社会团体所立之规定,私法者为团体分子间之规定。启鲁开为法学之大家而专明于日耳曼人种之法律,故其思想亦自日耳曼人之历史而来,而表揭日耳曼人固有之法律思想者。然则日耳曼人公法、私法之思想,不可不一举示之。

罗马为主权统一之国,其国权归集于中央政府,故国权之施行与一私人之服从显有区别,而公法、私法之规模,亦即于此成立。独逸固有法之发达,与罗马法之发达迥不相同。古之独逸法无公法、私法之区别,不过仅有法之观念而已。中世以后,主权旁落,英雄豪杰割据地方,为社会分裂之时代,一私人之权利及国家之权力混而为一。启鲁开当此时代之变迁,因而特创学派,以求其公法、私法之区别,而究之彼所谓团体及分子之关系所规定者为公法,分子与分子之关系所规定者为私法,而不明示其区别之缘由。故其说实不甚满足,而不免为世所讥。

法兰西、独逸志之学者中,往往有以私法为财产法者,此观念则自古已然。欧洲一千七百八十年之际,所谓警察国时代,制度甚整,虽与今日之立宪政体不同,而民法及民事裁判之事已大为发达。此时学者之观念,凡财产及金钱上诸事,皆以之为民事。即至今日欧洲诸国之立法,尚有本此意思以行之者。独逸学者作摸之说,亦以私法为财产法,但独逸所谓物质能力者,非仅指有体物质之意味,而实含有人之权能意味在内。故其所谓财产者,与吾人所谓财产,殆异其趣。

第三章　人格及权利

人格者,指自主自存目的之主体而言。自主自存者,谓其因自己之故而存在,非为他目的之故而存在者也。自主自存之目的由法律而定,而后可以为人格。人者,则为自主自存目的之主体。盖有我之观念,则我之为我自有独立生存之意思,基此意思而为法所认定,则为人格。故人格者存于法律保护之下,离法则人格即无自而存。但法律中不独以自然人为人格,即非肉体之物,凡可为自主自存目的之主体者,皆认其为人格,譬如会社团体等。若但系人与人之集合体,则不足称为人格。组织此会社之人,其所以组织之意思,于组织分子各自目的以外别有自主自存之目的,则此会社团体即可称其为有人格者。

法律学者中,或主张意思主义,以为人格及权利皆可以意思说明之,而以人为意思之主体。此说固然,但今日法律之进步,于肉体人以外之物亦可称为人格,此时恐非意思说所能发明其义,故近世以此说为不完全之说。乃或人欲补其说之缺陷,而以肉体人为真实之人格,会社等为虚伪之人格,其说尤晦。盖法律上所谓人格者,非仅指肉体人而言。昔日罗马法中谓肉体人中亦有无人格者，即奴隶是也。法律上不认其为人格，即使其有目、鼻、口、耳、意思等，而亦不得称之为人格。法律上认其为人格而保护之时，则即非肉体之物，亦纯然为完全之人格。何可以其非肉体人而称其为虚伪乎！则其说之误谬可概见矣。

权利者，法则所规定之利益是也。权利之实质为利益。本于法则而主张其人格之目的，则为权利之要素。权利之为物非有二种类，但学者因有公法、私法之分，遂亦分权利为公权、私权，其说亦纷纷辩论，莫衷一是。但今既以权力关系所规定之法则为公法，平等关系所规定之法则为私法，则公权者即权力关系上所生之权利，私权者即平等关系间所生之权利，如此定义，殆无不可。权利与权力不可混而为一。权利者，为法律所保护，而系一私人之利益；权力者，为立法之源，而有保护一私人利益之力。故必先有权力而后权利始生。国家对一私人则可有权力，一私人对于国家则不得有权力。法兰西宪法解释，往往于权利中区别之为政权及公权。政权者，参与国家政治机关之权，如国会之选举权、大统领选举权等类；公权者，则因宪法所保证，如人体之自便、财产之安全等类。近来解释日本宪法者，尝有用法兰西之解释以为解释之主旨，其误何可言状！

第二编　总论

第一章　国家之观念

国家者，以一定之土地、一定之人民为基础，而以独立唯一之主权统治之之团体是也。在国法学上主观之观念，则以国家为主权之本体即可说明其义；在国法学上客观之观念，则国家之所以为国家者，宜具备人民、土地、主权之三要素。

一、国家者，由多数人所成之权力团体

权力团体者，非谓人类之多数偶然聚集于一个地方之谓。多数之人民以一定之权力为中心，团结一气，于个人各自生命目的之外，而以此团体为生命目的,然后国家之观念始成。

由历史上观之,人类之集合,其初为血族之关系。有血族关系而后成为一家族,家族团体多数之集合,而后成为民族团体。民族者,为同一祖先之子孙所集合之总体,即同其人种者是也。国家之要素,在理论上无论何种类人之集合,皆可组织国家,而于历史之实际上观之,则出民族之组织者为最多,譬如日耳曼人种互相联结而成为独逸国,日本民族互相联结而成为日本。故国家不但为个人之集合体,而实为民族组织上所结合之团体也。

二、国家者,有一定之领土

上古游牧时代,各分部落,地广人稀,不必以一定之土地为自己之领土。中世以后文明既进,在农业之国,以土地为社会利益之大原素,衣食之源,实出于此。故以土地为财产之观念遂起,而又于一定领土上独占利权,而防御外国之精神亦起。然在中世国家之观念,尚不过以土地为财产而已,至近世则大异。近世所谓国家思想者,谓以一定之领土为其国之主权所独自施行之所,凡一切外国之权力及他人之权力,皆排斥之,使其主权得独立施行。故领土者为主权之势力范围,凡在此领土内者,皆当服从主权,不得对抗。但此主权惟能行于领土以内,不能行于领土以外。故列国行动之范围,遂以领土为大要素。然则今日所谓有一定之领土者,非以土地为一人之私有,亦非因经济上利益之故而占有之。盖所谓我国之领土者,为我民族所存在之地,排斥一切权力,使我主权得独立而专行之之范围是也。

三、国家者,有一定之主权

人类之社会因权力而为结合,若仅民族相聚,即使有一定之土地,而其民族不服从于一定主权之下,不得以权力统治之,则国家之组织仍不能成立。故社会必因权力以为维持。国家者为社会最发达之形式,由主权以统一之者也。何谓主权?即最高无限之权力。无论何人,皆当服从于此权力之下。一定之民族、一定之土地上所谓主权者,有一而不得有二。无主权者即非国家,譬如印度地广人众,因其无自己之主权而听命于英,故不得为独立国家;瑞西虽人少地狭,而有一定之主权,故能位于列强之间,而保其独立国家之地位。然则主权者实为国家之生命,主权之能强且盛,则其国家亦必强且盛焉。

又合众国之各州虽皆可看做国家,但其所谓主权者,则在合众国而不在各州。若使主权在各州，则即不能为独立之国家。又联邦制度亦然。独逸之联邦，其主权在独逸，不在联邦，所谓普鲁西亚、沙枯逊等国，不过独逸国中之地方团体而已，其主权则仍在独逸，故能为独立之国。

国家之定义，近来学说甚多，兹择其最盛行者详列于左：

第一、有机体之说

此说二千年前希腊普兰顿曾主张之。普兰顿谓国家与一个人同其性质，亦系活物，由各部分所组织而成。其后祖述此说者实繁有徒，皆论而不详，且大抵以此为譬喻之言。至近日，生物学、心理学等之有形学大受其发达，即社会学、法律学等之无形学，亦大蒙其影响，譬喻之言变而为真实之论矣。近日，独逸人普龙秋利遂创为国家有机体说。于法兰西则有阿晋雷脱夫雷爱，于英则有司本沙等，皆主张之。一时风行欧土，雷同附和者至不可枚举。其大旨则以国家为生活之有机体，国民为组织此有机体之细胞，政府为头脑，劳动者为脚部，军队为腕臂，农工商为消化机关，财政为血液。此等各部若有一部受伤，则全身即受其痛苦。草木、禽兽、家屋、铁道、电信、邮便等，为各细胞间所存之物质，以为连络保护之用，而使成一完全人体之机关者也。诸家之中最铺张此种学说者，为独逸学者之塞夫来。塞夫来著有《社会身体之构造及生命》一书，计四大册，其说国家与人身相比较处最为精密。普龙秋利又以国家为男性，宗教为女性。当其时法兰西变革以后，个人自由之说极为盛行，国家之权力几等于弁髦。故诸君恝然忧之，而创为国家有机体说，特提出"国家"二字为大题目，以为个人之上有国家之一大机体存在，个人则不过大机体中之一分子。盖欲制抑个人之自由而扶植国家之权力，决非徒为滑稽构空之谈已也。但有机体无机体等说，系法律观念问题以外之说，故兹置之不论。

第二、法之目的物之说

此说为柴伊特尔所主张。柴伊特尔谓国家者系指有形之土地、人民而言，为统治之目的物，而非统治之主体。而究之国家之所以为国家者有二方面：其一为实质上之国家，其二为法理上之国家。譬如比较国家之大小强弱，于形式上言之则为实质之国家；至于国家之目的、国家之权力、国家之条约，则系指其权力之主体而言，此为法理上之国家。若据柴伊特尔之说，是仅有实质一面，恐非确论云。

第三、法律关系说

此为独逸学者灵拜所主张。灵拜谓国家者非权力权利之主体,法律关系是也,其说不甚盛行。所谓法律关系者,即人与人为共同生活之意,名此共同生活之关系为国家。譬如契约之类,多数人为组合契约,则成会社;多数人为政治上之组合契约,则成国家。此即灵拜法律关系说之用意。然此说非始于灵拜,当时大哲学家柑脱曾立契约说,以为人与人相结之契约则为国家。其后鲁所又著《民约论》,以为国家者,人与人本自由之意志结为契约,以成国家。契约者,法律关系之谓,故灵拜谓国家者法律关系是也,但此说于今日之国家思想格不相入。盖法律之观念与事实之观念相并而起,必先有社会而后有法律,非先有法律而后有社会,故必以社会之现象为主,始可说明其法律。且近来国家思想,所谓国家者,必有独立之目的,有不朽之生命,若以契约行之,则契约自身未尝有何等目的,而且契约之为契约,亦未尝有何等不朽生命。故其说为余辈所决不取。

第四、法人说

此说与有机体之说相近。现在独逸学者拜鲁培鲁专主张之,其次则独逸公法学者罗磅德亦主唱此说,一时附和者甚多。但法人之语,于民法、商法上则系法律所特定之资格,至于国家则为法律之源,若以立法者为国家之法人,实未免立说矛盾。普通法学者拍伦哈枯曾批驳之,以为法人者国法上所定之资格,国法者国家之所造作,今若据法人之说,是以法律造其国家矣。其说实为不合云。

第二章　国法学

国法学者,论统治权之本体及作用所关之法则,由国家自体言之,则属于国法学;若论权力发动以外之国家现象,则属于经济学、政治学,而非国法学之范围。

世界各国皆有固有之历史及团体,故国法学之论国家之主权及作用亦为各国所固有,而非为普通之法则,不得以外国国体及历史与本国相异者之国法法理,解说本国国法。

国法者为统治之法,以统治为标准,分国法学为四个纲目:

第一统治之主体　君主

第二统治之客体　土地及人民

第三统治之机关

甲、宪法上之机关

（一）议会

（二）政府

国务大臣

枢密顾问

（三）裁判所

乙、行政机关

第四统治之作用

（一）大权

（二）立法权

（三）司法权

（四）行政权

第三章　国家之主权

日本之国体以君主为主权之观念。此观念由历史上国民信仰之心所维持发达者，而为建国之大则。君主之统治国家，非为法律之名义而为事实上权力之实行。君主与臣民之关系，非法律上之关系而为事实上之关系。君主本其独立固有之权力以君临国家，非为国家之代表者。故君主为统治之主体，土地及人民为统治之客体。君主与主权一体而不可分离，于君主之外无国家，君主即国家是也。

第四章　国体

国体者，主权之本体。主权者，国家法则之源，有主权然后有国法。主权之所在非因法律而定，而实为历史之结果。所谓历史之结果者，本于国民信仰之诚，国民所奉戴特定之一人而信仰之，则不必问其人腕力之强弱如何，即可永远为一国之主权者。

现在世界文明各国之国体，大区别之，可为二种：

一、君主国体；

二、民主国体。

古来历史上国体之名目甚多,此后之变迁如何,亦非吾人所能预定,但在今日文明国势,则仅有此二种国体。

阿利司脱脱尔之政治论分国体为三种,曰君主国体,曰贵族国体,曰民主国体,希腊之学者莫不主张此说。其区别之处,则谓一人主权者为君主国,少数之人主权者为贵族国,多数之人主权者为民主国。此说固然,但现今文明各国无完全贵族国体者。历史上所称贵族国体,往往皆由君主国体衰弱以后,主权旁落,而贵族豪族遂专擅权力,以恣威福。故所谓贵族国体者,不过社会变迁一时之现象,非真有坚固不拔之基础,今略之不论,而但说明君主、民主之二国体。

君主国体者,以特定之一人为主权之人。其人之所以得主权者,则在于自己有固有之力。所谓固有之力者,不受他权力委任之谓。譬如不受国民之选举、不由法律而定其权力是也。此为君主国体之定义。

民主国体者,以国民为主权之所在,国会或政府皆受国民之委任而为行政治之机关。此为民主国体之定义。

君主国体之理想,以特定之一人为有最高绝大之势力,非他人所敢对抗。民主国体之理想,专在主张国民平等主义,无论何人,不得有特权。

自法兰西改革以后,欧洲大陆诸国靡然从风,学者立说以为不改为民主国则不能行立宪政体,谬误相承,全球震动。其后又有调和君主主义及民主主义之说起,而于法理上皆暧昧不明,如白耳义国即其一例。白耳义国名则为君主国体,而法律上则为民主之国体。此不独学者言之,白耳义之宪法著有明文,谓君主于宪法所定之权力以外,不得有他权力,即此可以证验。西班牙、葡萄牙、伊太利宪法之精神皆然。

君主国体之发达,征之于历史上变迁之事实,厥有四大端:

第一、由家族团体而发达者

盖社会之始,为夫妇、父子之家族小团体,渐进则为血族之团体,即同一父母之兄弟互相集合而成团体之意。由此观念推广,则同祖先之人相集,即同一人种之人相集而成一民族。家长之权操之于父,所以管理家族;民族之权操之于族长,所以管理民族。由家长制度推而成为君主国体,欧洲古昔历史中如此例者甚多。

第二、由宗教之信仰而起

神权政治之说,于人间世界以外,别有所谓神者,以管理人间。国家之组织,即神之管理人间之组织。后世宗教之观念与国家之观念分而为二,而在古代则实混合为一。神之威力即为国权。奉事天神之僧侣,即为国家执政权之人。神之代表之人,即为主权者。其国家之组织成立,全本于宗教之基础。此例于古代历史中颇不鲜见,如白耳义之历史、土耳其之历史,表揭此主义最为明白。

第三、由战争之结果,将帅之地位一变而为国家之君主者

其例更多,而尤以日耳曼人之建国为最著。日耳曼之民族,本为欧东移民之人种。移民之状态,因衣食住便利之故,互相集合,遂成部落。其政治之中心,则在国民总会。每有事故,部落之人集合原野以相会议。此为共和政体。但当部落与部落战争之时,若各人皆平等独立,则事不统一。因军事上之必要,于是在民会中选一人为将帅。此将帅之地位,在上古时惟于战争之际独操大权,平和以后则仍归农。其后当战争不息之时代,将帅之在位既久,即当平和之日亦不复废,而将帅遂成为世职,迨后则奉为君主矣。大约欧洲之君主国,其创起于近代者不在此例,凡有历史最古之国,莫不如此。

第四、近世欧洲各国,往往皆系封建时代之贵族豪族,自立而为君主者

当中古之际,封建盛行,中央政府之权力稍衰,各诸侯皆割据方隅,以扩张自己权力,中央朝廷徒拥虚名。一千六百年以来,大诸侯并吞小诸侯,遂成为今日中央集权之世。此即贵族国体变为君主国体之所由来也。故欧洲各国所言君主,其国体与日本不同,不能相提并论。

民主之国体,历史上亦分为二:

一、纯粹之共和国体;

二、贵族共和之国体。

民主国虽有主权在民之理想,而究之全国之政体,国民不能平等分理之,故有以少数之人行其主权,与以多数之人行其主权之区别。欧洲学者中尝比较君主及大统领之地位,佛国公法大家拍夫脱皮于《行政法》第一卷,谓立宪之君主为世袭之大统领,其说甚误。盖君主为主权者,子孙相承实出于固有之权力。由臣民一面观之,则君主神圣不可侵犯。大统领虽有权力,而非国家之主权者,且由国民选举。佛国大统领尝于寻常事件亲到法廷,受其实问。大统领违背宪法,即为犯罪。其实质之相异处,乌可与立宪国君主同日而语哉。

第五章　政体

政体者,统治之权力动作于形式上者是也。政体之区别不能详记,就现今文明国各政体,大区别之为二种:

一、专制政体;

二、立宪政体。

专制政体者,立法、司法、行政之权皆专握之于一人之手,以全能之力行之之政体是也。但此所谓专制者,与流俗所言专制不同,有君主专制,有议员专制,有共和国大统领之专制,有数人合议体之专制。若世俗之见,专以君主国体为专制,则浅陋谬误,不可言喻。考古之历史,罗马地括特脱鲁(官名)之专制,即共和政体主权者之专制政体。故今分专制政体为三大端:

一、君主专制;

二、议员专制;

三、共和国大统领专制。

君主专制者,立法、司法、行政之权君主专操之,如英之秋得鲁王之时代、普之夫来得利枯二世时代皆然。此种政体,历史上最为显著。在欧洲中古之际,封建盛行,诸侯豪族各拥土地,互相侵夺,中央之权力不能下行。势不得不讲君主专制政体,扶植中央权力,以统一国民。法兰西学者磅亲曾创主权论,其有功于当时,实不浅鲜。日本维新之际,有志之士创勤王之论,废置封建,使国民归于统一,以救社会分裂之弊,其用意正相符合。即法兰西、普鲁士君主专制之时,其裨益于人民处,实属不鲜。论者谓君主专制人民厌苦,殊大不然。据当时之情形,于历史上细考之,专制之君主往往大得民望,敬之如神明,爱之如父母,实为国家之幸福。其故由于贵族豪族为国权统一之大敌,必抑贵族豪族之权而归之于君主之手,然后国民始能统一。故举国人民莫不拥护君主,以维持专制政治,而摧抑强藩之势力。普之夫来得利枯二世尝曰:我为国民之仆。此不独夫来得利枯二世言之而已,其所行者实能为国民造福。故欧洲自一千七百年至一千八百年之间,为君主专制最发达之政体,其势力亦最盛。

议院专制者,立法、司法、行政之权力国会专操之。组织国会之多数人各行其己所欲为之事,以专擅威福,由实际上言之,即国会中多数政党之专制是也。夫在立宪君主之国,皆有议院,其议院非必皆能专制。盖由于议院之制度及国法上之地位不同,故其情形亦异。若以议院为国家最高之权力,而置政府于议院之下,则即成为议院专制政体。若仅使议院议员参与立法之事,为统治之一机关,于立法以外不授以权力,而立于君主主权之下,此即成为立宪君主政体。其在民主国则议院与政府虽相对峙,然若于立法权以外亦不授以权力,则即成为立宪民主政体。从来政治家往往混合立宪政体与议院专制为一,实大谬误。国会专制以英国为最甚,此外则白耳义、伊太利、西班牙及现今之希腊国等,皆行此制度。

法兰西学者孟德斯鸠尝解析英国政体为三权分立之说,其说大误。英国之三权分立,不过外形而已,其实际则君主与国会实合而为一。英国之政治,凡百五十余年以前,国会专擅权力,立法、司法、行政等皆操之于国会,君主则徒拥虚位。而所以调和君主之地位及议院专制者,则有所谓议员内阁制度。英国之君主,无论何事,不经内阁之辅弼,不能施行一事。内阁之对君主,不有何等责任,而对议院则有责任。内阁大臣之任免黜陟,不在于君主而在于议院。故其结果君主竟不能有一分权力,而议院皆专制之。历史家吗哥来于英国史中讲说英国宪法制度,甚为明了。英国之所谓国会者,即多数政党之专制是也。

法兰西、伊太利、白耳义皆仿行此制,莫不失败,惟白耳义稍稳。夫英之所以能行者,其故有三:一则英国最初之君主由外国迎入,其君主不解英语,故不得列内阁之会议。且所以迎立此君主者又由于国会之议决,国会与君主遂有主客之别。此为数百年前历史大现象之原因。二则英国国会分上下两院,互相轧轹,后因某事又复调和,而上院之势力遂强,故下议院所选之代议士,皆系贵族院议员之次子或第三子及亲族等,名则为国民之代议士,实则皆出于贵族院之选举。近来此例稍废。三则英国之政治社会分二大党派,此二大党派专守猎官主义,以争夺政府为目的,即所谓政府党及反对党是也。而且英国政体,地方分治之制度盛行,中央之权力不能行于地方,至今日始稍有中央集权之势。五十年前国会虽有全权,而事务皆简,地方皆行自治制度。故英国之国会虽专制,尚不甚流毒于地方。法兰西、伊太利等仿而行之,而不得地方自治之制度,其弊害遂及于全国矣。可不慎哉!

大统领专制政体,则如白耳义合众国皆然。

立宪政体之思想,其要点在于三权分立之精神及国民所选国会之参与立法二者。国会之制度不足以为立宪政体之特质,前已言之矣。至于三权分立之说,佛之孟德斯鸠实阐扬之,广播于世间。其立意在扩张自由权利,故分国权为立法、行政、司法三项,使各成为独立。法兰西及米国皆采用此主义。而于今日之法理论上考之,孟德斯鸠之三权分立论,实为大误。盖国权决不可分,英之三权分立不过形式上而已,其实际则为国会专制政体。孟德斯鸠不知英国之实在情形,故误以三权分立为立宪之特质。

总而言之,社会之变迁,终始循环,无所终极。欧洲一千四百年、一千五百年之大波澜,及一千九百年开始之大波澜,全然不同,若以一时所行便宜之事,遂认为永久不易之制度,则其识见未免太陋。故学者不可不知历史。

欧洲之政治史及国法论等,以民主主义及三权分立主义为立宪政体之基础,如法兰西固实行之,但其余历史上所有之国,往往皆于君主政体之下行其立宪政体。如英国、伊太利、白耳义等虽皆为民主国,而仍奉戴君主。独逸诸国及墺太利诸国,莫不主张君主主义,而皆行其立宪政体。故立宪政体之特质不以民主主义为要义,而法理上亦决不认民主主义为宪法之基础。学者于此等处当格外注意,不可误解。今由此沿革,更进言日本宪法。

日本宪法虽取三权分立之说,而国权则总揽之于君主,参酌诸国之宪法,弃短取长。国务大臣辅弼君主而负其责任。官吏之任免一秉于君主大权,国会不得干预。故日本政体为立宪君主政体而最为完备者也。

第六章　宪法与君主之关系

君主为主权之本体。主权者,谓总理万机而无制限之权是也。君主施行其统治权而制定宪法。宪法为君主自身所制定,则统治之形式,虽系守宪法之条规,而其实际则基于君主自己之意思,故与主权无制限之观念不相抵触。宪法之制定、废止,皆属于君主之主权,故君主有时亦得任意变更、废止其宪法。

第七章 国法之法源

法源
(一)成文法
一、皇室典范
二、宪法
三、法律及命令
(二)惯习法

第一节 成文法

成文法者,立法者以文书公布之之法律是也。凡法律、命令揭载于官报中或他文书中,公布于全国者皆是。

第一段、皇室典范

英国及其余欧洲立宪君主国,凡君位继承之次序等,皆依宪法或他法律或惯习等而定,无王室家法之明文。惟独逸及墺太利则向来有君主家法,君位继承及王室所关之事,皆由家法中定之。日本于宪法之外,设皇室典范,以定皇位继承之顺序及摄政之顺序,为国法上最重要原则。

学者之说,谓君主家法由皇室之自主权而定。夫在国家思想未发达以前之时代,往往以土地、人民看做君主世袭之财产,统治权与所有权混合为一。如欧洲各国自一千三百年至一千四百年之间,君主之子孙多者,往往皆分茅列土,以行封建之制度。此封建之结果,遂致国土分裂,中央君主权力衰落。故独逸诸国家法之目的,以定国土继承之顺序为主,而制限封建之弊,以维持王室之尊荣及名誉。其家法所载皆关系王室之事,故有私法上之性质。而且独逸各国君主之家族,其初皆为独逸帝国直隶之臣民,不为各国君主之臣民。故家法之制定、变更,必须君主之亲族同意方可。

自独逸国大乱以后,独逸、墺太利各国,各得占其最高权,而君主之家族亦等于臣民。故君主亲族之关系,均得以君主之命令定之。

而且国家之观念大发达于独逸诸国,统治权既非君主之私权,则继承之事亦非君主之私事,而为国家之一大事。故独逸诸国宪法制定时,其从前家法中所定之事项,移入宪法中者甚多。现在独逸诸国所定之家法,皆系王室内部之事,国家组织上所关事项,则以宪法或法律定之,如独逸之拍兰斐国宪法,即明载此义务。以上所述独逸诸国家法,纯然为君主内部之关系,则即谓其系由于君主亲族之自主权,实无不可。日本之皇室典范中,如皇位继承之顺序、君主成年所关之规定及摄政等事,其关系于国家大法上,殊属不鲜。故日本之皇室典范不独为皇室内部之规则,而实为国家组织之大法规,与宪法之性质不稍分别。典范之改正不必经议会议决。又《典范》七十四条云:"不得以典范改正宪法。"是明揭典范之效力与宪法相并。又或以皇室典范为宪法之一部者,其说亦误。总而言之,皇室典范为国家命令之一种,其效力在一切法律、命令之上,而非系皇室自主权之作用。

又典范之规定,不得以法律变更之。盖法律系对国民所行政务上之规定,典范中所关之事,则为宪法之实质,故非法律所能干涉。

第二段、宪法

宪法者,所以定国体及政体之大原则,而为统治之标准。近来世界各国,无不皆有宪法。惟其中或条举法文与普通法律相异者有之,或与普通法律相同者亦有之。英国之立宪政体,发达最早,而究其国法上之大纲,则散在惯习法及普通法令中。佛国、墺国宪法,无一成典。佛所行之宪法,于一千八百七十五年散布为三法律,近来消除此等法律条规而又加入他法律,以成此宪法。此等法律不明设臣民权利义务所关之规定,三权分立之义亦不明析,裁判所之独立及豫算等皆不为之规定。此由于多数议员意欲恢复王政,故于此等重要问题意见各异,不能一致。

墺国亦然。墺国宪法上之条规,一千八百六十七年十二月二十一日所发者,实散在于六个法律中:一、臣民权利所关之法律;二、代议机关所关之法律;三、行政权所关之法律;四、裁判所设置所关之法律;五、司法权所关之法律;六、王国中诸国相通之事务及其办理所关之法律。于此六法律中为宪法之规定。

此二国为例外之国。除此二国外,今日之立宪国,概皆以一成典为宪法典章。宪法之名目,或分为民约宪法、共约宪法及钦定宪法三种。然此系宪法制定之当时,因其实在情形及制定宪法之思想而为区别,国法上则不有此区别。民约即共约者,由于当时君主势弱,为人民所强制而立宪法,并由人民出代议士以相协议,故云然。

钦定者,由于君主之自身所定,不为臣民所强制,即使当日情形出于万不得已,而君主权力所及犹得任意制定,不与人民共约之,故为钦定。

论宪法之性质者,英国大法律家边塔模及俄斯泰主张非法律论,一时翕然附和,全国一致。俄斯泰之论法理学,所以谓宪法非法律者,盖以法律为制裁之规则,而宪法则为君主政治上之道德,不能制裁君主,故以宪法为在法律之外。其说实误,近来英国学者亦渐以此说为非。夫宪法之对主权者无裁制力,固不待言,而究之宪法之所以为宪法者,非为束缚主权者之用,而实主权者束缚臣民之具。盖主权者以主权之力,束缚统治之机关及人民,而示以政治之原则,以制限彼等专擅妄动之行为,因即立此法则。故其制裁之力较法律尤大,不得谓其非法律。

法兰西人之解释宪法者,又有一种误解,即鲁所之民约说是也。鲁所以国家为社会之契约,而主张人民之权利自由,以反抗君主政府,其气焰甚高,一时盛行。夫契约之观念由法则而起,有法则然后有契约,若谓未有法律及宪法以前先立契约,由契约而造成法律,则实为吾人所不解。吾人所谓宪法者,非成于统治者及被统治者合意之间,而实统治者对臣下所发之命令,所以束缚臣民之自由者也。

宪法之效力,分为实质之效力及形式之效力二种。实质之效力,即制限人民之身体使不得自由者是也。于此点上,宪法与他法律同,人民不可不服从法律,即不可不服从宪法,但世人又有君主违背宪法之说。所谓违背者,其义甚暧昧不明。譬之于民法上,今有一人于民事上有所请求,而以为违背法律。其果违背与否,非原被告两人所能私自断定,必经之于裁判所,而后制定其是否违法。此为定例,公法之问题亦然。宪法之解释,不能别设裁判所,则由于主权者自己解释之。主权者之所行,若自认为适法,则即非一私人所能争。此虽近于压制情形,而欲保持社会之秩序,则不得不如此。譬如大审院之确定判决,其判决即于事理不合,而系最高裁判所之最终裁判,则非他人所能改动,亦为保持社会秩序之故而然。故主权者之所行,自认为适法之处,即使其万一有误,在国法上不得以主权者为违背宪法,人民于服从此命令以外,不得争抗。故吾人谓宪法者,非所以束缚君主,而实君主之所以束缚人民也。

宪法形式之效力,则因宪法之种类而殊。英国以宪法为法律之一种,故其效力亦与法律无异,宪法之改正亦得以普通法律改正之。日本宪法则有特种形式之效力,宪法可以变更法律,法律不得变更宪法。盖宪法实在法律之上,《日本宪法》第七十三条明规定之。

或谓法律、命令、处分不得违背宪法,违宪之法令则不有效力。其说之误,前已言之。譬如日本,法律、命令必经君主裁可而后布告,君主无违背宪法之理,君主所裁可者即为宪法上所允许。此立宪君主政体之特质。北米合众国及欧洲各国,则有然有不然者。如北米国之最高裁判所,有审判违宪与不违宪之权限。此则米国之宪法以宪法裁判之权力授之裁判所,故裁判所有此权力。此事不能概论之,于日本立宪君主政体,日本之裁判所及行政官于执行法律外,不能审判宪法之违背与否,而专操之于君主,君主所裁可者即为适法。钦定宪法始于一千八百十四年法兰西之宪法,独逸志今日之宪法亦采取钦定宪法主义,日本亦为钦定宪法。

民约宪法始于合众国,法兰西一千七百九十一年之宪法,即以米为基础。

君民共约宪法,为一千八百三十年法兰西之宪法,欧洲各国颇受其影响。

宪法改正之权限,各国之情形不同,或别设宪法改正之机关,或即就普通立法机关而与以宪法变更之权限。北米合众国本为民主之联合国,故宪法之变更,必由公民之多数议决方可。

法兰西虽于宪法变更之际设特别议会,但其议员之组织与通常立法机关无异。譬如两院自己发议或出于大统领之要求,则即设特别议会,以为当改之人若在半数以上,则两院会同开国民议会,若得议员定额之半数以上,即可变更宪法。此二国不以宪法为法律之一种,而于立法、司法、行政三权之上别置宪法制定权,而又人民专制之故然。

其他各国,则于立法权之外不别设宪法制定权,惟于宪法变更之时特慎重其事,以保障之而已。此等国于宪法保障分为三种:

一、宪法变更时期之制限;

二、发案权之制限;

三、议会议决之制限。

时期所关之制限者,譬如摄政秉国之际,则不能变更宪法。皮尔兰、普鲁奚国之宪法十五条云：“摄政所变更之宪法，惟摄政在任时得行之。”白耳义、和兰国，则惟王位继承一条摄政不得变更。日本宪法第七十五条亦云：“摄政秉国之时，不得变更宪法。”盖日本为君主立宪政体，宪法之制定由于钦定，故其变更亦属于君主之大权，摄政不得有此权力。又或定例，宪法变更以后，限定若干年后，方许再为变更，如葡萄牙之宪法，每次改正，不经四年以后，不得再改。

　　发案权所关之制限，亦各国不同。日本宪法为君主所钦定，故君主得任意变更之，议会不能干预。此则以一千八百十四年佛之宪法为基。其余各国，惟宪法中议会权限所关之规定、臣民权利义务所关之规定、司法权及宪法保障等所关之规定，议会得有发案权，且一次发案以后，不经十二年不得再发案。沙枯逊国之宪法改正，于发案以前不经两次议决，不得发案。白耳义则第一次议会先议定宪法之必须改正，而于下次议会再议，议决后方可改正。

　　议会议决所关之制限，其种类甚多，或以出席（犹言到院）议员之定数及投票数而规定者，如日本宪法改正，则须总议员三分之二出席及出席议员三分之二皆议决后方可；此外墺太利、白耳义、那威皆然；独逸志则于联部参议院中若有十四票反对者，即不能决议。或有以数次之议决而规定者，如普国则经三周间（即三礼拜）以后，有两次议决方可；拍伊爱伦国则由议会提出，经八日以后，有三次议决方可；此外瑞典、葡萄牙等国皆然。或有于变更宪法之事议决后，改选议会，以新组织之议会议决而规定者，如白耳义国当议决宪法变更后则议会解散，于下次之议会议决行之；兰国、葡国、瑞典国皆然。

　　日本宪法改正之发议，为君主大权之施行，不由君主敕命，不能发议，政府及贵族院、众议院等皆无发案权。

　　各国宪法之种类，今详列之于左：

　　（一）典章有无之区别

　　（甲）成典宪法：即具备成文之典章者（日、独、米、普、墺等）

　　（乙）不成典宪法：

　　英国宪法

　　佛国宪法由三法律组织而成：

　　一、国家权之组织；

　　二、国老院之组织；

三、国家权相互之关系。

(二)制定原因之区别

(甲)钦定宪法:君主自己制定者(日本宪法)

(乙)协定宪法

一、协定宪法:君民协约而成者(普国)

二、民约宪法:人民协议而成者(佛国)

三、国约宪法:联合国协议而成者(独国)

(三)宪法修正之区别

(甲)固定宪法

一、改正时须特别之机关者(米、佛)

二、改正时要特别章程者(日、独等国)

(乙)不定宪法:由普通立法机关而即得改正者(英国)

第三段　法律及命令

法规者,国法之法源。法律与命令,其区别之处不在于效力之轻重,而在于能否定其法规。故有法律之形,若不定其法规,则不能为国法之源;有命令之形,若能定其法规,则即可为国法之源。所谓法规者,即制限人民之自由而为国家之命令是也。

第二节　惯习法(不文法)

以上所列皇室典范、宪法、法律及命令,皆为成文法,由国家之命令所出。但国法之中有时或出于惯习者,由惯习所出之法规,则称惯习法。英国之法规多由惯习而定,日本亦然。

或谓惯习法之效力所以甚大者,由于国民之确信。国民既确信之,则国家之意思亦为之束缚,此说究不尽然。盖惯习法之效力,必为国家之所认许、国家以为有效,则其效力即可与法律相并。若国家不认有此惯习,则此惯习之效力即失。故各国中往往有以成文法之规定为本,而全然不认惯习法者;或限于一定之范围,范围以外之惯习法不认者有之;又或以其惯习法与法律之明文不相抵触之故而认者亦有之。总而言之,惯习法必为国家所认许,方得有效力。惯习法不能废国家之法律,国家之法律可以废止惯习法或禁限之,且国家组织之法令一定,则平时所有惯习之情状自归于消灭。譬如日本当德川幕府时所有惯习,至今日则大半消灭。昔以封建为基础,今以立宪君主为基础,法令之组织不同,则其惯习亦自然毁灭于不知不觉之中。

主权在民论者,谓惯习法之效力由于国民之意思,其说甚妄。盖离国家而为国民,则此国民之意思存于何处? 若谓于一定领土之上而有一定之组织,则此国民之意思即成为国家之意思。既为国家之意思,则国家即得以法律变更之。若谓各个人所组织之团体,此团体中各个人之意思自能合而为一,以造法律,其事态恐难。即使其有造法之意思,而无造法之权力,又安能造成此惯习法? 故此说为立宪君主国所决不许。

又或谓惯习法之效力,由于国民于惯习法之内部确信其为合于正理,故得有此效力,其说亦误。盖正理与法律决不能一致。有时其事甚合于正理,国民虽确信之,必不能即以此为法律;有时法律所定无论其如何与正理相反,但既为立法者所定,则国民即不得抗拒。故惯习法之效力,不关于国民之确信为正理与否,而实由于法律上之制限。国民于服从主权者命令以外,不得有反抗法律之权力,此为立宪君主国一定不移之原则。

第三编　统治之主体

第一章　国家之统治权

统治权者,为统治其国家之命令及强制人民自由之权。国家之行动,固不止于命令及强制二者,而此二者实即国家主权者与服从者相异之处。盖国家无此权,则即失其国家之性质。若如平等自由之说,使人人皆言平等自由,则必至纷争扰攘,各逞私欲,而国家之组织亦必不能成立。

国家因岁出之故而收纳租税、募集国债,因防御之故而佣募兵役,皆可以命令及强制行之。此外,于内务行政之区域,不用命令强制之手段,而用劝诱奖励之法亦可。

国家对臣民有命令强制之权,此权惟领土以内可行。领土以内,即非本国臣民而系他国臣民,既居住于我领土之内,则即不可不服从于我命令强制之权。故领土为今日国家必要之元素。

统治权之实质，唯一而不可分。孟德斯鸠之三权分立论，其为世所排议固不待言。盖三权分立，则必害其国家之统一。米国虽用三权分立说，而于三权之上有宪法制定权，故尚不失国家之统一。孔斯炭脱于三权之外设王权、摄政权及中立权，以调和三权，即此可知，三权分立之说断不能行。在孟德斯鸠之意，专唱导人民之自由，而抑制君主之专制。殊不知国家之机关，一人以实际之权力独断而行，则为一人之专制；多数之人以一切权力独断而行，则即成为多数之专制。此孟德斯鸠三权分立说之大误也。故今日民主国厌多数政治之弊，而主张君主国之利者，颇不乏人。彼谓君主国之统治权君主一人总揽之，确定不移，无权力争夺之纷扰，且统治者有一定法规，亦无时时改造之烦累。故人民有绝大利益，加以王家之庄严雄伟，易启国民恭敬服从之心，而无忿嫉妒忌之念。君主以国家之隆昌、臣民之幸福为怀，而不必营一身之利，君主之利害与国家之利害实能互相融洽，其行事亦自然适合机宜。若民主国则不然，国会之滥用权力，较之君主更甚。盖在君主国之君主，常以祖先上帝为念，其职重任大，不敢轻动；国会中之议员，责任权力皆甚微弱，动则有暴恣轻躁之举。而且君主之专政虽有时稍横，但一经省悟以后，立即改悔，其为祸尚小；国会中之专横，则为害甚久云。即此可知，君主政体及民主政体之孰得孰失、孰优孰劣矣。

统治权为国家意思之力，其意思之内容如何，不因统治权之观念而定，因国家之目的而定。国家之目的，近来世界各国大抵相同。盖国家之目的，在自己生存、自己发达。内则消弭内乱，以维持其成立；外则保护利益，以进其地位。欲达此目的，即不可不备兵力。欲备兵力及达其各种目的，不可不藉财力。此外则种种机关皆宜设备，是为国家自存之目的。

国家之目的，又在增进人民之利益与消除人民之危害。其所行之政务，各国范围之广狭虽不同，而其目的则一。国家既欲达此目的，则国家所必要之条件亦宜设施。譬如欲扩张兵力，则征兵征发之制度不可不速行；欲扩充财政，则各种税法不可不讲究；欲保护人民之利益，则各种警察法规及各种营造物所关法规，不可不速为筹画。此等事项，皆为国家欲达其目的所必要之条件。而且司法裁判等及其他公法之区域，皆宜渐次扩张。故以法为目的，使国家政务之范围渐渐加广，实近来各国之趋势。又海军为保护海港及外国旅商之用,而并可以壮助陆军之声势,铁道为行军及财政便利之要用,此皆国家之最大目的,不可稍缓。

立宪君主国之统治权,君主总揽之,臣民不得干预。君主之行为基于自己之意思,不为他法律所制限,无论何时,得自己伸缩其权力。故统治权有二方面:由消极之方面观之,则此统治权不服从于他人格者之意思,即不使他国家或臣民等干预我之统治权;由积极之方面观之,则使他人格者皆当服从于我命令之下,即使外国人之住居我领土内者以及本国臣民,皆当服从于我统治权之下是也。

第二章　君主

君主国体,以君主一人为主权之本体,《日本宪法》第一条首揭之。君主既为主权之本体,则统治权之全部,君主一人总揽之。君主以统治权之一部委任之于臣下则可,而不得抛弃其权。君主若抛弃其权,即为失其君主之资格,而蔑视其对祖宗、上帝之义务。故《日本宪法》前文所谓“制定大宪,朕先率由,朕后嗣及臣民及臣民之子孙,皆当永远遵行”,实即示其总揽大权之主义。臣下有潜窃此大权者,即为觊觎神器,必科其罪。

君主神圣不可侵者,所以明君主无责任之义。或谓君主垂拱深宫之中,以听于冢宰,故无过失。此则弁髦君主,而导大臣以专政之权,实为大误。君主亲裁万机,总揽大权,不得谓其垂拱无为。故神圣不可侵之说,实以君主为统治国家之人,君主得以法律制裁其臣下,臣下决无加制裁于君主之权力,而且保持君主之尊严,即所以巩固政治上国家之基础。

君主由国法而统治国家。日本宪法第四条明揭之曰:“君主为国之元首而总揽统治权。”此宪法之定规,即学者所谓立宪政体及法治国之原则。或谓君主既为主权者,则主权者之所欲为即为国法,从主权者之所欲,即与从国家之法则无异。此则论理上于君主及国法之观念误解所致。盖无论专制时代或立宪时代,国家之政治,未有不准据国法以为原则者。况在君主立宪国之宪法为君主所自作,君主作此宪法,必不至与自己意思反对,则本此宪法法律以行国政,而使二三机关参与政务,不但于君主主权毫无伤损,而实所以扩张君主之权力。若以君主有无法之权力则误矣。

　　立宪政体之国,君主与臣民皆宜本宪法法律以为准据,此为不刊之定理。然君主之所以准据宪法者,非宪法在君主之上,而用为束缚君主之具。君主统治国家,因便利之故,而立治国之定规,以达自己之目的,使后祀子孙知所遵由。故宪法之改正,君主得操其发案权。若臣民之准据宪法法律者,则因宪法法律为主权者之命令,臣民有服从之义务,不可不受权力之束缚,否则即为违反国法。故于此等处,宜细为之辨别,方不致滥用其说。

　　此外,英国、白耳义、伊太利等国,与日本国体大有区别,故其君位之地位亦异。英国之统治权,君主与议会共揽之,而国会之权力较君主更强,除使女子变化为男子之外,无论何事,国会皆能行之。英国之法律为君主与议会所共发之命令,非君主一人之命令。白耳义亦然。南独逸诸国宪法,仿照一千八百十四年法兰西宪法,以君主为统治权之总揽者。墺国则立法权君主与国会共操之,而统治权则仍为君主之总揽。立宪君主国与君民同治国相异之处,惟在统治权之总揽与否,然君主国之统治权,亦有使二三机关参与者,故统治权总揽者之地位,以有宪法变更之权限与否而定。但宪法之变更,君主虽有此权限,而必待议会之协赞。学者于此处区别详解,极为难事,其中以拉胖脱等之法规裁可一说为最适当。盖君主立宪国君主,总揽不可分之统治权,君主以外,无论何人,不得有施行命令法律之权。故议会之议决,不经君主裁可者不能施行。君主之裁可与议会之协赞,其势力不并立。议会之议决者,不过协赞君主之意思。君主若嘉纳之,则为君主之裁可。君主裁可以后,始能命令臣民。故君主立法权之不可分,亦犹统治权之不可分。若君民同治国则不然,议会若与君主同意,则此法律即有效力,不必经君主裁可,是则议会与君主同发命令矣。此其所以区别也。

　　君主于大权之外,又有三种权:一、无答责之权;二、荣誉权;三、财产权。

　　一、无答责之权

　　诸国宪法中,或云君主神圣,或云不可侵,或云无答责,其思想皆同,前已言之。

　　二、荣誉权

　　荣誉权中又分为二种:一、君主有得用特别之称号及敬称,并得佩用尊荣徽章权（称号如称皇帝，敬称如称陛下等类；尊荣徽章如御玺、徽纹等类）。此等称号，他人不得滥用，为君主之特权。二、宫廷官员组织权。内廷之侍从职官，皆得认为国家之官吏。

以上荣誉权之外，学者或以位阶勋章授与之权，属之于君主荣誉权中。但此系以荣誉授与他人之权，不可认为君主自己之荣誉权。且所以赏以位阶勋章者，必其人有功劳于国家，则实为国家所公认之荣誉，自当属于国家政务之一，而认为君主之大权，不可认为君主之荣誉权。

三、财产权

欧洲各君主国，君主内廷之费用每年皆有一定金额。英国所定者，则以一代之君主为限，如新君主登位，则别定年金。日本及普国，皆定永久之金额。其余诸国情形亦种种不同，白耳义、伊太利等皆有一定金额。皇室费之支出时，由国库支办，固不待言。至支出以后，其如何费用之处则为皇室之内事，不属于国家财政上，故议会不能干涉之。此外，日本有世传御料。世传御料者，在皇室财产中有不能分让割与之性质，编入此世传御料之土地物件，咨询枢密顾问，以敕书定之，宫内省大臣公告之。但此系皇族族长地位所有之财产，非君主地位所应有之财产，故只可认为世袭财产，不可认为国法上君主之财产权。

第三章　皇位继承

皇位继承者，非继承前代君主之权利，亦非继承前代君主之财产，实依事实上之顺序而即君主之位者也。此为国家统治之主权，而非个人之权利。盖君主既为国家统治之主体，则不可一日稍虚其位，故继承之方法不可不讲。

君位之继承权，因君位继承之资格及君位继承之顺序而定。君位继承之资格者，谓必有此一定资格，方可继承君位；继承之顺序者，谓在此继承之资格中，何人当继承君位，何人不当继承君位。此二者皆为国法上当然之所定，不得于临时定之。

第一、君位继承之资格

君位继承之资格，各国皆有异同，兹举其重要者列之于左：

一、为始祖之后裔

此则无论何等君主国皆然。始祖之兄弟、叔伯等后裔，不得继承君位。盖始祖与后裔之关系,为血统上关系故也。日本以神武帝为始祖,则神武帝以前之支系不得入承大统,必神武帝之子孙方可继承。佛国拿破仑曾立养子制度以代血统,然此惟拿破仑行之,不可为训。

二、男系之男子

此事诸国制度分为二种:其一,男系之男子以外不得有继承资格。如女系之子孙及男系之女子,皆不得继承君位。日本、普国、伊太利、白耳义、瑞典、那威皆然。其二,女系及女系之男子,亦得有继承权。此种制度又分为二:一、于同系以内,男先于女。譬如一父之所出,长女次男,则男子先即位。英国、西班牙、葡萄牙属于此类。二、男系全绝以后,女子始有继承之权。譬如一父之所出,二男一女,二男皆早卒,则女子始得即位。独逸各国中除墺及普以外,殆皆如此。

三、嫡出之子

欧洲各君主国,必嫡出之子方可继承,且其嫡出子之父祖亦必嫡出,始有此权,否则即不得继承君位。日本则庶出子孙皆可。又《皇室典范》第十六条,立皇后、立太子、立太孙,皆以诏书共布之。然此不过为立法之仪式,以遂臣民瞻望之忱,非皇后及皇嗣之地位因此仪式始定。

四、依家法或国法之规定而结婚者所生之子孙

皇族之婚嫁,诸国国法,有须经君主允许始可者,有须经国家承认或特别法律所承认始可者。墺太利、丁抹、伊太利、法兰西等国,皆须君主认可。英国亦然,惟英国有时可不必经君主认可。皇族男女年龄过二十五岁以上,若具备条件,则于法律上亦得有效。所谓条件者,即将订婚之事于一年前宣告国会,国会于一年内若无异答,则此婚姻为公法上所许,即可成婚。西班牙、葡萄牙则须特别法律。葡国亲王及女王之婚姻,须国会承认。

日本《皇室典范》四十四条,皇族之婚嫁,均由敕许,著为定例。普国国法学者,谓不经国王所认可之结婚,于国法上不生效果,日本亦然。譬如日本君主之女与华族结婚,虽于国法上毫无关系,亦必经敕许方可,不经敕许而结婚者,其婚姻所生之子孙,即看做庶出之子孙。葡萄牙、瑞典、那威等国法,皇族中不经敕许而结婚者,结婚者之自身并失其继承君位之权,不但其子孙失其继承权已也。

五、对等婚姻所生之子孙

欧洲诸国中,惟独独逸诸国以对等婚姻所生之子孙为继承君位之要件。至于以何等婚姻为对等之婚姻,则依诸国之家法及习惯而定。非对等之婚姻,其子孙不能继承君位。所谓对等者,即身分相当之婚姻是也。日本《皇室典范》中无此例。

六、信教

欧洲各国以信教为君位继承之要件。英国则信罗马旧教者及与信罗马旧教之人相结婚者,不能继承君位。又各国僧侣无继承之权。墺、普两国于信教一节虽无制限,而王子若为僧侣者,则不还俗以后,不得继承君位。

七、身体及精神上无能力者不得继承君位

此事所关重大,故英、普等国近来宪法,凡皇嗣若身体或精神上无能力者,亦可继承君位,惟须设置摄政。日本《皇室典范》第九条,皇嗣精神或身体有不治之重症或有重大事故者,则由君主敕皇族会议或咨询枢密顾问,可以变更皇嗣继承之顺序。

第二、君位继承之顺序

有继承君位之资格者一时若有数人,则必不能分茅列土,以失国家统一之性质。故于此资格中定君位继承顺序之法,实为至要。君位继承之顺序,各国亦有种种制度。其一,所谓最近亲继承法,即与前代君主之血统最近者为继承,譬如皇子是也。若皇子众多之时,则以年长者继承君位。沙枯逊国、薇顶、普鲁奚国等(独逸联邦中),男系皆绝,则女系继之。和兰亦然。其二,所谓年长者继承法,于有继承之资格者中,择其年最长者为继承。此制度于君位继承上各国皆无实例,而于定摄政之顺序时则往往用此方法。

诸国所最通行者,为长子继承法,此法由三法则而成。

第一、长子于前代君主之关系最近;

第二、于同等内长先于幼,为理之正;

第三、长子若不幸早世〔逝〕,则其子孙得立于同一地位。

综合此三个法则,故继承之权必属于长子。普国、白耳义、伊太利、丁抹、瑞典及独逸联邦中二三小国,皆行此法。至以女子为继承之国,则其顺序稍杂。女子继承之顺序有二种方法,前已言之。英国、西国、葡国所行之顺序,女系若与君主相近而男系与君主相远者,则以女系继承君位;女系与男系远近相等者,则以男系继承君位。此为第一种方法。男系全绝以后，女系始得继承君位，此为第二种方法。日本则女子及女系之男子无继承君位之权。同等亲内之子孙，嫡先于庶。若嫡出者系异等亲之子，庶出者为同等亲，则以庶出承之。譬如君主之皇子为庶出，而君主兄弟之子为嫡出，则必以庶出继承君位。若同等亲内皆系庶出，则长先于幼。

君主崩御之际，皇嗣尚在胎内，则于期间设立摄政，以待皇嗣之降诞，此为欧洲各国所普行之法则，距今十数年前西班牙即有此实例。一千八百八十五年，西班牙君主阿尔孔司第十二世崩，一千八百八十六年，阿尔孔司第十三世降诞。《和兰宪法》第七条，胎中皇嗣之继承君位，看做已出生之皇嗣。《那威宪法》第六条亦然。

君主为国家之主权，不得抛弃此权，故不得让位，和兰宪法中则定为永例，日本之国法亦然。

第四章　摄政

君主为国家之主体而总揽大权。国家之意思皆因君主之行为而生，则君主必有生此国家意思之能力。若君主尚未成年及有大事故之际，则即不能行其大权，于是筹所以补之之方法，故设摄政制度。但所谓摄政者，必君主在位时方可，不可以摄政为国之元首，亦不可以摄政为继承君位之一种。《日本宪法》第十七条第二项云："摄政以君主之名行其大权。"则可知摄政之地位矣。摄政之性质，宜注意左列所诸要点。

一、摄政之行为即君主之行为。摄政之权限，在补充君主之能力，故得行其君主之大权。

二、君主之行为非为摄政所制限，实由摄政之行为而发生。盖以君主无行为能力之故而置摄政，故摄政者为补助君主之能力，而君主之能力即可因之发生。

三、摄政之任务，在补充君主能力，故君主之大权所及，摄政亦得行其权限。但各国宪法中有举二三事项以制限摄政者。《日本宪法》七十五条，谓摄政不能改正《宪法》及《皇室典范》，亦示其制限之意。

四、摄政之行大权，非由君主之委任，而实为宪法上所认许者。宪法上若决定摄政之为必要，则摄政即得行其摄政之大权。

日本《皇室典范》中，君主未达成年时则置太傅。太傅司保育之事，不得干预大政。摄政施行大权,不得干预君主之私事。故摄政及其子孙,不许兼任太傅。

摄政以君主之名行君主之大权,而君主一身所属之荣誉权及财产权,则仍属之君主。故摄政于特别规定以外,与他皇族所享之权利无异(日本无特别规定)。惟摄政之身分亦与君主同为无责任之身分与否,此为国法学者之一大问题。

摄政设置之例,诸国国法上皆有一定条例,惟英国则临时以法律定之。爬哈猎国则于君主遗命以外,依一定法规而行。

摄政设置之必需事项如左。

一、君主未成年之际

君主之成年,各国定例,皆较人民稍早,所以杜摄政设置之弊。通常诸国立法,君主以十八岁为成年。独逸二三国或以二十一岁为成年者,西班牙则以十六岁为成年,日本《皇室典范》第十三条亦以十八岁为成年。墺国及其余二三国,往往于君主未成年之际而为成年宣言之制度,此为各国所不行。

二、君主久有大故不能亲裁国政之际

不能亲裁大政者,有因精神上或身体上绝对故障之故,有因君主久滞外国之故。但此为重大变例,不可不豫防各种弊害,故各国定例甚严。

凡君主未成年之时设置摄政,则但依摄政之资格及顺序当然就任,不必别定细章,各国皆然。

君主因大故不能亲裁大政者,则各国皆定有细章,认定君主之大故是否属实。普国则于任摄政之时召集国会,由两院议决。独逸诸小国中,如沙枯逊国、薇顶、普鲁奚国及其余各国,皆依皇族会议及议院之同意,然后设立。日本《皇室典范》中,于君主有大故若设立摄政时,必经皇族会议及枢密顾问之议,议决后始行之。

摄政之资格及顺序,各国亦不一律。白耳义则由两议院会同选举;和兰、丁抹则以皇太子为摄政,无皇太子时则由议院撰〔选〕举;爬哈猎国则由君主遗命而定。此外各国则定有一定资格及顺序,今列之于左。

第一、摄政之资格

一、摄政必已成年者

盖因君主未成年之故而立摄政,则摄政必须已成年者,固不待言。日本《皇室典范》,皇太子、太孙之成年,与君主之成年同,亦以十八岁为成年,以便君主有大故时,太子太孙得为摄政,各国之法皆然。其余皇族,则不达普通人民之成年不得任摄政。

二、摄政不得有不能亲裁国政之病患

摄政之设置,所以补充君主之无能力,若摄政自己先缺其能力,则必不能任摄政明矣。故摄政不必有大故,亦不必有不治之重患。但使其稍有病患,不亲政务,即失其摄政之资格,欧洲各国定例皆然。

三、女子之任摄政者,各国定例不同

日本《皇室典范》第二十三条,皇族女子之任摄政者,必以未嫁之女子为限。皇后摄政,则不在此例。

第二、摄政之顺序

摄政之顺序,以皇位继承之顺序为例,然各国中亦有不然者。或以年长者及君主之父母、祖父母、皇后为摄政,如西班牙及独逸二三小国即然。此外则皆以继承之顺序为例。又或有以高等官吏任之者,普国则以内阁大臣为摄政。日本《皇室典范》摄政之顺序:第一,亲王及王;第二,皇后;第三,皇太后;第四,太皇太后;第五,内亲王(即皇女)及女王(即亲王及王之女)。内亲王及女王以未有配偶者为限。

若有皇太子、皇太孙已经成年者,则皇太子、皇太孙为摄政。

摄政解除之事项如左:

一、君主已达成年之时。

二、君主已无故障之时。

三、若最近亲皇族尚未成年,而以他皇族摄政之际,当最近亲皇族已达成年以后,则应退让其摄政之地位。然日本《皇室典范》及《伊太利宪法》十三条则谓摄政不必退让,惟对皇太子、皇太孙,不在此例。

第四编　统治之客体

第一章　总论

国家者,统治权之所及,即统治之目的物是也。于此处有统治者及被统治者之区别，故分为统治之主体与统治之客体。夫国家之组织，以一定之领土及一定之人民而成，则所谓客体者，即不外领土及臣民二者而已。统治之主权总揽于上，受统治之客体存在于下，主权、国土、人民之三要素互相结合，则即成为独立自存之国家。

《日本宪法》第一章实宣明君主国之国体，与欧洲所谓民主主义，大相径庭。欧洲之论国法者，曰君主、曰国会、曰人民，虽眉目轩晰，而于统治之主体客体，则不敢明言。盖其国法学者，受近世民主主义之影响，而于服从二字惮出诸口。如法兰西、白耳义、米利坚等宪法，莫不皆然。即独逸诸国国法论虽采君主主义，而于表面上亦不敢断言君主为统治之主体，国民为服从统治权之客体，而以国家为人民之集合体，君主为国家之机关。其说总暧昧不明，故今截然分为统治权之主体及客体，而以客体属之人民，以明人民之为服从者而非主权者，庶可以祛当世之惑。

统治者及被治者之关系不明，则主权及服从之关系亦不明。若以人民为主权者，则主权之人民又有管辖人民之权力，是即成为自治之意味，以自己之权力管辖自己之身，于论理上实属不协。日本宪法则不采此自治主义，而明白宣言君主之为主权者与国民之为服从者，以为不易之定义。

独逸国法论者以人民为统治权之目的物，而国土不与焉。彼盖以土地为主权施行之具体，统治之权力惟对人而施，非对土地而施。此说固然，但于近世国家之观念上稍有不合。近世国家之思想，与古时民族组织之国家大异，不可但看做人与人之权力关系，而实以国土主权之观念为成立。故非仅以一定之人民为自己之臣民，而必占领一定之土地以为自己立国之基本。此土地既为我之土地，则一切他人权力皆可排斥之，使自己之权力得专行于此土地上。故近日之国家，必以土地为国家组织之要素。此余所以分客体为土地及人民两大端而论之也。

第二章　领土

领土者，国权所行之范围。此范围以内，惟自国之权力得专行于其上，他国之权力则不得施行。故称此国权所行之领土为领土权。

凡所谓国家思想者，在能分辨其国家之境土。若不明知其国境，则成为世界思想，而非国家思想矣。处今日之时势，世界思想万不能行。

当此列国并峙，国际法上之原则，所谓独立国家者，即指有对等之国家而言。盖各国各守其国境，我国之领土不许外国之主权稍稍侵入，则我国家始得为完全独立之国家。而且主权为国家唯一最高之权力，于我之版图以内若有私行其权力者，即为犯我国之领土权。所谓私行其权力者，即于我国版图之一部分排斥我国之主权，而行其权力之谓。故于国内有此等权者，皆当排去之，以独伸我国君主之权力。此为消极之作用。

至于积极之作用，则国家之领土既为国家统治权所专行，则在我领土内者皆当服从于我命令之下此为领土权当然之结果。不但我国人民当服从此统治权，即外国人在我领土内者，亦当服从于我国权之下；外国人于我版图内所有土地财产，亦理应受我国权之管辖。近日国家无不以领土主权为重，所谓属地主义是也。

领土权与所有权往往误视为一，自和兰公法学者枯鲁抽司以来，陷此弊者颇多。究之枯鲁抽司议论之错误，实由于古今时代变迁之不同所致。当欧洲封建时代，以国家之领土为财产，故所有权与统治权可混合为一，至今日则大有分别。盖所谓所有权者，乃任意处分其有体物之权利，至对其土地上所有之人，则不能行其权力。譬如有人侵占我之土地，我必不得不藉国家警察之力以弹压之，而不能于自己地面上私立警察以为防卫。至于领土权则不然。领土权者，于国家之土地内得任意专行其权力之谓。则可知其以分别之处，实即在权利与权力之间而已。

国家之领土，不得分割、让与、买卖，此为各国国法之通则。如独逸、瑞西、白耳义、葡萄牙等宪法，皆定其区域。其最详细者为普之宪法，联合国家于领土之事，人民及土地以外，凡各国之名称，皆揭之于宪法上。盖领土为国家成立之要素，一经割让，则即损害其国家之成立，故各国以之为宪法之原则。此外独逸诸国如哈伊伦国、沙枯逊国、拍典国，及瑞典、那威、鲁姆泥亚国、塞鲁皮亚国等宪法，凡当割让领土时，必须得议会之同意或法律之许可，始得行之。法兰西、普国、萨国、白耳义、和兰、西班牙，皆规定法律。法兰西一千八百七十五年宪法之明文，载有领土之割让、交换及取得时，必准法律方可云云。墺国、伊太利、丁抹等国，则但要议会同意而已。

英国于领土变更之事不必经议会同意。一千八百九十年英以黑尔薄兰脱小岛让与独逸，曾经议会同意结成条约，而国会中反生异议，以为君主使议会参与大权，分其行政机关之责任云。

合众国于领土变更之事虽不明载宪法中,而必须下议院同意。但阿拉司卡之条约虽未经下议院同意,亦得缔结;哈瓦伊入于合众国领土中,此时下议院亦未议决,上议院与政府同意,其事遂定。

日本领土变更之事宪法上无明文,亦不必要特别法律,但因国际条约即可,了结为君主大权所专决。

法律之性质,全国不可不归于一律,但有时则因土地之情形不同,而立法亦异。譬如日本冲绳县及北海道所行之法律,即与中央及东海道所行之法律不同。盖立法者必须斟酌该地居民之程度如何,以为施行法律之准。

第三章　臣民

臣民有绝对无限服从之义务。法律者,所以定其服从之程度分量。未有法律以前,绝对无限之服从既已存在。盖使人人若皆为孤立之人,则国家之观念不成。然即使人人互相集合,而但为形式上之集合,忽聚忽散,而非精神上之集合,则国家之观念亦不成。故所谓国家者,由于人民之集合而各尽其服从之义务,则国家始得成为独立自存之国家。近来欧洲国法论,往往避讳"臣民"二字,而称"国民"或称"人民"。此盖出于法兰西改革后一种思想。彼等以为处今日之世,人人皆当平等自由,无君臣之区别,有称臣民者,则鄙之为奴隶、为牛马。故法兰西改革时,首先布告法兰西人民为独立人民,非国家之臣民。此全误解"臣民"二字之意义。盖无论何等民主共和国体,无主权者,则不成国家;若有主权,则服从二字之意味即含于其中,不问可知。若使个人平等而无权力服从,则国家之观念何自而成?故不独君主国体由臣民之服从而成,即民主国体,其臣民亦有绝对服从之义务。特不过君主国体以一人主权,民主国体以多数人主权。一人主权,则为一人之专制;多数人主权,则为多数之专制。一人之专制尚有节制之制度。盖在圣主贤君,往往自加抑逊,收揽人心,以致国家之富强,如普国专制时代曾大强其国力。至于多数之专制,则无节制之制度,其权力竞争压制小民,为害更酷,历史证明,历历可据。故君主国与民主国之分,特多数主权与少数主权之分已耳,其个人绝对无限之服从则一也。

法兰西教科书中谓人民系服从法律,法律以外,则无服从之义务。

故政府若违背法律,人民有抗对政府之权利。此说于论理上大为谬误。法律者,主权之命令,有服从法律之义务,即有服从主权之义务。主权者,得以已意变更、改正其法律,每设一新法律时,人民即不得不服从于新法律。若谓有服从于旧法律之义务,而无服从于新法律之义务,则于理必不合。人民无反对法律改正之权,即无反对立法者之权,此为法律之原则。故彼所谓服从法律者,即与绝对无限服从之意义无异,特避忌主权二字,而以法律二字代之耳。且法律既为主权者之意思,则实由主权者意志所生之权利。以主权者意志所生之权利而能生抗对主权者之权利,则其观念实自相矛盾,而令人难于索解。

权利者,由于国家之保护而得。保护者,权力之施行。同等之间,则无保护。有保护,则有服从。我处于强者之地位,而后可以保护弱者,则弱者即有服从强者之义务。故臣民若为绝对无限之服从,即可受国家完全之保护。由国家之保护,则生所谓法律上之人格及权利。明此关系,则臣民之权利实由服从国权而生,其意义更可明了。

从来论人之权利者,谓国家之服从与个人之权利全然反对,人民权利扩张至若干程度,则国家之权力即退缩至若干程度。此全昧于权力及权利区别之义,故以国家之利益与个人之利益为全然反对。自有此说,欧洲一切政治论及法律论学者,遂无不欲扩张个人之权利,以制限国家之权力。若果以此观念为正确不磨,则于人间社会上全然无国家政府,个人之权利岂不更为完全?此等想像,果能实行否?若无国家、无政府法律,则即无人格。无人格,则权利又何自而存?势不得不如禽兽之于原野,互相争夺,互相搏噬。夫至于争夺搏噬,则其所谓权利者,强食弱肉,各逞腕力。老幼男女、贫富智愚,又安能同享安全之幸福?故说臣民之性质者,必自服从始。有服从始有保护,有保护始生权利,此为不易之原则。

绝对服从与关系服从不同。绝对服从者,譬如我辈生而为帝国之臣民,即有服从帝国主权之义务;关系服从者,譬如外国臣民居住于我国领土以内,即当服从于我主权之下,以其所居住之地方系我领土,与我主权有关系,故称之为关系服从。

臣民之权利、义务,各国宪法皆有一定规则。宪法所谓臣民之权利、义务者,非臣民间相互存在之权利、义务,系对国家而享有此权利,对国家而负担此义务之谓。但各国宪法所规定臣民之权利,如法兰西、白耳义等国，皆为保障臣民之自由而设。故沙伊特、俄脱买亚、拜鲁培鲁、拉胖脱等，以此为非权利。其说之大略，谓权利由于法规之效果而生，若法规以外个人之自由，不可以为权利。庶不知宪法上所谓自由者，即法规以内之自由，非法规以外之自由。盖由自然之事实上论之，个人不可不服从于国家之权力，无论国家何等处分，臣民皆当遵受；有侵犯国家之权力者，国家得强制之。故宪法上所谓臣民之自由者，即国家权力所认许而定为规则者之自由，譬如臣民得于议院中选举投票，得著书出版，得随意住居。凡宪法所认许而保障之者，皆可称之为自由权，非法律以外又有所谓自由。学者于此等处，不可迷误。

权利与法规互相存在，国家定此法规，臣民即得享此权利。若此法规废止以后，则权利亦即因而消灭。故法规以外无权利，即法规以外无所谓自由。

臣民与外人之区别，不得以服从义务及权利之有无而定。盖服从义务，内外臣民均系一律，前屡言之。至于臣民所享有私法上之权利，外人有时亦得享有，以示一视同仁之意。但其中有特别之权利、义务，则非外人所能同受者，如兵役之义务及选举投票权、住居权并国家所保护之一切权利，外人与臣民大有分别。

兵役之义务者，举全身以奉国家之义务是也。此义务在外人则不能负担。盖外人若负担此义务，即对自国为叛逆之行为，自国得强制之。国际法上以此事为害他国家之权利，故不认外国人有此义务。若无籍之外人，则不在此限。选举权亦因各国之立法不同，或有使外人参与者。如合众国之立法，外人在合众国有一定住居，而可得归化（犹言入籍）之认许者，即能参与选举权。

外人于国家之领土内不得有居住权，国家得拒绝外人之居住，或别设外人住居条规，以示制限。又已经住居我国境内之外人，若有妨害我国家公众之康安者，国家得逐出境外。此为国家之自卫权，所以保护自国之权利。近来国家又有驱逐本国臣民，使退去于领土外之例。或以臣民居住领土内妨害国家公众之康安，而褫夺其臣民之分限，逐出于领土外者有之。

外人居住于我领土内者，当受我国家之保护，与臣民一律看待。我臣民之住外国者亦然。且国家自己亦能保护在外之臣民。其如何保护之法，则因国家之势力而定。有时国家势弱，不能保护在外之臣民者有之。譬如臣民在外国受外国不法之欺凌，不能向外国宣战。又臣民在外国，值外国变乱之时，不能派遣军舰保护臣民之生命财产等类是也。

外人之所以有服从义务者，以其在我领土内之故，不得不服从于我；臣民之有服从义务者，则以其为臣民之故而有此义务，两者之性质大有区别。

臣民分限所关之法规，各国皆以法律定之。或规定于宪法中者亦有之，又有规定于民法中者。日本之宪法第十八条，日本臣民之要件，则依法律之所定为规则。但其法规尚未为完全。

臣民分限取得之原因有二，即出生及归化是也。出生所关又有二主义：一为属人主义，一为属地主义。属人主义者，不问其出生何地，因其父母之国籍而定其子之国籍。譬如父母为英国人，则其子亦为英国人之类。属地主义者，不问其父母之国籍如何，以其子出生之地而定。譬如父母为英国人，其子若生于米国，则子即为米国人之类。各国定例，凡本国臣民所生之子则取属人主义。父母之国籍若皆不明时，则取属地主义。但外国人若在本国内生有子女，或取属人主义，或取属地主义，或折中于二主义，则各国制度不同。独逸志则取属人主义，外国人在独逸所生之子为外国人，不得为独逸人。米利坚国则纯然属地主义，外国人生于米国者，即为米国人。英、佛两国则折中于二主义。法兰西定例，凡外国人在佛国，两代皆生于佛国者，则为佛国人。或即一代，而溯其出生之日有十年之久，并于佛有房屋产业而得本国政府之证明书者，亦可为佛国人。

属地主义虽极简便，但往往有因偶然之事实而为重大结果者。譬如于世界周游中，其子之生于英、生于佛或生于印度，皆系偶然之事。因两三日之差，其子若生于英即为英人，生于佛即为佛人矣。此于臣民分限之性质上，未免不协。属人主义则无此缺点。但外国人于本国之领土内，子子孙孙，永远居住，受我国家之利益而全免臣民之义务（如免兵役之类），亦为可虑。若欲免此二主义之弊害，则为住所主义。法兰西一千八百八十九年之法律，外国人之子生于佛者，从出生之时以至于丁年之时，于佛国有住所，则得与以臣民分限。佛兰〈西〉、伊太利之定例，外国人于一定时期，在领土内有住所，其子若生于领土内者，即得与以臣民分限。此等国皆稍取住所主义。盖避属人、属地两主义之弊故也。

归化亦分二种类：一为法律上之归化，外国人必有一定条件方可与以臣民分限；一为任意归化，具一定之条件而由本人愿意归化则与以臣民分限。

独逸志则行政机关有许其归化之权。英国一千八百十七年则由内务大臣许其归化。伊太利有时以法律许之，有时以敕命许之，因归化之种类而为区别。诸国中又有经国会许可者，然大约皆以此为行政权之作用者居多。

合众国于归化一事则由裁判所许可，以此为法律关系。

归化之性质，或以为行政处分，或以为公法上契约，而总以由于国家与归化人之意思相合为一方可。国家不得强迫外人之归化，此为原则。

归化之结果，各国之制度亦不同。有使归化人与臣民同享有公权、私权者，或有加以制限者。英吉利、独逸志则归化人与臣民一律享有公私权利。法兰西、米利坚、白耳义〈佛兰〉皆有制限。法兰西于归化后十年以内，不得选举为议员。白耳义有大归化、小归化之区别。大归化与本国臣民无异，小归化则于立法、议员选举权、被选举权、国务大臣、豫审官等以外，得享有公私权利。北米合众国则归化人不能选举为大统领及副大统领，不经七年后不能为下议院议员，不经九年后不能为上议院议员。

日本现行法，凡归化人必具有归化条件，方可许其归化。但若出生于日本及居住日本有十年以上，又或其父母或妻系日本人者，则即于归化条件不甚完备，亦可许其归化。

归化之人，《日本国籍法》第十条三项列举官吏制限：一、国务大臣；二、枢密顾问；三、宫内省敕任以上之官；四、特命全权公使；五、陆海军将官；六、行政裁判所所长；七、议会议员等，归化人皆不能享此权利。

臣民分限之丧失，除死亡外称之谓脱籍。脱籍亦分法律上之脱籍及任意脱籍二种。法律上之脱籍者，由于一定事实及国家特别之行为，而应当脱籍之谓。譬如日本女子为外国人之妻，或久在外国有一定住所而无归志者等类。独逸志法律，凡独逸臣民在外国者，于所在之领事馆不登录姓名、事由而滞留其地十年以后，即失其臣民分限。又不受本国政府许可而任外国官职或受外国年金、勋章，又或入外国军队者，皆失其本国国籍。此为法律上之脱籍。

任意脱籍者，由于臣民自己之意思，以国家特别之行为为基，因而脱籍之谓。但此事有许多条件，盖恐臣民因希图免避兵役之故而求脱籍。故独逸于此等脱籍,须兵事官员之证明方可,在战时则制限尤严。又政府若许其脱籍时,六个月以内即须移住外国,并当声明入某国国籍。盖往往有不肖之徒,名则为外国人,实则仍逗留本国,图免兵役,故不得不慎重其事。

于此二种脱籍以外,独逸志、匈牙利又有因一定事故,国家与臣民之意思反对,而剥夺其臣民分限者。譬如独国、匈国之人不经本国许可而任外国官吏或入外国军队,则国家得剥夺其分限。又战争之时,凡旅居外国之人民,独逸君主命其归国而不归者,行政官得剥夺其分限。又僧侣已剥夺官职以后仍诈称为官者,则可剥夺其臣民分限。

臣民当失其分限之时,是否波及妻孥,各国之定例亦不同。英国、独国则该臣民既失其分限,其妻亦并在驱逐之例。法兰西则不罪其妻。伊太利则惟妻随夫而并移住外国者,其妻亦失其国籍;若夫失其分限而妻不愿随夫往者,其妻仍得有本国国籍。

又独逸于臣民失其分限时,其未成年之子亦并在内。法兰西则不剥夺其子之分限。英吉利、伊太利则惟未成年之子与父母同居者剥夺其国籍,其不同居者不在此例。

下卷
（万国宪法对照）

第五编　统治之机关

第一章　机关之性质

统治机关者,主权者因使用其统治权之故所设之机关,即君主之事务所是也。君主为国家之主权者,君主自定其意思,而使统治机关行之,故机关之施行即为主权之施行。主权者与机关之关系,非代理委任之法律上关系,乃命令使役之事实上关系是也。

独逸志国法学者爱利脑枯之意见,则分统治机关为直接机关与间接机关,以君主、国会、裁判所为直接机关,君主所设之行政官府为间接机关。其说之是否,姑不具论。盖彼不以君主为主权者,故君主与国会相提并论,若以君主为主权者之国,则其说之不足取,不待言矣。

宪法论即为主权论,若不决定主权之所在,则其论之是否未可决定。独逸国法学者爱利脑枯以民主为主义,与君主国之主义不同,故其立论亦异。若君主国,则断不取其说。

统治之机关不得为权利之主体,亦不得为人格者。机关之意思,系表明其国家所委任之意思,非机关自身有何等独立意思。法兰西、独逸志教科书中,以国会为国家之意思机关,其说大误。彼盖以国家为无形之法人,故国家自己不能有何等意思,而必籍机关以组织发表其意思,因即以国会为发表国家意思之机关。此不独君主国宪法上所不得采用其说,即就欧洲国法论而言,其说亦大误。盖国家之意思,必由各个机关发表之,若但以国会为发表国家意思机关,其余机关皆不能发表国家意思,于理实不相协。譬如裁判所及行政之命令,皆所以发表国家意思者,何得仅以国会为国家之意思机关? 殊属难解。

统治之机关分为二种类:一、宪法机关;二、行政机关。宪法机关者,由宪法上所设置之统治机关,不变更宪法,即不能废止此机关。此机关分为三种:一、议会;二、政府;三、裁判所。行政机关者,由法令上所设置以补翼统治者之机关,所谓大权上之统治机关是也。此属于行政法范围以内,姑置不论,兹但就宪法上之机关论之。

宪法上之机关所以分为三种者,盖以议会为参与立法权之所,政府为政务施行之所,裁判所为司法权施行之所。国家之事,皆由此三机关施行。其权限则各依宪法所定,不得相犯。至于主权之君主,则在此三机关以上而总揽其统治权。此所谓立宪君主政体之本领,日本现今之政体即系如此,而立宪君主政体与他政体相异者,亦在于此。

机关与机关之间,因权限之故而相争时,在立宪君主国,若不别设宪法裁判所,则君主决定之。欧洲各国中或有以国会为最终裁判者,此于君主国决不相容。如日本国制度,国会所决议之事不经君主裁可,不能径命行政及司法权之施行。故宪法之解释亦必由君主决定之,议会不能干预。

欧洲立宪政体有二种，即立宪政及议会政是也。凡行议会政之国家，其机关若相冲突时，则议会决定之。又或因欲避此冲突之故，而于三机关之上立君主，或于三机关中取其最强者以为主脑，如英之议院政体国即然。但如此则遂成为议院政党内阁之势，由多数党派之首领以组织内阁，而议会遂致专擅大权。又法兰西亦往往因各机关互相冲突不能调和之故，而国政遂迟滞不举，其弊何可胜言！

第二章　议会

议会者，统治之机关，所以参与立法权之行使者也。欧洲各国中或有以国会为统治之主体者，如白耳义、伊太利等皆然。彼盖主张主权在民之说，国民之意思由议会为代表，故以国会为统治之主体。此观念与君主立宪国之观念全然反对，君主立宪国决不可有此思想。盖其向来国体不同故也。

又拍伦哈枯谓国会非统治之主体，而为统治之客体。所谓客体者，即被统治者之谓。彼盖以臣民为统治之客体，国会所以代表臣民之意思，故以议会亦为客体。此于论理上虽尚协合，而于国法学上决不相容。盖国民非有参与立法之权，国民亦非有以国会为代理人，使行其参政之权。法律及豫算等议决，国会虽有此职分权限，然非因代表国民权利之故而行之。组织议会之一部分虽由国民选举，而国民不过投票而已，议员与投票人之间，非有何等代理委任之关系。故以议会为客体之说亦稍误。然则所谓议会者，实为君主治国之机关。组织此机关之方法，则或由君主委任，或由国民公举，俱无不可。若以其因国民公举之故，而遂以议会为非君主之机关，岂不大谬？国民之公举者，国民自己非有何等权力，主权者设立一定法律，使国民选举，而后国民始得与于选举之事；主权之君主若不许其选举，国民自己不能违背法律，专行其选举之权。由此观之，则议会实主权者所组织，而为主权者统治之机关，其理由可以明白矣。

议会自身非有何等人格，亦非有何等权利。议会者，君主立法之事务所是也。所谓国会之权力者，国家之权力也。国家之意思通之于裁判所而行之，则为裁判所之判决；国家之意思通之于议会而行之，则为议会之意思。故国会与裁判所等，皆不过国家事务之一部分，于国会所行之事务,则称之为国会之职分,不可称之为国会之权力。议会之议员议定一法律案,君主裁可之则成为法律,君主若不裁可,则仍不得为法律。故国会自己非有权力,权力者,君主之权力也。

国会制度不始于今日,中国之历史中皆可以推测而得,《尚书》所谓卿士吉、庶人吉,《诗经》所谓"询于刍荛"等类是也。日本神代历史中云,八百万之神集于天之安川原(地名)以为公议,亦即此意。古时虽无一定制度,但有事之时则祭神,或集合多数之人民共议之,原人社会实有此现象,欧洲亦然。

法兰西改革后,国会之理想,尝以此为国民之代表会。夫在上古之时,国民虽为直接总会,但不过行之于小部落中。中世国会则为国民之阶级代表会。所谓阶级者,惟有贵族豪族之阶级方得列入国会,此实封建制度之始。十六世纪间,学者盛唱国家主权之观念而为中央集权之势,以抑制强藩,法兰西之贵族团体遂废。欧洲大陆各国皆效佛之所为,惟英国则贵族仍执政权,国王与贵族互相轧轹,时时有折衷调和之情形。至今日而英之国会尚系贵族之会合,而非平民之会合。十七十八两世纪间,为君主专政时代,国会制度殆绝其迹。十八世纪之终,天赋人权之说遂盛,而孟德斯鸠之三权分立论及鲁所民约论皆相继而起,以成法兰西之改革。鲁所之民约论,其主意谓主权在民,国民会合以统治国家;人人皆有主权,可直接而行,不得让与他人,而反对代表主义。然此究为哲学家之理论,不能全破坏数千年之历史。故欧洲中央各国皆不采用民主主义,而于君主国体之下设立国会制度。此为鲁所之理想所计不到此者。至今日国会之名目虽同,而其性质实分而为二:一则以主权在民,国会为国民之代表会,法学者所谓议院政体是也;一则以主权在君主,而以议会参与立法之机关,欧洲中央各国皆行此制度,国法学者所谓立宪君主制度是也。

十九世纪之半以来,国会制度中又生一种政治上弊害,即政党之组织是也。政党之组织为最新之弊,撰举议员之时,各分政党,而国会之议事遂成为多数政党之擅权。故国会者非国民之代表会,实政党之代表会,与中世贵族豪族专权无异。其弊之所至,必将有不堪设想者。故国会制度将来断不可不设法改革,以求其善。

近来学者主张少数代表及比例代表之主义,然此亦为政党之代表者。所谓少数代表者,即抑制大政党专擅之故,而使少数政党为代表之制度。所谓比例代表者，即于国民中之各政党人数，比较其多少，使出代议士之制度。总而言之，此等政治家及宪法学者之思想，总不出政党代表之范围，毫无意味。以五十步笑百步，其相去几何哉！

第一节　议会之地位

日本国会之制度，于明治二十二年宪法实施之时始行创设。其地位则为君主立法之一机关，无自主独立之权力。但为议员者尝有特别权利及特别义务，兹列示于左：

第一、发言议决之任意

议会发言议决之任意，各国宪法皆有特别规定，然若以此为立宪君主国所应当施行之原则则不然。其任意之范围，各国亦有定限。《日本宪法》第五十二条云："两议院之议员，于议员所有发言之意见及表决，在院外则不负其责任。"盖议员之言论，为议员之职务上所应尽之务，不得引为刑法上之责任。即官吏等若为议员时，则亦当尽其议员之职务，不得以其发言之故而罢其官职或予以惩戒之处分。惟国会政治国，则政务官于议会所议重要之事若与内阁之意见不合，可以罢其官职。此系党派中之责任，非宪法上所应有之责任也。

又议员之议事，得刊行其笔记。盖议会中既任人旁听，则议员即得刊行其所议之事。惟英国议事时禁止他人旁听，故其议员亦不得刊行其笔记。

第二、身体之任意

日本及各国宪法，议员于议院开议期中，不经议院同意，不得逮捕议员。英国则于开院时及开院前后四十日内，不得逮捕。法兰西、普鲁西亚则于开议中不得审问议员。

但此事各国亦有例外之法律。如法兰西于现行犯则得逮捕，普国亦然。英国于即决裁判之犯罪者以外，不得逮捕。日本则现行犯及内乱外患所关之犯罪者，皆得逮捕。

英、佛、普及其余各国宪法，于开院以前所逮捕之议员，依议院之要求可以即行释放，并停止审问。日本宪法中虽无明文，但议员若经逮捕后，议院不得要求释放。

第三、受实费辨偿之权

此则各国制度亦不同。盖议员若不给实费，则非家中稍有财产者，不能就议员之职；若给以实费，则必致以政治为一种职业，而有争占议员地位之弊。日本、佛国、普国则给实费，英国则不给。

议员之义务如左：

第一、议员若自信此事为国家之利益，即可以发言投票，但不得受撰〔选〕举人之委嘱。

第二、议员于议会时，当亲自到院，不得使他人代理参与议事。

议员资格之废止（犹言除名）。

第一、任期已满。

第二、解散。

第三、就官职。英、佛等国，议员若新任官吏时，则不得为议员。然其官职若可与议员相兼者，仍不妨再选。

第四、辞职。英国议员不得辞职，若辞去议员之职，而就有名无实之官职，即失其议员资格。

第五、依议员之惩戒权而除名者。

第二节　议会之职权

议会之权限，分为实质之权限及形式之权限。实质之权限者，立法及豫算之议决是也。形式之权限者，宪法及议院所示之手续形式是也，如上奏、质问、建议及受人民之请求等类。于此等形式权限以外，议员不得妄发意思，干预国家之政务。

实质之权限：

第一、日本议会得参与立法权之行使

《宪法》第五条及第三十七条皆有规定，立法权为君主之大权，非议会所得专擅，不过参与君主立法权之施行已耳。但不经议会参与，则不能立法，此为宪法上原则。又《日本宪法》第五条，议会协赞君主以行其立法权。曰参与，曰协赞，则议会无自己立法之权可知。议会所议决之法律案，君主裁可与否，在君主大权之自由。君主不裁可，不得为法律。

但今日欧洲政体之弊，往往以议院制度与立宪制度混合为一。如英、佛等国，以国会为立法权之所在，故所谓君主或大统领之裁可者，不过形式上裁可而已。此外各国制度甚多，不及枚举。惟日本宪法及中央欧洲各国制度，则不取议院制度而取君主主权制度，故以国会为参与立法之机关,而不认之为立法者之主体。

第二、议会有议定豫算之权

豫算者,即豫先算计国库一年度所关之收入支出是也。

豫算议定权之细目,有三原则:

第一、法律命令所定岁出岁入之目的及金额,议院不得变更之。

第二、法律命令虽定有岁入岁出之目的而未定其金额,则议会得议定其金额,惟不得变更其目的。

第三、目的及金额,法律命令皆未有规定者,则议会当审查其目的之必要与否,而议定其金额。

豫算之事,议院议定后经君主裁可,以为行政之标准。欧洲各国中,或有豫算之事一经议院与政府同意后即生效力,然此非日本宪法上之主义。

又国家当不得已之时,其收入支出或超过豫算之数目以外,在欧洲各国则引为大臣责任问题,以为违宪之行为;日本则以此为适法。《宪法》第七十条云:"于紧急之时,得以敕令为财政上必要之处分。"盖国家当内外交迫之时,若俟召集议会,则必迟误事机,故设此变例。且不但于豫算以外可以支出,并可临时募集公债,以济国用。惟于下次议会开议时,政府须将此不得已之情形通知议会。

形式上之权限:

一、上奏

上奏之事,各国之情形,或单为祝辞、吊辞等仪式之上奏者有之,或因奉答敕语之故而上奏者有之,或因立法、行政上有当改正之条件而上奏者有之,又或因国务大臣及行政官厅有不当之行为而上奏者有之。上奏之事,君主不必皆为允许,亦不必皆为敕答。但宪法上既定有上奏之权,则君主必须收受其所奏,不得拒绝。

二、建议

日本宪法,议院于上奏外有建议之权。建议之事,或关于立法,或关于行政均可。惟须述其将来当如何改革,不得非难已往之失政。建议者,系对政府而述其意思,但政府若不采纳其建议,则本会期中不得再提出此议。

三、质问

议员对国务大臣,无论何事,皆可质问。政府答其质问与否,则在政府自便,然总以返答为宜。

英、佛各国国法,议院中于必要事件,可以设审查委员,又可照会各官厅,普国宪法亦然。日本议院法中则特揭著明文,谓议院不得向人民发告示,不得因审查之故召唤人民,不得派遣议员。除国务大臣及政府委员外,不能与他官厅往复照会。又政府除秘密事件以外,依各议院之要求,可付以各种报告及文书等。

四、受人民之请求

此权为各国国法所共认者。请求之目的,或述其将来所希望之事;或陈述行政官以前所处分者有侵害自己利益之处,而求其伸白之事;又或关系兴利除弊等事均可。至于司法及行政裁判所关之请求,议院不得收受。

此外议院内部所关之权限如左:

一、各院有整理其议事规则并其他规则,以及实行此规则之权

独逸则不但有管束议员之权,并可管束旁听人。国务大臣及政府委员,无论何时,皆得到院发言,但必须遵其内部之规则。

二、院内之警察及惩戒权

院内之警察属各议院,议院议决后即得行之,或依议长行之。院内之警察权,对院内无论何人,皆可执行其权,即国务大臣亦当遵守之。至惩戒之事,则于议员以外,不得施行。

三、议院内部组织之权限

议长与副议长及其他议员选任时,佛、普等国专属于各议院自定;英国上院则以大法官为议长,下院则由迁〔选〕举,而必经国王之认可。大法官若有他事及病故时,则国王可任命代理者。无代理之人时,则上院自己选举。下院议长若无人可选时,则以岁入委员长为议长。日本之议长、副议长皆系敕任,下院则于候补者三名中敕任一人。

四、审查议员资格之权

此权各国宪法中皆属于议院权限。英国一千八百六十八年以后,撰〔选〕举相争之事系经裁判所裁判。日本则贵族院有审查议员资格及裁决选举诉讼之权;众议院则惟有资格调查之权,而无判决诉讼权。有因选举而诉讼者,于裁判所裁判之。

第三节　议会之组织

议会之组织,亦各国情形不同,或由一院成立,或由二院成立。一

院制度之国,除瑞之各州及独逸小国外,惟希腊及室尔比亚二国而已。
受两院制度之管辖者,大约有一亿七千三百万人;受一院制度之管辖
者,不过九百万人。诸大国中采一院制度者,惟有独逸。独逸本为联合
国家,于独逸议会之外,以各国政府之代表者组成联邦之参议院,故不
便再设第三合议体,而采用一院制度。盖其情形与他国不同故也。

各国议院之组织必立两院者,厥有数端:

一、两院之元素既不同,则诸事可以熟议,不致乘多数之势轻率议
决,为激烈之举动,以误国家人民之关系。

二、两院得互相节制,以防多数之专横而保护人民之权利。

三、立宪君主国若置一院,则君主与议会间易生冲突。两院并置,
则自相节制,而君主得立于调和之地位。故两院制度所以拱卫君主之
安全及尊严,而维持国家之平和。

四、社会既有进步,则财产、学识、门地等,皆有占社会上等之原素。
此原素为社会上所最重要者,若仅有下院,则多数之人容易专制,不能
代表国家之诸原素。故别以社会中最有势力者为上院,使易达其代议
之本旨。

第一段、贵族院之组织

贵族院与下议院同,其议员皆由于选举,然或出生时即为议员者亦
有之。白耳义皇太子满十八岁即列席于上院,二十五岁即有发言权,其
余人等则皆由选举。凡由选举之国为上院议员者,总执保守主义。联
合国家上院,亦可为各州之代表。瑞西之上院,则由各州选举二名为议
员,合众国亦然。

上院与下院组织之异如左:

(一)上院议员之任期较下院稍久,如佛、米、白、兰、丁、典等国
皆然。

(二)上院议员选举之年龄必较下院稍长,如佛、米、白、典等国即
然。又上下两院选举权亦有不同之处,白耳义即可为一例。

(三)上院议员被选之资格,即用普通法选举之国,亦必加入财产要
件,如白耳义、和兰、瑞典等国,皆有此例。

(四)上院议员之选举,有用间接之选举法者,佛、兰、白等国是也;
又有用一种特别法者,那威是也。那威于组织议会时,以其中四分之一
选为上院,余则为下院。佛之上院于县及殖民地所选举之三百人,使为

议员。各县及殖民地所选举之分数，自十名起至一名止定之。此一千八百八十四年正月定例。其上院议员依复选法选举之，即由选举区内之代议士、县会议员、郡会议员及各市町村会所选举之议员等组织而成。上院议员之任期为九年，每届三年改选议员全数三分之一。改选之次序，一千八百七十六年以抽签定之。选举之事由大统领之命令施行。投票则用秘密投票法，得投票之过半数或得选举人四分之一者为当选。若无当选者，则以比较多数者为当选。同数之人，则以年长者为当选。上院议员，年龄须满四十岁而有公权之佛人，佛君主之家族不得选举。陆海军人除一二例外，不得为上院议员。又某等官职不得兼任上院议员。又某等官职在任时及去任后六个月以内，不得于其管辖区域内选举为上院议员云。此外不由人民选举而组织上议院之国，如英吉利、普鲁西亚、墺太利、伊太利、西班牙、法兰西、萨国、薇顶、普鲁奚国、黑塞痕国等，其组织之原素如左。

（一）皇族男子。墺太利、西班牙、拍伊爱伦国、萨国，则皇族男子成年以上即可为上院议员。伊太利、葡萄牙，则满二十五岁者可为议员。普国则以敕令任之。

（二）有以贵族为上院议员者，有以富室为上院议员者，又或因互选及敕令而为上院议员者，英国、普国等即然。

（三）欧洲诸国上院之组织，大概皆有宗教之原素。英、西、伊等国，以大僧正及僧正等为议员。伊、西、巴等国，则或敕任僧侣为议员。普、西、巴、萨等国，则使寺院僧侣互选为议员，或有推选之权。

（四）有以高等职官为议员者，或由于敕选，或由于选举，其例不一。此等官职，必系高等之司法官、行政、文官、将官、名誉官及内官等。

（五）有以学术优通而为议员者，如大学校总长及教授、学士会员、高等教育会议会员等，皆可敕选为上院议员。又或于有学术、技艺及有功劳人之中，敕选为议员者。

（六）有以重要都市之吏员为当选议员，或敕选之，又或有推选之权。

（七）上院之组织，有以大资产家为议员者，或以其纳税之多额而选举之，或以其纳税之多额而敕选之，又或予以推选之权。

（八）各国宪法中，有以若干年在任之下院议长或议员，敕选为上院议员者。

（九）在人民中有名望者，又于国家有功劳者，君主得敕选之为议员。

英国之贵族院制度如左：

一、成年之亲王及世袭贵族即可为世袭议员，不拘人数。

二、苏格兰贵族中所选之议员，其任期与下院同，计十六人。

三、爱尔兰贵族中所选举者为终身议员，计二十八人。

四、大僧正及僧正之议员，大僧正三人，僧正二十四人。若罢其大僧正之职，即不得充当议员。

五、司法官四人。但此等人必须二年以上为高等判事官或十五年以上为辩护士者，方可充当。除以上诸色人外，余皆为世袭贵族之世袭议员，统共议员总数五百余名。其非英国之臣民以及家资分散之人等，国王皆〈不〉[①]得召集之于上院。未成年者，处重罪之刑者，及上院已经宣告除名者，则〈亦〉[②]不得列席投票。

普国贵族院之组织，以英为模范。一千八百五十三年五月七日之宪法变更，一千八百五十四年十月十二日敕令所定，其组织如左：

一、已达成年之皇族男子，由敕令而为议员。

二、一千八百六十年以前独逸帝国直辖之华族，及一千八百四十七年二月三日由敕命而列席上院之贵族，又世袭表决权家族之族长，为世袭议员。

三、国王所敕任之终身议员。一、有推选权者；二、名誉式部官；三、国王所特别信任之官。

日本贵族院之组织如左：

一、皇族男子。

二、公侯爵，满二十五岁以上之男子即为议员。

三、伯子男爵，满二十五岁以上之男子各于其爵中选举，不得超各总数五分之一，任期七年。

四、有勋劳及有学识而由敕任者，为终身议员，但须满三十岁以上。

五、纳多额之税者，满三十岁以上之男子。纳国税多额者，十五人中选举一人，以敕任授为议员，任期七年。

---

① 此处原文为"皆"，旁有铅字补"不"字。——整理者注

② 此处原文"则"字涂黑，旁有毛笔手写"亦"字。——整理者注

贵族院议员受禁锢之刑及受家产充公之处分者,则以敕令除名。

第二段、众议院之组织

下院之组织由于人民选举所成,故往往以多数党派之人为议员,此亦势所必然。其议员既为多数党派所组织,则多数党派之意见必皆随声附和,不复审议讨论,而反对之人亦无从节制之。故往往流于议会之专制,而所议之事必不能周到公平。

议会既由多数党派所组织,则会议时其意见一致者必有多数,若依此多数为议决,则彼少数之人必致立于旁观之地位以视多数之专横,有时不平之气愤结于胸,遂致为激烈之原因。又或少数之人于失望之余,坐视国家之公务,不发一策者有之。又或少数党派互相联结,以倾多数党派者有之。故选举竞争之激烈,必在所不免。谋国者于此运用苦心,遂设少数代表之方法。

少数代表之方法,其种类亦甚多,各国中颇有行之者,而总未能十分完全,此后须当再筹善法。少数代表方法如左:

一、有限之投票

譬如一选举区当选三名者,使选举二名。此方法自一千八百六十七年至一千八百八十五年英国行之。又自一千八百八十二年至一千八百九十一年伊国行之。此外西班牙、葡萄牙皆曾举行此法。然因党派策略之巧拙,亦可有意外结果。

二、集合投票

譬如选举三名之议员时,各选举人得投票三名之被选举人,或一人之被选举人而并投三票亦可。此方法合众国之伊利诺伊司曾行之,英亦用此方法。此方法之欠点,亦依党派策略之巧拙而生意外之结果,往往有侥幸得之者。

三、顺位递减法

依投票所列记名之顺位,区别其为全票半票,以减杀其投票之效力。以上三方法,无一定原则。

四、比例代表

使各党派比较其选举人之多寡而选出议员。此分二种:一、单名投票;二、连名投票。

单名投票者,以议员之数除其选举人之数,而以其所得数为选举议员之数。得此数者,不论在何等选举区,皆可合算而定投票之数。各选举人不必选举其所属选举区之候补者,不论何区之候补者,皆得投票。譬如此人于全国有名望,即于一选举区中不能有势力,而合计各选举区所得之数,亦可为当选议员。又各选举人所最希望之某候补者,若恐其因定数投票不足之故不得为议员,致其投票全归于虚掷,则可于最希望之某候补者以外,顺其希望之次序再记一名或数名之候补者氏名。如此,则此等有名望之候补者中,必有一人因投票数过多之故而得为定数之议员。若超过定数以上之投票,则可依其记名之次序而算入他记名之投票中。此系英国黑阿所主倡者。

西班牙、葡萄牙曾实行此法。西班牙定例,于一选举区若无当撰〔选〕者,则统多数之选举区合计之,凡得一万以上之投票者,即依投票之次序,限十名为止,得为议员。葡国则五百以上之得票者,限六名以内,得为议员。丁抹于一千八百五十五年在黑阿之发论以前曾行之。此事颇有利益,因不待言。但选举之转折极为复杂,而候补者或用贿赂及他手段,以侥幸得其当撰〔选〕者有之,则亦一弊也。

连名投票者,各种党派各提出其候补者之名簿,各选举人于此等名簿上依被选人之定数而为投票。各党派中比较各名簿所得之投票数,以定其所当选之数。此方法亦分为二:一、限定名簿之方法;二、自由名簿之方法。限定名簿者,各选举人须依同一名簿而为投票。自由名簿者,依多数名簿以为投票,但以定数为止。又于名簿以外,亦得投票。此等方法,在今日为最完全之方法。一千八百五十年,于案朵微尔枯开设万国比例代表会议,尝以此为最良之方法。然总不能离政党之弊害,其奈之何!

选举之方法有二种,即直接选举与间接选举是也。诸国现行制度皆用直接选举法,然亦间有用间接法者。

直接选举者,即选举人自己选出议员之谓,今列其理由于左:

一、直接选举之制度,选举人与议员有直接信任之利益,间接选举法即无此利益。

二、直接选举之制度,选举人于选举之事有直接利害之关系;间接选举法则原选举人不直达其意思于议会,而于选举之事遂不甚关切。

三、直接选举,则经一次选举即可了结;间接选举,必须经两次选举方能完竣,故其法颇嫌复杂。

四、间接选举之制,其选举之结果虽由选举人之选举以为确定,而究之选举人,实不过受原选举人之意思而为投票,故不如直接选举之妥捷。

间接选举者,原选举人选出选举人,使此选举人选出议员之谓,其理由如左:

一、选举之目的,在组织善良议员,苟能达此目的,即不必问信任代表之有无。

二、选举人为原选举人所选出,则选举人较原选举人见闻必广,庶得选出善良议员。

三、选举人立于名誉地位,且对原选举人有德义上之责任,故其选举亦必慎重,而不敢滥用其选举权。

各国中,于下院选举时实行间接选举之法者,普国、拍伊爱伦国、巴国、丁抹、那威等国是也。一部用直接法,一部用间接法者,墺国、瑞国是也。此外各国皆用直接法,日本亦然。

选举之区划,其法有二种:

一、单名投票:一选举区选出一人为议员,则限一人投票;

二、连名投票:一选举区选出数人为议员,则数人投票。

单名投票及连名投票之利害,于佛国尝发为问题。共和政之第三年,用连名投票,后又废之,旋又用之,一千八百八十五年再用之,一千八百八十九年又废之。

单名投票之利害及连名投票之利害分列于左:

一、连名投票,则选举之区域广大,选举之人数亦多,其弊害必难施行,但党派之组织容易成立。

二、单名投票,则一人之候补者必有敌视他候补者之心,选举既集于一人,则其竞争亦烈,而怨亦归于一人。

三、单名投票,则一选举区若有数名之人才,必致为人数所限,于一人之外,皆不得为议员。若选举区广大,则此等人才或皆可为议员,然此总易招党派之弊。其不入此党派之一人,必不能有当选之望。

四、选举区之区域广大,则选举人难于识别人才,而选举之弊害容易起。

五、连名投票,则候补人数中偶有一二人有名望者,选举人即不问其余候补者之为何人,而皆列名于票内,遂致多数无能力之候补人员,因一二有名望人之牵带,遂得侥幸当选。

诸国现行法,往往皆并用单名投票及连名投票二法,唯丁抹则专用单名投票。伊太利于一千八百九十一年之改正,亦采用单名投票法。此外,合众国之下院及各州议会皆用单名投票法,独逸亦然。日本近来选举法改正,颇有用连名投票法之势。然据以上所述观之,连名投票法总不若用单名投票法之善。但此事征之于历史沿革等上,实非容易改正。

选举权施行之要件,各国情形大异,今分之为三:

一、普通选举;

二、制限选举;

三、等级选举。

普通选举者,不问选举人财产之有无,但具备一定要件,即可有选举之权。采此法者,往往选举人无一定见识,又无利害之感,遂致选举之弊害因之而起,而且选举之实权必皆归于少数者之手。是有普通选举之名,而无普通选举之实。

制限选举者,以一定之财产或纳税之额数,为选举资格之要件。此法各国行之者甚多。

等级选举之法稍为复杂,普国行之。其法于选举区中分纳税总额为三分,其纳税最多者为一级,中等纳税者为二级,少数纳税及无税者为三级。各级之原选举人,各于其原选举区中选出选举人,以选举议员。此法能防普通选举之弊害,而又可代表社会之诸元素,固为极善,但其中有一大缺点存焉。盖同额纳税者,往往因异其选举区之故,遂致异其选举级,殊属不合。故此法用之于自治体之选举则可,用之于国会之制度,则尚不适宜。

普通选举制度,佛、米、独、瑞诸国行之。等级制度,普国以外,惟独逸二三小国行之。制限选举,则为各国所通行。

被选举人之资格,北米及瑞西等国立法,凡官吏不能有被选举权,佛、伊、白等国亦然。但其中设有例外,如佛则大臣、次官、公使及警察、知事等官,皆在例外。英则国王所隶属之官职及一千七百零五年以后所设之官职,非有特例,不能有被选举权;一千七百零五年以前所设之官职,皆得被选。独逸、普国及独逸诸国立法,官吏皆得为议员,其不得为者甚少。如普之会计、检查院长等,则不得有被选权。此外西、葡、墺、丁、那威等国,官吏皆可为议员。

选举之施行亦分二种:

一、秘密选举；

二、公表选举。

秘密选举者，于票上不记投票者之姓名。

公表选举者，于票上并记投票者之姓名。

秘密选举之理由如左：

一、选举人于自己所信者得任意投票，且不招他人之怨忌。

二、平日以贿赂、胁迫之不正手段互相约束以为投票者，在投票时果履行其密约与否，无由而知，则一切不正之手段即无所施其伎俩。

三、若公行选举，则人民中往往有所畏慑，而不敢显著其意思，遂致放弃其选举权者必多，秘密选举则无此弊。

公表选举之理由如左：

一、国家之公务，国民当公然行之，若掩他人之耳目而秘密施行，实为国民之耻。

二、若知某人之被选举系某人之投票，则投票人之责任綦重，不致滥用其选举权。

三、秘密选举，则选举人若以贿赂相约束者，至选举之际其果践约与否，无由而知，是背德之行为为法律所庇护，殊非善良之道。

四、用秘密投票之方法，其中若有无资格之投票人在内，则选举全部必致无效。

总而言之，人民程度若低，使选举权能及于下级人等，则用秘密投票为宜。且市町村等湫隘地方，选举人与被选举人有密接之关系，则更难用公表选举。今欧洲各国，法兰西、英吉利皆用秘密选举法，普国则用公表选举法，日本亦用秘密法。

议会非为时时集合之会议体，故有开会之期限，又或有特别召集之制度。法兰西于通常之会不必召集，每年在一定时期内自然会合。大统领不论何时得召集临时会。日本、英、普等国，议会不经召集不得开会，著为定例。

议会召集之权专属于君主之大权，法兰西则以法律定之。君主召集议会之权限，亦各国不同。英国虽有三年必召集一次之法，但陆军条例及豫算等事必须年年定之，故每年召集议会。普国亦每年召集，又在紧要之时亦可召集。日本宪法与普国同。

解散后所关之议会，应属于临时会，或属于通常会，此为各国一重要问题。柴伊特尔以此为通常会,舸俄尔买爱鲁以此为临时会,拍伦哈枯则谓当依豫算之议否而定。日本学者于此数说以外,而以此为一种特别之会。但此特别会无开会一定之期日,故必由君主之大权以敕令定之。日本一木喜德郎谓解散后召集之议会,若当通常议会时期,则为通常会;若在通常会时期以前而召集者,则为临时会。

通常会与临时会之情形,除开会时期及会期外,毫无区别。英国于开新议会时,在二十五日前发召集命令,又对选举长发选举之命令。议会已开会以后,即豫定下次议会开会之时日。若变更其时日,则于六日前检定时日,召集议员。佛国以大统领之命召集议员;普国以敕令行之;日本以敕谕定召集期日,于四十日以前发布其敕谕,揭载于官报中。

既召集以后,佛国则不必行开会议式。普、英等国则由君主命其开会,而属于君主之大权。君主使两院会同,或亲临议场,或使人赴议场,依敕语开会。日本亦以敕令定开会之日期,使两院议员会合于贵族院中而行开院式,会期即由此日计算。

在开会中,议会职权之施行若中止时,则谓停会。此则或因解散之准备而行之,或因议事不曾豫备整齐之故而行之。停会之大权亦属于君主,惟英国则君主无此大权,由各议会自己议决。法兰西则停会不得过一月以上,于同会期中不得有两次停会,普国亦然。日本则每次停会不得过十五日以上,于同会期中,无论停会若干次均可。

停会中之期日,佛国则不算入会期中,普国则包含在会期以内,日本亦然。

停会者,非废止其会,不过停止其议事而已。停会之事,必两院同时停会,不得一院独行停止。

各议院于会期内,因休暇之故,或因议事准备之故,不经敕谕而休止议事者,谓之休会。休会之时,委员会仍得议事,且两院不必同日举行休会,听各院之自便。

于会期既终,则行闭会之式,此亦属于君主大权。凡一院未议决之事,或已议决而尚未通过两院之一切议案,皆归消废,俟下次会议时再行发议。闭会之大权所在,各国之制度亦异。法兰西通常会期极少须五个月,五个月后,大统领不论何时,得命其闭会;五个月内,则不得闭会。日本则三个月内,君主不得命其闭会。

闭会者,即停止合议体,使不行其职权之谓。至议员之资格任期,则仍存在。

于议员之资格有关系者,则为解散。解散者,剥夺议员之资格是也。解散之事,各国有并上院在内。日本及英、佛、普等国,则惟下院得行其解散。

解散之命令亦属于君主大权。英则于解散以前先闭会,国王示以解散之意,而以敕令行之,普国亦然。若在已闭会之后,则以敕令公布之。佛国大统领虽有解散之权,但必须下议院同意方可。

解散之事,若于总选举既终、尚未召集以前行之,则为违背宪法,必须召集一次,方可解散。若议员任期已满,而于总选举后、尚未召集以前即命解散,则不得为违背宪法。

众议院解散以后,贵族院亦当停会,此为定例。

第三章　政府

政府者,君主大权施行之机关是也。政府与行政官府,不可混合为一。行政者,于法律敕令之范围以内,以大权所示政治之方针为准据,而行其国权者是也。政府为大权行使参与之机关;行政官府在大权及法律之下,为执行法令之机关。政府系国务大臣及枢密顾问所组织;行政官府,则各省大臣由君主官制权所设定。论者以为国务大臣与行政大臣同为一人,故遂混视为一,而究之其性资大不相同。盖辅弼君主之大权为国务大臣之职务,由大权之委任;以行政各部之事务为自己权限而施行者,则系行政大臣之职务。

第四章　国务大臣

国务大臣,为辅弼元首之机关。辅弼者,启牖君主之聪明,使君主政治上之行为得完全无缺之谓。

国务大臣之地位,其得有大臣之名称与否,无关紧要。有大臣之名称而不能居国务大臣之地位者有之,宫内大臣是也。无大臣之名称而得居国务大臣之地位者有之,枢密院议长是也。

国务大臣既在辅弼君主,以补佐君主大权之行使,则对君主不可不尽其职务之责任,故谓之国务大臣之责任。

国务大臣之责任,欧洲学者所说各不相同,兹举其最要者言之。

或谓君主神圣不可侵犯,故大臣代君主而受其责任,其诸〔说〕甚误。宪法上所谓君主神圣不可侵犯者,言君主以上,无审判君主之权力,故谓君主无责任。责任者,由监督之权而责问其过误之谓。君主既无责任,又何必使大臣代受其责? 大臣若以君主自己引咎为必要,则君主即有责任矣,岂非与宪法上自相矛盾乎? 宪法所谓君主神圣不可侵犯,即君主无自己引责之事,则大臣不得代君主引责明矣。且大臣代君主而负其责,将对何人而负其责乎? 宪法上监督大臣之权在君主,若谓对君主而负君主之责,则其说实大相穿凿,且亦无此理由。

或谓大臣之责任系对国会而有责任,此说与立宪君主政体不合。欧洲宪法,大臣于政务上有过失时,则国会得审判之,故其说谓然。若日本宪法中,无国会审判大臣之明文,则大臣之黜陟审判由于君主之大权,非国会所能干预。又孟德斯鸠谓君主有违法之行为,由于大臣之辅弼不善所致,故大臣当有责任。此则弁髦其君主,视君主无独立之意思,其说与君主之地位不相容。

又孔斯炭脱谓君主立于不能为恶之地位,故自然不致为恶。此则以政权之举行属之于国务大臣,而使君主徒拥虚位,与立宪君主国君主之地位亦不相容。

然则所谓大臣之责任者,即政治上责任。政治上责任者,即宪法上所应尽其职务之责任是也。

大臣责任之制度,与大臣弹劾之制度,互相发达。大臣弹劾之原因,或因大臣违犯宪法及法律之故或因大臣有害于国家之故而弹劾之。譬如英国则于大臣犯逆及收贿以外,凡诸事处分之当否及得失,亦使大臣负责。合众国、普国、佛国,则惟以叛逆、收贿、违反宪法等为大臣弹劾之原因。墺国则弹劾之事甚多。大臣弹劾之裁判,英、米、佛、西、葡等国以贵族院为裁判所,普、白等国则以高等裁判所为裁判大臣之裁判所。又或有组织政治裁判所者,墺国是也。又独逸数小国定例,两院不同意,不能弹劾大臣,以防其滥用弹劾之权。英国则国会可以弹劾大臣,但英国所谓议院政党内阁之政治,议员之多数皆入于政党,故其实际上不以弹劾大臣为必要。国会若不信用大臣,议决以后,即可加以处分。日本则不然,日本黜陟大臣之权在君主,大臣有过失时国会可以上奏,君主接受此奏，黜免与否，则在君主大权之自由，国会不能干预。且国会亦无弹劾大臣之权，不过于大臣之过失，得表白其意思而上奏耳。

凡施行法律敕令及其他国务所关之敕谕，国务大臣当副署。副署者，即署名之谓也。

国务大臣隶属于君主，则有服从君主命令之义务。君主之命令若适于宪法，大臣自当副署。君主之命令若有违法之处，则大臣不得署名。盖违法之命令非君主真正之命令，大臣不能遵奉。

官职之任免由于君主大权，大臣虽得自求请退，而无抛弃官职之权利，故大臣辞职，若不得君主之裁可者，则不得免其责任。

第五章　枢密顾问

枢密顾问者，参与君主大权之行使，应君主之咨询以审议重要国务，而为宪法上机关是也。国务大臣受君主之咨询而奉答意见，或不待咨询而自陈意见，又或受命而传达于外部，皆为国务大臣之职务。枢密顾问于奉答君主之咨询外，亦得自陈意见，但无传达外部之大权。

咨询之事由君主自便，惟枢密院官制所定之事项，君主必当逐项咨询。但咨询以后君主嘉纳其所陈与否，为君主大权之所属，非臣下所得私揣。

君主咨询事项时，依枢密院官制之规定而开会议，君主亲临院内，自顾问议长以下，皆得恺切敷陈。

英国枢密院顾问官有二百余名，皆系名誉之职而无实在职务。普国枢密院中，则十八岁以上之亲王皆得为顾问官。此外君主所信任之官吏，亦可充顾问官之职。现在大约有七十余名。除国王咨询外，不得自进意见，亦不得干预行政、司法之权。

总而言之，欧洲各国之枢密顾问，不得参与国家重要之机务，故宪法上不认有枢密顾问之权限。日本则揭之于宪法上，国务大臣与枢密顾问，其权利实相对峙。

第六章　裁判所

裁判所为行其司法权之统治机关，而有独立之权限。所谓独立者，非有自主自存之权力,系依法律所定而行其裁判,不受大权监督训令之谓。盖国会立法之议决,必经君主裁可而后定为法律。此外一切行政,皆在大权监督训令之下。惟司法权之行使,则不必经大权裁可,而亦非大权所能左右之,故称之为有独立之性质。

裁判所执行法律,不问法律之善恶是非,依其罪名而用其法律。此为立宪主义之精神,日本宪法即采用此主义。盖裁判所若因其人与其事之情形斟酌法律,而后判决,则司法权与立法权必有相混合之弊。

君主不能亲行其司法权,而必于裁判所行之,故裁判所为统治权之一部分。

裁判官之任免属于君主大权,但必须有任免之条件方可任免,不依法律所规定者,不能免其职。

日本宪法中,裁判所之构成法以法律定之,如裁判所之等级与管辖之区别,以及设立之地方、法官之人数,皆依法律为定。

日本裁判所分为四级:一、区裁判所,二、地方裁判所,三、控诉院,四、大审院是也。

第六编　　统治权之作用

第一章　　统治权

统治权者,统治国家之主权。统治权在君主,前已言之。主权在民之主义,为立宪君主国宪法所不容。独逸教科书中,以统治权为君主宪法上所有之特权,而立法权、司法权不属焉,此与日本宪法不相同。《日本宪法》第四条云:"君主总揽统治权。"则统治国家一切之权力皆属于君主之统治权可知矣。

孟德斯鸠之三权分立说,以立法权属于议会,司法权属于裁判所,行政权属于政府,互相对峙,而有各别之权力。其立论之误,近世学者无不知之。盖国家主权唯一而不可分割,若主张三权分立说,则国家即不能统一。故欧洲各国即有采用此说者,必须具备三权调和之法。譬如米国于三权外设宪法制定权，葡国设节制权，佛国孔斯炭脱谓设王权及中立权等，皆欲调和三权之冲突，而期国家之统一。日本宪法所定，则立法、司法、行政三权皆为君主总揽统治权之作用，而且三权非对等并立，立法权常在行政、司法之上。然向来若系司法及行政所属之事，立法权不得侵蚀之，故三种权限不相冲突。

第二章　君主宪法上之大权

君主由宪法上所规定而行使其统治权，则为宪法上之大权。君主为统治权之主体，而统治权所关之作用则以宪法定之。譬如统治权之某范围由统治机关行之，统治权之某范围以亲裁行之，皆依宪法为定。此分界为大权制度之所存在。若如近世学者之言，不认有大权之存在，则即不认有此分界矣。其于宪法根本之观念，殆有所未尽。宪法上之大权者，即指宪法之条项所列记者而言。大权之发动，即由宪法之规定而生。今日有此宪法，则今日有此大权。统治权与大权不同，统治权系与国家共存，不俟宪法而生。宪法即有改正，而国家之统治权不为之稍动。此其所以异也。

大权之制度，与欧洲各国所谓君主之特权，不可混视为一。特权者，指君主特别所享有之权利而言。大权之权，则为统治权之权，非权利之观念。权利者，于法律保护之下而享有之之利益，其义大异。而且特权之意义，系于普通人之一切权利中，而以法律享有此特别权利之义。欧洲大陆之宪法，往往以君主于国法上为有特别之权利，学者遂以吾人所云大权亦看做特权则误矣。

大权与大权事项不同。君主权力所属之事，不能列记。君主所亲裁之政务，亦不能列记。盖君主总理万机，无一不在君主权力之下，而为君主大权所统治。大权事项，则惟指宪法之要件，系君主所当亲裁专断者而言。《日本宪法》第一章所列记者，皆为大权事项。

大权为特立之作用，非议会所敢置议，故大权事项必须亲裁，不得以法令规定之。

敕令亦系君主亲裁所发之命令，故为大权。法律所未能豫定之处，君主得以敕令行之。

大权事项皆为君主所亲裁之事项，不得委任于行政官府。譬如君主裁可法律之裁可权、改正宪法之发案权及任免黜陟大臣之权等，皆属于君主大权，君主不得委任于国会或国务大臣以代行其权。故《日本宪法》第一章所列记之事项，实明示君主所当亲裁之事项，而为宪法上大权独立之精神。

第三章　立法权

立法权为君主统治权之作用，由议会之协赞而行，其权属于君主而不属于议会。议会不过在内部议决法律案，其嘉纳与否，则在君主自由之意思。议会与君主非立于对等地位，而实为君主统治之机关，此日本宪法之原则。

佛派之宪法旨意，以国会为立法权之主体，大统领则协赞国会之权力行动，与日本宪法实为正反对。英国则君主与国会立于同等地位，两者协同而行其立法权，与日本宪法亦异。

佛派宪法之精神，又以立法权为国家最高之权力，行政、司法之权为第二等权力，其中盖有种种理由：一则彼等主张主权在民之说，主权既在国民，则国会实为国民之代表者，国会之意思即国民直接之意思，而为主权纯粹之发动，立法权即国会之权力，故以之为国家最高之权；一则彼等以法律为治国之定规，行政、裁判，皆本法律而行，法律有最高之力，故认立法权亦为最高权力。民主主权说于君主国体所断不采用，其第一层意义，可无容置论。至以法律为国家最高之法则一说，彼若以宪法亦看做法律，则其说或可。若日本则法律在宪法之下，故不得以法律为国家最高之力。国家最高之力，于主权者君主之外，更无他物。立法权虽本为君主之权力，然仅以立法权为最高权力，统治权之一切作用皆在立法权之下，此等区别，亦为日本宪法所不采。

第四章　法律

法律之意义，有解为实质上意义者，有解为形式上意义者。法律之实质即为法规，所以定人间行为之标准。法律之形式，即经议会之协赞而表示国家之意思是也。由此实质而履此形式，则为法律。法律必经议会之协赞而始成，但议会所协赞者不过法律之案，至于裁可其法律案而成为法律者，则属于君主大权。此为日本宪法一定之法理。

法律上必要条件分为五项：

第一、法律案之提出；

第二、法律案之议定；

第三、法律之裁可；

第四、法律之公布；

第五、法律之废止。

第一，法律案之提出者，对议会而提出法律案，议会以职权议之之谓。法律之草案，或有在于官僚之手，或有在于学者之手，然皆不得称之为法律案之提出。必法律案提出于议会后，方得谓法律案之提出。

法律案提出之权，欧洲各国中或有专属于君主者。日本、英、佛、普等国，则政府及两议院皆有提出权，但于其中稍加限制。

一、财政案。英国财政案必先由下院议定，普、佛宪法亦先于下院提出，日本宪法与普同。

二、同一法案，两院得于同时提出与否，独逸国法学者尝详论之。日本宪法之规定，虽未尝禁止其同时提出，但《议院法》第五十三条谓政府之议案，两院不论何院先行提出，均听其便。是则两院必有一院先行提出，不得同时提出可知矣。

三、制限宪法变更之提出权。

四、一院所否决（即以为否之意）之法律案不得再行提出，此为各国国法所共认。惟佛国则对政府之提出权无此制限，而对议院之提出权有此制限。《日本宪法》第三十九条与普同，两院中有一院所否决之法律案，本会期内不得再行提出，著为定例。惟普国于不得裁可之法律案亦立规定，日本则无。其故则由于君主所不裁可之法律案，在本会期内自不至再为提出，此为事理之当然。但君主此次即不裁可，下次议会仍可提出，君主无论何时皆得裁可，故不必规定。

第二，法律案之议决者，即已经提出于议会之法律案，两院各有修正议决权之谓。英、普等国，于财政法案上院无修正之权，佛则两院同有此权。

议院中有一院若提出法案，即不得撤回，亦不必由该院议决。盖既经提出，即包含协赞在内，故不必更由其议决。其不得撤回之理由，譬如议院若已经协赞政府所提出之法案，即不得注销其协赞，其理由相同。至于政府所提出之法案，不论何时可以撤回，即两院皆已议决，而政府或奏请裁可与否，亦听政府自便。故政府之意思，不因该议案之已提出而为所束缚。

第三，法律之裁可者，由君主亲署而确定为法律之谓。亲署者，于议会议决法律案之前文，署御名、钤御玺是也。

裁可之性质，国法学者或以此为许否权，此由于三权分立论之结果，故误以元首仅有行政权，立法权专属于议会，而裁可为节制立法权之手段。殊不知立宪君主国之元首总揽一切统治权，不仅有行政权，故君主之所裁可系定其法律效力之作用。

又或以裁可与协赞之效力相等者有之。此说于君民同治之国固不谬误，若立宪君主国，则裁可与协赞之效力大异。

裁可以后，各国中或有宜对议会宣言者，英国是也。然英国一千七百零七年以来，议会抗拒君主裁可之事，已绝无其例。

日本及普国国王之裁可，不宣言于议会。盖裁可之权，为君主独有之权力而表示之于行为之上者，故不必宣言。乃学者爱利脑枯谓此系君主内部之作用，于外部立法之效力上毫无关系，其说大误。盖内部之作用，决不得认为法律。诸国之宪法，无不经裁可而后规定，则君主之裁可不仅为内部之作用可知。

又或谓法律由于公布而后成立，此说亦误。公布者，公布其法律，非公布其法律案。法律案之成为法律，必经君主之裁可而后成立，故不得以公布之时为法律成立之始。

裁可者，国家意思成立之行为。国家之意思既经成立，则表示之而成为法律，此当然之结果，无论何人，不得阻碍。君主于法律案，或裁可或不裁可，则在君主自由之意思。但既经裁可后，即不能废止变更之。君主自己亦不得废止其裁可。但裁可及公布皆为君主之特权，自裁可至公布之间，则属于政府内部之行为。故君主或得自己废止其裁可与否，非实际上必要之问题。

第四，法律之公布者，即公示其已成立之法律是也。官府及人民因有此公布而认知法律之存在，以便负其遵由之义务。法律施行时期自公布之日起算，即因天灾地变之故，某地方或交通全绝者，亦必施行此法律而以是日为始。现英国国会所议决之事件，即认作人民所已周知者，故其法律于国会中经国王裁可之日便有效力。其余各国则由公布之日起,至施行之日止,中间又设立一定时期,使臣民容易周知,此系定例。时期之长短,则有特别明文;或由公布之日即刻施行者有之,或迟至数年后施行者有之,又或限定法律之某部分依特别明文,其余部分之施行期限相异者亦有之。

第五,法律之废止。法律以外之物不得废止法律,必以法律废止其法律。法律之废止,有绝对之废止,有相对之废止。绝对废止者,即永远废止其全部之谓。相对之废止者,即限定法律之一部或一时废止之谓。绝对之废止,又有直接废止与间接废止之区别。

第一、直接废止,其情形如左:

一、后法之制定以废止前法为目的者。

二、后法之规定与前法相反对者。

法律之前后,依公布日之前后而定,不问施行期限之前后。但以后法律之施行期限,若较以前之法律施行期限稍迟,则以后来法律施行之日,为以前法律废止之日。

三、紧急命令。

紧急命令,系代法律而有效力。若在前所列二项时,则紧急命令得废止其法律。

第二、间接废止,其情形如左:

一、由于立法之精神,其中又分为三项:一、有效期限之到达,二、解除条件之发生,三、停止条件之不成就。

二、法律之目的物或事件消灭之时。

法律之目的物或事件既然消灭,则法律实质之效力即自然废止。又事情若有变更,则必不能实行其法律之规定,其法律亦必归于废止。

相对之废止,则称之为免除或停止。

第一、法律之免除

免除者,以特定之事件或数事件及特定之人为限,而废其法律之适用,譬如大赦、特赦、减刑及复还爵位等类。

第二、法律之停止

停止者,非限定各个事件废止其法律之效力,乃限定一定之时期,对全国或某区域停止其法律执行之谓,如宣告戒严及免除租税等类。

免除及停止于立宪政治之始,行政机关往往有滥用之者。今日则依法律或特别之规定为限,此外不得滥用。

第五章　命令

命令者,由主权者意思所制定之法则,不经议会之协赞而施行者是也。

命令与处分令不同。命令之发布,法律上无论何人,皆当知悉;处分令则惟用适宜之方法,而通知其与此命令有关系之人而已。

命令之发行,又分为二种:一、法规命令,二、行政命令。

行政命令者,非对臣民所发之命令,专对官厅而发。上级官厅对下级官厅亦有施行行政命令之权。至于法规命令,则必依宪法或他法律之明文而设。法规命令分为四种:

一、大权命令;

二、紧急命令;

三、执行命令;

四、行政命令。

司塔尹分命令为行政命令、执行命令、紧急命令三种。古奈司脱分英国命令为独立命令、执行命令及委任命令三种。普国宪法则认紧急命令、执行命令而不认独立命令。佛国、白耳义有执行命令、委任命令,而无独立命令及紧急命令。一木喜德郎分日本命令为紧急命令、执行命令、行政命令、委任命令四种。

第一节　大权命令

大权命令者,规定宪法上大权事项之命令。大权事项者,大权所属之事项,即君主亲裁所属之政务范围是也。规定此大权事项之命令为大权命令。

大权制度为日本宪法之特质,故大权命令亦为日本宪法上所特有。独逸诸国宪法之理论,大权命令与普通命令不甚区别。

大权命令与法律并立,不得以大权命令变更法律,亦不得以法律变更大权命令。

第二节　紧急命令

紧急命令者,在紧急时所发之命令。盖立法之作用,必经议会审查以后，始定为国家永久之法则。此虽适切于用，但当紧急之时，必不能临机应变。故值国家有急迫之事情，不得拘执立法之常道，有误国家大计，则发紧急命令。发紧急命令之权，英、佛及其他各国国法，以此为国务大臣之责任。他日议会开会时提出于议会中，求其承诺，以解除责任。盖英、佛等国以紧急命令为违宪之行为故也。日本及独逸则特规定于宪法中，以此为适法，而无责任解除之说。

发紧急命令时，宜具备左所列各要素：

一、因保持公共之安全而豫防其危险之故，或当危险时而使其免避之故，则得发紧急命令。

二、议会闭会之时。盖在议会开会中，则可依通常立法之方法以应其事变。故非议会闭会后，不得发紧急命令。

三、必须在紧急时候。其事若可俟至下次议会审议者，则即不得谓之紧急，不得谓之紧急之事，即不得发紧急命令。

四、有不得不发紧急命令之事项。盖临机处分之事，若于法律范围以内有可以处分之手段，则不得发紧急命令。紧急命令所以代法律而有效力，故必于法律中所未规定之事变，一旦猝遇，则得发此命令。

紧急命令之形式，普、墺宪法，则须内阁各大臣副署；日本无此明文，君主得以统治权行之。

已发紧急命令之后，于下次议院开会之时不可不提出，即于开会以前其命令已经废弃者，亦必提出。若议会议决后，得议会之承诺者，则其效力可永远继续；若议会不承诺，则此后即失其效力。但紧急命令之废止，必以敕令废之，非议院议决后可直即废止。

又拍伦哈枯谓议会无审议紧急命令是否与宪法抵触之权，其言极为有理。盖当紧急之时，即以命令代法律，此为宪法中所规定，毫无违宪之疑。既准由宪法而发命令，又何必俟议会之追认而始有效。而且紧急命令系君主之大权所发，为适法之命令，其果当紧急之时期与否，有君主之认定权存在，亦非议会所敢容喙。又宪法解释权属于君主，不属于议会，则议会无审查紧急命令是否违宪之权，实立宪君主政体之特质。所谓议会议决者，不过议决此紧急命令将来可否继续法律之效力已耳。

第三节　执行命令

执行命令者,因执行法律之故所必要之命令。

一、执行命令不得与宪法及法律相抵触;

二、发执行命令者,要有可以执行法律之存在;

三、执行命令系对人民所发之命令,若对行政官训示其法律执行之方法,则不属于此命令中。

第四节　行政命令

行政命令者,因保持公共之秩序及增进其幸福之故,而于宪法及法律之范围以内,使达其行政之目的而发行政命令。又行政命令不得与宪法及法律相抵触。此命令或由君主自发,或委任各省大臣、府县知事代发均可,故与大权命令不同。

第六章　国际条约

国际条约者,由于国家与国家之合意,而生一种特别关系之行为是也。国际法不问政体之如何,而惟因其国家之情势以为适用,若不以特别之政体为其适用之条件,则不得设全体适用之通则。此问题于缔盟国之宪法如何,其所有机关所以代表其国家之权限者如何,皆当审查之。爱鲁耐司脱买、爱鲁等尝十分证明此事。近来退耐鲁依国际交通之实际便宜上立论,尝欲不依各国国法之规定,而依国际之条规以为布置。然此亦不过述将来希望之意,非指现在所有国际之条规而言。

各国国法上,条约缔结之权皆属于行政之首长,然议会中具此权限者亦有之。此权限如何,为国法学者一大问题。欲论此问题,则当先区别条约之缔结与条约之执行二者而论之。条约之缔结既系国家与国家间所生之权利关系,则条约惟于国家间有效力。

依条约而负其义务者,系国家使臣民遵由其条约,非国家直接而负其义务。国家因欲执行条约之故,故发法律命令以为执行之准则,官厅亦然。

总而言之,条约之为条约,专对外国而有效力,对本国内则不有效力,此殆为近来学者所普认。惟来俄泥至今日尚以条约对臣民有直接之效力。其大旨则谓国家系各机关与臣民所组织而成，故国家之意思即人民之意思，国家机关依条约所负之义务即人民所负之义务，故条约对臣民有直接之效力。此说不曾区别国家之人格及个人之人格，而即以人民为国家，故其说云然，然法理上决不采用其说。如米国宪法中定有规则，谓外国条约对国内直即有法律之效力，故米国之条约即可为法律。然此实因米国宪法中有特别规定之故，若法理上，则条约与法律其性质大异，此殆为学者所共知者也。

条约缔结之权，因各国国法之规定而异。共和国则大统领掌缔结权，惟瑞西则由国会、州会所成之联邦议会掌之。君主国则君主掌之，此为常例。观日本国《宪法》第十三条，条约缔结权属于君主，固自明了。但君主或自己行其条约缔结之全部，或使他机关代行其一部，则在君主之自由。此外各国国家元首于缔结条约时，必经议会协赞者有之，如秀鲁催、兹俄伦、买伊亚等，谓元首之结条约必经议会之协赞，议会若不同意，则对内部、外部，皆不能有效力。此则不曾分别协赞者及缔结者之故。盖协赞之机关，不过发表其于元首之缔结行为无异议而已，非协赞机关能自己缔结此条约。譬如合众国大统领虽以元老院之协赞而结条约，至于缔结条约之权，则仍属大统领之行为，而非元老院之行为。

条约分为二项，曰政治条约，曰通商条约。政治条约者，定均势和战等之事项；通商条约者，定通商、航海、关税、邮便、电信等事项。此外则有犯罪人引渡条约（即犯罪人逃往他国由该国捕送本国之条约）。然此惟重罪及常事犯得行之。

条约缔结之后，多历年所，若实在有害于国利民福者，则得改正废弃之。

各国宪法于条约缔结之事，约有三种差别，兹列之于左：

第一种宪法之规定云，凡缔结某条约时，必经议会之协赞方可。一千八百七十五年七月十日《法兰西宪法》第八条，即著有明文。此等宪法，议会不但于条约执行时当得其同意，即缔结时亦当同意。若不同意，不但不能执行条约，而且不得有效力。

第二种宪法之规定，如白耳义、普鲁西亚、独逸志等国，皆可为例。《普国宪法》第四十八条曰："国王有宣战、讲和及与外国政府缔结各种条约之权。"但于宣战、讲和之外，若与外国政府所结之条约，如通商条约等,或国家负其担任之条约,及使各个臣民负其义务之条约,必得上下两议院同意,否则其条约不得有效。所谓国家负其担任之条约者,即国家于财政上负担之条约是也。所谓臣民负其义务之条约者,即于法律以外欲使臣民负其特别义务之条约是也。

第三种宪法不明设规定,即不必依议会议决以制限君主之条约缔结权,日本、英国、米国皆采用此主义。

第七章　豫算

第一节　豫算之性质

豫算之性质,学者所说不同,今大别之为四种:

第一、法律说

此说为黑耐鲁之所主唱。黑耐鲁以豫算为年年规定国家之岁入岁出,实行上、实质上皆纯然为法律。豫算不成立,则政府毫厘不得收入,亦不得支出。

第二、财政计画说

此为秀鲁催之所主唱。秀鲁催以此为形式上法律而非实质上法律。行政机关自己所定一年间之财政,与立法行为不同,议会所以参与者,在豫先免除政府之责任。故豫算之所定,在法律之范围以内,不得以豫算废止、变更其法律。豫算若不成立,则政府亦得由法律以为收支,不过于决算时对议会而证明其必要之处,为政府之责任。

第三、全权说

此为伦耐等之所主唱。伦耐等以豫算虽非法规,但有时议会可委任内阁以施行财政之全权。豫算若不成立,则内阁即失其全权,当自己告退。

第四、训令说

此为拍伦哈枯之所主唱。拍伦哈枯以豫算为审查、监督国家之会计,而豫定财政之标准,使行政机关遵行之之谓。

学者之所说既如此不同,然则欲知豫算之真性质者,不可不研究历史上之沿革。夫豫算与租税承诺权实并相发达,因君主之收入不足以充国家政务之费用,于是始召集议会,使承诺租税之事。租税之承诺,为议会重要之权限,与法律之协赞不同。政府若欲增加租税,必须将增加必要之情形通知议会。其通知之法,即将收入与支持之数互相对较,以明示其现在所收入之数不足以敌支出之数。此为豫算之起源。

豫算之事,或谓必经君主裁可而后施行。日本宪法中无此明文,故日本豫算不必俟君主裁可,政府与议会之间即可成立,故不可称之为财政计画。若为财政计画,则必系担任财政者自己定之,非议会所得而定矣。

豫算之实质,不过为收入支出之豫测,非国家与个人间定其权利、义务之法规,故不得为法律。

又议会对行政机关非有监督之权,而为政府与议会之间所成立,故不可以为训令。

豫算为国家财政之极要条件,国家之岁出若不准据豫算,则法律上财政之处分即无头绪。

第二节　豫算议定权

议会有议定豫算之权者,盖以国家之岁出岁入,于人民之负担上极有关系,故必以议会监督财政而使其参与。

豫算议定权之范围,诸国之制度不同。英国于常定之岁入岁出,则不必每年揭出,故议会所议定者,惟每年常有变动之岁出入而已。据孤奈伊司脱之言,谓此每年变动之岁出岁入,因执行法律之故而发,既为法律之适用,则下院不能全然反决其豫算。若下院反决之时,即为议会抛弃其参与执行法律之权,则政府不必俟执行法律之成立,而即可执行其执行法律云。但豫算法律与他法律之关系,英国法律极不明了。

英国法学者概以豫算法律看做收入支出所必要之法律。彼盖于豫算法律成立以前,下院于各款项支出皆一一为之议决,故于豫算全体无反决之虑。万一豫算法律不成立之时,则下院以前所议决之款项,皆为无效。

征之实例,英国一千七百八十一年议会某议员对政府强要以某事,因于议会中发议,谓豫算之议决当为延期;一千七百八十四年,下院于豫算法律之议决亦为延期,但此时以延期之故解散议会,而政府遂操全胜之势,此人所共知者。但议会于豫算之全部如此反决,本为例所绝无,即削除豫算全额之例亦甚少。英国为国会政治所行之国,政府与议会常相一致,若多数反对者,则必更迭政府人员或解散议会而求其一致。故因豫算之事相冲突者甚少，而豫算议定权范围以内所关之法理，亦不甚明了。

佛国则与英异，其岁出岁入之全部，每年皆须议决，而于法律上必要之费用否决者，其例亦不少。但因豫算之废除消灭，其法律亦归消灭与否，为佛国一大疑问。据一千八百八十五年削除大学之罗教部所关费用观之，此费用系法律上所已定者，当时虽削除此费用，而法律仍不废止，不过停止其实行而已，至翌年度之豫算更定其费额，而法律亦遂实行。然则佛国豫算之否决虽不能以此废其法律，而实可以停止其法律之效力。

普国一切之岁出入，每年于议会议之，但议会当议豫算之时，是否必于法律之范围以内，此实为实际之问题。征之学者之说，大约皆以豫算为形式上法律而非实质上法律，故以豫算之议决必于法律以内。此说于普国殆相一致。

日本宪法于豫算议定权之范围以内，设立二三规定，其一为《宪法》第六十六条，此条言日本皇室经费之事。皇室经费，依现在之定额每年由国库支出，除将来若要增额之外，不必经议会之协赞。

第二之制限，为《宪法》第六十七条之继续费。继续费一次经议会议决，此后即不必再用其协赞。以上第一、第二之岁出，所以揭之于豫算中者，不过为收支对照便利之故，非要求议会之协赞而揭之也。

第三之制限，为《宪法》第六十七条之岁出，此则分为二项：

一、宪法上大权所基既定之岁出；

所谓大权所基既定之岁出者，如法律、命令或条约等国家之行为所定，于将来皆有效力者是也。其岁出额则依法令或条约所必要之额而定，非必与前年度之额相同。

二、法律上政府义务所属之岁出。

所谓政府义务所属之岁出者，系包含法律结果所关之岁出及法律上义务所关之岁出二者在内，《会计法补则》亦采此解释。

以上所述之岁出，不得政府同意，议会不能废除、减削之。然即使政府同意，亦非即能废除、减削此等岁出。此由于豫算不能废止、变更法律之故。有此法律，无论政府，无论议会，皆当遵守。

豫算案必由政府提出，此为定例，惟英国则于政府所不要求之费用，议会即不议决，其例与欧洲大陆诸国不同。又政府提出豫算案于议会时,必先提出于下院,各国皆然,惟英国、普国贵族院无修正豫算案之权,日本及佛国则无此制限。

第三节　豫算之效力

豫算之议决虽系议决其全额,但近来各大国中往往于豫算中细别其款项以为决议。其细别之粗密,亦各国不同。英国大约细别为二百款项,佛国在四五百款项之间,普国则将近二千款项云。

《日本宪法》第六十四条第二项云:"不得超过豫算之款项。"则议会之议定系逐款决议可知。豫算成立以后,政府不得以此款项有余之金,通用于他款项中。惟英国则陆海军事可以通融应用,但须经大藏省之承认,下次开议会时更提出于议会中,以求其承认。

豫算之全额不必尽数支出。盖豫算本系豫测之事,当实际施行财政时,必不免有过、不足之情形,于此过、不足时,则不必别要他方法。

豫算之款项不得超过,豫算所未设者亦不得支出。若当万不得已之时,则间有支出者,此则各国之立法不同。英国有十二万磅以内之豫备金,以防豫算外之支出及豫算超过之支出,但此等支出非系确定不移,若一旦支出后,则于次年度相当之项目中,抽补此十二万磅之数。佛国于豫算内之项目,则为补充费,豫算外费用,则为临时费,皆要经议会议决。若于议会闭会中而豫算有不足之处,则经枢密院之议决及阁议,以大统领之命令补充之,于下次会期之始十四日以内,提出于议会,以求其承认,惟不得别设新项目。日本及普国于豫算外及豫算超过之支出,亦须于下次议会求其承诺。

第四节　豫算不成立之效果

豫算不成立之效果,学者所说,大约可分为四项:

第一、法律说,为溪俄龙独逸国法之所唱。

若依此说,则法律所规定永久之收入支出不足为据。盖后法可以变更、废止以前之法,则豫算亦可以废止、变更此等法律。又此等法律系以豫算之成立为条件而有效力,若豫算不成立,则法律所规定之款政府即不得收入及支出。

第二、委任说,为伦耐、柴伊特尔、拉胖脱等之所唱。

若依此说,则豫算之事系委任政府以施行财政之权,故豫算若不成立,即使有法律命令,政府亦不能有施行财政之全权,此时内阁大臣不得不退职。

第三、财政计画说,为孤奈伊司脱、拉胖脱、拍伦哈枯、基鲁俄特、买亚柴利吗等之所唱。

若依此说,则豫算之事专为财政之计画,议会议决豫算之效果,系豫先免其政府支出之责任,即豫算不成立时,政府亦得收入支出,但于他日决算之际,当对议会而议明其收支必要之缘由。此为政府之责任。

第四、政财条件说,此为伦耐爱利脑枯之所唱。

此说以豫算为财政实行必要之条件,若豫算不成立,则政府不得处理其财政。

以上第一说之误,前已言之,不再赘述。第二说或与英、佛等国会政治所行之国相近,但此等国于重要议案若不通过议会时,即为内阁更迭之原因,故不得以委任全权于政府之故,而看做豫算权利之性质。且英国自国会政治施行以来,因豫算废止之故而更迭内阁者,其例绝无。盖立宪君主国大臣之免黜或辞职,为元首之专权,非议会所能容喙。第三说亦未得真理。

要而言之,豫算者所以豫定次年度之费用,故于次年度之开始以前不可不成立,若因种种原因豫算不成立之时,《日本宪法》七十一条,则依前年度之豫算执行。

第八章　司法权

司法权以法规之维持为目的,而为君主大权之作用。司法权之实质,惟于民事、刑事之区域以内可以施行。民事者,个人相互间私权上之法律关系;刑事者,个人对国家犯罪之行为是也。司法权必于裁判所行之,裁判所以外之官府则不得行。

《日本宪法》第六十条云:"凡属于特别裁判所之管辖者,则别以法律定之。"此条所谓特别裁判所者,为地方裁判所之一种,因商事裁判之故而置之。又陆海军所设之军法会议,或有看做特别裁判所者。

行政裁判所与特别裁判所不同,与普通裁判所亦不同,专为行政组织之一部,而不属于司法权之范围内。行政裁判所之裁判,则但对违法之行政处分而审查其诉讼。

裁判所有独立之性质而适用其法规，但当适用法规之时，必不可不先审查法规之如何存在，即有法律命令之形者，亦不可不审查其果为有效之法规与否，此固无容疑矣。至于审查权之范围如何，为一重要问题，今分此问题为三论点：

一、裁判所有审查法令形式之权限

裁判所为行使司法权之机关，司法权之形式，在由裁判之形式而适用其法令。故其法则若具备君主之裁可、大臣之副署、公布之方式等正当形式，则即可称之为法律命令，裁判所即当适用此法令。若此等形式不能具备，则裁判所无适用之之职责。故裁判所于法令之形式，当然有审查之权限。

二、裁判所不得有审查法律实质之权限

裁判所有使用法令之职责，故有法令之解释权。至于宪法之解释权，则不属于裁判所而专属于宪法制定者之君主。故法律之制定已经议会之协赞与否，又与宪法之规条相抵触与否，有君主之解释权存在，裁判所不得主张违宪，以拒其法律之适用。

三、裁判所有审查命令实质之权限

裁判所之解释权惟法律得束缚之，法律以外，无论何等权力，皆不受其拘束。故裁判之标准在法律。至于命令，则关于法规之适用而无束缚裁判所之力，则裁判所得审查其命令之实质。若其命令为违宪违法之命令，裁判所即得以其权限拒之。

惟紧急命令系代法律而有效力，故裁判所不得有审查紧急命令权限。

第九章　行政权

行政权者，于法律之范围内，因欲达其国政及民政之目的以为行政者是也。行政权之实质分为三种，第一国政、第二民政、第三法政是也。国政之政务，以国家自存为目的；民政之政务，以增进人民之幸福为目的；法政之政务，因国政及民政之故，而设定法规以维持之为目的。

行政法之编制，分为行政组织、行政事务及行政诉讼三者。行政组织者，论行政官府构成之事；行政事务者，论各行政官府所担任施行事务之准则；行政诉讼者，论违法处分裁判之事。

一、外务行政；

二、内务行政；

三、军务行政；

四、司法行政；

五、财务行政。

外务行政者，外国交际所关之一切政务，其主要分为宣战媾和及条约缔结二项。外务之机关，为外务大臣及公使领事等。

国家为独立之政治团体，故必须讲保存自国之方法。讲保存自国之方法，则国家一切布置，如编制军舰、筑造城砦、赋课租税，以及各种政策，他国皆不得干涉，且本国亦不受其干涉，此谓国家之自主权。有此自主权，而后外国人之旅居我领土内者，我得以法律制限之；外国人之购买我国内田产、房屋者，皆当从我国法，完纳租税；外人之营商业者，与我臣民一律看待。凡关于公共之事项，使内外民人同享平等之权利，毫无区别，而后可以保持公共之秩序。若事事为外人所钤制，坐受外人之干涉，则必失国家之独立自主权，谋国者可不慎欤。

内务行政者，即国内所关之一切政务，而以保持全国之安康、增进国民之福利为目的。其范围甚广，如户籍、警察、卫生、土木、宗教、教育、通信、农工商等，皆为其一部。内务之机关，则为内务文部、递信、农工商各大臣及府县知事、郡长等。

军务行政者，即关于陆海军一切政务。日本兵制为全国皆兵主义，君主为大元帅，臣民中男子满十七岁以上、满四十岁以下者，皆有负服兵役之义务。分兵役为常备兵役、后备兵役、补充兵役及国民兵役四种。常备兵中又分为现役、豫备役二项。军务行政最宜注意之处，为戒严及征发二事。戒严者，当有外寇内乱之际，停止常法，举司法及行政之一部委之于军事处分之谓。征发者，当战时或有事变时，则遣发陆海军之全部或一部，而征发军需品（即军中需用之物件）于地方人民之谓。但征发于平时演习、行军之际亦可施行，有不应从征发者，则从法律之规定，使受相当之赔偿。盖军备之为物，内备乱贼，外防寇敌，宣扬国家之威信，伸张权利、利益所必不可缺之具，国家一日不得废弛，海军于今日尤为至要。自一千八百五十三年之露土战争、一千八百五十四年之枯利迷阿战争、一千八百六十一年之南北战争、一千八百六十六年之墺伊战争、一千八百七十年之普佛战争、一千八百七十九年之智利秘露战争、一千八百九十七年之米西战争以来，于是世界各国皆知，海军为制海权所必要而与通商之事有密接关系。故各国无不急于扩张海军，独逸、露西亚两国注力尤猛，而且装甲舰之效用与舰质之必须用不燃木材，以及速射炮之功效，大为发挥，而平素士卒之训练亦因之大有进步。要而言之，海军不独于战时为极要，即平时通商及外交政略上皆不可一日稍缺。近来各国以通商为国家之生命，因欲保护商务之故，往往不惜巨资扩张海军，以图国家之进步，此实十九世纪之末所新呈之现象也。

司法行政者，即司法大臣及裁判所所管掌之一切事务。

财务行政者，国家资财所关之一切行政。盖国家欲行各种政务，必不可不筹备资财，既有资财，则百事可以施行，故财政实为今日最要之务。财务行政之机关，为大藏大臣及会计检查院等。财务行政所关之事，一国家财产之管理、二岁入即各种租税等、三公债、四豫算是也。

假定中国宪法草案

张伯烈　撰

　　整理者按：《假定中国宪法草案》是一部附带法理说明的私拟宪法草案，全1册，宣统元年（1909）闰二月发行于日本东京。作者为汉东张伯烈，由并木活版所印刷，定价大洋八角。封皮毛笔行书"汉东张伯烈僭拟/假定中国宪法草案/附译日本十八大家/清国立宪问题评论"。篇首有作者叙言，落款为宣统元年作于日本东京。正文共九章八十五条，并有附条二条。

　　张伯烈（1886—1934），字亚农，湖北随州人。1904年经张之洞选派前赴日本研习法律，于东京创办湖北地方自治研究会。1907年回国后任粤汉川铁路公司总理，次年再赴日本学习法政。1909年，张伯烈被推为湖北留日学生代表，回到汉口进行维护铁路权斗争，并进京请愿，迫使清政府同意成立湖北商办铁路公司。1910年被清政府任命为河南提学使，创办开封女子师范学堂。后南下参加武昌起义，于1912年当选为南京临时参议院议员，被授予辛亥革命二等勋章。1913年被选为众议院议员，组织共和党。1914年任袁世凯大总统府政治咨议，后因反袁避居庐山。1917年任护法军政府大元帅府秘书、军政府湖北劳军使。1922年任众议院议员、副议长。1923年起在天津担任律师。著有《商办湖北铁路意见书》等。

　　张伯烈的《草案》完成于1909年元旦前后，彼时其正于日本东京研习法政，出于救中国之危亡"非急于实行立宪不可"，但朝廷"畏而伪，有矜持心，不能安然实行之"，立宪派"愚而役，有欲望心，不能先朝廷以宪法与人民相提掣"，革命派"激而急，有破坏心，实行缓急无定准，且愈以兹朝廷疑畏"；因此张伯烈"无矜持心、无欲望心、无破坏心，战战兢兢作中国宪法草案"，"未知局中人果以为非欤"。这部《草案》基本上以明治宪法为基石进行建构，因结合了对清政府所颁布《钦定宪法大纲》的批判和中国的实际情况，而有所创新。

　　刘鄂和张群对《假定中国宪法草案》有所提及。见刘鄂《民初私拟宪草研究》，载夏新华等著《近代中国宪法与宪政研究》，中国法制出版社2007年。见张群《中国近代的住宅不可侵犯权——以宪法和刑法为例》，载《中国政法大学学报》2008年第4期。吴迪对张伯烈草案进行了宪法学层面的分析，见吴迪《近代中国宪法学的诞生和明治宪法学》，载《大学院法学研究科论文集（庆应义塾大学）》2020年第60号。（另外，感谢刘鄂先生为整理者提供《假定宪法草案》叙言的整理文本。）

叙言

凄风冷雨，旅夜孤镫。二阶楼上，八叠席中。空万有之怀，运半枯之脑。澄然思，黯然究，当灭种灭国之恐惧时，为不生不死之支那人，就一般心理解决之，应择何如位置，以自位置其身，始无遗憾。乃绕室万匝，徘徊终宵，觉无上法门，只有自杀。而达者又谓其不免太空着痕无已。比较之下，辛酸之余，得二大主义。

其一曰放弃。我生此世，须弥一芥，沧海一粟，百年岁月，瞬息大梦，多我，社会弗益，少我，社会弗损。无富贵，无贫贱，无优劣，无异同，无家国，无古今，无东西，无昼夜，无生死，无利害，无毁誉，无是非，无忧乐，无人禽，赋此形气，化为动物，天演淘汰，一任自然。牛欤，马欤，龟欤，鹤欤，蝴欤，蝶欤，蚁欤，蝱欤，渔樵欤，木石欤，缁衣欤，黄冠欤，披发为奴，行乞于世，而不知所终欤，是其结果，是非其结果。此放弃主义之足取者也。

其一曰担当。苍苍生我于中国，更生我于中国极危亡极惨淡之秋，固已难我矣。然既已有我，即不能逃我。伊尹曰："一夫失所，皆予之辜。"孟子曰："当今之世，舍我其谁。"夫伊尹、孟子，初不过一匹夫耳，非不知朝有君相，野多贤才，然其自任如彼，而古今人不以为娇者，殆所谓不可夺其志也。志既不可夺，则其所志之担当益毅。有同我志者，则公共担当之；有异我志者，则分途担当之；有杀我志者，则死生担当之；有诱我志者，则充塞担当之；有丑我志者，则隐忍担当之；有妄我志者，则戆愚担当之。幸而其志行也，则以担当见诸实事；不幸而其志不行也，则以担当寓诸学说。担当而有效力也，堂堂帝国，怀欧襄美，普遍我不敢鸣其功；担当而无效力也，莽莽神州，瓜分豆剖，丁零我独自引其咎。国存我存，国亡我亡，一息尚延，志不稍懈。此担当主义之足取者也。伯烈担当不能，放弃不得，鹄立海天，低徊君国，敢以放弃之心学担当之事。

夫所谓放弃者，移一言以明之，即置身局外也；所谓担当者，移一言以明之，即厕身局中也。以局中人谋局中事，或不免当局者昧；以局外人谋局中事，未必不旁观者清。谓予不信，试观我中国局中者，局中人有三种：

一曰因畏而伪者，朝廷是也。内乱迭起，外侮横生，胫大如腰，指大如股，块然一物，非列强相持，食之不易下咽，而亚东河山，早已变色，是不为也，非不能也。庚子之役，可为殷鉴。迄今九载，明知非立宪不足以救危亡，乃瞻前顾后，首鼠两端。暗杀生而立宪一哄，革命起而立宪又一哄；朝鲜灭而立宪一哄，协约成而立宪又一哄。卒之朝三暮四，痛定辄忘。又不得不涂饰天下耳目，托之以豫备，假之以考查，故作掩耳盗铃，支延岁月之计。推其用心，以为自祖宗入关以来，贵为天子，富有四海，一旦立宪，非惟各有权限，不能操纵自如，且恐意外问题发生，以致尾大不掉，太阿倒持，锦绣家居，非我所有。由是谀谄者仰承朝旨，百端阻扰以卖忠；明达者启悟圣心，屡经调停而无济。然自局外人观之，则以为过于畏，不足以救中国之危亡也。孟子曰："得天下有道，得其民，斯得天下矣。"倍脱拉克曰："帝王之护卫，非兵非财，民心是耳。"国朝三百年来，无甚苛政，仁纯二庙，遗泽犹深。虽曰排革风潮，不无影响万一，要亦少数豪侠，迫于愤激之举。不然，近来上国会请愿书者，各省搢绅，海外侨民，陆洋暌隔，何以不约而同？即此亦可藉征民心之向背。朝廷果乘机开诚布公，明诏大号，未始非子孙万年不拔之基也。吁，早一日立宪，则朝廷早强一日，中国即早救一日；迟一日立宪，则朝廷早危一日，中国亦早亡一日。立宪而兴其国者有之矣，立宪而亡其国者未之前闻。露国立宪，虚无党半化为义勇；土国立宪，英、露消改马其顿案。立宪何负人国哉？请勿畏勿伪。

一曰因愚而役者，保皇党是也。当天下醉生梦死之日，作无端启聋振瞆之警，先觉之功，自不可掩。及戊戌政变，夷戮无遗，而逋臣逃士，欧美穷途，犹复呼嵩祝岳。犬马恋主，十余年蹉跎岁月，似近无能为役，乃言论鼓吹之力，公然使宪政萌芽，国会发生，其忠君爱国，苦意孤心，方诸古今，几无伦类。虽诸葛武侯之鞠躬，俾斯马克之铁血，未足喻也。令人爱之、敬之、馨香之、膜拜之。然而朝廷至今党祸犹严，余怒未熄。彼保皇诸公，不惟不饮冰消热，益且俯首帖耳，以顺为正。朝发命令，夕即解散，稍得进身，便换头角，其不名为利役，心为形役者几希。推其用心，非不曰君后父母也。父母有过失，为子者一谏之不从再谏，再谏之不从三谏，三谏之不从，则号泣随之。其极也，虽挞至流血，亦宜起孝起敬,劳而不怨,或有悔悟之一日。然自局外人观之,则以为过于愚亦不足以救中国之危亡也。《传》有云:"父子主恩,君臣主敬。恩敬所主,原各有别。"即曰寓敬于恩,而保皇诸公,究属道旁弃儿,弃儿之于父母,亦已恩断义绝,又何必不自谋生活,而苦苦牵裙求返,作枉道徇人之举耶?孟子有言:"君之视臣如手足,则臣视君如腹心;君之视臣如犬马,则臣视君如国人;君之视臣如土芥,则臣视君如寇仇。"是必有道也。夫岂不义而孟子言之哉?吁,贾谊痛哭流涕,屈原泽畔行吟,不过徒自惨怛耳,于国家何所增加。读《王风·葛藟》之篇,不禁为保皇诸公泪下也。请勿愚勿役。

一曰因激而疾者,革命党是也。探国家成立之根源,还唐虞共和之盛事,与法米国民同游于光天化日中。其理想之富,昭穆卢梭;其事业之鸿,伯仲华盛顿。彼仲连死不帝秦,渊明年号用晋,仅为一朝一姓高其节、鸣其义者,自不可同年而语。虽曰天涯地角,辛苦漂零,英雄无用武之地,然一图再图,愈挫愈奋,几乎天地不死,此性不灭,是何襟怀!是何气概!即今朝廷豫备立宪,固属世界进化,不得不尔,要非受排革诸公之反动力,究不克骤易臻此,令人爱之、敬之、馨香之、膜拜之。但自三代至今,国家之性质已失,第欲政体改革,已觉积重难反,而又严之以种族,毋乃疏于时势,昧于事理欤。推其用心,以为非我族类,其心必异。故定鼎以来,满汉区别,未尝一日忘。即令我辈一视同仁,不歧视乎满,而满则狐疑成团,终不能不歧视乎汉。夫汉既为满所歧视,曷若先排除满,俾汉不为满歧视,且能不歧视乎满之为愈耶?不然,将无尔勿我诈,我勿尔虞之日矣。然自局外人观之,则以为过于激,亦不足为救中国之危亡也。夫人既落形气中,种族竞争,固所不免。然忘黄白之大,而判满汉之微,窃恐汉人未及排满,黄将夺而为白。鹬蚌相争,渔人得利,祸在眉睫,童孺皆知。排革诸公,乃牵引战时公法,曲为自信自慰,诚所谓痴人说梦者。不然,红河蒙自之变,固已亲尝之矣。法人举动,究系何如?姑无论其一战而溃也,纵使陷贵州、下云南、挟两广,长驱直入,无攻不克,而英、俄、法、德、美、日诸强,无事且垂涎染指,活剥生吞,至此欲其不乘间择肥,讵可得耶?究厥结果,势必满将灭而汉亦随之。即谓诡谲强权,假托公理,亦不过孑遗存息,如印度之布丹,摩洛哥之僭王已耳。浩劫如斯,抑又何求?吁,医者原为治疾而进药,及药进而疾益剧,崇仁术者,恐不出此。且近来朝廷及王大臣,颇知水火畛域,有悖公理,融化满汉,不遗余力,是非绝不可与图存者。又何必心不厌乱,而故与朝廷为难耶?请勿激勿疾。

然则如之何始可以救我中国之危亡也?一言以蔽之曰,非急于实行立宪不可,非急于实行立宪不可。是言也,骤闻之,莫不谓其为迂。夫今兹除主张排革者外,谓朝廷不立宪欤?而宪法之大纲已布,谓保皇派不立宪欤?而宪政之外无生活,尚复哓哓奚为。不知吾所谓急者,有刻不容缓、稍纵即逝之义。吾所谓实行者,有不事敷衍,不挟私意,溯承已往历史,综合现在局势,实事求是之义。乃朝廷既畏而伪,则未免有矜持心。有矜持心,则不能安然而实行之。急且无益,况不急乎?保皇派既愚而役,则未免有欲望心。有欲望心,则一意阴赖朝廷,不能先朝廷以宪法与人民相提挈,卒亦陷于欲急不急,欲实不实。排革派既激而疾,则未免有破坏心。有破坏心,则实行之范围、缓急之期限,均无定准,且愈以滋朝廷疑畏。噫!局中人概如斯,欲急于实行立宪,讵易谈耶?吾为此惧,用敢以无富贵、无贫贱、无优劣、无异同、无家国、无古今、无东西、无昼夜、无生死、无利害、无毁誉、无是非、无忧乐、无人禽之放弃心,而勉强担当无矜持心、无欲望心、无破坏心之事,战战兢兢,作中国宪法草案,以急其急,以实行其实行。

夫宪法者,国会之事也。国会者,世界各大国皆尚二院制也。"宪法之种类,分甲乙丙三项,项各二款。(甲)项:(一)曰民定宪法,如美、法等国是;(二)曰君民共定宪法,如英、普等国是。(乙)项:(一)曰习惯宪法,如英国是;(二)曰成文宪法,除英国外,用成文法者居多。(丙)项:(一)曰固定宪法。除英国外,各国皆用固定法。(二)曰不定宪法。英国之宪法等诸普通法律,年年可以更改,宪法家咸谓此为英之特色。至若所谓钦定宪法者,虽备数宪法一种,然已失宪法之本旨矣。"伯烈孟浪呻吟,将为上议院备葑菲乎?不敢也;将为下议院效牛马乎?不敢也。盖以局中之局外人眷恋祖国阽危,似病非病,似狂非狂,无知无识而出此也。他时国会若得成立,提议宪法,蛇足牛从自有公论,予又何庸心于其间。亦惟曰:知我者其惟宪法乎!罪我者其惟宪法乎!

虽然,当今日而言中国之宪法,盖亦难矣。或谓中国各行省督抚,学校也,各自随意开之;陆军也,各自随意练之;钱币也,各自随意铸之;外债也,各自随意借之;客卿也,各自随意延之;外交也,各自随意订之;财政也,各自搜括征解之;官吏也,各自委调去留之,天子徒拥虚器于上,不或过问,与德意志之联邦政体隐相符合,是中国宪法似宜取法乎德。或谓英吉利乃立宪母国也,为世界各国所宗祖,我中国亦何独不然,是中国宪法似宜取法乎英。或谓日本乃亚东与国,同文同种,习惯不甚相远,且明治维新以来,成效最著,是中国宪法似宜取法乎日。聚讼纷纷,莫衷一是。不知我中国将军、督抚,对于所辖省分虽有统治大权,而敕任则仍自朝廷,固未可漫以德意志相拟。英国则偏重第二天性之习惯。日本则有万世一系之特色。国情既异,制度自殊,又乌可以死汤头医活病,依旧样子画葫芦耶?吾尝见富者之入劝业场也,无论如何商品,必先择其适用者,再则用比较的方法,于光怪陆离中,择其品质精良者。不然,或贪图便利,而为奸商所欺;或拙于物色,而致还珠买椟。势必苦窳恶劣,又不适用。其贻害也,良非浅鲜。今世界各国,殆如一劝业场也。世界各国之宪法,殆如劝业场之陈列品也。我中国之取法宪法,殆如富者之入劝业场也,取精用宏,采长补短,其品斯贵,其物乃有价值。伯烈窃取是意,共拟宪法若干条,还珠之诮,知所不免,惟自问或非贪图便利,而为奸商所欺者比也。然未知局中人视之以为何如。局中人果以为然欤,非独吾人之幸,亦中国之幸。局中人果以为非欤,不过足以阻吾人之担当,未足以夺吾人之放弃。即令万不得已,毕竟且担当、且放弃,与局中人等同归于尽,亦二十世纪中天演公例之不可逃者也。吾安得以不逃逃之,然使结局果如斯,是又岂局外人作此书之本心也哉?

　　　　　　　　　　宣统元年元旦伯烈叙于日京客次

第一章　皇帝与人民之关系

　　第一条　中国为中国君臣人民公共之国家,奉戴爱新觉罗氏为皇帝,缵先王绪,垂子孙统,国号清。

　　按此条,驳之者有四说。甲说首句乃不待言者。乙说不以首句为然,谓土地、人民为朝廷所专有。丙说本朝入关以来,南面称治,国号大清,将三百年,何待今日奉戴。丁说既称中国又曰清国,究竟是中国,是清国,未免自相矛盾。窃谓宪法,公法也。既属公法,则成立国家之元素,原是公共性质,非一人一家所能私有。在文明程度高之国家,此句本不言亦喻，然在中国，则不得不大书特书，使朝野警觉，以著立宪实际。中国之名称不一，或称华，或称夏，或华夏并称，证言甚伙。其直接以中国字称者，一见于《尔雅·释地》九府"此四方中国之异气也"；一见于《孟子·滕文公上》"有为神农章，交于中国，然后中国可得而食也"等句。夫《尔雅》倡于周公，孟子虽生于战国，而所言乃尧舜时事，是中国名称由来已旧，此成文法之足证也。迄今廿二行省，儿童、妇女、农夫、走卒，口头所称，莫不曰我中国，我中国此习惯法之足证也。由是观之，国家名称当曰中国，不当曰清国。清者，一朝代名耳，未可以概中国。而浅见者或以是言为别有意见，是则不然。中国旧以二帝三王颂扬君上，然二帝则称曰唐朝、虞朝，不曰唐国、虞国；三王亦称曰夏朝、商朝、周朝，不曰夏国、商国、周国。此后由汉至明，亦无不然。然历代人民，初未尝斥朝廷为非中国者，特以朝代代表中国，已成历史上之习惯，无待烦言者也，绝无深意于其间。如以朝之意狭于国，而齐、鲁、秦、晋、楚、卫诸大国反称臣于以周名朝之天子下者，其又谓之何耶？虽然，国朝与列国约章，久称曰大清国皇帝云云。夫本国国名，原对待他国而生，今对他国既已称曰大清，则当仍从国际之便，是以曰清国者，明中国之代表也。曰奉戴者，纪朝政之维新也。至若"缵先王绪"、"垂子孙统"二语，与朝廷所布《宪法大纲》之万世一系、永永尊戴之意，若无所区别。要之，万世一系乃世界各国所无，为日本历史上独有之特色，我国竟袭取是语，以图巩固皇室。是直使三代上下之帝帝皇皇失其位置，不惟天地鬼神一齐下泪，即日本君民人等闻之，恐不免耻我无盐。欲尊荣朝廷者，反致辱贱朝廷，立法者又何取焉。或谓万世一系之语，乃自今上以后之期戴〔待〕，非统历代以来之异姓朝廷而言。不知此熟语独标于日本，我国宪法用之，终不免张冠李戴之丑。况国祚绵延，非作吉祥语所能倖致者，不然彼嬴秦氏一世、二世、万万世之雄图，而今安在哉！

　　第二条　皇帝如天，臣民对之不可获罪。

　　日本故法学博士末冈精一曰："欧洲各国之宪法，或载有'君主神圣不可侵犯'之条项，或第曰'不可侵犯'而无'神圣'字，或第曰'君主无责任'。夫神圣云者，我国与欧洲原异其义。我国宪法第三条曰'天皇神圣不可侵犯'者，乃渊源我国固有神统之事实，若欧洲则不然。当罗马共和之顷，其平民为保护总代表者职位起见，故谓此职位为神圣不可侵。侵之一字，即所谓牺牲身体、财产，为神所没收之义。迨后共和变为帝国,相沿成习,遂亦以帝为神圣不可侵犯。及至耶稣传播,则神圣之义又稍变其性质,而含有宗教趣味。然予以法理按之,神圣二字,原无关轻重,惟不可侵犯字有二意,一君主系无责任者,一为保护君主尊严云云。"

伯烈按:末冈氏之言,已于神圣、侵犯字煞费研究,颇耐人思。我国又盲从之,则更属无谓。推其意,或以为非神圣字不足以尊崇君上。然《书·大禹谟篇》之表扬帝德有乃圣、乃神、乃武、乃文等语,今但举神圣言之,将以君上不文、不武耶? 不然又何所取义耶? 此诚如末冈氏所谓无关轻重也。至若侵犯二字,在我中国更不可用。《春秋左氏传》曰:"凡师无钟鼓曰侵。"《胡氏传》曰:"潜师掠境曰侵。"是侵之一字,俨视君主为敌国也。取不视君主为敌国之意以入宪法,未免自褒。犯字,《说文》云:"侵也,从己声。"是犯亦侵字意。又《大禹谟》:"兹用不犯于有司。"夫有司尚且不可犯,况君上乎? 此又不待言也。窃谓《论语》云:"惟天为大,惟尧则之。"是尊尧帝若天。又曰"获罪于天,无所祷也",言外隐含敬天之意。且天子者,父天子民之谓。是君上之一方面可以天代。父者,子所天。君者,臣所天。是臣民之一方面可以天〈安〉。征诸圣经、揆诸人情,以天喻君,其尊孰甚? 如必取神圣不可侵犯等意,是犹讲敲门砖者之拾人牙慧也,乌足以语宪法。

第三条　皇帝对于臣民,当加礼爱。

父子间有报酬乎? 曰有。父子以慈孝为报酬。兄弟间有报酬乎? 曰有。兄弟以友恭为报酬。父子、兄弟尚有报酬,而君民更无论矣。然则有证乎? 曰有。夫以民众为本位(即孟子民贵君轻之意),不独世界立宪各国实际如斯、学说如斯,即我国历史性质,亦未尝不先欧西而有光。至若以君民报酬相对待而言者,则尤为彰著。如《大禹谟》:"众非元后,何戴? 后非众,罔与守邦。"是君民以戴守为报酬也。《咸有一德》:"后非民罔使,民非后罔事。"是君民以使事为报酬也。《泰誓下》:"抚我则后,虐我则仇。"是君民以抚虐后仇为报酬也。《论语》:"君使臣以礼,臣事君以忠。"是君民以礼忠为报酬也。《孟子》:"无君子,莫治野人。无野人,莫养君子。"是君民以治养为报酬也。其他类乎此者,不可枚举,何尝不是报酬主义。即令以道德衡之,谓父可不慈而子则不可不孝,君可不礼而臣则不可不忠。此固于为人臣子者,无所惭德于其间。然而世界有不慈之父、无礼之君,不惟非古圣人垂立纲常之遗义,即君父自问,亦必不肯以非行自居。由此观之,上条人民对于皇帝既如此,其尊且严,而皇帝对于人民,究不能不有相当之报酬。虽明知各国宪法无此条例,然而衡诸法理,则未尝非正当之规定矣。

第二章　皇帝大权

第四条　皇帝为国元首,应依宪法所定以总握万机而行统治权。

统治权者,即所谓主权(主权有二,对于内国则表统一支配之义,对于外国则表纯然独立之义),又谓无限制权。泰西学者有以此权归诸君者,有以此权归诸民者,有以此权归诸君若民者。然英国则纯属第三说,其统治权乃君主与议会共之。日本则形式上似第一说,实质上仍近第三说。我国幅员广大,国家涣散不振者,正坐于徒袭野蛮专制之名,而不能实行统治权。故教育、军旅、钱币、路矿以及度量衡等各事,其事无从划一,其害俨若一省一国家也。是君上宜行统治权为救中国及时之良方,但必依宪法所定而行,不然则是专制权,非统治权。专制权者,行君上一人之私意者也;统治权者,行全国人民之公意者也。而宪法大纲但曰统治大清帝国,为专制欤? 为立宪欤? 颇费解焉。

第五条　皇帝之位,归皇帝男系近亲子孙,择贤承继,但必得国会协赞。

皇帝继承,世界各国除共和选立外,皆以世袭为通则。夫英吉利现行之宪法原与一般法律无异,随时可提议修订,故于王位继承之事常得改正之。若普鲁士与日本,其继承顺序均依《皇室典范》。然普国可以宪法变更《皇室典范》,而日本之《皇室典范》则俨属国家法系统之一部,是以皇位继承之资格及顺序,非宪法所能左右者[其资格有三:一、须出于祖宗之皇统;二、须为男系之男子(英国无男子,女子亦可继承);三、有能力者。其顺序亦有三:一、年长主义;二、近亲主义;三、长系主义]。其法学士副岛氏曰:"外国君位继承形式上虽宪法规定之,然必求人民议会之协赞(如英国嗣君即位,必先宣示誓言。若嗣君拒绝誓言,即视为拒绝君位,亦为拒绝宪法规定之义务)。我国则第不背触宪法条项已耳,不须帝国会议。"伯烈按:皇位继承,乃公法上最高机关之相续,非同私法上之家督财产。移言以明之,即孟子所谓为天下得人难之意。此固东西学者所共认也。非不知立宪国家君上本无责任,然当今世局风云叱变，对内则裁可不易，对外则交涉匪轻（现欧洲各国交际，国君与国君直接提出者，屡见而不一见），如不择贤明承继，其利害安危岂可设想。中国自夏后氏以来，君位继承之变不可枚举，然于世袭私法之中而具有公法之美德者，莫如国朝仁、宪、纯三帝。仁皇帝自废太子允礽后，至康熙四十八年三月太子复位，其上谕中有"朕以祖宗所遗洪业及万邦民生，不敢姑息，遂行退废，无纤毫私意"等语。及五十一年九月再废，其上谕中又有"允礽所用一切，远过于朕，伊犹以为不足，恣用国帑，干预政事，必至败坏我国家，戕贼我万民而后已"。及五十二年二月经赵申乔等奏请，其上谕中又有"太子之为国本，朕岂不知立非其人，关系匪轻"等语。宪皇帝于继承之事，则亲书密旨，诏王大臣面谕，收藏乾清宫中。章皇帝御书正大光明匾额之后，又另书密封一箧，常以随身，俟大行后启封。承继纯皇帝效之，雍正元年八月，其上谕中有"我圣祖仁皇帝为宗社臣民计，慎选于诸子之中，命朕缵承统绪。及今诸子尚幼，建储事须祥慎"等语。乾隆四十八年九月，其上谕中有云："尧授舜，舜受禹，唐虞固公天下。"又云"朕曾以所定皇子默祷于上帝，若所定之子克承堂构，则祈昊苍眷佑，俾得寿命延长。倘非天意所属，则速夺其算，朕亦可另为选择，毋误我国家宗社、生民重计"等语。夫建储在专制时代，固类于私法之家督财产相续，然三帝先后一德，无一谕中不以国家民生为念，并未尝拘泥古制，溺爱立长，以私其私。当此之时，虽无宪法观念，要其于继承之资格，则隐注意于有能力者；于继承之顺序，则于近亲主义之中寓以择贤之义。不惟我中国秦汉下历代帝王所不及，即世界君主各国，亦鲜明达如是者。故伯烈景仰其盛德而弗能已也。将来《皇室典范》，谅必钦遵祖训。议会协赞已是欧西良法，然在中国之今日，则尤属切要事件。不惟于中国臣民足以昭示大公，即为皇室计，将亦可藉全国舆论，泯宫廷争端，而获福于无穷。或谓客岁两宫升遐，为我国历史上未有大变。若非深宫筹画神速，密断大计，得以消患于无形，而漫将皇位之事附诸国会协赞，势必聚讼盈庭，久旷君位，其不内起萧墙之祸，外招列强之谋者几希。国会协赞，何宜之有？不知国会协赞者，乃议定皇位于平常无事之日，非议定皇位于仓猝大变之秋。以仓猝大变之秋，律夫平常豫备之事，是殆如孟子所云"取食色之重者与礼之轻者而比之"之类，其说盖不攻自破。况此次皇位继承，虽幸如天之福俾我国安全无恙，然平心论之，未尝非侥幸万一。夫天下侥幸之事可一而不可再，即令谓有勘变定乱之才，然与其行险于临时，曷若绸缪于平日之为愈耶（近亲次序及定皇位继承等事，当详定于《皇室典范》）？

第六条　皇帝掌立法权，经国会协赞后，得裁可一切法律，以敕命颁行之。

欧西各国，除法、米二国外，立法权皆君主掌之，然必得议会同意。于是有谓君主之裁可与国会之议决，皆视为法律制定之一部者。但独普则经国会决定之后，甚至有拒绝裁可之权。而英吉利与日本，则必须君主裁可。然英、日自立宪以来，无不裁可之事。特以凡制定一法律，既经上下两院议决，必系询谋金同，裁而可之，亦属事理之常。然必限于裁可而后施行者，盖所以尊主权也。《宪法大纲》不明此理，乃规以钦定颁行法律。夫国会者，乃所以立法之机关也。机关既系立法，自当需其协赞。今舍协赞不言，而第著钦定明文，议会设立究为何事？或曰：钦定即裁可之意，虽不曰协赞，而协赞自在其中。不知裁可原以协赞为前提，必有议院协赞，始有君上裁可。钦定则以君上一人行之，非应协赞前提而生，又安得谓钦定即是裁可？法学之理，精密异常，差以毫厘，谬以千里，可囫囵吞枣、颟顸了事耶？

第七条　皇帝每年宜定期召集国会，有开会、闭会、停会、解散之权。但解散时，必得相国大臣同意（与五十四条参看）。

除法兰西、北米合众国届期得自行集会外，余皆由君主召集之。然英、普、日本各国，每年召集国会均无定期，与法、米之定期会议不同。予以为召集而无定期，在欧洲、日本等国尚无妨碍，独不可推行于中国。何也？欧西各国交通机关甚属灵便，日本不惟交通灵便，而且土地小狭，故议员等均无后期之患。我中国铁路、轮船既未全备，土地幅员更形辽阔，若不划一定期，则边僻省分必不能刻日从事。窃谓中国乡、会试旧例，凡举行之年，以三、八月为定期。各省赴试诸公，无论遐迩，无不如期而至。若准此例，择以春秋佳日，以定每年国会召集之期，则其事易举矣。或恐其流弊，致于不俟召集自行集会，与法、米共和相近。不知议会既列于宪法，即无定期之国家，亦必年一召集。既知其非召集不可也，又何惮仿乡、会例，先期颁布上谕，使各省议员咸安于宪法范围之中。不然，朝廷之当召集而不召集，与议员不俟召集而自集，固同一违背宪法也，岂独议员一方面之咎也哉？

第八条　皇帝于国会闭会时，为公共保安全、避灾害，得以紧急命令代法律。但必须相国大臣署印。

第九条　上条之紧急命令,须于次期开国会时提出会议。若不承诺,则此命令以后无效。

第十条　皇帝为谋国家发达、增进臣民幸福及执行法律诸事,可直接发命令,或使臣工发命令。但不得以命令变更法律。

第十一条　皇帝于有战事时,得发戒严命令。其戒严制限须以法律规定,俾人民有所遵守。

自第八条至第十一条,皆关于君上之命令。命令者,别法律而言也。法律必通过议会,命令则不待议会,君上可直接行之。如第八条者,谓之紧急命令。此命令可以变更法律,在英国则即以为违犯法律,特迫于救国危急,其时又不得不负责任,而发紧急命令。然后此必须将斯命令提出议会者,非必求其承诺,盖求其责任之解除也(凡承诺,均要求于命令未行之先。至命令已行,则无承诺价值),是以有第九条之规定。或谓必须相国大臣署印,似于紧急命令有所妨碍。不知命令而以紧急名者,特以国会告闭,一时召集不及而出此耳。然国会虽不及召集,而相国大臣在君左右,使之署印,有何不及? 即如《日本宪法》,于紧急命令虽未明揭副署,然其第五十五条第二项所载"凡关于法律、命令及他国务之诏敕,均须国务大臣副署"等语,已包括无遗义矣。第十条含有独立命令(凡紧急戒严、执行委任,以及召集国会等命令,亦通谓之独立命令)、执行命令、委任命令,与第八条紧急命令性质不同。紧急命令可以变更法律,此条命令则不得变更法律;紧急命令次期必提出议会,此条命令则不提出议会;紧急命令乃防消极的一边事,此条命令乃谋积极的一边事。第十一条亦紧急命令之一种,又谓之戒严命令。质言之,即为慎重军机起见,可以此命令停止宪法,制限人民之自由。在欧西各国,俱以此权属之君主。惟英国及北米,则以法律宣告之。法国则经大臣会议宣告之。宣告后二日,国会亦有自行集会决议之权。若不承诺戒严,则其命令即行废止。若值下议院解散之日而不承诺戒严,则更不待选举完结,其命令即为无效。日本则全反之,然于国家人民亦无防害焉。

第十二条　皇帝有设官制禄之权,但必得国会协赞。

按北米合众国,定官制之权属于议院。英国昔则半以习惯法定之,半以法律定之,至今其大体皆以法律规定。法、普及日本等国,惟裁判所官制以法律定之，其行政官制，除会计、检察院外，权俱属于皇帝。然其中有二大限制。一曰法律限制，谓以法律制定之官制，不得以命令更改。万一欲更改、修正，则不可不依法律性质，通过议会。一曰豫算限制，谓凡所已定官制之经费，议会不得政府之同意，不能裁减；凡所新设官制之经费，政府不得议会之同意，不能增加。由是观之，形式上虽与英国略有区别，而实际上则小异大同。我国自宣示立宪以来，各直省官制，迄今尚无影响；京内官制，虽于丙午年各部稍加厘定，而内阁一切规制仍照旧行（按国朝内阁制度，凡殿阁大学士满、汉各二人，协办满、汉各一人，共六人，掌赞理庶政、奉宣纶音等事。至雍正间，又由内阁分设军机处，为行政总汇。迄今军机、内阁，须眉不分，一国数公，莫谁适从。以此谋人，家国焉得不立于失败之地），刻下发言盈廷，仍是莫敢执咎。全国之总理机关尚且如此难图，况内外闲曹冗员，需增、减、裁、并者不知凡几，听其从容论道，将必绵绵无期。此改定官制，非经国会协赞不能观其成也。至禄秩一节，凡京内外文武官员正从一品者，仅岁给俸银百八十两、俸米九十石，即曰京官偿双俸，外官有养廉。要之，私不足以赡室家，公不足以谋王事，固不待通人而解。夫贵若一品者且如此，则等而下者更可知。然而衡诸实事，凡天下各州县缺，除正项廉俸外，上缺年可获赢余二三万，下缺亦可年获赢余万余，或数千不等。此乃单指清廉者而言，若贪污州县，则尤不可以数计。虽不曰尔俸尔禄，何莫非民膏民脂。夫卑若州县者且如此，则等而上者更可知。吁，从表面上观之，则其薄也如彼；从内容上观之，则其厚也如此。加之官阶大小，甘苦异况，内外文武，轻重失均，若无公论，万难核准。此酌给俸禄，非国会协赞不足以适其中也。吾读光绪三十二年九月十二改官制上谕："此次斟酌损益，原为立宪始基。实行豫备，如有未尽合宜之处，仍著体察情形，随时修改，循序渐进，以臻至善。总之时局艰危、事机迫切，非定上下共守之法不足以起衰颓，非通君民一体之情不足以伸疾苦。"又云"朝廷设官分职，皆以为民，总期兴养立教、乐业安居，庶几播民和而维邦本，用副怀保群黎孜孜图治之至意"等语，是朝廷已隐知不可不法律规定之义矣。

第十三条　皇帝依宪法及他法律，有进退黜陟文武百官之权。

第十四条　皇帝有赐爵位、勋章及一切荣典之权。但关于支用国帑者，遂得国会协赞。

以上二条，东西各国无不然也。惟英、普二国，对于列平民为贵族，及授与平民爵位、勋章、尊称之事，不在国王特权之内。然我国无阶级历史，则此问题不必研究。至若特别赏与、恩给年金等项，如其不动国帑，也可由君主任意处置（如客岁日本明治天皇赐大隈重信金万圆，乃自家私款也）。苟欲国库担任，则非先列于豫算，通过议会不可。故各国皆以法律制定之。不然，邓通铸铜之赐，王旦瓜金之与，为私乎？为公乎？假令再见于立宪国，其亦能容之乎？

第十五条　皇帝有大赦、特赦、减刑、免除、开复之权。

按英国除限定事实外，对于各种犯罪者，元首有特赦、减刑之权。至于一般大赦，其议案归国王钦定后，仍付诸两院，以一读会决其可否。普国之大赦、特赦、减刑等权，亦归君上，但只可赦免于裁判审问之前，不能赦免于裁判确定之后。法国惟特赦权属大统领，其特赦乃第指刑罚减等而言，非谓赦免其犯罪，在裁判确定之后亦可行使其权。若大赦，则以法律行之。无论刑罚、犯罪在裁判确定之先后，俱能赦免。北美合众国则除被议院弹劾者外，无论犯罪之轻重与裁判确定之先后，大统领皆有赦免之权。而《日本宪法》第十六条，亦未明揭法律限制，惟刑法注释家谓大赦、特赦之差别当取法乎法。凡非大赦之手续，则天皇应无赦免裁判未确定犯罪人之权。窃谓我中国刑章，目下患不在失出，而在失入；病不在失轻，而在失重。非暂为取法米国，不足以救其偏也。

第十六条　皇帝有统帅海陆军之权。但其编制及常备兵额，须得国会同意制定之。

按统帅海陆军权，世界各国皆属于皇帝与大统领。盖非如是，不足以对待外国、统一本国也。惟编制及常备兵额，则国有不同。日本之编制及常备兵额，皆归于天皇大权，绝不付诸议会。惟新添兵额、增加岁出时，非得议会协赞不可。法、德等国，其陆军，编制皆以法律定之为通则。其海军，大半以敕令定之。至若常备兵额之数，德国虽有海陆之异（德国陆兵额以法律定之，海军则否），其限制于豫算，则与法国规定相同也。英国常备兵额之设置，每年必须议会议决。若不经议决而设常备，是谓之违背宪法。以故凡关于编制之事项，亦不属于国王特权之下。惟队伍编制、士官补任、管区分配、兵器准备等类，或以敕令与省令定之耳。我国海军全无，已被人列为三等国类，朝廷尚倪倪伈伈，视若无事。而陆军一节，则又故抑本国之留学生，任用异心之外国人，师团滥立,绿营如故,又继之以自为地步之旗兵,吾不知其何所事事也。夫海陆军者,国之爪牙、手足也。同一爪牙,同一手足,而人强我弱,尚且不足以言生存,况人有我无,欲人之不制其死命也得乎?是以创办之初,不能不取法乎英,以编制及兵额付诸议会,不然将难以昭其公、践其实矣。

第十七条　皇帝对于他国,有开战、媾和及缔结条约之权。但有左之限制。

一、与他国开战时,须先通知其理由于国会;

二、与他国媾和时,须得上议院协赞;

三、凡条约,不得违背宪法、变更法律;

四、凡领土之割让、租换,赔款、通商、开矿、筑路,以及关于国民一切权利义务之条约,均须得国会协赞。

五、除第三、第四项所载外,凡不关于国家利益安全之一般条约,均无须付诸国会。

按欧西各国均以开战、媾和之权属于元首,诚以外交事件贵刚毅、英断、神速、秘密,非统率于一人,则机关不灵,适成其败。若条约缔结之事,在法、德两国,凡未经批准之前,均先提出议会,求其协赞。在英国,其权虽归天子掌握之,然与法律有关系而施于国内诸事项,不得议会同意,则不能施行。此外,凡由条约所生出之岁费,尤当以付诸议会为必要。日本之宪法,除条约大权归诸天皇外,别无明文,是其缺点。兹则于开战一项,取英国之以理由通知国会;于媾和一项,取米国元老院三分之二之决议(德国开战媾和虽以帝国之名布令,然除敌国来袭时无俟决议外,其余皆须得议会同意,非不善也。但众议院之议员往往奋发爱国热心,不免过于激烈、昧于事势之弊,若必俟其决议,则多滞碍难行之处,故不若专决于上议院之为愈)。于条约缔结一项,既不敢从法、德之偏于重民,概求议会协赞,以长议院嚣张之气;亦不敢从日本,偏于重君,概不求议会协赞,以肆朝廷专制之威。惟采各国之长以补其短,弃各国之短以成其长,或不致有违背宪法、变更法律之患欤。

第十八条　皇帝有铸造货币、划一度量衡之权。

按英、德宪法俱明揭此条,而日本宪法缺如,某学者谓日本除应以法律定者外,皆属于天皇大权之中,故此条无须揭明。诚如是言,则天皇大权只要《宪法》第四条即可包括无遗,又何必分为十七条而琐琐言之耶？谓非以狭义之大权,不可与广义之大权相混耶。

第十九条　皇帝有主持祀典、修正礼乐之权。

按祀典除一切大祭外,更寓崇德报功之意,以善良天下风俗,为治国者必要之点。至若礼以齐民,乐以和民,尤为历代帝王郅治所先。而欧西各国宪法缺焉不载者,非其所短,亦其历史及习惯上无此特点也。然英国宪法以君主为宗教长,其特权有三:一以敕令规定宗教事项;二以敕令规定一切祭日;三以敕令于日曜日纪念神圣,颇与此条相近。

第三章　摄政与监国

第二十条　皇帝或当冲龄,或罹疾病,及有意外故障时,须于近亲中成年者,先男后女,择贤摄政,但必得国会协赞。

第二十一条　摄政假皇帝名以行大权,其位置在皇帝之下,百官之上。但摄政中不得变更宪法。

按普鲁西、英吉利、日本等国,其摄政均限以王位继承之近亲顺序。然日本则仅依《皇室典范》,开皇族议会及枢密之顾问以毕其事。普国若遇皇族中无成年男子,当摄政之时,则由内阁召集议员,使两院会议以选举之。其选举中,则暂以内阁大臣代摄政事。英国则以法律定之,否则为无摄政之权利。窃谓摄政乃代理最高机关者,第依《皇室典范》所列之秩序、资格定之,本无不合,然代皇帝而行之权,所关匪细,是不得不于一定之秩序、资格中择贤而任之,此公法学家之所以多乎英也。而《宪法大纲》竟付诸不论不议,得勿以斯时先皇太后尚未撤帘,有所忌避于其间耶？要知宪法者,在立万世之大法,非图一时之急救,今而忌避若此,恐亦非先皇太后眷顾之本心也。或谓摄政中不得变更宪法,固各国之公例,但今之摄政王,其去摄政终了之日尚须十余年,而我国宪法此时尚未实行,摄政王将代今上而行之乎,则与不得变更相背;将俟摄政终了而待今上自行之乎,又与施行之遗诏不合。然则将如之何？曰:宪法之颁布在摄政前,自应守不得变更之章;宪法之颁布在摄政后,法且无焉,变更何有？是不惟不当。守不得变更之章,且希望其发扬蹈厉,刻日施行,虽与法理有所不合,亦我国当宪法创行之始,所不可避之事实也。

第二十二条　皇帝行幸国内外及偶有故障时,得自由决定监国以代理之，但必得相国大臣同意。

第二十三条　监国之权限、位置，概如摄政。

按监国与摄政不同。摄政乃于君主久有故障时置之，监国乃于君主暂有故障时置之（公法学家谓久、暂字不精确，当以有无能力为准。故障虽久而有能力，则不得置摄政。故障虽暂而无能力，则不得置监国。不若分绝对故障与任意故障为合）。摄政乃于君主无能力而有故障时置之，监国乃于君主有能力而有故障时置之。摄政乃由皇族及廷臣选举之，监国乃由君主自由决定之。摄政之行职务不受君主训令，监国则依君主之训令而行。摄政在职时不负责任，去职时负责任；监国虽在职时，不免责任。摄政限于一人，监国可分任数人。但东西学者，聚讼纷纷。或谓君主有故障不能执行国政之时，当任命代理者以监国。或谓君主系无责任者，既无责任，则不得设监国（纯皇帝为有责任之君主，乾隆四十五年南巡时，凡事皆于行在所裁决之，亦未尝置监国，是不得以有无责任判之）。或谓君主虽无责任，然为指挥国务，设备一切计划，则于有故障及海外旅行时，不可不设置监国。或谓君主大权，不得委托于通常之行政官厅，故除摄政外，无论何人，皆不得委托代理。然而巴威里及索撒二国宪法，于摄政外有临时置代理之条。普国宪法虽无明文，然自一千八百五十七年以来，凡三见之，皆以太子为王代理。论者虽谓其不无违背宪法，然其习惯上得置代理，则不诬也。日本宪法上无此条件，其学者多指为缺点，是监国条件之必要明矣。伯烈按：《论语·宪问篇》："何必高宗，古之人皆然。君薨，百官总已以听于冢宰三年。"此乃我中国以冢宰为监国之碻证。客岁，英、法诸帝环游列国，虽未特置代理，然其政务委托于国务大臣者居多。而此条不直归之相国大臣者，特以相国既有副署之责，而又加以裁可之权，是副署、裁可集于一人之身，恐不免长专擅跋扈之风。而又必得其同意者，盖防君主滥用宵小起见。宵小虽曰无妨国务，究足有伤国体也。愿与公法家一商之。

第四章　国民权利义务

第二十四条　依法律所载，凡取得中国国籍者，皆为中国人民。

我国民法未定，国籍茫然。海外侨民，政府不加保护，受异族排斥、凌虐，等于无国籍之民，已属惨不忍言。而居于内地之中国人民，近来多藉商教、逃籍外国，诚为国籍法中不可思议之条件。夫小民无知，固属可痛。然小民究何乐而出此，政府独知咨禁而不知反省乎？有心国家者，倘于民法草案，先政府出而担任之，是伯烈所心祷者也。

第二十五条　中国人民不分满、汉、蒙、回、苗、藏诸种族，皆同一权利、义务。

如满人不置田产，汉人不授将军，各部官职满若干人、汉若干人等类，皆权利、义务不能平等之弊。满汉既畛域如此，则他族更可知矣。

第二十六条　中国自皇帝以至人民，均无族级之区别。

按族级之制，始于埃及，分僧侣、武士、商人、农牧为四阶级，由是欧西相沿成风。英国既有贵族、僧正、平民之分，普国亦有贵族、官吏、市民、农民之别。即东亚自号文明如日本者，近仍判四阶级，曰华族、贵族、士族、平民（旧有华族、贵族、武家、神官、僧侣、平民、秽多、非人等区别，至明治初年始改禁）。窃谓英、普、日本，非好过为区别也，特其历史上有不易泯灭者耳。我中国自有历史以来，君民一体，无分贵贱，为世界各国所不及。东西大儒，咸谓支那为最古文明大国之一者，其或以此优点欤？虽然，近间有欲作俑者焉。吁！文明进化，至今将极，而英、普、日本等国尚不能解释历史上之恶迹，拘行野蛮族级之制，已属达观者所不取，彼欲作俑者，抑何心耶？

第二十七条　中国人民依法律所限定之资格，有任受文武官职、国务及选举与被选举之权。

凡本国人民能任本国文武官及议员等职者，特以其对于本国国家负有特别义务，故应当享有特别权利。且以本国人民为本国官吏，尤易服从于主权者命令之下。是以欧西各国，其宪法与法律，无不以限于国民为通则。即普国与北米制度，虽曰引用外国人，要其入官之日，即附有入籍之例，是仍与限制本国人民无异。我国自赫德归国以后，税务大权仍被外人干涉，而刻下陆军教练等官又多用日人与德人。自形式上视之，既非若利码窦、南怀仁等为就职之臣；自实际上观之，亦非如丁韪良、林乐知等居宾师之位。以如斯重要机关，轻畀之于匪我族类、不客不官之人，以启其窥伺探侦，欲不为其所卖也得乎？至若本国人民，凡具有法律资格者，即当量材擢用。然而声声曰化除满汉，步步则先满后汉，无论将军一席、王位一封，久已屏绝汉人之迹，即凡下此之重要职权，无不偏重于满人之手，无惑乎？革命家等之藉以为口实也。当局者欲实行立宪，则请于此条注意焉。

第二十八条　中国臣民对于皇帝自称曰臣、曰民。

国朝定鼎以来，凡从龙入关者，均隶奴籍。虽官贵极品者，亦必贱称奴才。相安几三百年，满族中无一人引以为耻者，固有所自来也。然旧如罗马，新如美洲者，已遥相解放奴籍，况我国兹当文明进化时代，而犹不破其藩篱耶？

第二十九条　中国人民依法律所载，有充兵卫国之义务。

按世界征兵制度有四：一曰雇兵制度，二曰抽签征兵制度，三曰国民军制度，四曰国民皆兵制度。此四制度，除第一制度雇用人民为兵外，其余三制度，凡国之人民，通该有充当兵役之义务。惟抽签制度，则于征兵时抽签定之。国民军制度，则于战时征之，平时解之。其常年训练者，只义务中之少数人耳。国民皆兵制度，则无论战时、平时，均以养成熟练之国民兵为目的。现在除英国用雇兵制度外，各国皆采国民皆兵制度（英国兵制久为世所诟病，其征常备兵时，往往陷于困难，近亦有主张国民皆兵制度之说）。我国古亦国民皆兵制度，自唐宋以来，专用募兵，兵与民乃判而为二，骄悍劣弱，为害不浅，至国朝之绿营为尤甚。马氏《兵考序》曰《周官·小司徒》伍、两、卒、旅、师、军，此教练之数也。《司马法》井邑丘甸，甸六十四井，有戎马四匹，兵车一乘，牛十二头，甲士三人，卒七十二人，此调发之数也。教练则不厌其多，故凡食土之毛者，除老弱不任事之外，家家使之为兵，人人使之知兵。故虽至小之国，胜兵万数，可指顾而集也。调发则不厌其简，甸六十四井，为五百一十二家，而所调发止七十五人，是六家调发，共出一人也。每甸姑通以中地二家五人，计之五百一十二家，可任者一千二百八十人，而所调发止七十五人，是十六次调发，方及一人也。教练必多，则人皆习于兵革。调发必简，则人不疲于征战。此古者用兵制胜之道也。后世四民者，平时不识用兵为何物，而所谓兵者，乃出于四民之外，故为兵者甚寡，知兵者甚少。一有征战，则尽数驱之以当锋刃，无有休息之期，甚则以未尝训练之民而使之战，是弃民也云云，可谓善言。古制痛鉴流弊者矣，然相沿成习，积重难返，迄于今日，徒为列强所威胁，而犹故步自封，不思变制，欲国之强，讵可得耶？

第三十条　中国人民依法律所载，有完纳赋税之义务。

赋税者，国家之岁入也。无赋税，则岁无所入，国家将不能存立。

是以《孟子》曰：“无君子，莫治野人；无野人，莫养君子。”又曰：“治人者食于人，治于人者食人，天下之通义也。”惜三代以降，所谓君子治人者，皆是片方主义，置野人与治于人者辈，于生活不相关之乡，取如锱铢，用若泥沙，征榷搜括，不遗余力。有义务无权利，莫此为甚。幸而此弊长于东亚，杀于西欧，自西历千二百十五年以来，英人竟得以租税承诺权换来无上宪法，其权利、义务始处于平等地位。虽然，如英国人民之智识程度者，地球上顾有几国哉？令人感慨系之。

第三十一条　中国人民依法律所载，有居住迁移之自由。

按欧洲大陆历史，当十八世纪时，惟土住农民不准擅于迁移（英国十六世纪中已废此制），究非指一般人民而言。此外英、德诸国，为救助贫民起见，亦稍设限制，无非俾贫民安土重迁，勿伤其财之意（旧时移迁有税）。然至今世界各国，除法律所载外（若乞丐、流娼、癫狂、罪犯等类），凡居住移转，皆听人民自由，而我国则更无论矣。

第三十二条　中国人民若非违犯法律，有绝对不受逮捕、监禁、审问、处罚之自由。

此条乃人民保全身体之自由，不独各国皆然，即我中国法律，亦未尝不如是。然无罪戮民，贪酷辈见，其甚者至人民无所措手足。或谓由人民少法律观念，不能与之理辩故也。不知非第人民少法律观念，凡在上者，亦无往不少法律观念，不然何未见一守法律而不行强权者耶？即如我国违警律，勿论其完全与否，究已颁行久矣。乃各省巡警遇有犯违警罪之人民，仍属自我作法，枷笞自如，竟置警律于不问。其更酷者，客岁国丧中，某省小民坐于无知，以薙发见罪，巡警等须漆其头，犯者竟致毙命。如此警官，尚谓其有法律观念耶？夫当守新律之警官且如此，况法律未定。旧所称为灭门知县者，亦可想其无法无天，擅作威福之惨矣。

第三十三条　中国人民依法律所定，有请受裁判官裁判之权。

裁判者，乃国家维持臣民间和平、防止其争议之义务也。中国知此义久矣，故人民皆有此权。然民事与刑事不分，行政与司法相混，下自吏目，上至督抚，皆有裁判之权。以故往往有家破身穷而官不得一见，即见之，亦非经年累月而案不得一结者，殊令人言之痛心，谈之色变。国既非法制国，人民亦何贵有此权哉？

第三十四条　中国人民除法律限制外，若不受许诺，其家宅中有拒绝他人侵入及搜索之权。

无故不得侵入搜索等事,中国法律固无不然。所痛者,一般贪污州县,或巡视乡里,或勘验案件,纵差殃民,不一而足。除原告与被告应遭灾祸外,凡附近民家,亦无不猥自侵入。藉端讹索,穷愚拒之不敢,听之不甘。故凡地方闻有是事,辄先期相戒,率家人避。偶有避之不及者,则如遭劫盗然,粒粟寸草,为之一空。吁! 我人民果无权乎哉? 抑州县官有以蹂躏而剥夺之也。

第三十五条　中国臣民除法律限制外,其秘密书函、电报,有不许他人开启之自由。

书信秘密,亦立宪国家人民所享之一种特别权利。除战争开始时,或以戒严命令得干涉其秘密外,无论何人,皆不得擅自开封。我国法律未定,政府因防闲革命,草木皆兵,使人民不能享有秘密者一。再或各州县邮政分局,往往为势力者所左右,漫自开启他人书函,为构陷排挤之计,使人民不能享有秘密者二。故此条在他国为普通条例,在中国则紧要关系也。

第三十六条　中国臣民于法律范围内有言论、著作、出版、集会、结社之自由。

言论、著作、出版属于发表人民意志,集会、结社属于发达人民目的,故于法律范围之中听其泳游驰骋。学者谓此为欧西发达文明之利器,盖有以也。我国于此三大自由之件,不必远引偶语、腹诽、文字狱、党锢案,即十年以来之近事,已不堪屈指计矣。今也于不背法律之报馆,犹且任意封闭,而言论、著作可知矣;于扶持国家之团体,犹且多方锄除,而集会、结社可知矣。愚民之术,又岂李斯、商鞅辈所能专美于前耶?

第三十七条　中国臣民一切所有权,无论何人不可侵占,即遇国家公务,亦宜依法律所定,公平办理。

国家者,保护人民所有权者也。既负有保护之责任,自不可由侵占之事。然为公益起见,又有不得不征收其所有者。故各国于行政权上,非据法律,则不可侵占人民所有权。若系公事,则又当规定公用征收之法。公用征收者,谓为公益征收其所有而用之也。或谓公用征收只关于土地,如敷设铁路、凿隧开矿、设立电柱、扩充公所、改良街道、建置测量标杭、安放炮台药库等类是。或谓亦有关于物品者,如中国官府莅任或出差时,无论所需何物,皆以官价估算等类是。总之,公用征收之制有二,公用征收之法有三。其制:一、以法律规定公用征收之通则,行政机关凡遇有公用征收之件,宜谨依此通则以处分之;二、遇有公用征收之件,皆临时酌量事势,各以法律定之,无所谓通则。其法:一、对于人民之所有权,以时价买之;二、不论时价何如,只依法律,与以一定之赔偿;三、视此公益为人民应尽之义务,绝不与以赔偿。然世界各国,于制则多采用第一项,于法则多采用第一、第二两项,我国当有所鉴也。

第三十八条　中国臣民有信教之自由,但不得妨害国家安全秩序、违背臣民义务,出于法律范围之外。

宗教者,一种迷信也。欧西各国,通尚耶稣教。东亚各国,通尚佛、老、回回等教。教派虽异,其迷信则一。近百年来,耶教东渐,日本驭之以法律,与佛、老、神学同一待遇。凡基督所谓神符、福音,圣公会所谓牧师者,皆以和尚、道士等类视之,无一教一人不在法律范围之中。我国人民不知宗教性质,非结党以仇教,即藉教以崇人。官吏不知宗教性质,非畏教以虐民,即祖民以抑教。法律既昧,条约罔闻,以致高鼻深眶之辈,在我国中直变宗教性质,以为殖民夺地之饵。此世界各国所未有之奇祸也。近之谋国家者,尝忧形于色曰:“租界裁判权不能独立,弗克为完全国家,是大耻事。”呜呼! 岂独租界裁判权也哉。窃谓天下各州县,其民间每出一案,牵及教徒者十有八九,一涉于教徒,则牧师、神符即出而干涉之,必使地方官依其指挥而后已。间或有一二明达者,或执条约拒之,或婉言以晓之,其结果定要求上官撤差,否则酿成国际交涉,罢官不足,继以赔款、坐罪,而教徒则顾盼自雄也。由是教徒等咸默以监督官吏自任,官吏等咸争以调和教徒为功,遂天下各州县之行政权、裁判权俱不能独立,而被限制于不足轻重外国教徒之手。病入膏肓,针药无从,而当道诸公犹醉生梦死,谋不及此。是租界裁判权不能独立,尚有人知之,天下各州县行政权、裁判权不能独立,竟无人知之。藉租界以侵内地之策,尚有人知之,变内地而为租界之策,竟无人知之。灭人家国,孰险于是。此伯烈所为痛哭流涕,而不能自已者也。

第三十九条　中国臣民依法律所载,有请愿于皇帝之自由。

昔禹悬器以招言曰:“教寡人以道者击鼓,谕以义者击钟,告以事者振铎,语以忧者击磬。”是君上为国为民,不待人民请愿,而先急请愿于人民也。降及后世,君与民疏,草茅之言不能上达,公法家遂以人民请愿列入宪法,以救其弊。请者,请求也。愿者,愿望也。凡关于国家、人民之一切利害得失,朝廷既未经提出议院,又未经建议,偶有为人民所见及者,则不得不以请愿补朝廷议院之所不及,此立宪国之所以朝野无隔也。

第四十条 本章所揭之第三十一条、三十三条、三十五条、三十七条,若当宣告戒严时,须依戒严命令行之。

戒严命令已略言于上章第十一条,此章又申明之者,特以宣告戒严乃国家大变。地方行政及司法两权,或以一部委任于司令官,或以全部委任于司令官,俱有停止宪法之效力。《日本宪法》第三十一条,概以国民之权利、义务附诸不妨于天皇大权之施行,亦未免过于混淆,兹择其与戒严命令易于相抵触者数条,以示限制。

第五章 国会

第四十一条 国会以上、下两院组织而成。

世界各国,除数小国用一院制外,余皆用两院制为通则。但其名称不一,有曰上院、下院者,有曰第一院、第二院者,有曰元老院、代议院者,有曰贵族院、平民院者,有曰贵族院、众议院者,要皆不外二院之制。我国历史上既无阶级之别,自无贵众之分,是以宜定名曰上议院、下议院。

第四十二条 上议院依上议院所定选举法组织而成,以贝子以上及藩王钦选议员、各省人民复选之代议士为议员。

上院组织法各国不同,然按诸我国国情,则右条似觉近善。客岁政闻社诸公上资政院贴所谓上院议员之事,最为得宜,非伯烈所敢赞一词者,节录附此,以资公鉴。"一曰皇族议员,宜分别设置也。凡君主立宪国,皇室与国家休戚相共,故恒以皇族列于上议院。日本之制,凡皇族年在十八以上之男子,照例作为贵族议员。其余各君主国,大率由君主随时任命。考日本所谓成年之皇族,不过三十余人,故可以尽入院中而毫无窒碍。我朝椒聊蕃衍,自红带子以上皆系出天潢,而其数盖数十万,若采日本之制,势固有所不行,则不能不稍示限制。故将来上议院当设皇族议员一种,凡皇族自贝子以上已成年者,有即为上议院议员之资格。其镇国公以下有才德出众者,由特旨简派,不在此数。二曰蒙古、西藏议员,必当设置也。资政院者,大清帝国之资政院也,必须全帝国版图内皆有代表,然后其组织始完。查去年新颁官制,资政院项内,东三省及内地各行省皆有代表,惟蒙、藏缺如。侧闻彼中人民颇有觖望,虽朝廷无歧视之心为举国所共信,然既有此嫌疑,即以资其口实。方今俄之于蒙、英之于藏,皆噢咻煦呕,市其欢心。俄国议院既开,蒙古人之在欧洲俄属者,皆有选举权。今我国家虽竭力怀柔,尚难保其心之绝无外向,而况可授之口实,以使之解体乎?查英国上议院,有爱尔兰贵族二十八人,苏格兰贵族十六人,僧侣贵族二十六人。我国之位置,蒙、藏正宜援兹成例。盖蒙、藏地广人稀,郡县之制尚未施行,则下议院之选举亦骤难措手。下议院既暂无一人以代表之,则上议院必当谋所以位置,免使向隅。窃谓宜仿英国待苏、爱之法以待蒙古,令其各盟比例大小,各举一人或二人为议员;宜仿英国待僧侣之法以待西藏,举其喇嘛及噶伦卜、噶布伦、总堪巴等若干人为议员。既示以朝廷大公无私之诚,即可以增其回首面内之感。三曰当别置钦选议员以待贤勋也。考日本上议院既有公、侯、伯、子、男五等爵之议员,复有所谓敕选议员者,凡有勋劳于国及有学识者任焉。我国阶级制度久已消灭,故五等爵之议员势难仿行,非好与各国立异,实则历史上使然也。然则前此及将来有勋劳于国家者,竟无特别优待之道乎?曰有之,钦选议员是已。日本敕选议员之例,凡天皇认为有勋劳者得与焉。苟仿此以行,则简自帝心。前此勋裔及后此翊戴中兴大业诸臣,皆可以特达拔擢而举。故旧不遗之实,即皇族自镇国公以下,亦可以结主知以邀此殊荣,而此项议员又非徒限于勋劳者而已,其有学识者亦得与选。故或有耆旧之臣未膺爵赏者,或草茅贤俊未被选举者,咸能别承天眷,列于议员,则上之可以劝茂功,下之复可以网遗逸,诚一举而数善备也。但各国通例,此项议员额数皆有限制,亦宜采焉。四曰宜令各省谘议局派出议员,以为一省之代表也。各国上议院之制,或以代表特别阶级,或以代表联邦地方,前既举其例矣。我中国既为君主国,又幅员极广,各省利害不同,必宜兼采二者之意,乃为尽善。今既有皇族议员、蒙古西藏议员、钦选议员三项以代表特别阶级,其次当计及者,则代表地方之议员是已。考各国上议员代表地方之制,各有不同,而米国为最善。米国凡分四十六州,每州举上议院议员二人,不论大小,皆同一律,故其上议院议员总数为九十二人。以外观论之,州有大小之分,员无多寡之异,似属不均,然按之实际,乃大不然。盖与下议院相剂,而适得其平故也。查米国最大之州如纽约,有七百余万人,其最小之州如尼和达,仅四万余人。下议院之选举,势不得不以人数为比例,则纽约州能选出议员百九十人者,尼和达仅能出一人,其偏枯可谓至极。使徒有下议院而无上议院,则尼和达州之利益将永为纽约州所压制矣。故既有下议院以代表人数,则大州不至受亏,复有上议院以代表地方,则小州不至受亏,诚可谓斟酌尽善矣。我国最大之省如四川,将及七千万人,最小之省如广西,不过五百万人,更小者如黑龙江,不过一百万人。将来下议院之选举,势不得不以人数为比例,则四川所举议员之数,当十四倍于广西,而七十倍于黑龙江,安得不谓之偏枯。将来我国之上议院,必当兼采米国之制,每省不论大小,平均派出若干人,似属不易之法矣。资政院既为上院基础,此制即宜实行。今已奉明诏,令各省设立谘议局,其成立应指日可待。谓宜令各省谘议局就其议员中互选二人为资政院议员,将来别立上议院,而各省谘议局或改为省议会,则亦由省议会互选若干人以入上议院,各省一律如是。则两院相剂,而举国无不平之患矣。"

第四十三条　下议院依下院所定选举法组织而成,以各省复选中被选之人民为议员。

下议院者,一般臣民之代表机关也。各国选举不同,究不外普通选举(亦曰一般选举)与制限选举(亦曰有限选举)、直选举〈与〉复选举。如佛、德、瑞、美各国,皆用普通直选法。伊大利、白耳义与此相去者几希。普国则用普通复选法,英国则于制限中行直选举。日本亦然,但于被选举资格除年龄外,不另有制限。而我国果以何者为宜耶？或谓我国教育尚未普及,一般人民未有选举知识,似不得不用制限选举。各省所辖地广人繁,交通既不灵活,舆情即难洞悉,似又不得不用复选举。然衡诸世界各国,只有普通、直选二法并用者,其他非于制限中用直选,即于普通中用复选,从未有制限与复选并用之理(法兰西于一七八九年起大革命,制定第一回宪法时,系制限与复选制并用,至一七九三年制定第二回宪法时,遂废此制)。若制限、复选并用,则束缚人民,不啻专制,是徒有立宪之名耳。乃回顾我国民情,又有迫于不得不尔之势,其将从事实而违法理乎？抑或从法理而违事实乎？伯烈窃以为中国当取法普鲁士,于普通选举之中行复选之制最为合格,不必为泰西历史奴隶而漫设制限。如谓一般人民尚无知识,则其所选举之人非即为代议士,又何碍选举之有？况各州各县,观感既切,好恶亦真,其所选举豫备代议士之员,决不至于十分背谬。不然则一切社会思想、权利思想,无论如何,只可印于一般学者及缙绅先生头脑。彼蚩蚩蠢蠢者,恐日就于愚,而不增长其自治观念,爱国热心,长陷于黑暗地狱中矣。使多数人民尽如斯,国家尚望其强乎?或谓俟教育普及之日再行撤其制限,未为不可。不知欲教育普及,正不能先设制限。苟漫为设以制限,则教育终难普及。现在所颁各省咨议局章程,固未明言为下议院选举法,然既设制限,又行复选,是亦消极的愚民手段矣,未可云实施宪政也(政论宪民著有《中国国会制度私议》,见于客岁时报馆天池氏之绍介,至今尚未见公诸世,不禁翘企)。

第四十四条 无论何人,不得同时为两院议员。

此条乃取两院分设主义,故一人不能为二院议员。

第四十五条 凡法律,须经国会之协赞议决后始能成案。

此条乃各国通例,其意以为国会者,上为国家之机关,下为人民之代议,因代议决议之法律,是不啻人民各自决定之法律,非出于一二有大权者之私意也。故其后人民违背此法律,即是违背代议;违背代议,即是违背各自所决定者。夫天下自我决定其是非者,而又自我犯之,此之谓自食其言、自背其法。《中庸》云"以人治人,改而止",殆斯意欤?

第四十六条 凡法律案,政府及上下两议院均得提出之,付于国会决议。

政府与人民居于对等之位,所以示大公也。

第四十七条 凡法律案,当一院认可一院反对之时,则由两院各派委员开协议会。如协〈议〉会不得多数赞成,即当作为废案,本会期中不得再提出讨议。

各国上下两院,均以得同意为议决,否则作为废案,日本亦然。但《日本宪法》第三十九条仅曰"两院有一院否决,于同会期中,即不得再提出法律案",而无开两院协会明文,似未免对于法律案不甚审慎。然其《议院法》第五十五条又载有"两院若不同意,须开两院协议会"云云。伯烈窃以为所提出之议案,无非求举国金同之意。苟经一院否决便遽视同废案,于本会期中不得再行提出。使此案不关于轻重缓急,纵令迟延岁月,尚于国家无大妨害。不然,则将有大不利于国家者矣。故不得不开两院协议会,以昭慎重。是以协议会之条件,与其载之于议院法中,不若移载于宪法之为愈。

第四十八条　两院关于立法、行政一切事务,均各得上奏皇帝。皇帝即不采纳,亦当训示理由。但经训示后,本会期中不得再行上奏。

上奏君主,各国通例。惟日本天皇对于上奏无答辨之义务,深失宪法本旨。夫上奏之言,有可采者固宜采之。若不可采,则必有滞碍难行之处,亦当剀切训示。不然,是与专制无异,又何贵有此上奏。我国往往于臣僚所奏之事,辄留中不报,与不答辨之条同一意味,不惟不足以服上奏之心,彰纳言之义,而且使臣民猜疑百出,进退失措,其为祸也岂浅鲜哉(但朝贺及一切大礼之上奏,不在此限)?

按上奏与奏上有别。奏上者,就政府所提出之议案及一切议案,判其可决、否决而奏上之之意,乃议事终了之时应当奏闻者。上奏则系陈述议院意见也。

第四十九条　两院关于立法、行政一切事物,均各得建议于政府。政府即不采纳,亦当正式说明理由。但经说明后,本会期中不得再行建议。

建议与上奏有别,上奏乃对于君主而言,建议则对于政府而言;上奏乃论既往之得失,建议则博将来之希望,亦各国通例也。但《日本宪法》第四十条曰"政府若不采纳建议,则于同会期中不得再行建议",并无宜说明理由之明文,其缺点与上奏之条相同。

第五十条　两院对于政府,均各有质问、弹劾之权。

立宪国之君主不负责任,其责任在政府。政府有时措置失当,其尚在疑似间者,议院可质问之;其已为确信而无疑者,议院可弹劾之,使当道有所顾忌,不敢肆行一切。彼专制政体,凡君上所行为者,臣僚不敢过问,即有批麟献愚者,重则伏剖心射腹之刑,轻则蹈折槛牵裾之险,无论其事,多无济也,即令万一奏效,而君臣之感情已伤。是以责任政府之事,一则尊养君主之威,一则保全君民之和,此古圣人所以恭己正南面,无为而称治也。

按弹劾者,议院监督政府之行为也,其制度始于英,而佛、普各国效之,如《佛国宪法》第十二条、《普国宪法》第六十一条,俱规定弹劾事件。日本则仅载质问之条于议院法,其宪法中无质问弹劾明文,是其缺点。

第五十一条　国会每年定期于八月八日召集一次,但于五十日以前,须颁布敕命,通知天下。

此条略见于第六条皇帝大权下,虽然,此处又有一重要问题。夫八月八日究为召集之日乎？抑为开会之日乎？按世界各国，有以召集之日即为开会之日者，如法、美等国是也；有俟召集后，君主另以敕令开会者（开会时君主亲临，行开会式，或使特命委员行之），如普、独、日本等国是也。窃谓我国科场旧例，以八月八日定召集之期，即以八月八日为入场之始。据此，则固可用习惯法定于是日为开会议事之始期，亦无不合。

第五十二条　国会议期以三个月为限，若越三个月尚有重要议案未决者，两院得同请延期，皇帝亦得以敕命延期，但延期以一月为限。

千八百七十四年独国之裁判所构成法及诉讼手续法律案，皆令于第二次会期间继续审议。千八百五十一年普国众议院提出采用继续期间之案，终仍废弃，英、米诸国亦然。由是视之，似不以继续为原则。然法国则准继续五个月，亦未免过于濡滞。故通常令以三个月为宜。但日本宪法于延长期限一节，归诸天皇一面，两院无请求之明文，其延长之期又无定日。夫两院使无请求延长之权，凡遇有不能了之议案，而天皇不下延长之令，势必失议院活动力。议院既失其活动力，则非设立议院之本旨。此所以请求延期之必要也。然延期而无定日，将又任意牵延，聚讼不已，其不蹈于筑室道谋者几希。此所以延期定日之必要也。况月圆四次，即占一年三分之一，以此讨议，又何议而不决耶？

第五十三条　除通常会议外，临时有重要事务，可召集临时会议，其会期以敕命定之。

临时会议对普通会议而言，所以处国事之变也。

第五十四条　国会之开闭、停止及延期等事，两院相同，即以敕令解散下议院时，上议院亦当同时停会。

英国宪法虽有解散议会全体之条，而实际则以解散众议院为目的。普国宪法其国王有同时解散两院之权，然上院占多数世袭及终身议员，故亦仅能解散众议院。佛、独两国第得解散众议院，其解散时，在佛必得国老院同意，在独必经协议院议决也。至北米合众国，则于议员任期终了之外，不见有解散之事。此乃共合国之特长，非我国所能企及者，故取法佛、独两国之义，以稍示大权制限云（见规定于第七条皇帝大权下）。

第五十五条　下议院被解散后，宜以敕命选举新议员，其要有二：

（一）自解散之日起五个月以内，当召集新议员；

(二)召集之新议员,同会期中不得再行解散。

议会为人民代表,即国家机关之一,每年一次召集,不可缺如,否则于来年一切行政均无所据。故不得不于五月以内,复行召集。至若新议员不得再行解散一节,各国宪法固无明文,然探其解散原由,特元首以旧院一切议员昧乎国式,不得不再征舆情于新国民。夫新议员者,乃此新国民之代表也,其决议、协赞无论异同旧议员与否,其能代表舆情必矣。故同一会期中,不得再行解散新议员。

第五十六条　两院开议,其出席议员,必须各于总议员中有三分之一以上,否则不得开会决议。

英国上议院有三名出席者即可议决,然实际上必须七人出席。下议院,英则须四十名出席,普则须六十名出席,其余皆以过半数为准,否则不得开会决议。而日本则各取三分之一以上,为数颇当,故从之。

第五十七条　两院会议,各以多数决之。若可否之数相等,则由议长决断。

此条取多数者,以其合于舆情也。

第五十八条　两院会议须公开之,若关于重大事项,或因政府所求,或由各院决议,得为秘密会议。

按议会之宜公开者,盖以选举人虽承认被选举人为代议,然其被选举者果适当耶? 热心耶? 选举人无从而知。惟一经公开,则公是公非,自不能掩,故各国以公开为通例。然遇有应当秘密之事,则又不得不禁止旁听。英国向于议院外之人,不准猥入议院。至千八百三十一年,上院始设旁听席。至千八百五十三年,下院亦设旁听席。但至决议之时,尚令旁听者出场外。至千八百五十七年,始全除禁止旁听之条,惟所限定之机事必须秘密议会者,仍禁止旁听。日本从之,我国亦宜仿效也。

第五十九条　两院均得受人民请愿书,以上达于皇帝。

此条当与第三十九条参看。

第六十条　两院除遵宪法及议院法外,可各自酌定各院内诸规则,以整饬议院。

议会者,乃独立机关也。为保全其独立,则各议院之内部及其他一切规则,皆有自定之权。即议会中之执事人员,亦有自由选任之权。英国之于执事人员,虽须其国王认可,至今皆空存其名义,形式而已。故各国均以右条所载为通例。

第六十一条　　两院议员在院内均可自由发言、表决，出院外时，政府不能责问。但未经议长认可，议员不得将其言论刊布、公告，阻挠国务，否则依法律处分之。

议员之在院内发言自由、表决自由，而于院外不负责任者，正所以完全议院之资格，俾议员得满圆以尽其天职也。然议员所议不合，遂挟一人私见遽于院外，妄将在院内所言论者刊行、公布，未免妨碍国务、没灭公理，故不得不以法律制限之。虽然，亦当视其议长之可否耳。使议长许其刊行也，则必非一人之私见，既非一人之私见，固无妨与国人共论之；使议长不许其刊行也，则必系一人之私见，以一人之私见，妨害国家之公安，其坐罪也宜。而日本宪法无论议长许可与否，概不准刊行公布，毋乃失议院之真相欤。

第六十二条　　两院议员除现行犯外，自开会三十日前、闭会三十日后，无论违犯何法，非经其院议长许诺，不能逮捕。

按不能逮捕之事，英、佛、独、普皆大同小异，无非使议员得自由出席，以尽其职务之义。然英国之于此事，其优点有二：一、不能逮捕之权，惟议员本人能享有之。其仆从无此权利，则恃庇护而脱法纲者不获幸免。二、不能逮捕之事，下院以开会前后四十日为限，上院以开会前后二十日为限。其意以为召集议员须四十日以内才得集会，故设此限制，俾议员路途往复，不受苛刻之干涉。而日本但限于会期中，殊觉尽美，未能尽善。且于现行犯外，又涉及内乱外患一语。夫内乱外患，其罪本较现行犯尤重，不诺而捕，谁曰不宜。然其范围与事实过于宽广无涯，稽察匪易，使政府当议会将开之时，或惮某议员之严正，或忌某议员之才能，安知不捕风捉影，罗列罪名，而藉口于内乱外患，以济其奸耶？吾为此惧，故不取焉。

第六十三条　　相国大臣及政府委员，无论何时均可出席两院发言，但无表决之权。

相国大臣及政府委员虽均可于议院出席发言，然有时紊乱议场秩序，或违背议规，议长亦得中止其发言，此各国通例也（当另规定于议院法中）。惟普国宪法，当此之时，议长并得使国务大臣及政府委员退出场外，较诸各国，未免过严。究之国务大臣与政府委员，本不在议院之列，其特使出席发言者，一以备议员等之质问，一以征议员等之意见也。是居于客体地位，非居于主体地位，严为制限，不亦宜欤？不然，则将以行政干司法矣。

第六章　相国及各部主任大臣与寺宦

（相国及各部主任大臣，应担任国务者也。寺宦不宜与闻国务者，适成反比例，故合为一章。）

第六十四条　相国及各部主任大臣，有辅弼皇帝、担当国务之责任。

第六十五条　凡关于一切法律与国务之敕旨命令，必须相国或各部主任大臣署印。但认为不合时，均有拒绝署印之权。

按各国称为国务大臣者，其形式与我国国初内阁学士相等，在三代时曰相，秦曰丞相、相国，汉曰相国、丞相、大司徒、大司马、大司空，后汉曰太尉、司徒、司空、尚书令，蜀曰丞相、尚书令，魏曰司徒、大丞相、相国、中书监、中书令，吴曰左右丞相，晋曰丞相、相国、司徒、中书监、中书令，宋、齐、梁、陈俱曰丞相、相国、尚书令、左右仆射、侍中、中书监、中书令，北魏、北齐曰丞相、司徒、侍中、尚书令、中书监，后周曰大丞相、大冢宰，隋曰内史、纳言，唐曰尚书令、纳言、内史令、中书令、侍中、左右仆射、同中书门下三品、左相、右相、同中书门下平章事，五季曰同中书门下平章事，宋曰同中书门下平章事、左右仆射、太宰、少宰、左右丞相，元曰中书令、左丞相、右丞相、平章政事、平章军国重事，明曰中书左丞相、右丞相、内阁大学士。虽历代各有不同，大抵取相字之义居多。虽然，在日本，于内阁总理大臣，固谓之国务大臣；于各省大臣，亦通谓之国务大臣（如陆军省、文部省、递信省等类是也），未免眉目不分。兹则法秦汉之制，于内阁总理大臣称曰相国，于各部总理大臣称曰主任，似觉职权攸分、名实兼到，固不必概袭国务大臣之名也。夫相国与各部主任大臣之责任（国务大臣副署之事有二制度。一曰连带责任，凡君主发一敕令，须国务大臣通同署印，而共负其责任也。一曰单独责任，则视君主所发之敕令为何部事，如属学部者，则第须学部主任大臣一人署印；如属司法部者，则第须司法大臣一人署印），非为君主负之，亦非为人民负之，乃为法律上负责任，但与无责任之君主颇有关系。西史自十三世纪以来，君主本居于无责任地位，然有时关于国政之行为或不免违反国法，有害政治，故使国务大臣辅佐之，而任保证义务（依法凡与议之大臣,虽任不署名,亦不可不负责任)。一旦君主有违法害政之事,国务大臣得拒其保证而不施行,万一君主迫其署印,则可辞职而去。不然,则不免孔子彼相之讥,而招议院弹劾也。日本宪法于拒绝副署之事,竟无明文,是其一大缺点。我国虽尚专制久矣,其于拒绝副署一节,早伏立宪政治之基。如唐、宋时代曾专置门下省,以掌封驳,凡施政用人,偶有失当,门下省即审其不可,执奏封还。此刘祎之"不经凤阁鸾台,何名为敕"之言之所由来也。迄今我国军机处之现状,颇近于唐之中书,然凡事皆请旨而行,识者谓其为人主幕府,比诸唐代北门学士,洵属不诬。以故君主日劳于上,大臣日逸于下,每有重政,非聚讼盈廷,即一国三公,何莫非无相国及主任大臣阶之厉也。吁,可慨矣。

　　枢密顾问一官,就其名义上视之,系备君主顾问者也,然欧西各国,其设置此官之性质俱微有不同。如法国则名曰参事院,其议长以司法大臣兼之。英国虽有枢密院之官衔,其实际则属于内阁,亦有设司法委员之权。普国于千八百二十五年由阁令置枢密院为六部,使担当各种行政事项。日本之枢密顾问,虽于继承皇位、设置摄政以及法律戒严、条约官制等项,有备顾问之职权,然天皇咨询不及,而枢密即不得上奏。由是观之,此官在欧西既无特立性质,在日本亦居被动地位。于行政官制中设立一部,以为天子询问之合议机关未始不可,要于宪法上无重大关系责任,故不编入。

　　第六十六条　凡皇族,不得为相国及主任大臣。

　　皇族近于皇帝,其位置最尊贵,故宜为上议院议员,不宜为国务大臣。国务大臣者,负有责任者也。苟有时政治与法律上不能解除责任,势必不免弹劾与责任诉讼。一经弹劾与责任诉讼,则惩戒、谴责等罚相因而生。其累及皇帝、亵渎至尊,莫此为甚,于公私两有不便,是以泰西各国均有此规定。日本宪法虽未见诸明文,然其实际上则固行此义矣。

　　第六十七条　寺宦系宫内供伺候奔走之人,绝对不得干与国事。

　　历代寺宦之祸,更仆难尽。至国朝世祖章皇帝,殷鉴明代失政,尝谕以警之曰:"朕稽考官制,唐、虞、夏、商未用寺人,自周以来始具。其职所司者,不过阍闼、扫洒、使令之役,未尝干预外事。"又曰:"寺人不过四品,凡系内员,非奉差遣,不许擅出皇城。职司之外,不许干涉一事,不许招引外人,不许交结外官。"顺治十二年,又命工部立十三衙门铁敕,云"以后但有犯法、干政、窃权、纳贿、属托内外衙门、交结满汉官员、越分擅奏外事、上言官吏贤否者，即行凌迟处死，定不姑贷。特立铁牌，世世遵守。"仰见垂戒至严，忧深虑远。迨后圣祖诛内监吴良辅、仁宗诛太监阎进喜，亦皆能确守祖宗成宪，绝无貂珰弄权之事。至于今日，李莲英等气焰沸腾，几乎遗祸朝野。此后此辈无能为祟，〈或〉我朝廷之幸，然究不能不特著于宪法中，以示于天下后世也。虽然，予更有一言进者。奄宦始于周，其员数至少，《周官》所列，不过四十。奄者，精气闭藏之意，通谓之寺宦。寺者，侍也。宦者，事人者也。其人皆以犯宫刑者为之掌戮。先王哀矜庶刑，不欲使伊等永沦废弃，故各畀以职事，侪诸舆隶。降及春秋，流弊遂滋，民间始有自宫希进者。其事虽难碻知起于何时，然据《韩非子》管仲对齐桓公曰"君妒而好内，竖刁自宫以治内"云云，则自宫之事大概起于此时无疑，相沿至今，致成久假不归之铁案（汉唐以下，寺宦之多寡视宫女为增减，虽历代防闲甚严，而秽乱春宫则如故）。查世界各国，惟土耳其、波斯等国，寺宦流毒，不异于昔。其余欧美各邦，凡宫中、府中，绝无寺宦之制。眷彼宵小，不无遗憾。虽时逢圣君明王，不无禁戒之条，而小人希慕富贵，欲念蒙蔽，变态遂生。此等蠕蠕蠢物，固难以言语醒悟。窃不解作民父母之元后，弗从根本拔去，竟安视其上干天地生育之和，下极人道阴阳之变，残酷忍刻，孰甚于是。值此二十世纪之文明世界中，果能仍容此无人理事耶？近时海内仁人有倡改用女宦之说者，伯烈将拭目而颂圣人也。不然，此数十年内，不继美洲释奴之案而提出者，吾未之能信。

第七章　司法

第六十八条　司法权依皇帝所裁可之法律而行于裁判所。裁判所之构成，以法律定之。

《日本宪法》第五十七条："司法权以天皇之名行之。"盖以司法为国权之一，掌握国权者即掌握司法权，固也。然按诸宪法性质，则"以天皇之名"一字，有差之毫厘、谬以千里之概。何则？法律者，乃议决于议院，而裁可于天子者也。是天子先得人民同意，然后以之行于裁判所。此等裁判所，在英国谓之曰宪法的法廷。若以天子之名系之，则是此裁判所为天子自身之裁判所。凡法律案，因防卫自家大权起见，有绝对不裁可之自由。此等裁判所，在英国谓之曰法律的法廷。由是观之，日本之裁判所,殆所谓法律的法廷,非宪法的法廷也。窃有所不取焉。《孟子》瞽瞍杀人章,虽系门弟子辨难所及,然皋陶之执、舜之不禁者,亦无非以"杀人者死"为天下人民共守之公法,虽天子之父,不得而破坏之。其法理精深,盖与英国宪法的法廷隐相符合也。然则司法权之性质,亦可想见矣。

第六十九条　裁判官资格另以法律规定,必具有其资格者始能任之。但有二要项如左:

(一)裁判官除受刑法宣告惩戒处分外,不能罢其职;

(二)惩戒条规以法律定之。

各国裁判官俱有一定资格,否则不能滥厕其间。盖以全国人民之财产生命所关,非可轻易视之也。日本仿法、德二国裁判制度,凡为裁判官者,必系成年男子,在官立学校或司法大臣所指定之私立学校,三年修习法律专门,有卒业证书者,始可投考。投考时先之以两次试验,继之以实地修习,然后考其成绩,择尤登用。具有如斯资格,则所居之裁判地位。其进退黜陟,非朝廷所能任意为之。除礄有刑法宣告惩戒处分外,不得无故罢免(裁判所构成法中另有惩戒法专条:一、谴责,二、减俸,三、转所,四、停职,五、免职)。故各国称裁判官为终身官,亦曰独立官,以为非如斯保障之,不足巩固其司法权也。我国旧制虽设有刑部专科,然除按察使专司裁判外,其余上自督抚下至佐贰,皆能于其所辖之地行其裁判,官则不问为纳粟、为劳绩、为科第,学则不问为民法、为刑法、为商法,各挟一无学无识、不官不吏之刑名家,自我作法,吐言成例。在贤有司,尚或准酌人情,不至十分为厉,若一遇贪酷者辈,则人民之财产、生命,直草菅轻尘之不若。呜呼!殆一极黑暗地狱也,裁判云乎哉!然则欲保全人民之财产、生命,则当先图司法独立。欲图司法独立,则当先养成裁判官。兹当变法孔急之秋,当局者其亦计及此欤。

第七十条　裁判之对审判决须公开之。但关于妨安宁、害风俗之案,得依法律与裁判所之决议,停止其公开。

公开之条,不惟世界各国所尚,即我国旧制,亦设有听审专章,意以为裁判官之所判断者,必系天下公是公非、民好民恶,其善者足以启发人民之善心,其恶者足以惩创人民之逸志,于潜移默化中,使一般社会风俗渐臻良善。其感化之力,盖速而巨也,然而已成告朔之饩羊矣。

第七十一条　应属于特别裁判所所管辖者,当另以法律定之。

第七十二条　凡关于行政衙门之违法处分、侵害权利等诉讼,俱另定法律,归行政裁判所裁判,司法裁判所不理其事。

裁判所有通常、特别之分。通常裁判所,如民事诉讼、刑事诉讼等类是也。特别者,乃对通常而言。如日本行政裁判、陆海军军法会议、农商务省特许局等,皆另设条律,不附于通常裁判所裁判。但欧西各国,亦有不尽然者。若英、意二国之裁判制度,凡关于行政之裁判,均属于通常裁判之内,亦混称之曰治安裁判。至千八百八十八年,英国始设州令,将属于治安裁判官之职权之下,而有行政性质者,分之以归州令。意国今犹如旧裁判,惟关于行政诉讼之手续法,较诸民、刑诉讼,特别迅速耳。然法兰西之制度,则全与英、意相反,行政、司法之裁判,各有专所,两不相混。现在普、德各国,采其制度者居多。日本明治六年,无论行政、司法,俱属通常裁判,厥后流弊滋生,司法权几有干涉行政权之势。至明治七年一改,而具行政裁判之雏形。明治二十二年再改,而有行政裁判之实际。迄今独立行政裁判所与司法裁判所各不相涉,以固三权鼎立之基,其制甚善,故全采之。

第八章　会计

第七十三条　国家之岁入发出,每年须经国会协赞,以决定其豫算。豫算案须由度支大臣先提出于下议院。

岁入岁出之豫算,欧西学者各执一说。有以为法律性质者;有以为非法律性质,系国会之义务者;有以为实质上为行政行为,而形式上为法律者。总之,不外监督国家财政,豫量其岁入岁出,以立一年限内之计画,使行政官听依此计画而行支出之事务也。英国人民得参与国政权者,在此;得使立宪制有进步者,亦在此。其制度由国王提出豫算,请求下议院议决,下院乃即豫算决其大体,然后附诸全院会议。日本亦然,惟调制豫算案归大藏大臣管理耳。夫其必先提出于下议院者,盖以下院议员直接为人民之代表,人民既负有纳税义务,则代表人不能不斟酌缓急利害,先上院而享此优胜权利。此乃一般宪家法所公认者,故右条从之。

第七十四条　当国会豫算未议定,或豫算不能成立时,须依先年豫算施行。

当豫算不成立之时,于国家行政大有妨害。其极端持此主义者,遂谓无论豫算成立与否,而关于岁入岁出之法律,不得视为无效,政府有行政之义务,即有处分财政之权。或谓政府虽有处分财政之权,后日究当附诸议会,求其责任解除,不然则过于蔑视议会耳。以故在议会有实力之国,往往不承诺其豫算,致令政府辞职;在政府有实力之国,往往强行其豫算,漫为处分财政,虽违反宪法,有所不避,未尝不是一大流弊。然西班牙与罗马尼亚之宪法,凡值豫算不能成立之时,则以前豫算为有效,上不使政府棘手,下不使议会失权,亦调和政府与国会之良法也。日本仿之,颇足取焉。

第七十五条　应于豫算外设豫备费,以补豫算之不足。

第七十六条　凡豫算外所生出之正当急要出款,苟一时不能召集议会,可依敕命办理,但必得相国大臣署印,且次期宜求国会承诺。

豫备金者,补豫算之不足也,悉各国通例。而日本则有二种:一曰第一豫备金,凡豫算正项之不足,皆以此金充之;一曰第二豫备金,凡豫算外所生出之必要费用,皆以此金充之;此外若仍有不足,应当何如措置,《日本宪法》虽无明文,然其第七十条之规定,即不啻德意志追加支额之法,绝对以天皇敕令行之,几措国会于不问也。夫斯时,若不与政府以处分财政之权,则国事攸关,势不容已;若竟与政府以处分财政之权,则国会豫算,直同虚设无已,乃于后日求议会承诺,以解除其责任,此亦无可如何之规定也。然议会虽不及召集,而相国大臣上对君主,下对人民,其责任綦重,必能为君民主持大计,果能得其同意,或不至两有所负耳(按《日本宪法》第六十四条第二项与第七十条,同系豫算外所生出之出款,不过有常变之分,故可并为一条)。

第七十七条　凡政府所已定一切正项岁出,国会欲裁减之,须得政府同意。

政府所已定之一切正项岁出,乃行政上所重要者,议会虽有监督财政之权,使不得政府同意而遽专擅裁减,则政府亦失活动力。各国宪法为维持政府起见,故不能不有此条之规定。

第七十八条　凡起国债及一切动国帑之款,须经国会协赞。

利用国债,泰西各国近五十年来始盛。然各国以国债而兴者,有二道焉:一每起公债之时,先本国人民,而后于外国;二有国会监督之所借诸债,不至耗费无着。我国起公债于人民,仅一次昭信股票,然而失信于天下人民者已不少。以故内而中央,外而行省,不惟赔款、岁费自此中出,即行政款项稍形支绌,即以借外债为能事。奸邻既争入局中,以竞利贼,臣且忍心局外以分红,前债未了,后债又生,路矿既租,关税亦抵。回视其所借外债,非滥支于不急之务,即肥饱于官府之囊,日复一日,我国重如命脉、要若咽喉之财政、生产权,遂被握于外人手而有以制其死命。迄今外债之声犹不绝耳,且妄引利用外债诸学说,以为饰非济奸地步,苟不附诸议会以监督之,将亦必以债亡其国矣。

第七十九条　现行之赋税依旧征收,不得任意增减。若有时新课赋税、变更税章,须附诸国会,以法律定之。

租税承诺权与租税议决权乃宪法发生之本源,世界各国,莫不然也。我国改制伊始,虽租税未能统一,然与日本大体相去不远。故凡现行之租税,可仿欧西各国之永久豫算法,每年如旧征收(我国税政,各省异制。田地同其大小,而所税有殊倍者;肥瘠异其收获,而所纳有失常者。此外产绝而税存,产生而税漏,以及军民各别,公私两混,轻重失均,多少无准,莫非无统一税章之为害。清丈之则间阎愈以滋扰,稽查之则官吏藉以为奸。欲除此弊,当在地方自治,推行尽利时也),无俟议院议决。至若变更新章之时,则宜仿欧西各国之异动豫算法,每岁须付诸议院议决,量出为入。如斯则旧税无纷更之患,新税免苛征之虞,国家会计于是乎大定矣。

第八十条　国家岁入岁出之决算,经会计检查院检查后,政府须将其检查报告提出国会,以证其实。

第八十一条　会计检查院组织及职权,另以法律定之。

会计检查院为行政官厅之一,然直隶于君主而为独立机关,不受制于他行政下。是以帝国议会为国法上之监督机关,而检查院则其补助也。其检查之要件有三:一、检查总决算之金额、各部决算报告书之金额、各出纳官吏所提出计算书之金额,俱相符合与否;二、检查岁入之征收、岁出之使用,以及官有物之得有、卖买、让与等项,违背法律、敕令与否;三、检查超过豫算及豫算外所生出之支款,应受议会承诺与否。每年当国会开会前,将此数项确实检查,添加报告,附诸议会。议会或认其检查为确当,或另自有行其查检之权利,一任议会自主。不然,则国务大臣等终不能解除法律上与政治上之责任。此所以豫算之后继以决算,为世界宪法家所公许也(按德国检查院,自院长及检官以下皆系终身官,亦可想见其职权之重)。虽然,乾隆五年纯皇帝谕曰:"国家一应赋税,无论正杂羡〈余〉,凡征之官府者,皆系出之闾阎。而究其实,乃以天下之物力,供天下将弁兵民之用,为上者不过为之权衡,调剂于其间。若经理其事者稍有纤毫假借,则大不可也。"盛矣哉! 煌煌天语,昭垂至今。以视夫立宪国豫算、决算之规定,岂得多让也哉?

第八十二条　皇室经费,每年依定额由国帑支取,将来如欲增款,须经议会协赞。

皇室经费,世界各国普通之点有四:一、朝廷收入(由国家岁入之国帑中支取若干);二、世袭财产(如欧洲立宪君主国由诸侯而为元首者,其为诸侯时之旧有财产即是世袭财产,亦曰世传御料);三、帝室普通财产(此系天皇余财所买得者。凡买卖、让与、交换,均可自由,与民法同一性质);四特别收入(在独、墺等国,谓为王者格外权。在英国,谓之御物。质而言之,即诸侯家督相续所领有之收入权。如以土地借人,征收借地料;矿山借人,征收借区料;营业组合收入;株金等类是,与世袭财产大同小异)。此四项中,惟朝廷收入之权为宪法上所当规定者。按今日以领土宽广所称为世界大国者三,一为英吉利,一为俄罗斯,一为我中国。据日本小林氏《比较财政学》,西历千九百年所调查者,英国每岁岁入十一亿九千八百三十九万九千零五十圆,其王室经费系一千五百七十三万圆,两相比较,不过七十七分之一;俄国每岁岁入十八亿五千二百五十一万五千零六十圆,其王室经费系一千二百八十万圆,两相比较,不过百四十四分之一。他若日本,仅三百万圆;荷兰仅六十五万圆;米国正副统仅十一万六千圆。今我国之皇室经费,固非小国所可比例,但邮电、铁路利权半归外人,国债、赔款海关全行当抵,所剩者徒民间赋税耳,纵令搜括,亦属无几。然则将准诸英吉利欤? 抑或准诸俄罗斯欤? 我国朝野固有能度之者,不待伯烈喋喋也。

第九章　通则

第八十三条　宪法需改正之条,皇帝及两院俱可随时提出国会会议。但两院之各总议员非得三分之二出席,不得开会议事。出席者非得三分之二之赞成,不得擅改。

宪法之性质与寻常法律大异,然其于关修正之条,则以英吉利为最。英之修正宪法与修正寻常法律同一规定，稍有不合，即随时提议修改。故其立宪制之进步，较各国独速。普国宪法修正之发议权，虽国王与两院共有之，然必需两回议决，始能改正。此两回议决之期间，又以必经过廿一日为限。佛国之宪法修正权，则全归于两院过半数议员所组织之总会。大统领虽可请求，究无发议之权。德国原由联邦而成，故修正宪法时，非帝国共议院与众议院协议不可。如共议院有十四票之反对，修正案即当废弃。米国则别有二手续：一、必须由各邦立法院总数三分二以上之请求，始可召集特别会议，而中央立法之机关不得有修正宪法之权；二、凡修正案，必由合众国议会起草，俟通过各邦立法院（各立法院须三分二之多数议员赞成），然后或使各邦在各邦认可，或由合众国议会召集特别议会使各邦认可，而大统领无拒绝之权。至若日本之宪法修正，则以天皇敕令附诸议会，两院无修正发议权。欧西各国无此规定。由是观之，普国则失之于慎，日本则失之于专，佛、美、德则系联邦共和，性质不宜于君主立宪国，此余所以取法乎英也。

第八十四条　将来编制《皇室典范》，不得变更宪法与法律。

宪法者，公法也。《皇室典范》者，皇室内部之私法也。欧西君主各国，无不有之。或以君主家法另立专章，或于宪法外别编一部，或即编入宪法之中。总之，《皇室典范》不外国法上之一章程也。何则？《皇室典范》固属皇帝一家之私法，而此之一家，究系世袭一国元首之公职，与国家编制枢要部有直接之关系，此所以不得不于国法上占一部分。然于国法上虽占一部分，要不能以一家之私法，违背一国之公法。今我国纵不必如普鲁士国，可以宪法变更《皇室典范》，而《皇室典范》不能变更宪法之条，固当照例载入。至若改正《皇室典范》不要议会协赞，此乃日本宪法之赘条，故不取焉。

第八十五条　凡法律、规则、命令，无论用何名称，第不与宪法相违背，俱有效力。

按欧西各国法制，虽未尝载明宪法可位于寻常法律之上，然国家统治权之组织、运用、纲领等规定，究总括于宪法中而无遗。是以除天皇戒严命令外，无论如何之法律、命令、规则，皆不得与宪法相矛盾。不然，则失宪法之效力矣。

右共八十五条，系宪法正文。此外，犹有二件不当列于宪法，然按其性质，似又在公法之内，故附录于宪法正文后，以示注重。

一曰宜整洁容服，以表大同。

今日世界各国，其仪表服饰莫不一致，惟我中国独存异样。使其存而善也，吾亦犹人，敢不顶礼膜拜。奈一辫之垂，于卫生上、于劳动上、于形式上、于事业上，均百害而无一利（现在西医考察传染、瘟疫之症，皆由支那人辫发中藏垢纳污所致，此事屡见报章。日本某氏在我国北京时，谓支那人辫发无他用处，惟被俘虏充狱囚时，可以多数辫发连系，以绝奔遁之患云云）。海内通人，业已舌敝唇焦，言之凿凿，而当道者不惟相安如故，且一发千钧，珍若国粹。夫我国臣民杂居内地，尚无妨以涂附涂，同为辽东之豕，而各出使大臣以及领事、参赞，少数留学诸君，何亦数典不能忘祖，或仿一条鞭法，或作大宝星形，矗矗绁绁然，俾外人见之，不目为索虏，即讥曰豚尾。具此丑污之形，著彼庞大之服，公然与文明大家进退周旋于俎豆筵席之间，其见摈也，孰曰不宜。或谓政府之意并非保全国粹，乃实行严杜排革。不知尚排革主义者，意在恢复汉族。汉族仪饰既是今之朝鲜制度，非西式也（朝鲜君民，今亦一体断发更服），又何虑排革之有。或谓朝廷重在法祖，故不忍出此。固也，然乾隆四十五年上谕："文绶等奏番众薙发一折，据称'新疆番众，久经薙发，并半已穿戴内地人民衣帽，至西南北之〔三〕路沿边土司〈番众〉，亦均已遵制薙发，并无仍沿旧俗之事'等语，〈所办〉未免过当。两金川等番众，自收服以后隶我版图，与屯士练兵一并遵制薙发，自属体制当然。至沿边土司番众，如德尔格霍耳等处，自可听其各仍旧俗，毋庸饬令一律薙发，更换衣饰。将来伊等轮班进京朝贡，衣服各别，亦可见职贡来朝之盛，何必令换衣服，以生其怨也。即现在收服之两金川等番众，亦止须遵制薙发，其服饰何妨听从其旧，况沿边土司番众，何必更改服饰耶？文绶办理此事，殊未妥协，可将此传谕文绶等知之。"敬读之下，仰见我纯皇帝俯体物情，准酌大势。假使天岳降神，躬逢斯时，其不与世界各国表大同而除旧制者，吾不之信。何则？既不肯以薙发更服之故，生区区土司番众之怨，必不肯以不断发更服之故，贻世界文明各国之议也。且即谓朝廷有祖可法，而日本讵无祖可法乎？何以维新伊始，毅然下断发更服之令，自天皇以至官吏、军人、教员、学生人等，无不一道同风，不三十年间，即见称雄东亚，震名全球。非不知其效力固不仅在断发更服，然断发更服，亦未始非维新之一端。即令不然，其无害于维新也，盖尽人知之。谚云："衣冠与世同。"朝廷何不颁发大命，凡政界、军界、学界,皆令断发更服,以归一致。其余人民,听其自便。如斯则内足以重卫生,外足以泯物议,诚一举两得之道也。不然,恐不免有被外人干涉之日矣。

一曰宜变通礼节,以免繁文。

按拜跪之礼,三代以上,惟见于《尚书·益稷》篇,"皋陶拜手稽首"。此外如《舜典》类于上帝,《金縢》告太王、王季、文王,虽郊天祀祖之大典,而史氏并未载其节文。降至周末,如《国策·秦三》"秦王跪而请曰",始见一跪字;"秦一嫂虵行,匍伏四拜,自跪而谢拜",跪之字始合见。因而《仪礼》十七篇中,拜跪之文,层见叠出。固明知其书出于汉儒之手,然相沿至今,遂成典礼,且变为一跪三叩、三跪九叩,以及四拜四兴诸繁文。吁!古礼巍然,予何敢废,窃以为拜跪之礼,宜用于秦汉以前,不宜用于秦汉以后。何也?秦汉以前,室家中各敷以席。《礼》云:"主人跪正席,客跪抚席而辞。"又云:"户外有二履,言闻则入,言不闻则不入。"据此观之,则如今日日本屋宇装式然(日本衣服、屋宇,皆系中国古制。盖因徐福至日时,去古尚未远也)。凡人居处室中,即是登诸衽席,以故拜跪之姿式颇便。日本现在礼俗,其主客相见,犹是长跪,且商贾之买卖交易、仆婢之承筐献浆,无不跪以将事。非过为严于礼节也,特清洁之席坐作之便,默默然,穆穆然,成为一种习惯,潜化为拜跪形式而不觉。我中国今日习俗,除官宦地面铺毡外,人民久已用砖石、土木等质,并不知有所谓席者之观念。是以行礼之际,贵者用毡皮,贱者用草荐,甚至急遽苟且之时,不得毡皮、草荐,虽渣滓之地、污泥之中,亦必屈膝是礼也。家人、宗族、亲姻、长幼,固所宜守,而官场现象,则为尤要。今之君子,不惟无一非之,而且称其彬彬知礼,殊不知已失古圣王制礼之遗义矣。夫先王制礼,不外本乎人情、合乎时宜,今建筑、屋宇既已久废席制,而其礼犹拘泥拜跪,是岂独待兔者之守株、刻舟者之求剑,不能随时势以进化耶?殆直谓皮之不存,毛将安傅〔附〕也。现在世界东西各国,自天子至于庶人,礼之小者,举手注目,礼之大者,脱帽鞠躬,独我国偏狃于拜跪。姑无论朝仪繁缛,本国君臣虽于为礼,而我国元首与使臣及他国元首与使臣,当互相谒见朝拜之时,其礼节难行,概可想见。谓我国使臣之在他国也,宜遵他国礼节欤,则他国使臣之在我国,亦宜遵我国礼节为是。何以使臣之在我国者,仍各行其本国之礼,而出以脱帽鞠躬?谓他国使臣之在我国,也宜各行其本国礼节欤,则我国使臣之在他国，亦宜行我国礼节为是。何以我国之为使臣者今在他国，仍从各国之制而又不行我国拜跪之礼？是不可不谓之失主权、丧国体（如乾隆十八年、嘉庆二十一年，英使两次入觐，均以拜跪之礼称病不朝。前者德皇之弟亨利来朝，要索座位，华人骇为未见；厥后我国某亲王将抵德，德王折以拜跪之礼，遂不果至等件，皆坐于礼节不宜所致）。然我国不与之争，而且安之若素者，岂真茫然哉？特利其便也。不然，当他国人脱帽时，而我国人仅以点颔报之，其峨冠巍然如故，则未免我失之亢，人失之卑。当他国人鞠躬时，而我国人竟俯伏拜跪至再至三，则未免我失之过卑，人失之过亢。此所以不得不一体脱帽鞠躬之为愈也。况脱帽鞠躬原系我国古礼，并非袭取西式，今试举一二事以证之。汉成帝时，辛庆忌免冠解印绶以死诤朱云无罪，此人臣对于天子之免冠也。汉文帝时，申屠嘉为檄召邓通，责以大不敬当斩，通免冠谢嘉，此卑分对于尊分之免冠也。由是观之，免冠致敬，乃当战惕恐惧时始一出之，于礼为最尊。今以最尊之礼行之于平日交酢中，其不为不敬也可知。脱帽为礼，不亦宜欤。又《曲礼》云："君佩磬，则臣佩垂；君佩垂，则臣佩委。"此四句，可想见当日君臣以鞠躬为朝仪之盛。且《论语》云："入公门，鞠躬如也。"是孔子礼出于鞠躬。《出师表》云："鞠躬尽瘁，死而后已。"是诸葛礼出于鞠躬。然则以鞠躬为礼，天下亦孰曰不宜。有议礼之责者，曷亦反其本与？

清国立宪问题

清韩问题研究会　编

张伯烈　译

　　整理者按：刊印在张伯烈《假定中国宪法草案》后的《附译十八大家清国立宪问题评论》，底本为土肥洋次郎编《大家论丛清国立宪问题》，明治四十一年（1908）九月由清韩问题研究会发行，共 308 页，定价一元三十钱，经有斐阁售卖。封面正中央印有"大家论丛清国立宪问题"，左下处有"清韩问题研究会藏"字样，篇首有编者撰写的绪言。正文收录考察宪政大臣达寿的一篇演讲的日译稿，以及当时日本十八位著名法学家、政治家对清国立宪的评论和观察。

　　在张伯烈看来，这些围绕清国立宪问题所展开的议论，有"可感之言"，有"可畏之言"，有"可信之言"，也有"感无可感，畏无可畏，信无可信之言"，但因"斯乃真正局外人语也"，"皆足以使我国局中人闻之藉知真正局外人所观察我局中情态之现象为何如"，故将达寿演讲外的内容译为中文（原文中一篇文章为汉语），并略加短评，附在其纂拟的草案之后出版。整理这部资料之时，整理者将达寿的演讲也翻译为了中文，填补在原有位置。

　　根据书中所体现的信息可知，张伯烈在宣统元年（1909）三月完成了全部的翻译工作。另外，根据整理者推断，署名为"青水生"之人应为法学家清水澄，署名为"竹见生"之人应为法学家笕克彦，署名为"TM生"之人应为法学家户水宽人。但"霞城山人"与"江东生"为何人，则不得而知。

　　近几年，学界开始对这部资料集加以关注。何鹏举论述有贺长雄与中国关系时注意到这份史料，见何鹏举《政道与政体——近代日本的中国观察》，（劲草书房，2016 年）。崔学森的博士后研究报告《他山之石：明治日本的清末立宪认识（1905—1912 ）》（中国政法大学，2018年）以该部资料为主，参以野间五造、伊藤博文等人对清末中国制宪的观察，梳理了同时代日本法学家和政治家视角下的清国立宪论，并就各自的、特征进行了比较分析。

译读日本十八大家《清国立宪问题》感言

　　《宪法草案》甫脱稿，而日本十八大家之《清国立宪问题》适出现。斯乃真正局外人语也，非若伯烈作假定局中之局外人所比。刿谚有云"察事不过邻"。日本固与我邦隔一衣带水之邻国也，其间政治家、学问家所研究，当必大有可采，爰急购而读之。除达寿氏所言不录外，见其中有嬉笑怒骂者，有痛哭太息者，有语挚情真者，有颠倒播弄者，有隔靴搔痒者，有现身说法者，有从反面相激者，有自正面相劝者，种种态度，不一而足。总之，如寺尾亨、岛田俊雄、有贺长雄、青水生、岛田三郎诸君，均可感之言也。如中村进午、竹越与三郎、大隈重信、浮田和民、江东生诸君，均可畏之言也。如青柳笃恒、板垣退助、林田龟太郎、犬养毅诸君，均可信之言也。如竹见生、霞城山人、加藤高明、TM生诸君，均感无可感，畏无可畏，信无可信之言也。然而皆足以使我国局中人闻之，藉知真正局外人所观察我局中之情态之现象为何如，兹后或得假局外之霹雳，惊局中之沉梦，知局中之局外人所语者非诬也。用是随笔翻译（对于我国立宪所关匪细，概用直译以存其真），略附评论，以贡诸我国人。

宣统元年三月朔日伯烈志感

清国立宪问题原绪

　　近顷清国朝廷，一变独裁旧制，思树立立宪新政。余注意清国者有年矣，于时事颇有所感愤，恒欲自作一书，道其所怀，有志未果。且政体更革之事所关极大，若观察缺周匝、断论失肯綮，不但致友邦四亿民族转于沟壑，其余弊所波及更将大有可忧者，此实非余辈谫陋寡闻者之所克当也。然则其遂已乎？抑将不揣冒昧漫然从事乎？窃以为一人之智素有限，不能周知万事，若采天下之公是非而断定焉，庶或其无缪妄欤。

于是博访当今海内名家,以清国立宪可否,亲炙叩问,幸诸君子,披沥胸襟,各告以所见。其立说也,概不偏尚理解,以切当事实为归宿。或往者之可鉴,或来者之可警,莫非忠告善道,辅导同文,扶掖同种之盛意。为清国官民者,苟能咀嚼玩味,定一途辙,实行之际,有所自主,具物来顺应之谋,少执中无权之患,其庶足以济有终之美欤。譬夫钟之鸣也,其声之大小洪纤,俱随撞者之意。固非诸君子所蕴藏,得尽此编之能者,况余草率不文,口授耳传,直寄笔端,而附剞劂,未遑多加删阔。不惟不能炳灼绚烂,光彩逼人,亦且往往有文义失昭亮,辞旨失通彻者。其行之不远,固吾所自知也。临发刊填数言于简首,以代为序文。

明治四十一年九月

编者　土肥羊次〈郎〉识

清国考察宪政大臣达寿序[①]

宪政于敝国可实施否? 有无可能一扫数千年来君主专制之古习,采法治之新政? 于此动机,世论喧嚣至极。然既已奉戴于两宫之圣旨,决意实行,纵令局外有所反对,驴鸣犬吠纷起,固不可以此掩耳,以致犹豫逡巡,唯勇往迈进,期其大成。故除殚心努力之外,余胸中无他物也。

然就动机之由来,为解世人之迷惑,有费一言之必要。阅坊间报刊所传之言,深觉其弄妄想臆测之语,驰不稽支离之思,未尝有一毫得居其要。细考敝国一洗千古之积弊,至企政体之革新,实乃自英圣至仁之两宫陛下明眼灵识,深鉴宇内大势,应顺时运要求,从民意而断行立宪新政,保众庶之权利自由,长国家之富强发展,以定万代之鸿基之叡虑而出。其旨于立宪上谕中如日星之炳悬,毫无容疑之地也。

虽然,事具本末,势有轻重,欲图斯之鸿业,必不能不于细微处探本溯源,而无漫然从事之理。此正为敝国朝廷于财政困顿之间,尚斥巨资,屡差大臣使外洋以考察宪政运用状态之故也。

---

① 达寿此序原文为日文,张伯烈未将其收录。此次整理过程中由吴迪翻译成中文。——整理者注

往年,戴鸿慈、端方、载泽、尚其亨、李盛铎五公等,仔细查察列国之政状,及归朝复命,朝廷深嘉纳其言,决意实施宪政。乃着手具体准备,新设资政院及制度调查局,并派遣余等分赴列国,就最近之宪政状态详加访查。余亦以膺此任而到访贵邦并查察宪政,为无上光荣之任。

今更欲申言者,余负上命远出,殚精竭虑,唯期克日归朝之时,能举所得而资益敝国之新政。而为达此目的,当就贵邦宪政之状态详加学习为要。盖敝国与贵邦于国情稍相类似,于民俗稍相一致,更兼同文同种之因缘、唇齿辅车之关系,故细索宪政之大本,于制度、文物等面,两国之根底,共本其一。其间虽非无所差异,然其不过为贵邦之新政早于敝国而已。以此而于一切人种、风俗、制度、文物皆相殊之泰西诸国相较,亲疏之势,不惟相距千里哉。今敝国所志者,于宇内广求轨范,而最当留意者,乃在东方日出之国焉,此为智者所共思。

余来日后时日尚浅,故未能多有所知。幸赖贵邦政府之斡旋,与国民诸君之协力,得大便宜,深表谢忱之意。

余从贵邦之人处所受最多质问者,乃敝国当依何顺序次第而采行宪政。于此一点,世论喧嚷,余思之,亦有所鄙见。今所述者,乃职务上之思考。

今世上有传闻敝国于近日开设议会之议者,实全无根据之虚言,几无一顾之必要。察贵邦先例,于宪政之声方昂扬时,并无开设议会之实践。特之资政院当改为将来之上院,亦或改其形式与下院相对立,前途甚为辽远。况于议会开设之先,当解决之案,累累横陈于眼前,焉能不加重视哉?

所谓先决问题为何,曰法制划一为其一,财政统一为其二。于领土广大、臣民众多之敝国,欲实施宪法政治而终其美者,其初当倾注全力于法制之划一与财政之统一。今日敝国之状态,法制尚未划一,以邮驿为界,则其法大异;且于财政统一尚缺,根本未能巩固,为世人所共知,毋须细言。此二项,为至当改革之处。至于司法制度、行政机关等,维持现状亦为无可奈何之事,但早晚定当加以改善,以求完全无缺,而交通及通信亦然。如此诸般要务于当面,固当着实刷新整理,加以法制之划一与财政之统一,方能得民权安固,此为众庶所周知。此等事项若备,则中央集权之实亦举,朝廷亦有如泰山之安。若得到达此等阶段,则议会之开设,不期而至矣。

　　然法制既划一、财政既统一，于敝国宪政实施欲奏圆满之成果，于法制与财政外，更有一重大问题亟需为之解决，是谓教育普及也。按教育之不普及，则民众之程度依然无所进步，如是则法制如何划一？财政如何统一？且为宪法之实施，形式整顿固为必要，如无教育之整顿，无从期其运用之顺遂。更兼弊窦丛出，理想与目的皆成镜花水月，国家与臣民安得起润泽哉！此为于宪政准备问题，余特加教育普及一项之理由也。

　　就敝国之教育，世上存种种评论，余无一一反驳之必要。无论悲观之语，亦或乐观之论，皆肯切中要，睿鉴未来。余于此处，仅简论敝国之教育方针。其大体可区别为二：一曰注入新学，二曰于新学注入时亦兼修旧学。据余所确信，此际宜断然弃后者而独取前者，谓于新学之注入而下充分之功夫，继以将来十载之工夫使民智一并发达，必达宪政准备之目的，此固无疑义也。若反此而行，则纵耗十载、二十载之岁月，亦难期达成宪政准备之目的。

　　细思之，宪政实施之准备，其须解决之问题，固不限于此一二。人或云：“法制之划一与财政之统一，固不难行也。惟教育欲得首尾一贯之普及，仍为一大困难。”此或指宪政论者中渐进与急进者，亦为立于宪政实施之先处一大难关。盖余所见虽有大胆之嫌，然急进、渐进者之论，无挂齿之足。质而言之，朝廷既认宪政之美，并决心采用，庶民亦以满腔热忱以迎，急进、渐进之争，实无益焉。纵令之行，亦不过为远离敝国国情之揣摩，如黄河与汉水之言，淡然闻而过之者，亦当然之事也。

　　要而言之，既以决定树立宪政，于根本之大方针，官民上下，当勠力同心，以整准备之作业，力期目的之早日达成，此为敝国当前之急务。特如敝国领土广大、人口繁多，十八省均各具其特色，其所见所闻，亦各自有殊。盖举五亿国民而达全然一致之态度，固不可能。然大势之所归，既讴歌宪政之美以迎今日，有敢举异帜而立者，乃自暴其无知，空为众人取笑耳。

　　既为序，最后以一言添之。余于贵邦考察宪政，其方法要之有二：一曰广涉文书，接以事实，以查理论与实际之调节。二曰于各种官厅亲自调查，见闻其间。依所定条目调查自不必论，计以报告书进呈北京之内阁制度调查局，更送交资政院延揽，以为新法编成之资料。

其一

法学博士寺尾亨

所称为睡狮之东洋一老大帝国,迫于世界大势,欲自专制政治进一步而实施立宪政治,汲汲准备,此醒觉之结果也。觉醒之期,虽不无稍迟之憾,究远胜于不醒觉。虽然,其为全清一般国民所希望之真面目乎?抑或一部政略家以愚黔首为手段而用之者乎?殆不能无疑。然因此种疑问,遂抹杀清国醒觉,未免过酷。彼现在认此为清国进步者,或适于友邦情谊欤?独是通而观之,则宪政亦不必尽曰可,宪政固有多少缺点;专制亦不必断乎不可,专制政治固有多少长处。长之所在,即有一短;利之所存,即生一害。盖事物自然之数,洵非可得已者,特视国情如何耳。乌得遽谓宪法政治为世界之所同,遂以支配舆论与?彼骤然决心,是宪政非专制者,殆未免轻信躁进也。故清国当此之时,其宪政可否之问题,当依国情如何,而不得漫为左右。

察清国之现状,惟以上对皇帝制限某种权利,下对国民安固生命财产为目的。依极端保守的宪政,虽宽施之,亦无不可。若进一步而实施进取的宪政,则时机毋乃尚早。移一言以明之,此中当有一先决问题。所谓先决问题者,即是清国改良现在社会思想之事。概清国数千年以来,因袭愚民政治,其积弊不易一朝拔去,遂形成一种社会思想。此种社会思想为清国消极之特色,若不从根底芟除尽净,纵令施进取的宪政,终恐不能实行。实行既生困难,而乃猥为措施,非徒绝无寸益,且足以诱致百害,其结果必至撼摇国础而后已。此诚所当戒慎之点,不待智者而后知也。

我邦于立宪政治之过去、现在,一瞥眼间,无论何人,莫不首肯其易。然我邦历代之内阁,谓之杂乱无章欤!谓妄诞无忌欤!不然,明明依宪法条章所界与国民之言论自由及议会之协赞权,何以竟于没理由、无条件之下,或制限之,或蹂躏之,而不令举其实耶?类此诸事,不遑枚举,然即不一一指摘,亦世所夙知也,不观夫内阁更迭之日乎?凡新组织后,其继内阁者之发表政纲也,不问宪法俨然存在与否,将取立宪的行动为赘语,力为收揽民意而演出,无类滑稽。我国民政治思想甚稚弱,不能领会宪政真义,其结果辄有对于非立宪的政府之举动,亦无足怪。加之选举行使虽曰为代议政体之真髓,要亦轻轻看过,毫无顾虑。以此求天下人材,使之参与国政,势必致特设之代议政体不能达其目的,徒使幺魔群小,借以为遂野心、成虚名之机械。于是乎崇高气节诸士,纵令被推为候补议员,亦不屑起而视事。今之所谓下议院者,多逃于扬氏"为我",苟非益私党、利自己之问题,政府虽有滔天非违,亦不肯质其罪;虽有空前失态,亦不使负其责,冷然若烟云过眼。然一有利私党、益自己之问题出,则不问其性质为何如,胥滔滔率而趋之,其状宛如蚁之就甘、蝇之逐臭,甚至利用自家头衔与官府盘结夤缘,无论何物,第私有所得,便即热走狂奔。更可痛者,下议院之多数议员,其名虽为国民迎合代议政体,其实保无有助桀为虐者耶! 由此观之,我邦宪政之弊,荡漾所及,不胜寒心。其前途之辽远,得勿令人踌躇耶?

　　虽然,日露战争之胜,论者咸归功于国民教育普及,以为此系实行乎进步社会与运用宪政之结果。彼将新行宪政者,其取为他山之石,而百度致思焉。夫清国文运之兴隆,目前固云显著,然比诸我邦教育之普及完备,相距究不止三舍。以如斯社会状态之国家,欲急遽实施宪政,其弊之来,当必数倍于我,不可不豫为觉悟。不然,是果清国之所能堪者乎? 不独清国如是,凡为国而望健全之发展者,有如斯强度之弊害,到底非所能堪。故余以为清国现今之至策,在先图教育普及,从新知识注入之方面,倾倒其全力,俟社会思想一大变迁,然后徐施宪政。此即以国民教育为宪政实施先决问题之所以也。若等闲置此先决问题,漫然打坏旧制,以树立立宪新政,不惟难于见诸实行,且恐本来纳容民意、上下一心,足以作砥柱回狂澜之宪政,徒与一部野心家以可乘机会,终不免无识无知,为撼摇国础之媒介。苟能不趋眼前形式,留意根本准备,俟教育普及、社会思想圆满之日,徐徐施之,则所谓济宪政有终之美而不以为甚难者,非欤! 急走者,其颠乎。倘负有真个经纶,为国家成大业者,当淋头一番,而计万全之长策也。

　　伯烈曰:寺尾氏痛陈己国内阁代议之弊,隐以先车示鉴,嗟我国人受赐良多。依国情如何以规定政治,固是不易之论。然谓宪政亦不必尽可,专制亦不必断乎不可,盖以慷慨之心发为愤激之言,未免矫枉过正。至以教育普及、改良现在社会思想,为我国宪政先决问题,正本清源,孰谓不宜。但教育普及谈何容易,日本至今,其穷乡僻壤不识字之

人民犹复不少，当宪政施行之日，其教育能言普及乎？苟必俟教育普及
而后可实施宪政，是犹养鱼者第知汪洋大海可以蕃滋鱼鳖，而不肯就池
沼湖泽随地取利也，谓非迂欤？

其二

参议院议员竹越与三郎

余曩游禹域，目击清国实施宪政之事。其朝野臣民金以为利，无一
人唱异者，特迫于时代，不得不尔。且以舆论攸归，得至筑成坚实地盘，
固非余之愆言也。

余尝晤清国当道，相与谈论时务。彼等每以关于宪政之运用，反覆
质问。察其辞色，似觉诚心诚意，欲打破积弊，树立新政，以图国运之发
展、民福之增进者，相对徘徊，令人兴感。余乃不禁倾满腔热诚，谆谆娓
娓，披沥蕴藏，蒙彼等首肯者屡屡，善邻交谊，颇深快之。此情不独余为
然也。今兹达寿氏东渡我国，官民一齐欢迎，余即招下院各派之士，以
绍介达寿氏，助其任务，予以便宜，满场大众，无不一致。是清国政体更
新之断行，我国一般士民，亦莫不热心期待，固所勿容疑者。

今北京内阁网罗政治才能，俾野无遗贤。总理大臣庆亲王系圆融
练达之长者，颇富调和才。张之洞端懿真挚、博学清廉，年逾七秩，犹矍
铄不衰，捧残躯以酬西太后之知遇。袁世凯天资豪隽，有胆有略，抱济
世救时之志，以国事自任，经营惨淡，献替颇多。其他鞅掌外事、樽俎折
冲如那桐者，以一人负国民重望，名称其实。西太后皆拔擢之、网罗之，
置于台阁上。其鉴识人物，真令人叹服不已。

虽然，现在之内阁固如斯，其将来倘有失败，必不能开一新典例，破
格登用后进，殆世人所咸知。然至此组织后继内阁，欲寻觅适当之人
材，谅属难事。若夫岑春煊之豪迈、端方之明敏，虽不失为宰相器，然仅
除此等一二人翱翔堂堂庙廊之上，燮理大政，究不得谓绝无障碍。斯时
或有南阳卧龙，突然震惊而出耶，亦属不可知之事。是此内阁倒之之
日，即谓为清国政治界之人材破产可也。故余愿此内阁之长命，必与树
立立宪政体相终始。

然退一步以思之，所谓立宪政体者，即目为清国祸乱之端，亦洵非诬言。试放眼览其前途，无边汪洋，皆横无数暗礁。此暗礁究系何人所造，固难指定，然毕竟旧新政体移交之间而自然发生者，所谓历史的复仇是也。苟能首尾善乘，则清国当得再生，与日本相提携抱负，以特立东亚之大局。若气运拙塞，则万事休焉。

据余所见，清国宪政树立之方法，先以湖北、直隶等省开设地方议会，小试之后，渐次普及全国一般。但地方会议，其首先一着事业，不外财政之监督，其结果固何如耶？今北京朝廷，自其表面上观之，一年生活仅一千四百万两。此金出于各省租税之奉纳，所不待言者也。其外，尚有四五千万两之密贡。自其实际上观之，其生活年仅六七千万两，实属不可掩盖之事。夫然彼地方会议，将欲监督财政而明一切收支，虽总督及巡抚等，必至一文不能入私。至一文不能入私之时，其对于北京政府，除公共租税外，必不能为一钱密贡。于是地方会议之自身，卷括总督巡抚所吐出之密贡，或经营铁道，或建设学堂，或为他一切有益事业，则渐渐生苏矣。

今也清国称山西曰晋，山东曰齐，湖北曰鄂，广东曰粤，人常闻之，不以为怪，徒视为文人形容之辞。余则隐约之中，以此为各省独立之兆，而深加注意焉。然则地方议会果能成立，则其倾向益大，终必湖北之金归湖北销费，山东之金归山东销费。至此，北京政府之手中，除前正项一千四百万两外，将不能私入一钱。如斯重要之中央政府，遽以财政的关系束手待毙，又岂甘心？势必旦暮焦劳，多方诛求，卒不免与地方会议起一大冲突。盖今日所可豫想者，是则第一危险也。

若推测其第二危险，将来清国议会，必由千人以上之议员组织而成。其最初之议员等，依总督巡抚推荐。一旦连至中央舞台，集会于议事堂下，其状必如虎吼，以与政府挑战。其所争论者，断非政策之得失也。谅必或为奸恶论，或为君子小人论，或曰我不先推倒彼等，彼等将必杀我云云。悬想支那政府之流弊，其结局非如露国会议之号呶乎？

露国晚年虽衰，中央政府之威令尚能贯彻全国，以保持体面，而清国则无论何部，威令既久坠地。如此等议员一度遭解散之厄，各个归还本省，设有一文天祥其人者乘间煽动民心，将全国蛰伏所在饥肉渴血，叫号八十万秘密社会风涌云腾而来，东西南北一时蜂起，任意侵暴，定演出花花活动也。此外，如立太子问题、利权收回问题、满汉两派关系，无一非波底暗礁耳。千思万想，前途不胜寒心，洵非敢学杞人忧也。

考日本事例，其立宪政体，乃先解决旧日各般悬案，取清野待敌之策。今清国实行宪政，苟能即无数案档先为解决，则此等危险不难拔除。此等准备，首尾善应，凡宿年所理想者，自得完全发现而达其机。愿朝野互相警戒，努力而勿寡断。虽然，据余所见，其责任皆在今之政府。政府果克告成功而无遗憾，则余衷心之希望也。

伯烈曰：武王有乱臣十人，舜有臣五人，而天下治。人材所在，天下安危系之，我国既不能坚安任用老成，又不肯破格登庸新进，竹越氏人材破产之讥，不其然欤。夫地方会议成立，各省之财政固清。然国家会议成立，人民之担负自易度出征入，量入为出。公私诸事，并行不废。宪政大端，孰要于是。竹越浅见，以与政府相冲突激战为我会议结果，且瞀引文天祥事，以推议员解散后之暴动，殆未知我国士民近来文明进步，而漫为揣度之辞，不待智者而知其说之无价值也。立太子、收权利、分满汉等问题，在专制政体下固未易解决，在立宪政体下，自不难涣然冰释。山西曰晋、广东曰粤，不过历史上名称之沿革耳，如以此兆各省独立，则日本以国称者殆不下数十，何以至今犹统率于一帝之下而不见分裂耶！我政府谅不因此言生畏，致碍宪政前途，而堕于忌者术中也。

其三

法学博士岛田俊雄

余在多数之支那旅行家中，流览各地方，研究各支那人，比较之下，自信为达其目的者，第旅行范围偏重于云南方面，未涉及十八省全部。忆自上海上陆，溯扬子江长流而上，经湖北、走湖南、入四川，踏破诸葛孔明征南蛮时鹊鸟不通之险路。古之南蛮即插入今云南省云南府属，余在其处，两阅寒暑，始转而出蒙古，入法领安南，横穿东京，回蹿而过香港，返上海。足迹所至，亘于江苏、浙江、湖南、湖北、四川、云南、东京、广西、广东各省，洵为支那旅行家广步之一人。

余到处视察官衙、学校，交接上下级社会之人，于研究支那事，得无限机会便宜，竟达其目的而无遗憾，诚无上幸福也。云南官民最欢迎余，无论何事，皆披沥诚心，因此得识多闻广。余就聘云南，虽有充当职务关系，究之俾余尽支那观者，云南人其恩师也。

试就映于余目之各省支那人而概评之。湖南、湖北两省，稍位于优等，宛如我邦萨摩，辈出武人。其俗皆有活气，饶勇猛果断之风，厌浮华优柔之态，此两省相同之特色。若四川人，则懦弱轻薄，淫风滔滔，全省皆是，甚难感服。所差强者，因生存竞争之故，习就一般业务，以发挥一种特风耳。云南地方之人民，谓其有如何气质，一言以蔽之，曰迟钝。余自四川往云南，在山中遇一英国宣教师，其人居云南十数年，尝评云南人曰黑暗迟钝，信如其言。盖云南之为地，第一去中央政府甚远，第二面积广大、人口稀薄，第三系纯粹产阿片地，虽极下等劳动之人，皆以价廉吸之。此乃其主原因，而民风世俗，遂亦直接或间接受其影响。总之，湖南、湖北之人，甚活泼，饶有军人气象；四川人虽懦弱，而勤勉乃其所长；至于云南，只有迟钝而已。所谓支那人样之支那人也，就好一方面言之，即是木讷近仁。广东人名为支那人，其实脱离支那风，而无支那人习气，迈进勇往，不挠不屈，尤其特色。无论何事，若一旦决志行之，则成败利钝，置于度外，不问将来作何结局，当行者必行，当为者必为，洵属有勇之美点。即其商人社会，较诸普通商人亦大有差别，不啻冰之于水，青之于蓝。他日风云会合，猛然蹶席而起，成惊天动地之伟业者，若非大湖南北之人，必是广东之人，此余所窃为期待而不疑者。其他各省，除所谓支那人样之支那人外，别无评论之价值。

独是今日之清国，遽然施行欧洲新政治，崇尚立宪政体，自治制度果适于民性与否，则非余之所敢知。今北京政府为宪政树立标准，废旧学，兴新学，所谓牺牲数百万人命之科举恶制，至今亦弃如敝屣。公布上谕，命各省置法政学堂，欲以政治、经济、法律之思想，普注入于人民，可谓勇于改革矣。所憾者，上谕之精神毫不能实行。推原厥故，向来支那人头脑中，妄自尊大之风渗泌最深，自历史上传来之中国观念，至今不能洗除。质而言之，支那人是极端之保守主义者。此固非余一人之私言，凡曾履支那之境者所公认也。夫此极端保守主义，因袭已久，浸润于全国民心者深遂，成非一朝夕所可拔之积习，即所谓支那俗也。此支那俗，谓其有如何强大之感化力耶，卒非支那实验者所能道出，兹举一卑近之例。凡在日本之外国宣教师，断不脱洋服，一学日本风。然往支那观之，则全然反对，凡宣教师等，其足一入支那之地也，忽改其榜样，服支那服、屋支那屋、食支那食,颇自满足,甚至有蓄辫发者。不惟一月、半年如斯,即二三十年之长日月间,皆持续此态,否则不能居也。夫白人以外者,本属似人非人,然放言豪语之泰西宣教师来于支那,即便脱兜如此,况其他耶。此所以日化支那之至难,欧化支那之亦不易也。

支那人之风俗同化外国,既难如此,今更欲以支那人之思想同化外国,更属绝望。何则? 第一,支那人是最尚形式主义之国民,实质竟措而不问者。云南奉上谕新设法政学堂,余以执教鞭故赴任。旧有所谓课吏馆者,新政行后,理应早撤,然每往观之,不图业已废去之科举制度依然存在,且门前所悬之招牌,竟标出“云南课吏馆法政学堂”等字。是当废者尚为主,而新置者不过附属而已,诚一奇观也。故其名维新,其实科举制度,仍照旧行。每月一日或二日,布政使必一临之以行登用新试验。所谓新者,徒形式耳,实则株守旧日制度。以牺牲有为人命,不亦愚耶? 省会既如是,故北京政府之命令,亦第能行于形式,至其实际之结果,虽“大山鸣动一鼠出”,亦有难至之势。凡百万事,皆此调子。例如学校先举开校式,务必电报其景况于政府,夸张事实,大吹法螺,意在使其地方总督与巡抚之优良政绩动达政府耳。既动达后,虽荒芜茅塞,皆无滞碍。故急莫急于开校式。夫当开校以前,教师等虽挟多少无理之需给,其唯诺应承,不可思议。及一旦式毕之后,虽要求正当品物,竟不假与。其教育之结果无论如何,概不过问,第一年之中能于所约定时间内出席授讲,即大满足。其流弊波及,致驱彼多数生徒滥喜速成,不欲深耕学田,专腐心弋钓卒业证书以取小功名,而不遑他顾。若有忠实教师矫此弊窦,予以一番警告,即买彼等反感,不日起排斥之声。其事实始末殆如此,纵令目之为卒业学生,概是樗栎无用之辈,无甚价值也。

新学之普及,科举之废制,尚未达其目的,早已弊窦百出,龙头蛇尾,一如前之所云。更可惊者,北京政府之报告成绩燦然。校则俨然曰某年月日开校,曰生徒几百几十人,曰教员若干人。第仰其文面而不深究事情,卒然接之,无论何人,皆不吝称其盛。设有研究支那者,入北京政府阅此种虚伪报告、壮丽文字,便胸有成竹,致为中央政府之大官及地方官长之盛馔蒙蔽心眼,遂过信清国文化之进步。挽〔晚〕近大著,将谓以此势推而行之,不出十年二十年,虽实施立宪政治,不至困难,且有成功。在其人非不自诩其壮游而归来也,然而管针之见,皮相之断,真不堪嗤之以鼻。

　　第二不可不注意者，原来支那人之为人，是极端个人主义、利己主义之国民。质而言之，彼等眼中惟有自己，而无国民无政府。今试摘举其一二端。如彼等之服役军队者，非出于爱国赤诚，乃出于获给料也。青年之学生，分润所受之学费，贴补自家生计。毕竟彼等修学，非期有补于世道人心，实为一家一身之便宜起见。即留学生于日本，学生分割学费寄回国者，亦复不少。因斯目的，始相乌合。夫对此陋劣下品之学生，而说深远崇高之学理，不能领会，亦无足怪。独有抱新国民之思想，准备宪政实施、教育普及，异常努力之北京政府，甚为可怜也。

　　支那人思想之幼稚又不可不一言之。余渡清后，初接见大官时，彼先痛谢远来之劳，继即发一奇问曰："法政、经济学，必读若干卷书始得了解？"余一时哑然，踌躇答辨，徐乃为之说明曰："法制、经济学，纵令读破万卷，苟不知其理论则未矣。"彼额手太息曰："孔子学问，不过阅数十卷即得升堂。新学之难，殆如此其甚欤？"吁！此乃立于为政之重路、盐梅国事、支配庶民，为一省一府所仰赖之堂皇大官、头首人物，其思想尚且如此，降而至于庶人，其思想又果何如耶！盖亦思过半矣。

　　清人思想程度大抵如斯，故余敢无忌惮而为此言：现在清国人民自治之能力不备，欲掉文明开化之潮流，取彼岸之美果，以为立宪治下之国民，实无其资格耳。然就大体上观察，不可不推一二广东人。呜呼！仅以一二广东人之势力，而欲震动全支那，窃恐有所不能，莽莽大局，依然如旧。虽不难虚挂立宪招牌，然而完备宪政之实，自此五十或百年后，到底未敢相信。非不知方今之秋，欲树立宪政于清国者发扬意气，颇不乏人。惜皆不通民情之迂见，并无破甑足顾之价值。加之社会人文进步，骎骎无所底止，北京政府不计国力疲弊，漫投巨财，期五十或百年后，为施行立宪政治时代。吾恐世界立宪诸国，更自此各图进步，实施无上新式制度，乃回顾清国今日之立宪，保无有嘲笑其为幼稚之时期者乎？然则宪政之为物，第见成功于欧洲、日本，而不量自己国情，囫囵吞枣，焦心模仿，终非清国得策。余热望宪政如大旱之望云霓，愿清国当路之有司及国民，就所谓"有国情之制度"、"无制度之国情"二语，明鉴而深省之。

　　今日通清国朝野，宪政热度达于极点，毕竟徒羡各立宪国外观之美，未能究其内容，诚非可以口舌争之者。假使彼等论立宪者，退一步以驰思己之国情，或有时觉其宪政之非。为清人者苟不大鉴于今，他日必将噬脐。

清国今日之急务,以予度之,则在教育普及与交通机关之发达。若谋不及此而欲急施宪政,不过徒使国政纷更,决非余所欢迎。况现在清国,其大体乃行民主主义之一种政治,于名义上似是中央集权,于实际状态上纯是地方分权,各省督抚之权力比中央政府之权力,其势绝大,试论而证之。总督者,为文武之长官,统管省内万般机务,握生杀予夺重权,中央政府之大臣,尚不可不窥其鼻息。然有绝大权力、绝大威势之总督,不能蔑视其配下知府之权力,知府亦不得藐视其配下知县之权力。所谓知县者,于财政上亦受管辖内绅士等之监督。为绅士者,有大绅士,有小绅士,皆是名誉职,由世袭之人与直接被选举于人民者组成一团体。大绅士参与总督之政务,小绅士容喙于知府知县之政事,苟一朝总督与知府知县有障于小癫之行动,直反抗之。假令交通机关不备,而遭如斯等事,中央政府既不能言,而总督、知府、知县即神速精查事实,加裁制于反抗者,其势或有所不能,则北京政府虽口诵国法如何之森严,而人民实不感痛痒。此所以名为中央集权,实为地方分权也。此所以一种民主主义政治之能行于圆满也。

如前节所述,清国现时制度,乃特种之自治的政治,求诸世界,无类似者。于推行圆滑之际,当善为改良而使其发达,何苦俄然打坏之,漫步欧美后尘,以移植立宪政治耶?

清国人对于官吏之思想,与泰西、日本等人异。若不知这般消息,则不能研究现在清国宪政问题之大势。原本我邦社会,有官尊民卑一种弊害,泰西人则绝无有此观念,因而对于官吏亦不特加尊敬,然依赖官吏之事颇多。清国人固非日本流,亦非泰西流。表面上似无一物,而心内尊敬官吏及依赖官吏者,鸣鼓寻回,不一其人。例如两造有相互之诉讼事件,几有不向官吏起诉而自解者。何则? 当事所争之利益,恐被官吏垄断也。凡清国官吏,半贪人民贿赂,坐吹太平,即有极败德奢侈者,照例守公。然秘密不得传播,下之为人民者,虽如何吞气含愤,起恶感情,然对于官吏,皆执敬远主义。虽不见重于其言动,而实际上则无无理之辞,是人民头脑中以官吏为一烦累货,不胜惶惑之至。如斯之事实既已先入为主,则所谓立宪问题者,官吏又苦于无聊,平地生波,不知所为何事。以满腹之疑心恐怖注视立宪,求如政府之意,纵使实施宪政、开设国会,其清国人之眼中,亦将以为多添一烦累货。自此国会频开,以异于旧毛色之干涉加诸人民,家喻而户晓之。彼向以保守主义为生命、雷同主义为本能之清国人，断不肯安于沉默。试问徒逞压制，而无准备、无实力之清国政府，其结局能行宪政耶？清国人对于立宪问题之意向，大略如右。然而立宪问题，果属朝野一般之希望耶？抑或迫于时代耶？纷纷议论，各执一见，据余评之，皆肤浅不足取之见解。我邦第一流之政治家、历史家，曾实地视察清国人，而犹齐持此说，吾不解其何意也。无论从何方面以研究清国人，彼等之头脑，皆过于幼稚，过于保守，徒尚形式，此固明明白白之事实。虽然，以彼等比较他之文明国人，固不可谓彼等无一可取，是则余对于读书人所切望而勿误解者。何则？支那大国也，今虽衰弱，而尧舜古代之文明尚存其形骸，此支那一种特有之文明思想，不必求其类于他国人者。凡一国之政治制度，皆以其国之国情为基础而发达之、左右之也，此正则之次序也。若藐视国情之政治制度，纵令实施宪政，卒不能行，亦无发达之理。支那之宪政问题，殆不出此范围。移一言以明之，千载上下，莫非依支那一流文明以支配其国家，今日猝然破坏，模仿欧美制度，其徒劳不得奏功，固无俟烦言者也。然则将来果何如？一言以断之曰，全然绝望。余虽为支那遗憾，要其民情使然，实亦莫可如何。总之为支那谋最善者，须确守所谓支那文明特种之政治制度，且前进且改良，使其蒸蒸发达，是则最利益最幸福之长策也。

伯烈曰：读岛田氏之作，其命意所在，如生龙活虎，不可捉捕。教育普及与交通机关设备，本是当务之急，乃蜻蜓点水，轻轻渡过。忽牵入民主主义之一种政治，除论督抚权力稍中肯綮外，其关于绅权等说，与我国全成反比例。近年某省巨绅，身亦朝廷大员，为铁路筹款，不得督抚同意，即遭缧绁之祸，何尝如岛田氏所云之难加裁制耶？下此州县官吏，旧称灭门，区区乡绅，操纵自如。中国五尺童子，类能言之，岛田氏久居吾国，得有不及知者欤？抑或别寓深意而故反言以动之欤？余反复玩其辞旨，岛田氏固不赞成立宪，亦非主张专制者。如篇内，一则曰一种民主主义政治之能行于圆满，再则曰须确守支那文明特种之制度政治，三则曰尧舜古代之文明尚存其形骸，此支那一种特有之文明思想，不必求其类于他国人者。以风云会合，成惊天动地之事，昊之于前，以回顾清国今日立宪，嘲笑其为幼稚时期；悚之于后，独缱绻支那之国情而不自已。拙如伯烈，虽不敢拜仁人之赐，独不知其言薄于利乎？然自夏后氏以来，公天下已失其真象矣。至谓我国官民思想幼稚、徒守形式、保守利己等主义，历举云南政界、学界、军界积弊及政府腐败、民间现象，以痛证其实，如朱子闻南岩寺钟声，令人把持不住。愿当道诸公，读此篇文字，各自猛省，勿负海外药石。

其四

法学博士有贺长雄

前篇

（此篇系土肥氏汉译者，今录其原文）

一、支那帝国国法之大本

支那帝国之国法，虽历代有变迁，其大本实根原于上世帝王之遗书，而万世不易者也。考《尚书》所载之五十九篇，述支那帝国之国家观念，颇为显著，关于郑重民意一事，实与近世国法上所根据之国家观念，多有相似之处。故世界专制君主国相踵衰亡，独支那帝国，巍然独存至四千年之久，非偶然也。《大禹谟》禹曰："于帝念哉，德惟善政。政在养民，水火金木土谷惟修，正德利用，厚生惟和。"是即君主之德，在善政；善政之要，在养民，与近世国法以谋发达国民之生活为国家之事业，其揆一也。丘浚又补述之曰："朝廷之上，人君修德以善其政，不过为养民而已。诚以民之为民也，有血气之躯，不可以无所养（即今日卫生行政所由起），有心知之性，不可以无所养（是今日教育行政所由起），有血气之亲，不可以无所养（即今日内务行政所由起），有衣食之资，不可以无所养（是今日农工商行政所由起）。有用度费，不可以无所养。一失其养，则无以为矣。是以自古圣帝明王，知天为民以立君也，必奉以养民。凡其所以修德以为政，立政以为治，孜孜焉一以养民为务……（中略）……秦汉以来，世主俱知厉民以养己，而不知立政以养民，此其所以治不若古也欤。"

夫君主修德之要，在善政；善政之道，在养民。怠于养民者，即为不德之君。天不使不德之君居其位，是为支那国法之大义，可谓出泰西近世国法之右矣。《大禹谟》曰："可爱非君，可畏非民，众非元后，何戴？后非众，罔与守邦？钦哉！慎乃有位，敬修其可愿，四海困穷，天禄永终。"夫敬修其可愿者，君主当谨其动作，事事适合乎民福、民利是也。朱熹注曰："人君当谨其所居之位，敬修其可愿欲者，苟一毫之不善生于心、害于政，则民不得其所者多矣。四海之民，至于困穷，则君之天禄，一绝而不复续，岂不深可畏哉？"此极言安危存亡之道，以深警之。同此思想之言论，迭见于《尚书》者不少。若《五子之歌》，其一曰："皇祖有训，民可近，不可下。民惟邦本，本固邦宁。予视天下愚夫愚妇一能胜予，一人三失，怨岂在明，不见是图。予临兆民，凛乎若朽索之驭六马，为人上者，奈何不敬？"所谓皇祖者，即指大禹而言。不可下者，不可以尊卑之分不相同而疏之也（蔡沈注）。以君主若失民心，无异愚夫愚妇。夫人非圣人，孰能无过，然人民之怨，往往动于隐微之际、无形之间。朽索易断，六马难驭，以一人君临亿兆，正如朽索之驭六马，一瞬息间，得起惊轶颠覆之患。五子之言，深喻可畏之意耳。由此观之，支那帝国国法之大本，以民为邦本。君主因养民而得永持天禄也明矣。

二、支那国法上革命之意义

支那帝国之国法既以民为邦本，以德惟善政，是君必养民善政而得保持天禄。故其结果，若君主不养民而失政，即不得保持天禄，天必夺其位而授诸他之有德者，是曰革命。详言之，天虽授明德者以大命，若其子孙德薄，得变革此大命而授诸他人之谓。彼尧舜自知天命之重，以其子孙之不足以嗣位，于是选臣下之德高者而让之，即所以顺天命。禹虽传位于子孙，至桀无道，民生涂炭，天遂革其命而授于汤。故《汤誓》曰："非台小子，敢行称乱！有夏多罪，天命殛之。"《仲虺之诰》曰："有夏昏德，民坠涂炭，天乃锡王勇智，表正万邦，缵禹旧服。兹率厥典，奉若天命。夏王有罪，矫诬上天，以布命于下。帝用不臧，式商受命，用爽厥师。"

自汤之后，至于纣王，又昏乱暴虐。周之武王，代天伐纣，于是革命之意义益见显著。周公有言于多士曰："旻天大降丧于殷。我有周佑命，将天明威，致王罚，敕殷命终于帝。肆尔多士，非我小国敢弋殷命。惟天不畀允罔固乱，弼我，我其敢求位？"即君位虽世袭，至于后嗣若不修德、不善政，即失君位之资格。他之有明德者，即有体天意而灭之，以代其位之权。彼暴秦不重天命，二世而亡。汉晋隋唐晋元明清之兴废，虽其原因不尽同，要皆因革命之理，有以循环之也。

三、革命欤近世国法欤

支那帝国古来之国法与近世列国所行之国法，以民为国家之本，以厚民生为国家之要务,大率一致,惟革命一事大有差异。考支那国法,以革命为运会之常,故每遇君主失政,人民必希望革命,以颠覆其政府视为至当之行为。《泰誓》有言曰:"商罪贯盈,天命诛之。予弗顺天,厥罪惟钧。予小子夙夜祗惧,受命文考,类于上帝,宜于冢土,以尔有众,底天之罚。天矜于民,民之所欲,天必从之。"是为武王伐纣之命,意认人民有革命之权利者也。又《蔡仲之命》篇有言曰:"皇天无亲,惟德是辅。民心无常,惟惠之怀。"详言之,即天于人君无常亲,惟有德者始辅佐之;民于人君无常戴,惟善养己者归服之。故背旧主而戴新主,认为正当之事也。

惟支那国法所以致此之由,因支那建国大陆,地土广漠,异姓民族众多。自黄帝由昆仑率其部族沿河流而下,移住中原,其部族异姓为多。迨征服蚩尤,始合异姓部族而立国。故同姓之民虽因血族尊卑之关系而易为统治,至异姓之民,难以血族尊卑之关系以统驭之。故欲治国者,必求异姓之民之归服也。质言之,即修善德者,始能不问姓之异同,而得君临万方之资格也。《尧典》曰:"克明峻德,以亲九族。九族既睦,平章百姓。百姓昭明,协和万邦。黎民于变时雍。"九族者,即同姓之亲族也。百姓者,即其所率之部族也。黎民者,即其所征服之民族也。虽显分阶级,然一视同仁。诚以天子以异姓之民,尤贵克明明德,无德不服,易动革命之机也。我日本则不然,无异姓之民,天皇作万世一系血统关系而统治全国。故君德之有无,与君臣之资格毫不相关,而革命之事可免。是亦历史使然,与地理亦不无关系。因日本为岛屿之国,自大陆移住者不多。日本当神代时,伊奘诺尊、伊奘册尊之子系开发国土,皆承天照大神之嫡统,依大神之遗训,君位连绵不绝,以至于今日。天照大神之子孙,虽亦有自外移住者,然若大国主尊,若长髓彦,亦皆伊奘诺尊、伊奘册尊之远孙,非异姓之民。故得依血统尊卑之关系,戴天照大神之嫡统子孙为族长。自神武天皇登位后七百有余年,适当东汉明帝、章帝时代,始有异姓之民来自海外,据西南地方而居之,名曰熊袭,然悉为皇军所征服。又中古时,有自朝鲜及支那来归化者,然其数亦不多。是以日本人民,上自皇族,下至庶民,大抵同一血统,故对于宗族上居嫡长之天皇,自民族之关系而有服从之义务,不遑问有德无德,无敢觊觎大位,而妄干神器者。然固政治之得失变动,亦数所不免。至今上,明定宪章,励大臣辅弼之责;公开国会,畀人民参政权。因国法运用之灵活,革命之事无所用之,而内乱之源永塞矣。

泰西近世之国法,渊源于上代之希腊、罗马,亦聚异姓之民而建国,故革命之事屡见。传至近世,英吉利酿成数次之变乱,法兰西亦酿成绝大之革命,德意志、奥太利诸国亦被其影响。法国于一八四八年之革命,国内大乱,君位颠覆,自共和宪法制定后,国法之根基始定。米国本为英国属地,致离英而独立,亦由革命军而成。论之泰西诸国,亦与日本不同,无不直接、间接被革命之影响,然其结果皆颁立宪章,以固政体,以杜绝革命之机,则与日本同也。由是观之,则支那今日所急欲图者为何,不可不探察也。

日本及泰西各国宪法所采之原理,即元首虽欲为虐,亦不贻以为虐之地是也。但各国元首所握统治权之范围广狭不同,如日本天皇大权,为范围最大之国。然统治之政务,元首亦不能专断独行,必由有司依宪法条规而执之。虽君主之命令,有违犯宪法条规者,有司无承命执行之道。夫既无违犯宪法条规之政务,即有利于人民生活之发达矣。然犹恐有不利之处,故特设议会,使人民得居统治客体之地位,对于政治,仍得公言其所愿。于是革命之祸机绝,君臣之情意亲,上下因维持此国法,历久不渝,而国家亦得无事矣。

清国旧时国法之目的,与列国现行国法之目的,初无所异,前已详言之,惟欲达此目的而取之法式与列国不同。故为今之计,当补修旧法,采用列国现行国法之法式,不必非常之变革,惟参酌古今,损益中外,改弦而更张之,则朝廷已有泰山之安,国家已有磐石之固矣。

后篇

(旧题曰《清政大义》)

闻清国出洋大臣以所考察于日本及欧米各国者,归以报告两陛下。清朝庙议,亦可其出洋考察大臣所可之立宪政体,决意采用,汲汲焉以豫备宪政实施。质而言之,清国近派遣考察立宪大臣至欧米及我日本,调查关于宪政之事,打破清国旧制,施行新政。余不敢谓其不可,然由君主亲裁,一变而为立宪政体,无论如何之国民,到底非所能为。故清国今度之改革,只宜作立宪政体之准备耳。若急激变动,窃所不取,诚以有害于宪政之确立也。

宪政准备之第一着紧要者,在定皇位继承之次序。清朝惯例,非长子相续之法，就天子宗室之中，选适材拟继嗣，皇帝生前不著其名，大行之后读其遗诏，始知重器归于何人。此近于选举君主之制，非世袭君主之制。加之选举之事，诸侯大臣不得与谋，只先帝一人而已。此制度果相容于立宪政体否耶，是一疑问。君位不定，一见而知其与宪政不相容。然自他方面思之，举有材者为储贰，优于立无能之子，且皇位继承之次序，宜从惯例，不宜以人为的造制之。万一先帝御崩，继嗣未定，或先帝有疾病及他故障，失选定继嗣能力之时，将由何人定之耶？抑又何如定之耶？欲除去一切不便，惟早定明确之准则，其庶几乎。

第二重要之问题，当变今之军机处，以确立负责任之内阁。然地方之总督、巡抚，其宜列于内阁否耶？清国之地方制度，与日本全不相同，十八省各为一个中央官厅，此省之名义所以存也。质而言之，总督、巡抚直隶于天子，与各部尚书立于对等地位，出镇于地方，以统督文武之政务。故其地位在中央政府，不在地方。换言之，彼等非地方官，即中央政府之大臣也。地方官者，属知府、知州以下诸员。先是由中央政府派各色道台，使督励文武行政事务，然其间有力之大臣，至有乘先任者，缺乏调和时，更得派遣于地方者。此等制度，乃清国现在之状态，不易更改。其国土广大，故其各地民情亦异，或终有不可更改者，亦不可知。总之，责任内阁为立宪政体精要之制度，当何如使其调和，固自有道，不可不研究之。总督、巡抚之在地方也，凡重要政务，皆独断专行，各部大臣无监督之权，而乃负其责任，殊不合责任内阁之本义。故当先明各部尚书与总督、巡抚之权限，属于各部之权限内者，总督、巡抚承而行之，使各部尚书负其责任；属于总督、巡抚之权限者，各部自不宜干涉，使总督、巡抚负其责任。果取此制度，则总督、巡抚虽在京外，亦不可无列于内阁会议之权。

第三重要问题，为清国全体开国会与各地方开议会之准备。夫军事、外交、司法、交通诸事务，固亘于全国者，其费用亦当课于全国。为支那计，其全国宜开一国会，固不待言者也。然行政事务之一大部分，归地方中央政府管辖之，故察关于地方之民意，以为备经费之机关，则地方会议之必要，亦决非他国所可比者。质而言之，清国之地方会议非地方会议，乃为在中央国会之一部者。固欲使人民练惯立宪政体之运用，以为国家之一助，当先开设地方会议，经一定年数之后，始由地方议会选出议员，以起国会，似为自然之次序也。至此时机，恰如日本之元老院以官吏及敕选议员组织中央之立法院，使议定能行于全国之法律及豫算，庶其可乎。

伯烈曰：有贺氏前篇历引《尚书》，与岛田氏民主主义同一见地。补修旧法，采用列国现行国法之法式，二语言简而意赅。后篇所言重要三事，皆是中国急务，忠告善道，有条不紊，令人起敬。今年两宫相继升遐，为我国历史上未有大变。幸王大臣等乘两宫弥留，速定皇嗣，以旋乾转坤之才，弭虎视鹿逐之患。九天迅雷，击灭浩劫，不惟列强不及掩耳同声叹服，亦实出海内忧时者意外也。然大统虽定，国祚实长，又安可概恃今日胜算，顺应将来事变，于皇位继承次序，仍不明定准则，以还宪政实际耶？幸勿谓刘氏已安，遂赞有贺氏之言也。

其五

法学博士青水生

无有制度之国情，有有国情之制度，故国情与制度，相因而生。然国情不进，而制度独进，其结果致无利益于国家。于国民之府县，徒巍然占领国土一部分，视若己有；而府县以上者，设冗官、养冗员，竟为国家当然之责务。无论如何，无益之府县有此责务，则不能不保存之；无论如何，无用之官吏有此责务，则不可不养给之。储此烦累货，其经费将出于何所，而归何人负担耶？自表面上观之，必是国家负担无疑。然国家之负担，仍出于负担国费之国民，所不待言者也。夫不合于国情之制度，其弊害犹不止此。譬如小人闲居，不善之事无所不为，久之，集此无一事务之官吏群居，终日必争无味之权限，捏情砌辞，吸人民之膏血，不让于蚊。古今同辙，东西一轨，不待更翻政治史，其事实盖彰明大著。彼为政治家者，往往全置国情于度外，只竞制度之美，终乃蠹毒民福，动摇国础，例案甚多，无足讶怪。所念者，方今之秋，对于清国在朝之有司，不仅为清国大案件，其成功与否，将影响于全世界，惹起列国注意。不知清国于立宪制度实施问题，果能牢记"有有国情之制度"一节于其脑里否耶？不得不发一奇问。谅清国人之一部分，必久已在醒觉中，至今而愈见其旺盛者，征彼利权收回之热，已知其大概矣。虽然，浮其热者亦未必系真挚醒觉之人，今试举一例。上海者，为彼等利权收回热最炽盛之地。其遭火灾时，峻拒外国消防夫之救助，举满街之家产财物，坐令其归于乌有。演出如斯愚劣之滑稽，而乃扬扬得色，睥睨一世，以此为能收回利权，且以先觉自任，其思想谬误如此。今度希望宪政治者肉搏在朝有司，欲以全清国民之声催促实设，未免荒唐至极，故其余早已不足语也。国情既如斯，其进步容易无从窥见。即在先进文明等国，尚且难于运用以树立立宪制度，而清国独弗之计。窃恐随民意所向，施行善政之代议政体，其结果反以民意压迫民意，酿成不合于国情之制度，于是弊端丛生，使人民感痛切之日，当不甚远也。余综合外观事实，以今推来，则今日清国之状态，苟遽然实施宪政，可谓不副于国情之意外消息。但此第就外观者以述余辈私见，非敢谓磐石不撼之断案。特坐庙廊之上，布善政之美，举休明之绩，担当其职务与责任于双肩之人等，既以宪政实施为可，外派使臣，内置机关，汲汲焉专心豫备，固无妨假以余辈之疑问为疑问，保留之于他日，以为施宪政于清国最善机宜。夫宪法之为宪法也，谓应其备如何之内容耶？当解决此问题之际，其最注目之要点，不言而知，系目下在朝有司所锐意力行之中央集权也。夫宪法政治，与中央集权虽无直接关系，然自间接影响于其内容之事，不一而足。非不知中央集权决无恶意，但趋而至于极端，其弊颇甚。盖有最近之例在，不见我日本国有后之铁道耶？北自北海之端，南至九州之末，铁道几垂五千里，乃统置于一铁道厅管理下。其结果北海一驿，凡有如屁之些细事件，皆不可不一一持至中央铁道厅，俟总裁之裁断。九州之隅，职员等冗谈中所飞出不关紧要之件，其始末亦不可不担入中央东京厅总裁之处分。是以故障纷发、事务不整、货物迟滞，至使人民不堪繁文之余弊。即一国之制度，亦与此相同。所谓宪法政治之下，自一到十，皆禁于法律。故欲发挥法治国之面目，非打破极端中央集权之流毒不已，此余辈所以不得不就宪法政治与中央集权之无直接关系而一言也。但中央集权之程度，未许自外观窥之，非在朝有司以上者不易知之。究之实施如何之宪法最宜于清国耶，是一非常之大问题，非清人自身不能知悉。即使清人自身知悉，尚恐疑惑簇出，不易断定，况门外汉耶。

　　世人常曰宪政宪政，其精神各国一轨，不敢稍有所异。若强求其异者，不过被制于特种国情之二三点。今日清国之采择宪政，精神维一，自是无他困难。至若枝叶之问题，与其采彼全然异国情之欧米列国宪法,不若移国情、民俗相肖之日本宪法大部分,以为彼之宪法之为愈。是我国宪法,为清国有力之参考资料,固所不容疑者也。余辈不尽知彼之国情,亦未详在朝有司之意见,其施行如何内容之宪法为善,未敢大胆断论。无已,惟以日本之成文宪法供清国参考资料,述其生平所感最足有价值之事实,以作他山之攻,较为亲切。故不揣愚昧,试即日本宪法,一吐露余辈所思,以塞其责。

夫以宪法政治告成功,庶几有入堂之观者,非英国乎? 然其宪法系不成文宪法。世人所谓不至于失败之露国,非今最近之立宪国乎? 然其宪法又系成文宪法。由是观之,盖不得遽因成文宪法之有无以左右宪政之效果。虽然,苟无成文宪法则已,既有成文宪法,务当谋完全无疵者,以十分发挥其效果,为永世不磨之大典。姑勿论不随时势转移与否,第溯回朝变暮改之弊,或使解释者疑义百出,无所适从,亦不可不戒者也。

新立宪法者,良模是建,固不俟烦言。然日本所有之宪法,其大纲主义虽无格外不妥之处,而关于文字义者,隔靴搔痒之憾甚多,且事项中必不可无者,其缺点亦复不少。试先就其前者言之,如第十七条所谓之"大权"与第三十一条、第六十七条所谓之"大权",虽同在一宪法中,然其意义不一定。若强为一定之,虽不难于一定,究不免牵强附会。其次者则是"政府"二字,无论如何强辨,仍不免与前一样之嫌。又第五十二条之"意见"二字、第五十三条之"会期中"三字,任从何方面解释之,总有二义或三义。此外若详求之,则此类之事不遑枚举,是岂非非常之缺点欤? 此种之责任,不可不归诸立法者之不注意。虽然,此等缺点犹属枝叶问题,影响于大局者少。今虽指摘穷诘,毕竟徒劳无益,姑置而不论。惟新树立宪政,且将编著成文者,当鉴此种前辙。凡法之所及,精益求精,周密注意,此则余之所希望也。

更进一步而言之,日本宪法上所必要规定之事项,竟至脱漏明文,此乃最大缺点也,试列举于左:

其一、第一章天皇之大权事项,应规定领土之变更与割让,而我国缺如;

其二、监国之事应有规定,而我国缺如;

其三、条约事项及法律事项之关系应有规定,而我国缺如;

其四、关于议会停会之事项,其性质应于宪法中特立一条以明定之者,而竟规定于他之法律。

以上所举,皆属重要事项。凡宪法中,苟有与不可缺者相反之处,固是遗憾,而日本宪法且至缺而不存,是以往往起疑虑于范围外,致国政上受多大障碍。此中其失最甚者,惟条约事项与法律事项无规定。幸我国君主权力绝对无限制,故无格外妨害处。

以曲铊为镰之笔法,加以牵强附会,似无难于解释。然模棱缺明晰,其主意足以惑人者,衡以成文宪法之体裁与将来实际之便宜,必不可不严避之。凡当明白规定者,即当明白规定。惜我日本宪法暧昧之点,亦复不少,试再约略举之。

第一、法律与命令之范围不清。

第二、将依法律所定耶,抑不依法律耶,或除法律所定外另有文句耶,是等骤然见之,似觉明了,一深加玩味,则颇不然。夫宪法者,尊重臣民之权利为第一要义,凡如此事件,皆不可不明了规定,采用列举主义,俾纲举目张,有条不紊,决不宜暧昧从事也。

第三、当众议院解散时,其贵族院停会之性质与普通停会异。其意义不待烦言,又何以无明文规定之。

第四、《宪法》第六十九条,为补所不可避之豫算不足与豫算外所生出必要之费用,有当设豫备费者。但其所谓豫备者,如其中更生不足之时,果宜如何为之耶,是关于国费之大问题,其加减不当,委诸为政者之手。然则关于此点者,应以宪法明文严为规定,谓非必要耶。

第五、宪法之改正,第付于议会之议。其议会可决与否,则非所敢问。不知此乃关于宪法生命之大问题,而明文亦欠规定,不可不谓一大缺点。

第六、不得以《皇室典范》变更《宪法》,固有明文。然得变更法律与否,是一疑问。此亦日本宪法之解释不得不起而质之者。

此外若详求之,有当规定于《皇室典范》者,竟规定于《宪法》中。又有当规定于《宪法》中者,竟规定于《皇室典范》。凡此等条件,均宜依其性质,以为类制。一国之公事与皇室之内事,俨有区划,洵属必要之件。

清国新施宪政,将取范于我,宜鉴如上所说,周密考量,叮咛审议。若不慎之于初,其一至着手实行之期,必有噬脐之叹。故聊具婆心,以善邻之交谊,谆谆发表所见,愿负责任者豫注意。

伯烈曰:今之各国政治家,己有所长,则极力炫之;人有所长,则极力摧之。己有所短,则极力掩之;人有所短,则极力乘之。人而欲取己所长,则极力忌之;人而忽蹈己所短,则极力迎之。此其人非不足与言政策,特惜其局量狭隘。人一国之人,可;人世界之人,不可。人一时之人,可;人万世之人,不可。昔耶稣愿世界人无罪,牟尼愿世界人不入地狱,孔孟愿世界人各得其所,其宗教与哲理,足以鼓舞膨胀,并天地不朽,与日月争光者,皆无非人世界之人,人万世之人,初不以人心害天德也。青水氏深知此意,不惮披露己国所短,予我国以所长,一视同仁之量,令人倾倒。视彼或嬉笑,或怒骂,或正面欺侮,或反面玩弄者,殆不可以道里计。伯烈能不心香长焚以拜其惠耶?

其六

法学博士中村进午

近顷大清帝国有一变旧日政体,树立立宪政治之议。虽具体的成案未闻提出,不得尽悉其详,然刻下就其大体观之,则尽人知者。清国向系专制国,不惟中央政府为然,即所谓地方政府,除专制外,亦不知其他。今若欲设我邦县会之制度,先依民意所向,于地方上作为政之阶梯,以固其根柢,使国民一般识得宪政之美,而后再缠之于中央政府,以为宪政计画地步。是不啻筑楼阁于沙上,无羽翼而欲冲天,终必不免突飞之嫌。且清国非中央集权之国,帝室与政府在北京而决万机,不过名义一边,事实则各省总督割据地方,擅作威势,中央政府之命令不能普及,直纯然一个封建国也。加之清国中央政府在内则不能立德,对外则不能御侮,全然甘于无能无为,绝无新刷人目之伟绩可观。民心之不悦服,固所当然之结果。如我日本之维新事业,德国之对佛战争,藉以巩固国础者,在清国历史上殆所绝不能见者。

夫既无此般之准备,亦无此般之基础,竟突如其来而欲实施宪政,究因有何如之动机,使彼之至于此耶,亦一疑问也。余窃为揣摩,彼清国打破古来套用之政治组织,至俄然决意创行立宪新政者,其原因甚伙,兹括约其大要,分为六种说明之:

第一、立国于坤舆球上者,其数虽甚多,然采用宪政之国,概致国富兵强。清国有羡于此,欲一度仿效,以挽回百年积衰,而立于富强地。

是则第一动机也。

第二、称为同文同种之邻国日本,势力赫赫,与年俱进。今见其侪伍欧米列强,活跃于世界舞台,皆是宪政之赐,因而亦欲施行宪政。善举其运用之实,则雄视东洋之天地,近可与日本竞步,远可震威欧米,一跃而足以称霸。是亦一种之动机也。

第三、上下暌离,不相调和,政府为人民之怨府。若径行做去,颇有不安。以为欲除此隐忧,不若先以立宪好饵收揽民心。是亦一种之动机也。

第四、内有满汉两种之党争,外有欧米列强之诛求,遂不堪其弊。乃欲展开局面,一以防内讧,一以杜外患,故先不可不举国一气,官民齐心,以尽力于社稷。是亦一种之动机也。

第五、洞知官人专横之大弊,乃欲纳庶民意,以制官权滥溢,而伸人民之枉屈。救人民之痛苦,莫有善于立宪政治者。是亦一种之动机也。

第六、内则防自国之分裂,外则恐外邦之分割。乃思先采立宪新制,使举国一致,官民同心,以图自强。是亦一种之动机也。

此外一一寻求,十指尚不足尽。然其重要理由,恐不出前记数项之外。试即上列诸点而略加评论。

以立宪为富国强兵之手段,清国果欲速了其愿乎?则不可不谓谬想之甚。夫采用立宪政治之国家,亦不必富国强兵,其实例甚多,不难知觉。试观立宪之布哇果何如乎?立宪之特兰斯佛尔果何如乎?立宪之露细亚果何如乎?立宪之波斯果何如乎?更即日本而考察,其实际固非徒以宪政所在遂致富强。其于宪政外足以图富强之远因近缘,不知凡几。此非余一人之私言,苟有明眼达识者,皆夙所洞见。由是观之,彼等第一、第二之豫想,岂非不当为者欤?

就清国现下之实状,察人材分配之具合,颇有野无遗贤之感。夫在野之政治家极缺乏,因而民间一般之政治思想俱极幼稚,真有不堪悲悯者。然则当立宪政体之始,虽曰纳民众之意向,而所谓民众之意向者,果能健全无阙耶?今即假定其健全也、宏大也,而选举之制恐难得全其结果。所谓为议员赴议会而占席者,或属官吏旧调耶,或属无识富豪耶,否则不过郁勃不平、心常思乱之革命员等。彼特以立宪为清国幸者,多耶少耶,殆思过半矣。加之为此议员者,以支那一流之笔法,或贪贿枉事,〈或〉攒刺夤缘。其结果,人民之负担比诸从来之数,必生倍蓰。

民心沸腾，当必愈厉。何则？向之仅赂官吏而足者，将来对于议员若不以赂官吏者赂之，终必至不得充己之欲望。由此观之，彼等第三、第五之豫想，岂非不当为者欤？

满汉之隙于墙也，由来久矣。今欲以树立宪政为调和策，无乃是抽刀断水。在他国主义之争，其争系保守与进步。在清国国会议员之争，其争为满汉两种。为满人者，挟宪政首倡之功，欲举亿兆归依于我党而讴歌之，其愚真不可及，固不待言。及迨选举揭晓，至少议员之过半数必被汉人占取，尤明若观火也。是立宪之结果，不惟毫不利于满人，而且有害。或谓少数满人之势力，颇能匹敌多数之汉人而无逊色。使其说果如斯，则决非可喜者，适为招清国分裂之最大动机耳。北米合众国之南北战争得好果之历史实例，果足为清国非梦想之保障乎？在国内，分裂之势尚且不能防遏，彼列强之海国分割论，又将以何对抗耶？恐无须多言也。

内忧所在，即外患所乘。至此时转祸为福之道，世非全无。回顾我日本维新之政变，实国家存亡之秋。王廷与霸府之内争，几为列国所乘。如某某国党王廷，如某某国党霸府，一面推戴恩义，一面企成功业，其事迹盖世人所未见。幸当时有具眼者，巧于活弄权略，俾彼等貔狼诸国互争于外，不启干涉我内事之机，遂不见布哇萨妈末路。既而思之，不可不谓预想外之成功。今也宇内无事，列强拱手，正际苦于无聊之时，而清国不察状势，不知兄弟隙墙、外御其侮，若非有非常之英雄，翻弄列强于掌上，使之互争于外，不遑他问，则清国之事不因清国而决者，势必如朝鲜之事不因朝鲜而决。或因日露两国之关系，或因日英两国之关系，而告其解决也。由是观之，彼等第四、第六之预想，岂非不当为者欤？

究之清国树立宪政之前途，终属遗憾，无复望其光明。不惟不能名实并收，以济有终之美，且不得想像些小利益，势所固然。彼清国当道人，及今日而画宪政实施果有何等成算、何等希望之风说耶，殆亦不得推测。余为清国谋其宪政树立之计画，不若此际断然思止，延期于百年之未来，是实大清帝国得享消极的幸福之第一安全方便也。

伯烈曰：中村氏论我国立宪动机有六，均似是而非，不得要领之言，惟篇末一语实足以警我国人。伯烈译读至此，不禁心寒胆碎，泪尽血枯，为之魄丧者屡日。《书》曰："若药不瞑眩，厥疾不瘳。"中村氏之言，殆我国瞑眩之药欤。虽然，我国人毋自馁也。夫日本未立宪以前，其弊政不减于吾国。方立宪之际，其人材不借于异世。彼中村氏兢兢以多弊政、乏人材为我国立宪前途虑，何亦未即己国往事而一思之也。至于满汉之哄、外患之逼、中央地方权力之不均，皆坐于未行立宪之故，一立宪而此诸问题立解矣。吾闻有立宪而可以治内乱、除外患者矣，未闻有立宪而反以启内乱、招外患者也。吾闻有患内乱之不速治、外患之不速除，而急图立宪者矣，未闻患内乱之不易治、外患之不易除，而因以不立宪者也。彼中村氏固以外交学名家者，或于治国之道未娴欤，不然何其言之慎也。

其七

法学博士竹见生

　　清国实施宪法政治，诚近顷甚愉快之问题。其中所当可者，以民众为本位。我辈俱高兴欢迎，决不视为彼岸火灾。苟有机会，定欲渡清一研究此问题。恨公私用务多端，有志未逮，第就新闻纸上所载，尚且碌碌无暇研究其始末。兹窃以个人意见略呈言论，非敢以为正确材料，出而问世。故关于此问题，虽自信不无议论纵横之资格，然而此身无过。何则？特以余所言者，或仅从外观窥之，或恐其未必如是，殆近于节节搔摑也。

　　原来宪法之为宪法也，系纸墨所书之文字而成，其文字无甚尊贵，亦无甚报酬，然实际运用之，则足以资国家之生存发达。其尊贵报酬，孰过于是。是徒书宪法文字于纸而为之印刷之，其有无均无关轻重。所要者，政府及国民于其内容，识得宪法政治之精神以遵奉之之为贵。政府及国民苟具有识得之精神智识，则实施宪法必能建完全基础。第当未建此基础之先，若无地盘以奠定之，纵令实施宪法政治，不过形式之宪法政治，非真个之宪法政治。质而言之，即是所书宪法文字之一部纸册子耳。虽其文字玲珑如玉，卒不能期其成效。殆所谓毁玉也。如此之宪法政治，其结局必了无意味。然则不筑地盘者，即不能蹦等而施宪政洋无论东西，时无论古今，莫不一辙。彼现在之立宪国，皆先有地盘后施宪政，初未尝见异思迁，苟为附和雷同，亦岂无故哉。

以君权国闻于世界之日本,抛掷开辟以来数千年历史,思一朝施行宜于民众本位之宪法政治,决非漫无次第。毕竟先有必要之地盘,豫为绸缪,而后托足于兹。此乃二千五百年间民意所归向之明证。夫硗确不毛之太古事,姑置不论。其自有历史以来之日本国民,常是公平无私。只此一事,虽他人如何弄其诡辩,终不得翻案而否定之。吁,其不顾家族,拥护国家,为奠皇室于泰山之安,致视性命若鸿毛之弃。此等仁风,谓为自公平无私之肚里涌出,孰有的确于此之左券哉?此国民口中,虽不喋喋政治,然彼等知识,足以为实施宪政之地盘,固早著于数千年前。镰仓幕府以政治的统一天下,最为显著。谦信乃豪绝之士,信玄亦所谓大政治家,使其在民众中无以公平无私为基础之智识,决不能成名。如彼率直言之,谦信与信玄之得成名者,如幡随院长兵卫之家臣,与有力焉。兴言及此,则俗称为江户儿气质者,乃政治上所极要,不可不大为尊崇之。总之,日本国民公平无私之思想,纵令政权或在朝廷,或在武门,或受政治、道德、宗教、文学等之影响,而始终有超然态度。即如当德川政府时代,采不安于愚之政策,其治下可使由之,不可使知之之人民,尚且以公平无私为地盘,有不可不敬虞皇室、发展国运民命之思想。一面敌霸府压迫,一面谋健全进步,其毅然不挠之结果,至明治维新之改革,亦甚易行,继而宪法政治为国民所希望。彼久在武门,掌中之兵马权,亦与政治同复于古,形式上虽稍有所异,而实质上则依然是,岂有他哉?特视宪政实施非为偶然之事,殆于牢不可撼之大盘石上,得稳以树立其秩序也。

转而观清国之形式,其一般国民,皆以与我国民相反之思想奉为金科玉律,今日之下,仍复如是。推厥原由,乃所谓民可使由之,不可使知之之政弊,驱遣清国人民极端的排除公平无私之思想。质而言之,国民者,日出而作,日入而息;政治等事,决不出于口;专图私利私欲,于焉足矣;所关于施政方针,已于不知不识之间,堕落国民资格。此弊经历年,所浸润于民心者甚深,故得广以支配天下。自今日观之,壮丽之开明专制如唐代者,虽其文物发达、制度完备,尚须宜进一步后再施宪法政治,始不至于垂毙。不然,即以宗教之势力稍强,亦不过空存祀典于后。降至宋元时代,专以腐败民心为事,较诸唐代更上一层。明朝制度,虽稍稍有可观者,亦坐于因袭之弊而不能拔本的改良。现在之移于清朝也,其制度完备,学才辈出,以及文学、美术发达之程度,远不如明朝,况且民心之堕落耶? 加之清国皇室,颇无威望于国民。敢无忌惮言之曰:清民多数之眼中,无论天上天下,除自己以外,皆不认识。即比诸皇室,亦是以自己为本位,他人之事,漠不关心,只求一己之利欲满足,斯为无上幸福。此清国现下国民的思想之真相也。兹以堪为宪法地所不可少之公平无私之美德,求之于清民,无乃凡俗顶骨,是非大为清国所可惜者乎。夫国民所以堕落者,因历代为君主之人误用施政方针,其罪概在为政者,而不在国民。然由今以溯既往,虽详论责任之所在亦不济事,姑措置之。但施宪法政治于清国,若要素的地盘不备,遂止乎其所不得不止。不然,以如此国情之清国,欲轻轻效顰日本,以施宪政,殆不揣其本而齐其末。其望收实施宪政之美果于将来,则无异使三尺儿童扛千斤之鼎,岂非极愚之举耶? 虽然,除此宪法外,发展清国命运之途,亦非绝无。今有一最上善策,不蔑视清国固有之历史,不悖清国固有之国是,政府得达宪政树立之目的,国民亦使满足其希望,且能屏熄随在勃发之革命声焰,一举而有数得。是策也果何策乎? 曰:非改革清国之政治组织,形成一个联邦国,断乎不可。彼清国在朝之有司,若真希国运发展,副国民舆望,其实行之而勿徘徊。苟拘拘梦求宪法政治,盖末而又末者也。况偷安姑息四字,乃清国为政家招牌,以此等浅虑筹画哗然而讲宪政,实招自灭之祸。余为清国将来计,特望其径行联邦组织之不已。夫以清国而为联邦组织,决不紊乱朝宪,平易论之,即是复尧舜之旧。其于联邦中选一有德之士而为国之首长,天下亦治,古制亦复。是以清国为联邦式,唯见其益不见其弊之第一证据。与其施单一宪法,到底不可期其实行,曷若使各联邦国先斟酌其在内部之民情,制定宪法,又再于其上制定可统括于全部之最高宪法,以达宪政目的之为愈。是以清为联邦式,唯见其益不见其弊之第二证据。在各国联邦,察其邦内民情,某国可与国民以参政权,某国只可保证国民生命财产之安固。例如教育普及之直隶国民,即可与以参政权;教育未普及之陕西国民,只保证其生命财产之安固。俾为政者裁量自如,得圆满以达宪政实施之目的,而讴歌富强太平。是以清国为联邦式,唯见其益不见其弊之第三证据。于是则容纳民意之道不误,彼动摇民心、危殆国础之革命党,自不难立见绝迹。是以清国为联邦式,唯见其益不见其弊之第四证据。然则组织联邦,将以现在之省为基础耶? 从划东西与南北耶? 是当就便宜上定之,不必过于拘执也。

夫以联邦国成功者,独逸也。独逸联邦,殆是理想的国家,世界莫不羡慕之。清国果能采而行之，则不蔑视历史，不悖国是，直与满足于国民。不仅既倾之国运可因此而挽回，且将来可因此发展其国运。不仅为清国幸福，即日本之幸福，亦属莫大之甚。

伯烈曰：就今日形式上观之，竹见氏联邦之说，似觉有理。然率是道而亡中国者，必斯人之言也。既谓于联邦国中选一有德之士而为国之首长，则现在之朝廷将何以处之耶？立宪之地盘，据竹见氏所言，我国民尚且无此程度。乃遽推倒地方政府，以选举各联邦君主之权操诸各国人民，又岂易为之事耶？先制定各内部宪法，再制定统括全部之最高宪法，固是独得之见。然与各省先制定地方自治制度，再合而制定统括全部之宪法，又岂有雌雄乎？《孟子》曰："为高必因丘陵，为下必因川泽。"若不善因而遽欲高之下之，吾恐内乱迭出，外患横生，不旋踵间国即扑灭。故曰率是道而亡中国者，必斯人之言也。至若引日本及中国历史，以征中日国民有无政治智识及公平无私之美德，殆未免数典忘祖，一偏之见，曷足与言东亚史。然以偷安姑息四字为我国为政家招牌，则是金石之言，愿我为政家一雪其耻。

其八

伯爵大隈重信

余辈就支那种种状态，三十年间，常加注意。世界之学者及军人、政治家、商工业者等，于将来之支那，亦不绝观察之、研究之，各发表其意见。因关于支那诸著述，有汗牛充栋之势。在我国人，尤有邻邦关系，当加一层切实注意，所不言而自明也。

虽然，今日世界人之观察支那，概不中肯綮，无惑乎归于失败。不知支那之状态，以彼等普通眼识预期之，毕竟不能成行，而多出于意料外，亦是必然之结果。然则此时，对于支那竟系以过大之信用与希望，亦令人落胆。因之起极端反动论曰：支那者，所谓亡国也，到底不可拯救之国也。此说渐渐占得势力，所以分割支那之议论，亦随之而盛。究之此论，在疑似间，支那分割殆不可能也。夫支那不易灭亡之观察，固与前论成正反对，然此观察行，则世界之对支那观，终必为之一变。

如右所述，或有过信支那者，或有侮蔑支那者，又或有一部人士从政治上观支那，不待观止而即望望然去者，又或有从商业上之一方面见支那人固有民族的强力乃起多大信用，而谓其颇可为者。然自大体上言之，支那向来于政治上固不甚重视也。

近来西太后欲自根底上一变支那政治组织，竟突如其来，以圣旨发为大命令。余辈具过去三十年间不断之热心，观察支那、研究支那，企导彼于文明之域，诱彼于开化之园，披腹碎心，以顾善邻交谊。其对于此般之大英断，得勿深表同情，望其有完全成果，而决不落于人后耶。

第自从来之事实观之，一般人之支那观，十有八九，失诸正鹄，故无不谓其绝望，余前已略言之。及此般之大命令下，是等多数观察者，仍以惩羹吹脍之裁量藐然视去，谓支那政治组织，毕竟有名无实，难见拔本的革新之效力，浅尝而止，亦不可知。即现在我日本人，抱此疑念者，亦复不少。日本尚且然也，况对于世界列强之前，欲不惹起如前云云之注意，盖属不可知之事矣。就其实而道之，则称为支那人者，乃世界之大民族，乃世界依儒教主义所感化之大民族，至今偶遭不幸境遇，若欲匡救之，除实行此般大命令外，更无适切妙策。世间一般大概毛嫌支那，不肯尽观而止。余辈未敢雷同，据超然一家之见地，对于支那前途，常有莫大希望，似世人所罕见者。余辈尝倡支那保全论，政友诸人，每忠告余。或曰保全支那之说，绝对不能。或曰保全支那之事，可以放弃。甚至因此事与余冲突意见，致割绝久年交好，公然为正面敌。而倡支那分割论者，其时世界列强间，分割支那之声适盛。然余辈所主张者，无论如何，直抗世界风潮，而特树其异。夫余之真意图、大精神，卒至抗世界舆论者，在努力保全支那也。卒至拼一国运命者，亦在确实保全支那也。当日清战役之闭幕也，独逸据胶州，露西亚据旅顺、大连，曾几何时，而分割支那、划定势圈之议，又鼎沸而起。呜呼！当此之时，支那几危如累卵，险如风烛，真令人有汗手栗胆之观。幸余辈适为外务大臣，不惮向世上反对论者，冒浴雨霰交加之矢石，断断乎固持自己之宿论，极口骂倒所谓势力范围之事。尝痛论各外交官如桌子上所随便描就之假古董物件，并无三个鹅眼钱之价值。

最后保全一派胜利，亦理所固然。故支那分割论最盛之气焰，未几即寂如秋。然彼部扑灭，此部旋起，支那分割论遂又日增势力，其结果至演出振古无比之日露战争一大活剧。噫嘻！所谓支那分割与势力范围之事,果何时可见烟消云散耶。仅七八年间也,世界大势一变至此,而我国舆情亦遂视此为转移。余辈对于此种现象,静思既往,不禁感多大之兴味。

余之所谓大命令者,即清帝采用宪政上谕。然终有人抱支那恐不能行之想像,真未免杞人忧也。目下支那之境遇,与内外之形势,不得株守康熙帝遗法,固清廷君臣所自觉也。试观反乎先皇之遗法者,非废科举耶。支那政府之废科举一事,不让于当年日本废藩置县之大英断。夫支那自唐宋以降,皆以科举为官吏登用法,其政治组织亦根本于是。故欲得人材于野,必不可不依科举。然而竟已废矣。原本支那之学问,在立身,身立则可为官吏。借支那人套语言之,即是民可使由之,不可使知之。因而一般人民,皆属无用学问。质而言之,支那人之学问,即所谓为儒者也。自后世科举制兴,则渐就于难。迨至明朝,遂以难解至极之八股文,使受试验。于是几百万学生,无不刻苦勉励,修八股而受试验。若及第,则为官吏。一言以蔽之曰,支那人皆因欲为官吏,始做学问,始受教育。果能首尾试验及第,多历年所,或为巡抚,或为总督,或为其他之高官显职。循序渐进,此乃政治组织之根本主义。至于今日,此制已从根底破坏矣。

科举既废,乃代科举而兴新学。遂从新学中采用官吏,与日本维新以后,废封建时代之学问,发布新教育令,同一旨趣。旋翻译日本教育令,以为教育制度之蓝本,布告天下。凡十八行省,到处设小学、中学、师范学堂及各种专门学校。所惜者,无适当之教科书,无良善之教师。于是急从日本、欧米佣聘教师,其教科书则翻译日本课本,委曲以合其形。虽历试诸艰,而犹抱憾良多也。然第如是而止,则普施教育于大国几百万学生之事,终属困难,乃又汲汲送留学生于海外。今日距日露战争之役仅二三年,来于日本之学生,已有二万以上。或今日以后,续续增加,亦不可知。况此等光景,不但见于日本,且对于欧米列强,亦会送多数学生。近来出游于独逸边者,犹复不少。盖与日本维新初年出洋归来诸辈,或直登用为官吏,或聘为学校教员,生同一之结果。形势既如斯,则今后十年、二十年,其能继续为之,所不待言也。又实际之君主独裁政治一变,而施民众本位之宪法政治,所谓准备时期,已不能不稍费时日。况支那领土极庞大,包拥四亿余大民族之国体耶。我日本面积不过仅七百万方里之孤岛,其宪政准备期,非需十数年乎。如此多费年所,以实施宪法、开设国会，尔来重回计之已不下二十回，我国民果浴宪政之恩泽而无遗憾乎？政府果已圆满运用宪政，十分发挥其效果乎？曰：否否，未也。宪法政治之于我国民，虽不敢断言无甚酬报，然宪法政治之效力，其能十分发挥与否，终令人挟多少疑念，亦所不可讳之事实也。

余何为吐此不祥之言乎？是大有所谓。最近一例，如日本帝国首府之东京市民，其所谓无有自治能力之法案（即都制案），非提出于今期之议会乎？夫首府市民，既无自治之能力，因以断定全国国民亦无自治之能力，余辈固不敢赞成此突飞之说。但此种法案既出现于议会，我国民当不无罪。自根本上求之，究因何而有此原由耶？毕竟一般国民，法律思想幼稚、权利观念不发达之结果也。我国民法律思想既欠乏，权利观念亦不发达，故向之所与之宪政恩惠，至今次而被夺，竟于都制案上见之，盖明明白白之事实也。由是观之，将施宪政于支那，必须十年、二十年之准备时期，其理亦显而易见。夫以日本之文明，比较欧米各国，其法律思想幼稚、教育之不普及、实业之不发达，以及其他百般事情，皆有多大逊色，固所不可讳之事实。然转而视乎支那，则遥在数层之上，亦万目所睹，万手所指，严乎其不可争之事实。此中各种法典，即比之欧米先进国，犹整顿壮丽，决无逊色。是以日本现为文明国，又与列强交换大使，而为一等国。质而言之，日本人民与欧人米客齐肩，得阔步世界大路，而享正当之权利。然实际上于此等权利，果有如何之状态耶。殆思过半矣。而我国民乏法律思想、浅权利观念之结果有二：

第一、对于国家之义务观念甚轻减；

第二、纵有尽美尽善之法典，不能十分发挥其效用。

于是我国民以亚细亚民族见劣，非现在某国排斥中欤。夫以比于支那之智识差等、思想径庭不止三舍之日本，尚且不可不学于欧美，况今后十年、二十年支那之学于日本，尤属当然之事，而毫不足怪者耶。

我日本之自治，原非旧有者，全是欧美赠物。欲中规中矩，达于完全之域，更不可不学于欧米。我国现在之自治，弊害颇多。所谓至完全之域，前途颇远。试观近顷之一问题，如福井县之疑狱者，讵非一适例乎？从根上破坏自治制之官治制，已被提出于议会，讵非又一适例乎。征此如许事例，详其弊之所由来，在法律思想之不普及、权利观念之不发达。然则欲维持完全自治，巩固一国基础，必不外图法律思想普及，努力乎权利观念之发达。

虽然，所称为支那之国，向惟以德之一字为经世治国要义，此明明不适合于近世之趋势，乃今日俄然一变千古积习，固非容易之举。所惜者，支那君臣虽觉，而至今之政治方法全然误谬。苟终此推行不移，富国强兵，到底无望。欲望富国强兵，莫若及今之秋一变政治组织，导君民于不知不识之间，其结果以简派海外留学生、创设法政学堂为宜。第兴法政学堂乃最近过去之事，其问津而来者，自有许多路。经彼渡于日本之支那学生，始陆军，次教育家、政治家、实业家，又次理化家，其员数伙多。然就支那之新教育言之，今日最缺乏者，乃学校教师。简易速成，亦无不可，因汲汲欲得为教员之人也。如是则今后十年或二十年，必结光彩美果于文明开化之园。出游于日本与欧米各国之几千万学生，于自己所受命、所志向之学问外，渐通世界大势，更不待论。触支那以外之自由空气，支那人之思想，自然非常变化。不独学生为然，即移住于世界各国之营商业、事劳动，几百万之支那人，其思想亦进几分。所谓世界的化也。然此等人目下回归支那，不但不被尊敬，且被排斥。故近来形势一变，遂次第增长势力，而为一种别乾坤。夫世界的思想之新空气，如海啸而来，澎湃涨入依儒教主义成立之支那国，其结果致支那人之思想非常变化。因而世界大势，压迫支那四境，此际支那若不自奋，以举行变法自强之实，则必渐因外部压迫、内部反抗，而陷于进退两难地位。然则支那之处于今日，除顺应内外形势，实行宪政采用之大命令外，无他良策。

天主教之传道者，支那内地到处有之。其归依于该教者，概是不良之民。彼等受天主教之洗礼，非真宗教的信仰，欲苟免国法之裁制也。处心积虑，横暴至极，良民之憎彼等，非寻常一样之消息。故一入天主教而唱为教民者，与他之一般人民，常起猛烈冲突。政府虽以国法临之，而教民起反抗，遂致天主教之宣教师等，恃其本国之法，滥加保护，不使犯人被捕于支那政府之手。其结果，支那内地到处皆存一种之治外法权。支那之国法于是不行，而一般良善人民，终亦轻蔑自国法律，愤慨政府之无威严，其反动露发时，或恣焚教堂，或滥叩杀宣教师，至用暴力以逞一时之快。如斯事实，年中常反复迭见，现独逸占领胶州湾，亦是以支那人杀害基督教之二名宣教师为口实。然此等失败，对于支那政府及人民，实与以痛切之激刺。

当列国竞企得铁道布设权、矿山采掘权之时，支那政府不知如何思维,漫容各国要求,至今噬脐无及。例如今之京汉铁道,旧称曰庐汉铁道,自北京连络于汉口,贯通支那之繁华中央部,乃最要之铁道,布设权竟猥予外人。其结果在自国主权下者,而事实上外国人为主,支那人为客,致遭多少冷遇,受如奴隶之虐待,语言亦必用法语。人除劳动地位以外,则不采用支那人。虽支那大官旅行时,一个外国商人得傲然侮蔑之。又支那通航之汽船,见支那人则加酷遇,无论如何吞气之支那民族,而事已至此,不得不徒呼负负。夫然而利权收回之议论,遂盛起于官民之间。不知利权收回,即所谓前此失之利权,今度再引还我乎。此事谈何容易,岂驾空之理论所能行之也哉。故结局至今日之政治组织,虽有其志,亦无收果之机。

今日支那之财政,极痛紊乱。中央政府为一事业,不外借债。其债借于何处,不问而知,其必是外国。夫起外债,必要抵当。因抵当,乃受其干涉,其权利仍不能收回。今支那外债之中,又有外债以税关等抵当,早已无所剩余,迄今犹着着失策,非缴偿金于彼,即缴偿金于此,竟至一时不能纳出。无已,乃年赋之既认,年赋斯要利息,或为还本利之偿金,或因其他事需入款,又不知几次而起外债。本利盘剥,税关胥全行抵当,无惑乎。起以上之大债,而无余力。故今日之政治组织,不能增征税金。呜呼!现事实已如斯,而外债亦不能起,税金亦不能增,卒至寸步难行,利权收回,徒属空话。试观支那内地所与布设权之铁道,孰非外人投以大资本,今若欲买还之,果从何处出金耶?自今以后,全以己国之独力布设新铁道,又果从何处出金耶?夫欲统治大国,不可不开交通之便利,欲开交通之便利,必不可不布设铁道。然手振八贯,欲布而不得布。且支那亘数千里,接境列国,欲使其国境完全有效,则不可不扩张国防之实力。欲扩张国防之实力,则军队兵器,以及其他所需之品,不可不当然增加。是非赤手空拳,所能达其目的者。然其所需之费,究出自何方耶?既不能大增税金、大起外债,利权收回之声,毕竟一片空论也。

或政府富国心急,乃自掘发矿山,起图其他有利事业,则未免大为轻率。夫所谓矿山者,原非有大利益。日本明治初年,政府直欲自掘矿,自为商卖,以富其国。委放之于民间,毫无所利益,遂竟实行其事,不意商卖矿山,徒见损失,依然一无所得。当时维新之政治家等,始如梦初醒。尝自谓无此道理,而叹其迂呆。

　　总之支那，苟仍旧行去，不加改变，推其将来，必至坐亡。若持以穷则通之理，必此时起挥非常之勇气，即行焕发大命令，派遣考察大臣，开设资政院，则余辈始深信而不疑也。

　　于是所谓政府者，国民亦当视如己之政府。假令政府衰弱、土匪蜂起、马贼跳梁，外人等因受侮辱、被迫害，必将竭力防御盗贼。支那国力既不可恃，又不可不自讲其策。综合彼此结果，势必至一国商业不得发达，生命财产，年中不安也。然而政府果视为人民之政府，则政府强人民亦强，政府弱人民亦弱之观念，定支配于一般人头脑。夫以有可羡之天然富源，有可惊之忍耐勤勉之美风，与储蓄备荒之远谋之四亿以上之支那人，欲安固自己生命财产，发展国家威信势力，须先筹强其政府之道。出五亿、十亿之金而不吝，果其方法合宜，将见五倍或十倍于今日之岁入，洵非分外难事。既得十倍之岁入，则铁道利权收回，教育普及，国防充实，以及道路、桥梁、水利、筑港、种种有利事业，必亦不难筹画也。

　　试再观今日官吏之俸给，洵属些细，举其一年所得，不足以支一月生活。彼等迫于不得已，又不得不照例收纳贿赂。于是枯吸人民脂膏，骗取五倍或二十倍于俸给之金。取者与被取者，皆默守公然秘密，而不之怪。以故官吏员数亦非常之多。所谓官吏其人者，出入乘驾与拥护数十人，其由知县、知府更进而至为道台、巡抚、总督，则如见日本封建时代大藩诸侯之行列。若问所仰之事，则在话外。顾当今之世，苟非极未开化之国，恐不至如此鹿马瞑眩，慨阿房之狂言，竟从根底废了。然使国民政府之观念，普及于一般人民之日，无论欲为何事，必不金钱告困，且官民亦能调和，国家亦能统一，富国强兵，始可有望。但冀如斯现象，立宪政治最为必要。夫宪政之施设，非支那从来之十八番空文、徒论主义所可为者。虽然，今日之今日，迫于世界大势之不得已，早防清国衰亡，无论如何，必不可不一变政体，树立宪法政治，而造所谓国民之政府，召集国民代议士，以图国民真个之意思统一，举国一致。本出洋大臣所上之奏，得开御前会议，其结果聪明老练之西太后下最后之大活断，渐布发宪政采用之大命令，谅不至龙头蛇尾，取嘲笑于世界。余辈表热诚之同情于支那，导之于文明之域，三十年来如一日者，无非欲千秋万世，不使撼东洋一团之和平也。余辈对于此次之大英断，不禁同时衷心喜悦。若支那自此犹不进于文明，则东洋安危终不可测。然据其采用宪法政治而观之，可认为已示永久和平之兆者。

　　昔唐之则天武后,固有多少缺点之人也,然确是女杰。若清之西太后,则更出于则天以上之女杰。虽曰有多少缺点,然前后几十年间,负担四亿民众之运命,其手段到底非寻常一般妇人所可企及。今也年逾古稀,不无桑榆景迫之观。乃回顾过去数十年间,颇经种种困难。当英法二国以同盟军陷北京时,随咸丰帝蒙尘热河。及平和条约成立后,不能不纳巨额偿金,容其无理之要求。而有名之露国外交官伊苦腊提夫,遂乘间弄巧妙外交,致沿海州之口岸,全被取于露国。今日之浦盐斯德与大帝湾,为露国最要之土地者,即失于此时。自黑龙尼哥拉夫斯克至桦太之对岸非常广大之沿海州地方,亦失于此时。继而长发贼之陷南京,势甚猖獗。咸丰帝大行后,清国政治全归于西太后手,竟平静大乱。继而西起葛藤于法兰西,东战于日本。继而又见满汉轧轹,有康有为之变,继而团匪乱起,蒙尘西安,倍尝辛艰,始得乱镇。及其还幸于北京也,深鉴世界大势,为时代所迫,不得不变法自强,放弃从来保守的思想,以拯将来之支那。大计既决,动机斯发。先废科举,次差遣王大臣等考察欧米及日本制度、文物,次又简派宪政考察大臣,与日本明治四年天皇特下敕令使岩仓、木户、大久保等之大政治家远游欧米诸国,观察世界之制度、文物,事出一辙。自岩仓公连袂归来,遂行立宪政体。明治八年,置元老院及大审院,以启立法、司法、行政三权鼎立之端绪。今也清国西太后前后亘五十年间,辛酸备尝,经验毕至,以不世出之才力与决断,垂此无遗憾之大业,诚可与露国加他邻女帝并驾之大英主也。

　　有如西太后之英主,清国运命实受多大幸福。不然,徒恃国民一方面狂热奔走,而上无英主,无论欲为何事,不能展其手足。即有为之政治家等,虽系决不可少之人,非有明君在上以为之主,无论如何事业,亦不能成,此乃专制国之特殊也。现在清国幸戴如西太后之英主,加之今上陛下身体虽少脆弱,究实富于进步思想之人。因西太后女性年高,确尚保守主义,一时虽感不和,然至于今日,为时势所迫,西太后之保守心机,亦为一变,以行今上从前之进步主义。是西太后与今上,已无扞格之意思。故此次政体改革,在帝室内部,并无何等繁杂。所困者,惟满汉两派之轧轹与株守旧来思想之顽冥老朽大臣辈耳。凡此等人,对于此次之大改革,彻头彻脚,不甚喜悦。第无气无力,苟偷一日之安,以终此老年生涯。自形式窥之,非不奋图改革,以完千年长计。然而殊胜忧戚,则绝无之。吁,此种反对之势,固亦莫如之何也。满汉轧轹,原非起于一朝一夕。虽非起于一朝一夕之故，然政府衰，国家亦衰。无论满人、汉人，毕竟玉石俱焚。况满汉虽曰各别，究非异人种子。自昔至今，满、汉、蒙古，概支配于儒教之精神。康熙帝依儒教主义，行天下之政治，尔来几三百余年。其遗德因儒教相感化，故此所谓儒教主义者，最适宜于立宪主义。立宪政治者，即儒教之所谓王道也。君主专制者，则依君主之专断，以行天下之政治，反乎儒教主义者也。他若与民俱亲、副民之心之说，乃儒教主义政治上之大理想。儒教之所谓为根本理想者，乃唐虞三代圣人之精神。然则今之所谓代议制度，其主义与儒教之精神毫不悖戾。不但不悖戾，而且全然符合也。总之，支那之民族，依儒教精神而感化之大民族。汉人、满人理无区别，西太后之英断，更为必要。但既已一度决意，其第一有反抗乎此者，若无用兵于罚之觉悟，则此大革新之事，卒不能行。然以余辈所观，必将为之无疑。殆其为既遂，平素表国情于支那之世界各国，其对于支那之大革新，亦必大寄同情。此中有邻邦交谊之日本国民，当必诚意热心，尽其所能，与以德义上之声援。此余辈所以深信，而不疑者也。

夫此宪政实施之计画，其事实渐渐揭晓，其究竟果何如乎？余辈以今之支那财政，决不足忧也。现在支那税金，不及日本半分，若一旦中央权力昂至十分，其税法得宜之日，比今五倍或十倍之税金，不难立取。是宪政实行未入幕之前，先举中央集权之实，最为必要之案。我日本当布立宪政治之前，先撤废封建制度，以为中央集权之计。继此之第一着，即新设六个师团，统一兵权。次则统一税权。夫税权未曾统一时，系封建时代。税皆被取于诸藩，剩余者始纳诸中央政府，与今日支那征税之方，不异其趣。及维新后，改革此制，图谋税权统一。其结果，属于地方之政费者，改而分配于中央，或别起地方税，而税权之统一遂行，国家财政之困难亦济。然则为现时支那计，图兵权统一与税权统一之事，乃急务中最大急务也。

日本未至维新之时，其货币制度极形紊滥。殆统一中央后，乃更图度量衡之统一。夫所谓税权之统一与度量衡之统一，孰非与财政统一相因而至者耶。

又日本地方行政，以内务省统一府、县、郡、村，收权力于中央。权力既收于中央，然后限定程度，委中央之权力于地方。于是乎府县制、市町村制相继而起，向之收回于中央者，今仍自中央予诸人民以作基础,集国民之代议士于中央者始成。

　　以上所述,为实施立宪政治之先决问题。而尤不可不造行政之组织,缠国家之权力于中央政府。夫所谓中央政府者,何耶? 在君主亲率者,即是君主政府。在日本,则称曰内阁。而支那巧于文辞者也,尚不知其命为何名。究之,权力要归一也。支那有言曰:天无二日,国无二王。系专遣一脑髓支配五官之事,即行政组织也。苟不能有此组织,终不能支配乎一国。其次要者,乃裁判权之统一,即司法权之统一也。此与前所谓行政权全然不可不分割。日本维新改革之际,行政官兼司法官,弊害甚多。故统一行政权时,而统一司法权亦于是时而告独立。总之,立法、司法、行政之三权鼎立,无论如何,不可不认为宪法政治之根本组织也。

　　支那之当于清国初也,为治汉人起见,政治之组织,比诸从来支那政府,加一层复杂,乃迫于时势之不得已。配合满汉,其结果愈起双方之轧轹。然在皇帝之眼,究竟一视同仁,无分满汉。惟应国家之急务,量材授官,并无何等悬念。但裁汰冗员、节俭支出,亦所当为之事。虽然,全国声望甚重,政治上有经验之大臣、颓龄之元老等,尝奔劳国事,伟勋赫奕,以负一代瞻仰,真国家至宝也。当与以十分礼遇,决不可轻轻排斥。且改革过于突飞,实足以误国家。假当此时间,此种人跃起而倡保守的议论,则前此十分礼遇,如扼奔马之辔,防祸殃于未然,亦不无几分补救。是以此种之人最宜者,莫若悉集之于中央,以备枢密顾问。其各省总督、巡抚等,十分有经历者,亦可悉集于中央,为大皇帝之顾问役。其间为满为汉,无暇区别人种。不问南方之人、北方之人,皆毫无障碍。他若凡直接观政治者,不可不减其数。支那从来宰相一人,日本亦首相一人。然而大臣甚多。大臣会议,无论何时,均以首相为议长。是等状况,其始宜令出洋大臣就日本与欧米之宪法及行政组织等事情精详调查,方无遗憾。至于此英明之西太后,愈坚固改革决行之意,计画种种准备,即急进行,则此次之政体改革,谅决无不能也。

　　虽然,绝大世间,竟尚虚文。每作一事,言之非艰,至其结局实行,往往且前且却,一变而为冷视之人者颇多。即令弗作悲观,然彷徨于半信半疑之间,不得确然之观测者,亦复不少。余辈全然反之,稍有动作,必思使内外形式无余议。据此推之,则支那之此次敢信其断行不背。若此次仍不能断行,其结局将何如? 吾恐经数年后,几十万之学生涌来新文明的思想，几百万居于外国之支那人输入外国文明的思想。在支那内地到处兴新式学校，修应世新学。一方面从政治、法律之上发自由思想，一方面从物质文明之上以逆今日政治，而起反抗。内外呼应，以苦政府。其结局非从世界之大势，终无望破围以出难关。今日支那之现状，宛如投于飓风，故欲挽回其衰运，则不可不逃出此飓风之一方。苟任飓风所诱，如旧推行，终必不能脱出涡中，翻回国家运命，惟到头听其覆没而已。是以拯救支那之活路，当唯一改革政体。余辈以善邻交谊，冀其成功。其心好之，不啻若自其口出。

伯烈曰：大隈氏，洵日本大政策家也。一面施保全支那之功，而一面又以列强分割悚之。一面歌我皇太后之德，而一面又以武后方之。一面称扬中国废科举兴学堂及一切新政，而一面又以政治组织全行误谬非之。不啻鼓舌如簧，玩孺子于掌股上，然实无一不鞭辟入里也。路矿失权、宗教干政、俸给无章、满汉轧轹、简用留学、礼遇老臣、安置反抗，以及中央集权、司法独立、行政统一、兵权统一、税权统一、财政统一、度量衡统一等论，皆我国当务之急、切肤之病。朝廷果奉为海外金针，彼东亚一团和平、千秋万世不撼之语，岂欺我哉！虽然，篇中刺刺不休者，一则曰努力保全支那，再则曰确实保全支那，三则曰与世界反抗，与久交割席，以保全支那。姑无论保全之不足恃，朝鲜殷鉴不远。即令干城助我，然以世界大民族之堂堂中国不能自存，反仰保全小于支那二十倍余之日本，是可忍也，孰不可忍。或谓保全之说，乃日本竖儒骄炫之词，其实稍有眼识者，无不知日本非与中国唇齿相依，则东亚局危，黄种势孤，再越十数世纪，不尽变为白种世界不已。是中国亡，而日本亦随之。不过判先后迟早耳。是说也，余弗敢断。试质诸日本各大政治家。

其九

法学博士霞城山人

日露战争后，其国内受其影响，故置题外。惟清国于国外，受其影响，而起宪政计画，关系最大。试次第言之。

日露战争之副产物，其昭著于海外最有大价值者，即当年对手方之露西亚帝国采用宪政之事。而交战地域之清国，又接踵而至，废旧来政治组织，新施立宪政治，现在热心准备中。此乃意外之二个现象也。余以此二个现象，直视为两国之醒觉，不禁为两国自身发达，与东洋永远和平喜。何则？自昔至今，东洋之和平搅乱不止一再，实皆基于专制主义与民众主义之冲突。日清战局之真因在是，日露战役之发端亦在是。日清战役者，日本立宪主义与中国专制主义之冲突也。日露战役者，亦日本立宪主义与露国专制主义之冲突也。然则此二大主义，如冰炭不相容，每互起一大冲突，辄以淋漓碧血，染极东天地。今也专制主义，幸露、清觉醒，渐渐失势。纵令稍存几分，而实接近立于立宪主义之伞下。东洋祸乱忧患，寻将见其根绝，余辈为清、露两国实施宪政次第准备，其喜不能禁于怀者，决非偶然也。

　　两国之宪政，其将来果有成功耶。是亦一大疑问。即以今日论之，露国宪政状态，不可谓其成功。若严以相绳，不惟不见成功，直可谓限于失败之境。否则尚在磋商中也。然绝对谓其将来无望，余辈决不敢信。露国虽衰，其中央政府之威令，迄今依然完全能行。国家统一，终底壮丽。且其立宪新政，又出自国民要求也。若今之清国，其政府威令不行于国内，则统一上有欠缺。加之宪政树立之声，非由国民自觉，全系官人首倡。国民如不与闻者，非可与露国同日而语。故于此一事，惟露国前途是望。清国宪政苟能成功于意外，亦余辈所喜悦不虚者，以东洋得藉波静而长浴于平和之光明也。但露国成功虽可确断，而清国能否励精图治，首尾告其成功，是亦一当面之大疑问。

　　露国宪政现在之状态，颇逸出常规外。即如国民议会，非为代表民意之机关，反为革命的扰乱之机关。故其君主、国民，不能齐何等幸福，徒使官僚、民主两派之轧轹，相纠缠而不已。溯其发端，则露国所在之宪政，其实情果由君主发议而布之耶？恐不至于如上所云。何则？露国君上顽固，承尼哥拉斯第一世遗志，迄今数百年之久。用尽手段方法，压迫民意。虽立宪主义滔滔于欧洲天地，而露独固持专制主义，逆航时势趋潮，正以为如此可以永久制驭国民，倏忽无端。至明治卅七年，与日本干戈相见，其结果陆军连战连败，海军全然覆没。于是向以武断政治莅国民者，其势一旦失坠，而非武断之势力，乃自此方彼方，如潮涌上。致战后之露国政界，实现急激变迁。凡关于国家、国民之利害及一切重大事件，必要国民同意。政府专断独行，终归失败。故因日露战争之教训，深动国民头脑，卒使几世几年吐血吞泪被制压于武力下之国民，乘武力弛缓，猛然蹶起，以倡自由，其势力如火燎原。东西左右，次第充扩。虽数百年间所扶植君主之力，及其政界有绝大声势官僚之力，不得扑灭此大思潮。无已，始容国民提议，实施立宪政治。

然则露国宪政是由国民先起，以警醒睡眠君主、骄恣官僚，而树立之者也。质而言之，露国国民乃指导政府，要求其立宪。以如斯事实成立之宪政，尚且未能符合，致见非常之不结果。彷徨歧路，弗获随时势进运。今猝欲踏出大道，无惑乎在过渡时应有之现象，而见于今日也。即如彼之议会骚扰，无非从旧政体迁于新政体之经路，当然应见之波澜曲折，不惟露国为然。凡世界各国，际宪政首途时，皆有若干近似之经历。由是观之，在草创时期之露国宪政，其现如此之失态，盖亦不可避之数也。据余辈所思，维恐现在之状态，今后不得永续。何则？在外国之形势，必有俾其官僚对于民主之斗争，自然止熄之一日。至官僚与民主斗争止熄之日，即是露国宪政大告成功之秋。

视线一转，观察清国宪政之由来，则与露国全异其趣，颠之倒之，其将来决不得同一而论。试就其由来言之。露国立宪政体，既如前所述，其主动力乃自国民奋起，强迫君主实施者。而清国则不然。其先倡之者是君主，其后和之者是百官、诸侯。至全体国民，徒坐浴其惠，而额手翘企之。露国国民之意气是动的，且带革命的性质。清国国民则反乎此，其意气是静的，又是渐进的。只从此点观来，则露国宪政带危险性，令人汗流浃背，清国宪政从缓裕余，如水到渠成，似易见健实之成功。然国民思想之径庭，智识之悬隔，如此其甚，是清国宪政之前途，其结局还是包于一朵暗云，毫无精彩。其今日之现状，既不若露国统一。而且露国国民虽视其官僚如蛇蝎，决不加以侮蔑。而清国国民则于疾视官僚之中，即寓以侮蔑之意。中央政府之威令，毫不能行于地方。因而彼等眼中，无君主，无政府，惟有自己与利益而已，其他一切皆空望也。无论国家政府至如何地步，而自私自利之事，终不放手。约而言之，君主威令失坠，遂至国民与君主异其所向，其愚蠢如斯。故对于君主所提撕之立宪问题，俨如第三者之冷静，绝不介意。若详考其根本，则是支那帝国历史上之关系也。古来之支那，原行一种民主主义的政治，践九五之位者，非如日本世袭帝位，万世一系，凡有德之士，足以收揽民心者，即立占帝位。且能以己之实力，废前帝而自立。在国法上，不但不敢认为非违，反鼓腹击壤，诚心悦服。降及后世，其弊次第激烈。三国时之伟人豪杰，出现于四方八达，自以为有德可得民心，用是争夺政权。一起一仆，朝成暮败。在其间之良善国民，徒供彼等牺牲，多蒙惨祸。其来历既如斯，政治亦因之虽有若无。支那国四亿之大民族，遂乃各个迷途，失所依归，而有转于沟壑之思。中央政府之权力，不能及于僻远地方。其为地方官吏者，势力极微弱，无有何等能力。盗贼所在横行，虽极其暴戾，而中央政府不为之御，地方官吏亦竟无效。于是一种地方自治制，于不知不识之间，自然发达。彼等一地方一区域之团结力，非常巩固，即如昨年清国商人同盟排斥美货，足以证其团体之结也。其自治发达之历史，因中央政府不足信，地方官宪不足赖，从国民之自卫观念而来者也。其眼中向无君主、无政府，故无论至何地步，不得左右其所为。

原来所谓支那之国，其领土非常广大，交通机关不备，固不待言（如京汉铁道，姑置例外）。甚至仅隔一重山之乡村，亦有老死不相往来者。其自治政治虽发达，然非全国如是。其亘于一省一郡者，无广长联络之事，仅划一部落，或一寒村者居多。至于此，势必长割据之风，不得不为地方分权。因之此制度愈发达，而中央政府之威令益不行。其结果于日清战役，致将有名之北洋舰队，全灭于威海卫。夫同一中国舰队也，然南洋舰队之于北洋乃袖手旁观，视如对岸之火，始终绝不予以援助。噫嘻！当举国宜一致殉难之战时，而地方割据之弊，竟害事如斯，亦无非中央政府之威令不能行也。支那来历，大抵如斯，无惑乎平时国内之不统一，而等于野蛮也。此实通清国之过去、现在、未来，而知其困难中又困难也。然又自他一面观之，是或清国一长。何则？其政权虽极不统一，究能继续国家命脉、维持体面，此所以得至于今日者欤。

荣枯盛衰无定，固世之常也。余亦何敢异。第东洋支那一老大帝国之现状，实不能恝然置之。夫为世界文化之中心者，乃炫目夺色之欧洲天地也。然当其文明未见曙光之时，而支那帝国早已达于文明之域。尔来不能发扬光华、锦上添花，及渐次堕落，以酿成今日之状况。想其逐年堕落之程度，如汽车之加速动。圣人之道，贤者之教，皆无从遮留之。及内忧外患交臻时，自外面望之，似不失为堂堂一大帝国。然窥其内幕，如蒙古、西藏等藩，早已脱逸清国之支配，此犹曰在支那十八行省之外，可以措置不问。而国内到处无所谓省，无所谓府，隐然成一个小支那。近时列强之租借地，零星万点，散布各方，未始非支那领土。然放任自由，有加无已。明治二十八年之日清战争，三十三年之团匪事件，重重叠叠，失坠国威，疲弊国力，其结果不外坐以待毙。不意其君主头脑，百官胸臆，突然欲挽复已衰之国力，发扬已伤之国威，收回已失之权利，种种观念，坌涌而来。虽明知其非容易之事，苟仍淡然置之，则又恐早晚不免灭亡。此所以一番大精进，而力争上游。君主百官皆弃自尊自大之念，凝眸海外形势，知今之列强，无不以立宪政体，奏治世之完功。且悟己国移用此制，以救濒亡之帝国，颇为得策。其机将动于内，而日露战争又开始矣。美事胜利，归诸日本。露国于战败后，寻其不名誉之由来，全是专制主义之余弊，遂以急转直下之势，施行宪法政治。清国政府有见于此，又汲汲焉，争先恐后，一鼓作气，派遣五大臣出洋考察。迨彼等使事告终，归朝复奏，皆以树立宪政为富国强兵之至策。其结果开数回御前会议，最后始以君主之名，宣布宪政采用之大英断。当斯时也，以为实施宪政，而国民现在之思想与智识，到底难敷运用。乃撤废科举恶制，大兴新学，各省到处新设法政学堂，锐意图新智识之普及。又一方面在北京置资政院，设制度调查局，更复向海外先进国简派考察宪政大臣。其考察于日本者，乃妙手俊才之达寿也。来述其次第，谓清国宪政之实施准备，现在俱着着进步也。

夫然国民等，虽立于他动及第三者之地位。然清廷意气盛烈，对于宪政计画之前途，差强人意。但宪政采用之前，究有一大先决问题，不可不明确解决者。支那原来行一种民主主义的政治，与一种自治政治。故今欲施宪政，将调和此制与宪政耶？或全然打破此制而树立新宪政耶？二者不得不择其一。在清廷庙议，谅必决定于后者。果尔，则余辈大赞成之。何则？夫将行之进取的宪政，与现行之自治政治，其发达各异。其根源到底难望一致，故不能不舍一采一。夫同一舍一也，要以与世界大势相同者为宜。宪法政治之胜于专制政治，固属明明白白之事实，取其优者，舍其劣者，亦理所当然。清廷之快断一过，已决意采用宪政，可为深喜。但其成功不成功只盼将来，今日不得断言。然清廷之有司及有力之大臣等，对于宪政前途颇有乐观者，袁世凯主张五年后宪政实施，端方亦云须十年。余辈推想朝廷英断，竟打破科举制度，决意树立宪政，不得不惊叹其勇气，敬服其明识。至期于五年后施行之说，乃性急无铁炮之议论，余辈断不赞成也。

夫支那帝国四亿之民众，迄今依可使由之不可使知之之弊政，诚置于可怜之境遇，其结果终不解宪政为何物。事实既然，乃以五年、十年之短期间，渡此法治真义于如斯繁多之民众，到底不可能之事。国民既不解宪政之为何，而漫与以参政权，不但不得些小实益，其愈以酿纷争而起祸乱，终必万有皆空归之陨落。即不然，五年实施，求之过急。其将来之结果，亦不过追露国之迹，而蹈其覆辙耳。

虽然，支那人一般之知识，至今尚在低度者，特以原来非其所习。不然则全是不教而致者，盖无绝对不能济度之国民。苟教之之道得其宜，决不落于人后。质而言之，为政者苟措置中肯，则国民之思想必变迁。然而有一困难在其中。支那历代之君主，其人者全失威信于民，而不事回复。虽如何诚意临事，而自国民之眼视之，则以为彼得勿又以手段欺我耶。其猜疑甚易起。不然，日月所照，霜露所坠，世界各国之人民，无不讴歌宪政。独支那之国民，由一万乘之君主，自命采用宪政。在朝之大小百官，虽奉此命，努力鼓吹，而国民之大部分，今尚彷徨于半信半疑之间，不甚注重清朝宪政论者之苦衷，良可鉴也。

总之清国宪政计画之前途，颇属暗淡，其障碍不止一二。国不统一，乃其最者。然则清国欲施宪政，他事尚可稍缓，而不可不先图国之统一，究之是一大难事。试以历史说明之，原来所谓支那之国，自昔与甲国构事，则连结乙国以御之。与丙国生衅，则提携丁国以处之。盖极弱之国也。幸为个人之国民，富于忍耐力。于同志者之结合力甚巩固，于商业上之信用甚发达，实出人预料之外。以故地方割据之风，渗泌于如斯调和之人民，亘数千年之久。迄今旦夕间，欲回复失坠于十八层地狱之朝廷信用，以实举中央集权完全国家之统一，颇属困难之事。当此交代之际，苟能实举中央集权，统一国家，则宪政实施之好机会，不期其至而自至也。兴言及此，清国之宪政问题，其结局必归根于国家能统一与否。夫国家之不统一，其要点何在？第一乃朝廷之威信失坠，第二乃交通之不便。故能挽回朝廷威信，发达交通便利，则此病自可除也。

挽回朝廷之威信也，属极困难之事，非寻常普通之小刀细工所能达其目的。无已，除收揽民心外，别无良策。然则收揽民心之术如何？此乃事实上之问题。虽不得一一指摘，然而肃振官纪是其急务。下自地方之小吏，上至朝廷之重臣，当一洗酷虐庶民、贪图自利之弊，对于国家，尤贵诚意。将事使彼等人民，渐服朝廷之威信，信仰官吏而无疑。形势若能如斯，则官民一致，得便宜谋教育普及、交通发达，宪政之光华,遂于是大可见也。

余辈对于清国之宪政,不是绝对的作悲观。特不外于时机之问题,清国朝野之有识者,宜留意此点,勿以躁急误事。着着步步,以收其功。所谓济有终之美者,庶其有望乎。

伯烈曰:霞城氏以露国立宪与我国立宪对言之,谓露国政府能统一而我国政府咸令不行,谓露国立宪出自人民要求而我国则出自朝廷提倡,遂以此断其难易,余始知霞城氏未足与议天下事也。我国立宪政治,虽非若露国出自一般人民,然亦非出自朝廷,乃出自一般代表人民之学者,固世界所公认也。日本自宣布宪法以来,迄今廿余年,知得宪法真意者,亦不过居于少数学者。其民间不知不识,浴于光天化日之下者,所在皆是。安得使彼蚩蚩等辈尽行知宪政之意耶。试问日本立宪之际,果出自一般人民之要求乎?何以竟行立宪也。即谓我国政府是原动的,国民是被动的,则政府如舵,国民如舟,舟随舵掉,更易为力。不知吾所恐者,正以朝廷之未必真能如此也。我国人民行一种地方自治政治,其团结力甚巩固,是非霞城氏之言乎。夫国家者,地方所集合也。国会者,地方议会所推广也。世界各国,未有地方不能自治,而国家能立宪者。据霞城氏言,我国人民颇能自治,是人民程度不待政府提倡,已隐有宪法知识。以之立宪,殆如驾轻车就熟路,又何难为之有。不知吾所恐者,亦正以人民之未必真能如此也。至若我国欠统一者,乃军政(北洋舰队覆没,南洋舰队不予助援,职是之故)、税政、财政、司法,以及度量衡等制。已如大隈氏所言,初未尝有政府咸令不行之患。我国人民畏官长如虎,凡官长所命令者,无不遵行。官长敬政府如神,凡政府所命令者,无不遵行。霞城氏如彼云云者,想徒得诸耳食也。虽然,政府不见信于人民与肃振官纪一事,乃深得我国真相。欲收揽民心者,其亦三致意焉。

其十

早稻田大学讲师青柳笃恒

(此篇乃青柳氏应编者之需而作,题曰《清国立宪私议》。)

论清国可否立宪,盖属过去之事。光绪三十二年七月十三日,清国皇帝陛下宣布豫备立宪大诏,是确定不动之国是方针,已昭然于此。筑其基础誓诏,中外断不至二三其德。由今日而溯既往,固非评议清国立宪之秋。然则将何如也? 宜周密慎重。乘此时机,而推考探求清国果能实践此重大之宣言乎? 果得完全此确定之国是乎? 此问题不但为清国政府当局者应当考核之问题,凡清国四亿国民,皆当倾尽心血以讨究之问题。且不但为清国国民应当尽心讨究之问题,即因清国之废兴存亡,与自国存立上有直接利害关系之日本国民,亦当进而就此问题,各尽其相当之思。诚以此为对于东亚、对于善邻、对于母国之当然责务也。如满汉问题、中央集权、宪法制定、君主无责任、责任内阁、国会设立等事,已经高明诸先辈,逐条发表,余毋庸赘。兹聊就余所知之范围,尚未曾绍介于世者,搔摘二三要点,略陈鄙见。若详细言之,则请俟诸他日。

(一)立宪实行期限

光绪三十二年宣布实施立宪制,须十五年间。自今计之,尚有十三年。夫此十三年间,盖一日不可忽之立宪豫备期间也。欲一往顺利,遂此大业,其第一所希望者,于此豫备期间内,愿保持支那和平,而不惹起大动乱。苟不幸于此期间内,扰乱支那之和平,致起天地鼎沸之大变乱,则支那国民不可不措弃一切事件,相携而赴国难,尚何暇安心从事于立宪耶? 夫支那之治乱,固非浅识如余辈者所能逆睹。然至日英同盟之终了,期谅必见一标的。夫日英同盟之原因,乃英国为防备印度方面起见。及英露协约成,则英国可以释此忧,而日英同盟之事,似不获再行继续。此处亦无须谆谆说明。若日英同盟一旦消灭,则日法、日露协约亦必大受影响。其存续之事,最属可疑。于是列强之目的,将以日本为保全支那之中心,而各各协商也。列强之于支那,其大势则主破裂,其机会则由均等主义创化为一种变态的怪妙活动。任列强如何攘夺,而支那已困于其手,生出无限障碍。当斯时也,支那果有平和乎? 又岂可谓曰无动乱乎? 其不平和而起动乱也明矣。假清国之内治,仍龌龊欤,则海岸之方,无论如何,能终保其澄清乎? 是国家之一大事业,不得不中途瓦解。质而言之,立宪事业尚未能全成,形体不得不涣散之。噫! 日英同盟之终了,自今计之,所余仅七年有半。此清国国民所当静思之时机也。宜昼夜兼行,不出歧路,一心兢兢焉注意于立宪事业及国家统一事业之重大期间。是向之所谓十三年间者,不可不缩短之。非不知其颇形困难,然而究不可不稍加修正。假清国此后行动,犹自求构难于外,则余辈固不得不笑其愚也。

（二）中流社会之创设与其健全

立宪政治者,是多数政治,是国民政治,是中流政治。多数国民之智识程度如何,中流社会之思想健全与否,乃立宪政治成败之关键也。即日本立宪政治之运用,近来辄有评论者,果元老之罪乎？抑国民之责乎？中流社会之思想浅陋与不健全,使元老实行类似寡头政头之政治,于多数政治之假面下,而犹自恬然者,保勿有之乎？而支那中流社会之健全者,将有之乎？夫健全不健全,故置勿论。其为中流社会之砥柱者,果实在有之乎？畴昔虽曰官尊民卑,然民卑之民,仅指下流人民而言。我国所谓中流社会者,在支那当入于上流之部。支那之官吏与商人,庶几同格。身为官吏而全然与商业无关系者,恐未之有。身为商人因捐纳而不得相当之体面官职者亦鲜。况在自己所生之原籍地,照例不能奉职。凡为官吏,必系在人情风俗悬殊、言语不通之他省,故不俟一二土住有力之家及乡绅等协赞,则无论何事,皆不能为。是官吏必藉土地乡绅之力以施政治。由此观之,可知其官尊民卑之民,乃下流之民也。极而言之,上流之下级,即是下流,并无中流社会者存乎其间。立宪政治岂可能乎？苟欲以立宪政治定国是,先不可不创建中流社会,而图其健全。其所以致健全之道,以国民教育普及为唯一之方法,所不待言者也。

（三）地方会议权限之扩张

支那各省政治上之利害关系多异,人情、风俗、言语、习惯迄今亦无统一之处。使如此情况之各省代表者,尽集于中央议会,而议通于各省之政治,不但属至难之事,且其利益亦少。今日虽自中央政府发布命令,然财政、司法、教育、农工商业以及种种行政,已有许可。各省按照各省情况,变通办理之旨,其公然明记者甚多。凡通世界,无古今无东西,有如支那广大无边之土壤之国家者乎？使其于大版图上依例发布宪法政治,能否实际行之,盖属政论界之考究大问题。然则今之谘议局（即地方会议）,宜扩大其权限。凡关于一省之政务,皆委任其议决。第以关于国家全体、国民全体最重最大之少数议案,付于中央帝国会议,较之一般普通会议,得勿为适当乎？此与大权统于朝廷之大主义绝不累及。若使一切议决权靳与之,于地方谘议局,无论何事皆俟资政院（即帝国会议）议决,则徒酿纷议,而滋事端。终必一无所得,盖甚明也。

伯烈曰：眼界不高于喜马拉雅峰，理想不富于恒河沙数，未可与言政策。即令勉强饶舌，漫为置喙，非失之隔靴搔痒，不中款窍。即是过激之论、迂腐之谈，既不足以服当局者之心，尤难以动个中人之听。若青柳氏者，其文似惜墨如金，而言简意赅、语挚情真。虽岛田俊雄、中村进午、大隈重信诸人，不及其见之到、论之要、策之确也。所举三项，殆所谓以喜马拉雅峰之眼界、恒河沙数之思想，凝为精神，发为金石。我中国苟能精神其精神，金石其金石，立宪前途，讵绝望乎？更可敬者，乃以研究支那立宪问题，为日本对于东亚、对于善邻、对于母国之当然责务。夫言对于东亚，则可想见青柳氏之识大局也。言对于善邻，则可想见青柳氏之笃于私谊也。言对于母国，则可想见青柳氏之数典不忘也。仁人之言，其利溥矣。殆青柳氏之谓乎！余不禁肃然起敬。

其十一

法学博士 TM 生[①]

清国实施宪政，其结局果良耶？宜制定如何内容之宪法，始施行而无弊耶？近有以此质余者，此诚一大问题，到底不可轻率辩答。就学理上言之，立宪政体固胜于专制政体，然不依国势民情之如何，而第从学理上推断之，恐有不合。质而言之，内不察民情何如，外不仔细研究列国之国际关系，则难决定甲是乙非。既系如此，则纯然为政治上之问题，非如鄙人门外汉所可提出而容喙者。若不揣迂阔，漫为谈吐，则徒见恶于政治屋之祭享几案，诚不足以当一粲。且拙者不通清国事情，无崭新之特见，彼此陈言，自知不免僭越之嫌。然迫于诸君寻问，若一概拒绝之，又似无心事业。故聊即极漠然之议论，一陈其梗概。

宪法政治，善欤恶欤，早已为过去之问题。只足惹学者之一瞥目，今更无容喋喋。夫戴贤明君主及宰相之专制国，胜于养腐败代议士之

---

① 此处 TM 生应为日本法学家户水宽人（TOMIZU KANJIN），TM 应为其姓氏"户水"（TOMIZU）首字母。——整理者注

立宪国,固不俟多言。但得此贤明君主与宰相,良非易易。夫一朝临于有事之日,可得举国一致之团结力,则代议政体又胜于专制政体。故今日立宪国家,滔滔然占世界大势力。如欧洲大陆,除一土耳其外(土耳其今既立宪矣),悉皆实施此制。且露国因无容纳民意之机关,其事实在反乎国民之本意而决行之。刺戟〔激〕各国,颇为昭著。及日露战役,露国败北之后,遂谓立宪政治之足贵。而清国实施宪政之动机,或亦在是欤。清国宪政实施之可否,今已决断,虽不论之可也。但当设问题于此者,特以清国文化之实际程度,虽实施宪法政治,亦无得不偿失之悬念。然杞忧所在,觉国民教育不完全之国体,其国民之政治思想必缺乏,实施政治思想缺乏之国民,而付与之以参政权,盖最危险之事。露国之现状,固能语此事而有余。而日本之现状,将谓不足以证之耶。此议论虽曾一闻,究实为皮相之见。日露两国实施宪政后之日浅,其政府与国民于宪法运用上既无十分之智识,亦未积十分之经验。故见其利,不及见其弊。即鄙人亦不能不认为有多少弊端。推厥原由,毕竟随制度而为牺牲,不得不视若当然。以就先此之约束也。夫当二十世纪之今日,与其忍睹治外法权之恶面目,公认于其国土,不若速行确立法令制度,迫列国撤去之为愈(治外法权即指我国租界领事裁判权而言),此清国吃紧之急务也。欲确立法制,使列国撤去恶面目之治外法权,则当广求天下人材,俾参与立法,以实施宪政,而活动其运用。此乃最大之捷径。治外法权若能撤去,则可维持一国之面目。国际关系始见圆满,且得以举全国一致之实。然如此区区弊害,此际亦不必介意。试观东西各国,相据以为模范之英国宪政,得达于今日之域者,决非一朝一夕之故。不知忍几多弊害,经几多困难,始逐渐就绪。是既施宪政,定有多少弊害以随之,不可不豫为期待。夫在最初望十分之效果,固属过于欲望之说。而所谓宪政有终之善,究不可不期之永远。若躁急以求效果,则清国如此之大,其实施必将延于百年以后。此所谓欲速则不达也,不亦迂之甚欤。

　　立宪结局之问,已答如上。而制定宪法之事,果何如? 余不谙清国事情,曾述如前。其何如为可,何如为不可,余虽未有具体的意见,顾不得不置一言。原来清国之为国,其所奉戴者,非如日本万世一系之君主。除去此点外,其大体主义,日本宪法似略可相当。虽然,此处又有一大疑问。支那者,非常之大国也。虽同在一领土之内,而南清与北清民情,全然相异,俨有表里之差。实施单一宪法,非不容易。而实行之上,保勿有不可能者乎? 是则鄙人之悬念也。然则如之何而后可,鄙人之意,莫若使清国各省独立,采联合国家之形式。非不知此事难于为言,然至某程度时,终亦必付与独立权力于此省之人,再或朝廷自承认之,无不途途是道。总之,采此样形式,于达实施宪政之目的,颇有便利。是亦一个悬案也。愿大加研究之。

伯烈曰:使清国各省独立,采联合国家形式,与竹见生同一见地。其得失可否,已粗陈于竹见氏篇中。至若除万世一系君主外,其大体主义,日本宪法略可相当之说,则又不及青水生所见之远也。惟广求人材,确定法令制度,以便收回领事裁判权,俾国际关系得见圆满等见,虽是常识,而非特识。究系此篇中最有价值之处,非千虑一得所比。我国讲外交政策者,盍深鉴夫斯言。

其十二

伯爵板垣退助

顷闻清国随时势进运,鉴世界大势,欲树立立宪政体,现在为诸般准备。余以善邻交谊,不禁为支那前途喜而祷其成功也。

方今世界大势,不但经济有共通之处,即政治上亦有相同之关系。东洋、清国之兴废,至招西人颦笑。是欧米列强,举望清国隆盛,况我为邻国者耶。

夫清国与我国共位置于东洋天地,夙有唇齿辅车关系,固不容须臾乖离者,是以畴昔露国侵满洲地,龙蟠虎踞,将使韩国之独立,亦陷于危殆。我国迫于自卫,以社稷存亡争之。幸获奏凯,得御瓜分蚕食之祸。一面保全清国独立与领土,一面克复东洋和平。盖以清国之独立与其领土之安固,乃我国最希望者也。我国不但对露国以干戈争满洲,且至依日英同盟,以确保支那。

我国念清国独立与其领土之安固,诸凡如斯。虽然,独立与领土之保全,非徒依外邦之力所得维持者。必也国力充实于内,俾朝野同心协力、相互维持。若内无充实之国力,将见上下暌离反目,内讼不绝。几辈野心之外邦，势必乘弊而起。事既至此，虽以二三强国努力救护，而瓜分之势终遂不免。窃以为方今清国之深忧大患，有明代以来尾大不掉地方割据之势，缺统一的充实国力，将以兆革命大乱。苟一朝革命军起，则三百年来郁结民族之积愤，一时勃发激溢，满廷既不保其安，而举国遂陷没于扰乱涡中，其惨祸真有不可思议者。

然则如之何以济之？曰速确立完美立宪政体，废阶级特权恶制，与民为政，以革尾大不掉之弊，而图国力充实，俾苍生等蒙其庥也。

夫欲直收宪政之美果，则为政者当黾勉从事，躬亲总揽大纲，指导国民，不使误其方向，此为政者所最当苦心经营者也。古来许多邦国，随时势进运，容人民要求，自行颁布宪政。至于终反有启扰乱之端，纷纠百出，而不可收拾者，其故皆在为政者缺乏这般豫备。前车之覆，次车之鉴。后之为政者，断不可蹈其故辙，而再学其失败之愚。

余也学疏才浅，老来虽一事莫为。然曾在我国首唱立宪政体，创设一切，不无多少经验。兹乃本自家之经验，以供清国当路者之鉴戒，敢指摘二三要点，促其注意，亦无非际此千岁一遇之过渡期，聊尽唇齿辅车关系之诚，使不反复吾过之微意也。

据余所见，支那自往古以来，有乡党自治之风习，扩张而润饰之，以设新法制，颇足为宪政基础。虽然，清国欲布宪政，则言论、集会、出版之自由，不可不为当今之急务。苟三大自由有所限制，一面加以法律上之压迫，一面谓万机决于公论，发布立宪政体，是不啻南行者而北其辕也。言论、集会、出版既不能自由，各种秘密结社，势必丛生。其用暗杀、暴动及他阴险之手段，以实行革命者，将见陆续辈出。此余日本宪政创设时所业已经验者。夫人盖欲自由之动物也，用公明手段，不能遂之，则不得不用阴险手段，以达其目的。故所谓改革流者，其从事阴险之程度，与为政者之压制程度，恰是反比例。古今为政者，常当悟而不能悟，即使醒悟，而为时已晚，此所以往往自买奇祸，且导国家投于扰乱涡中也。现代露国当道者辈，于其国政治上之改革，不悟此理，以中道而驱于保守的反动，俾延长专制命脉，又不倾听国民之聪明舆论，徒弄姑息手段，检束言论、集会、出版之自由，大买志士愤怨。因之，彼等生命陷于非常危险之状态者，不止一再，可谓殷鉴不远。虽彼等今日得有勋名，实属出于侥幸。此般事实，详载于余所监修之《自由党史》，读者一度阅之，盖思过半矣。

如英国于其国内，凡言论、集会、出版，皆许其自由。故人民用公明手段，各自发表意见。暗杀暴动之事，虽不至于绝无，然在检束自由之露国，殆如闭塞蒸汽机关之安全管，国内反动沸腾无已时，暗杀盛行，暴动迭出，其惨常绵延不绝。然则宪政创立之始，当与于民者与之，当让于民者让之，以使民心满足，是不独为贤明之方法。即宪政运用之妙谛，亦不可谓不在于兹。

次则关于宪政之运用，其第一要义，即是政党。质而言之，使从来之私党，尽进化而为公党也。盖人人有天赋之自由，因而于政治上不得无意见。于是关多数意见，采其所合者而行之，是即宪政之本意。其为政党者，以基于政治上之主义、纲领、政策，就各人所在一致之意见，综合之统一之，充为宪政运用机关。其所以必如此而后存立者，亦出于必然之理势。盖一人不得兼万能也。然而与于国政者，又当使其就政治、经济、法律、军事、教育、卫生，以国际问题、社会问题等之，万般事件，立定意见，与之以适当之解决而制其宜，是又岂一个人之能力所可企及者耶？于是集合与政治上主义、纲领、政策相同之各种专门家，发挥其特得之知识，以分掌政务，期在精致调查研究，至无遗漏错误为必要。此即立宪政治下之所以不可缺政党也。

夫立宪政治者，是舆论政治，又是信任政治。盖人之贤愚，亦不必因头数多寡而判。愚者众，贤者寡，乃社会普通之状态也。然一国之政治，仅委之于一部少数之智者而不咨诸舆论，其弊已不免于专制。而况存阶级特权制度，使愚者临于贤人上之专制政治耶。要吾所言者，异于是例。若于此有数智者，欲图一要政，常指导社会多数人依之为投票选举，得其信任而行政治。是即所以使一般多数之愚者而为智者劳动，固代议政体之价值也。

然则为政党者，一面当养成国民之政治思想，而开发指导之，俾得成为切于时势之舆论之机关。一面受多数人民信任，为实地行其政权之机关。其受舆论之信任，议会占多数之政党首领，即可入而组织内阁。及其信任衰，则他之首领出而代之。故专制之弊不得起，而舆论政治之实斯始见其完全也。

是以在立宪政治之下，不但不可无政党之组织，且有时为政者自进政党首领。近时日本如伊藤、西园寺二氏，常利导政党、训练政党，使发挥其能力，于宪政运用之上，所益颇大。唯各小党分裂，其事情随时势及政治上之境遇，虽不无不得已之时，然于立宪政治之运用，第有害而无利。无已，则第三党之存在，亦所当许。但在真正之宪政治下者，惟有消极、积极二大政党足已。此二大政党中，以议会占多数者，视为舆论之代表。若使之行其政见，必也其政公平，责有攸归。是则立宪之妙用也。

然世界虽辄曰树立宪政，反嫌恶有斯妙用之政党势力，甚至有不认其存在为必要者，实属矛盾之极。其口徒说宪政，其心却思专制。然则清国宜自宪政创设之始，使人民自由组织政党，且不可不努力利导其势力，为真正代表多数国民之舆论。若模仿现行于某外邦之非立宪的特别内阁体制，自以为善，而疏远为舆论政治重要机关之政党势力，不敢信赖，且滥用法律之强制力，汲汲焉扑灭之，将何以举宪政运用之实耶。各在朝之当局者，苟忧在野政党之逞势力，自亦可组织一政党以对抗之，未尝不能以言论制服言论，以舆论矫正舆论也。

第三应研究之问题，乃议会开设期之急渐也。以余所见，清国之宪政创立，非如所谓巧迟拙速，宜急于实行为愈。其故安在？凡一国有一国之情，清国与日本，其国情不同，与欧米各国亦然。苟自国将施宪政，唯当鉴时势进运，照自国国情，以直进迈往。若藉名于事例之调查，欧曰如彼，米曰如此，左顾右盼，犹豫狐疑，以迁延时日，期诸十年、十五年之后，则民间热烈之有志家，纵令忍耐待之，然如斯长久之期间，保无有所谓保守的反动者，起于政府内部，推翻曩日所约于国民者，再使复归于专制之故态耶？喀尔斯一世之见杀，路易十六世之被刑，皆驱此保守的反动翻覆乎？对于国民之公约蹂躏乎？对于国民之公约之所致也。清国当鉴此辙，以其宪政为国约宪法，勿徒拘泥列邦之事例。因调查而浪费时日，黾勉速断，咄嗟收功，使民间有志家不遑挟以为口实。不然则徒迁延时日，虽能行之千数年后，以此行之，干令其效当减少七八分，窃又恐各议会之自身，至为革命导火线之变象。

总之，其始也于专制政体时代在一人手中之政权，至寡头政治时代，遂见分配于少数贵族之间。其卒也进而为立宪政体，遂又见分配于一般人民之间。原来政治上之通则也。据此则清国之前途，卒不免出自专制政体，而入于立宪政体者，亦大势使然，曷不及早分政权于一般人民。应当与者，则大与之，应当让者，则大让之，以使天下苍生满足其愿而为之奋进耶。虽然，余不问国民之进度何如，究非滥主张普通选举者。夫为国民者，一面为国民，一面又为个人。盖个人与国家之关系，俨如物理上之远心力与求心力,在不即不离之间,始能保其平准,而为圆满之运行。若求心力之国家权力其度过强,则个人之自由及独立自不得不失去。如斯之人民,则非严格意义之国民,乃国家之奴隶也。然与此相对待之此部彼部,其远心力过强,则个人绝对的蔑视国家,国家亦不得成其形。故在完全意义之国民,一方使其个人性发达,一方则有称为富于国家的观念之个人,在远心力与求心力互相保适当之调和,而无偏重之弊。虽然,分配政权于一般人民之间,而程度自有所限。何则? 今日一般人民之间,其国家观念、继续观念颇形欠乏,无参与国政之能力者甚多。故甄别此等徒辈,宜严设界限,互相防其混淆。苟有独立抚养妻子,享受现代文明,且欲努力于此垂裕后昆,其人者足以参与国政,则不可不使参与之。夫国家观念、继续观念俱无者,使之以议国政,宛如盲者评绘画、聋者品音乐,不但终不可能,而且于实际政治上,酿非常之弊害。现时欧米各国,于普通选举美名之下,集不智之多数人民,极为跳梁跋扈者,职是之故。然则于适当之限制下,广其范围,使人民得参与政权,则人与政相齐。无论何处,皆当信赖人民之知识及其能力,许之以言论、集会、出版自由,且宜于宪法政治下之理势必然者,利导所崛起之政党,使为代表舆论之真机关,以圆滑夫宪政之运用。是即余所谓宪政之大纲也。

大纲既立,其余之问题不足问。若拘泥各区区小题,殆如腐败绳墨之争论,无一顾之价值也。

以上所述,乃关于我国宪政创立,依余所得之实地经验,对于清国宪政树立,指摘所当注意之二三要点。谅清国朝野聪明之绅士,不待余之婆言,早已为之留意而无疑。虽然,惰力者亦一大势力也。彼多年蟠屈于清国之保守的分子,保勿以此为过于急激,而百般阻碍者乎。此余所以敢为友邦于实现其计画之前,而有第一着宜与人民言论、集会、出版之自由,宜扶植政党势力使代表多数国民之舆论,宜早一日构实施宪政之机关之劝说也。

伯烈曰:板垣氏以许人民言论、集会、出版自由,扶植政党势力使代表国民舆论,急速组织宪政机关设国会三者,为我国劝。其言之痛切处,当令顽石点头,枯木回春。有识者自足以知其价值。不俟伯烈琐琐也。然伯烈更服其有次第,有根源。初视之三大问题,似属对峙,实按之,则政党、议会皆由人民言论、集会、出版自由所发生,而集会、出版,又皆由言论自由所发生。使人民之言论不自由,则豪杰之士尚且钳口结舌,等而下之,更无论矣。况中国教育未能普及,一般人民程度甚低,非言论自由,广行演说,不易为力。当代政治家尝谓演说为输入下等社会文明之第一利器,诚为卓见。《传》有云:防民之口,甚于防川。是古之为政者已隐揭不可不许人民言论自由之旨。客岁,吾友李君亚儒上书赵次帅,请编辑演说,开导愚氓。赵公纳之、行之,一月竟有乡间老民,自谓听演说一周,如梦初醒。愿献寄附金若干,以充公益。即此观之,则人民言论自由之效果,直速于置邮传命。由是集合多数人民之言论自由,则名之曰集会。集会之实际,仍不外人民言论自由。所异者,特荟萃其言论耳。由是登录各个人民之言论自由,则代之曰出版。出版之实际,仍不外人民言论自由。所异者,特存在其言论耳。总之,皆上警政府,下醒国民,使其规模日宏、智识日广,朝野贤愚,同舟共济,而政党于是生焉。政党生则宪政、国会措之裕如,对内对外,无上活动。由是观之,政府之绝大政策,社会之绝大幸福,皆不可不谓非人民言论自由之赐。不然,使人民口嗫嚅而不敢言,足趑趄而不敢进,非加以偶语之禁,即坐以腹诽之诛,则政府孤立于上,人民涣散于下,以之对同心同德、群策群力之列强,殆如枯朽经疾风,欲其不即时零落刁散,岂可得乎。此伯烈所以服板垣氏药之对症也。更可敬者,其篇中有曰我国迫于自卫,以社稷存亡争之。此意固尽人知也。然方诸谓日露战争,特为保全支那起见者,其心术有诚伪之分。又曰愚者众、贤者寡,乃社会普通之状态,此意亦尽人知也。然方诸动谓一般国民程度不足,未可遽施宪政者,其阅历有浅深之别。又曰清国之宪政创立,非如所谓巧迟拙速,宜急于实行为愈,此意亦尽人知也。然方诸谓宪政豫备不可急进,至少须数十年内外者,其明达时势、洞悉国情,又不啻有天渊之隔(其余人中惟青柳氏有缩短年限之说)。他若以保守反动防专制之复还,以事例调查惩迁延之误事,以普通选举证欧米之嚣张,无一不中我国时下机宜。此老之言,当以青眼读之。

其十三

加藤高明

支那之面积,仅计其本部,已百有三十三万余方哩,其人口已四亿余。再加入满洲、蒙古、伊犁、西藏,在本部外之支那,其土地广大,人口伙多,直冠世界。今若于此庞大领土内,开发其所包藏之富,将四亿数千万人口合成一丸,其势力伟大之点,当不落于列强背后。溯其国在古代时,曾经文物隆盛,武备整然,朝不容权臣跋扈,野不见恶汉跳梁。于丽日和风,蔼蔼平和之里,君主喜臣民从顺,臣民仰君主圣明,讴歌休明美政。乃物久弊生,支那之文明,遂自此而袭种种恶弊,不能再进一步,更上一层。且于不知不识之间,重叠退步。依所谓《三国志》的豪杰之野心,扰乱平和状态,俾尧舜禹汤之世,不获再见。降及近世,弊根愈深而大,牢乎其不可拔。宛如土木偶神,徒受馨香,实无灵验。以致政令不行于国内,中央政府之施为,屡屡遭逢阻碍。凡有可进国家益利,与国民幸福之计画,辄招蹉跌,不能遂行。其结果,民心内离,而外侮乃随之而入也。

迨日露战后,清国朝野翻然发奋,欲恢复既衰之国威,收回已失之权利。以为专制政体、寡头政治终不能行。乃模仿日本方法,采用立宪政治,以举全国一致之实,而宪政创设之议于是起焉。其所企图者,现在之清国果能容否?姑措不问。然余辈见清国毅然废《大清会典》、《大清律令》,打破数百年来之惯例典章,新施宪政,不得不敬服两宫陛下之英断,称叹臣民赞襄之聪明。但今日之支那,极弱国也。其国民汲汲图私利,营利欲,陷于惰弱,流于安逸。欧米诸国,深知其不足有为,固不待言。即我日本,亦复不少顾这般立宪问题,系其君主发倡,殊属出人意外。无惑乎浅见寡识者辈,非常吃惊,不知种种施设,皆虚文也。原来支那之人,第善于缀文成言。若一人实行之幕,则十废八九。此次问题,以冷眼观之,未必非照例编一体面成文宪法,至谓运用之以收充全效果,恐有所不能。

余辈如斯轻侮支那国、愚视支那人,其说又似过甚。支那人虽有墨守旧习不迁于他之癖,然其性质富文学、尊礼让、守节俭、重信用、有储蓄心、强忍耐力,不徒于历史上见其然。即现在支那本土者,一旦离开乡里,营业他国,其最丁稚者,十年而为管事,二十年而为堂堂一个商馆主人,比比皆是。非敢过誉也,实于表明支那人之价值,最为适切。然则居本土者,何以多有有食则餐、无则饿毙者耶?其原因固不一而足。大抵坐于法制不备、信用制度不发达也。若同于他国文明,确立法律制度,完备信用制度,则国民之消费力,不期其制限而制限。由是观之,现今清国国民之实际,非绝对坠于地狱之底,不可济度。苟因其虚文了事,遂将宪政问题一并葬去,盖大误也。

虽然余辈不居于侮支那国、愚支那人之方面,亦不居于现在清国君主自亲裁专制制度,一跃而实施民众本位之宪政之方面,惟觉铁热则不可不打,铁未热,虽打之,亦徒劳无功,不待智者而后知。譬之清国,未能达施行宪政之机运,乃欲强而见诸实施,则等于打不热之铁。将见因拯其国而施宪政者,实为乱其国之阶也。

夫宪法政治即是舆论政治,非树立择一定基础之上,则随筑随崩。沙上楼阁,择无其所。所谓基础者,上则膺国家裁理之官人,具足以运用宪法政治之能力。下则国民不制于利益私情,有堪参与国政之智识及德操。然一检察其实,则如前所述之墨守旧习,为支那人常弊。即现在清廷之显官中,支配于旧思想者居多。故在日本及欧米,研究新识者,占居要路,未曾之闻。夫在国家枢要地位者,尚且其然。况教育不普及,国民思想稚弱,实施宪政之机会,毫未成熟。虽非具眼之人,亦所深知。试即日本事例,明以证之。

我日本盖四面环海,蕞尔一小岛帝国也。人口不过五千余万,然自古至今,不问其为何如事,国民皆绝对服从天皇命令,纵其间不无一二反抗者,亦属稀有事例。其大势则始终一贯,受支配于忠君爱国之思。当中叶时代,兵马之权虽移于武门,而最高之统治大权,无论何时,皆保存于天皇御手。故其对外也,未尝缺国内之统一。日本因有此历史,君主天皇晓然以宪政为可,自其命令颁布之日,已得为立宪国家。但我国宪政能实施者,由焕发万机决于公论之大诏后,经营二十余年。夫此廿余年之长日月期间中,果何所为也?在内则锐意教育普及,或力图运输交通之便。在外则远送大使于欧米,或派遣学生于先进列国,使研究各国政状。及彼等归朝,或入朝而就职要路,或下乡而指导国民。又一面登高自卑,先兴市、町、村会,次开郡会,再次设府、县会,以涵养国民之思想。俟其渐习惯于舆论政治之日,然后始断行国会开设。可知日本之宪法政治,决非一朝一夕之间,自孟浪得来者,以此慎重预谋周到准备之实施宪政,迄今阅年已十有九。议会重回,亦二十有四。尚不能断绝一切弊害,亦属不可讳之事实。考求其弊之所由来,一言以蔽之曰:国民思想幼稚。国民思想幼稚者,因国民教育之不普及所致,固不待言也。然余辈以为我国宪政状态,不得谓之属于失败,亦不踌躇称其成功。盖其利足以偿其害而有余。

日本宪政已述如上。虽不免有多少之弊，幸已告其成功。而清国之宪政，能否与日同样成功，猝难断定。第一，日本与清国全异其历史。其最著之点，日本乃戴万世一系之君主。清国于过去之事实，可直谓依广义的一种选举以定君主。是国民对于君主之观念，全然与日本异也。第二，清国无宪政施行之准备。夫所谓出洋大臣与考察宪政大臣者，留于海外仅仅或数月，或一二年，其所见闻，自不得与以满足之结果。其他海外留学生归国而居要路者无人，前已言之。加之教育普及，绝不前进。运输交通，虽如无进步之京汉铁路，亦不多见。于大体上，万难满足。以如斯之状态，其将来尚不可知。而目下乃欲布施宪政，其实行想极困难。

且清国自外观上看之，是堂堂专制君主国。一度立入其内容以窥之，则如其所行为者，乃民众本位的主义之政治。即在彼国，各地方总督之权力，亦颇伟大，一手掌握文武之权，庶几操生杀予夺。然转一面以观之，则此总督之权力又大被制限，不亦奇欤。质而言之，地方总督于政治上、财政上之机务，不能独断独行。然则何人容喙于此耶？则有地方之为绅士者。此绅士中有大绅士，有小绅士，动能掣总督与巡抚之肘，此吾所以谓其为行民众本位的主义之政治。观其招牌，本是专制主义之国，而实际上则似行民政主义之政治。其现象盖甚奇也。清国政治组织之混乱，固明明白白之事实。此外尚有一个奇事。中央政府之有力大臣，虽居于监督地位，尚且窥被监督者之各省总督鼻息，诚冠履倒置之事。以故中央政府之政令，屡屡难行，其结果遂以招国内之不统一。此等事体，洵为对于宪政创设之大障碍也。

据此论之，清国之于宪政以为绝对不可。明知失诸正鹄，然谓其宜遽实施宪政，则必有不可能者。此中颇含有至理。总之，清国不鉴自国之历史，不察自国之国情，不顺中央政府之实力，徒以日本一胜于日清战争，再胜于日露战争，三列于世界班伍，具此偏见，乃欲自现在之专治政制一跃而进于立宪政治，以速了宪政之力，全是轻举妄动。如以锤加于未热之铁一般，可谓忘自家之立脚地，空夺其心于他之是非者也。果如是，则宪政创设，本为促国运发展之动机。至此，适以撼摇国础，不啻举四百余州土地人民，投于大动乱之涡中也。故余辈望清国当路者与国民，此际第留意创设如日本历史及国体上之宪政，以为实施准备期间。俟阅廿年之长日月,经诸般经营施设,再渐次由寸进尺,由尺进丈,以结今日之成果,决非一朝一夕之间所可垂手而得者。不然,刻下不专精准备,不徐待时会,遽欲确定捕捉之,保勿发头秃之叹于后欤。

伯烈曰:加藤氏之言,无他可取。惟谓我国第善于缀文成言,种种施设,皆属虚文。此次问题,未必非照例编一体面成文宪法,此足以警我国之言不顾行也。又谓在日本及欧米,研究新智识者占居要路,未曾之闻,凡清廷显官中,支配于旧思想者居多。此足警我国之不登用贤材也。《书》曰:言之非艰,行之维艰。《诗》曰:人之云亡,邦国殄瘁。即此二端,足以丧其国家而有余。何况列强张牙伸爪,乘间伺隙于其后耶。至以我国立宪为轻举妄动,如以锤加于未热之铁,殆不识时务之盲论也,不足以辩。

其十四

法学博士浮田和民

古来从事于支那之研究者,其数不止千百。此等人果属于如何之方面,即谓之曰代表社会,亦无不可。盖以研究者,多世界知名之士也。质而言之,此研究支那之人,其中有宗教家,有教育家,有美术家,有实业家,有学者,有军人。夫此种种色色之人,所以研究而观察之者,果何为乎?固不言而喻。支那之近状,内忧外患,相踵而至,国运甚衰。中央政府之命令不彻于国内,其外观虽是堂堂一大帝国,而一度窥其内容,则北清之人只知顾北清利害,南清之人只知顾南清利害,此外无论何事,皆不存在眼中。即如国家全体利害,几有措而不问之势。再进而观各省、各州,则每省、每州亦是如此。以故事实上致国内无统一,中央政府之命令亦遂不出一途。加之官纪久弛,上多贪醲污政,民心久顽,下满惰眠棍徒。来历既如斯,而乃欲国力之不衰,国威之不坠,亦缘木求鱼之类。然则国力不振,国威不扬,是即贫国弱兵。既至国贫兵弱,则外受列国之侮,纵令无理要求,亦不能不涕泣受命。例如此处之支那人仅为杀一二名之外国宣教师,对手方则无论何处之领土租借权、矿山采掘权、铁道敷设权,皆可藉端要求,择肥而噬。国家之体面虽伤,又不能不忍以与诸外人,何不幸而逢此境遇也。

　　夫陷于如斯境遇之支那,其古昔于某某点上,比诸欧米今日之文明,独有确进一步之时代。故世界知名之人,以最真挚之态度,从事于支那研究,亦决非偶然之消息。此等诸名士,迄今从事研究,本其见见闻闻,或记于笔,或发于舌。殆如世谚所云:酒铺有酒,饼铺有饼。然学者因学者之见地,军人因军人之识域,各异各说,各抒其怀。宗教家、实业家亦无不然。除专门特种部分外,而考其结论之大体,则分悲观、乐观二派,莫能归于一式。

　　悲观说之要领果何在耶? 曰支那国庶几病入膏肓,其政府与国民,无论何事,均不能单独为之,常倚赖他人力。所谓因人成事,极无气概之国也。其癖傲慢尊大,化于日固至难,化于欧亦不易,其结局除坐以待毙外,无他良策。乐观说之要领果何在耶? 曰视支那为亡国,实属皮相浅见,非得诸正鹄者。纵谓其国力衰、国运倾,而尧舜文明遗意尚仿佛残留人间。其国民虽有嘲曰怯懦,笑曰怠惰者,而孔孟教训余德犹宿于国民头脑。或又有非难彼等得钱则食,不得则不食,既欠乏贮蓄心,又过耗消费力。不知此乃制度之罪,决非国民之责。夫一般支那之商,其信用显著发达。我国商人社会,到底不可企及。即此一事证之,可以知其大概。总之,支那断非亡国。特今之当路者,误用施政方针,始招致此种现象。故其罪在制度,在政府。苟能断此弊根,则如杠杆之转巨石,其颓势可顿回也。就此二说而考其当否,全为不错。然在某时代,或以前说合于真理。在某时代,或以后说近于穿理。因不敢漫然对之,遽予以褒贬之辞。第往者不可追,不得不专就现在及将来而推考之。谓其现在为奚若,则余信后说妥当。何则? 目下支那,盖极炽盛也。何以证之? 证之于利权收回热。利权收回者,谓一旦收回所已失之利权,谈何容易。若持之过急,窃恐举支那四百余州至投于大动乱涡中,亦不可知。然余于极端之利权收回论,虽不赞成,但至某程度之利权收回,亦半开国进于文明途上,所不能免之一现象,似不得不承认之。其故安在? 盖于过去之不知不识间,所失去权利之国民,迄今图谋收回,即是畴昔不解权利为何物之国民,养得权利思想之结果也。质而言之,即是进步之结果。夫今日之支那,与十年前之事情大异。忆某友怀旧,谈我日本当维新时,书之能读与否,别为问题。但不陈列洋书于书斋,则于面子下不去。今日之支那,恰是此境。上自朝廷之重臣,下至寒村之小吏，大概书斋桌上，置日本文书籍数卷，以增一种名誉，是非其进步之好证左欤。加之烦杀几百万有为青年，使读八股文之科举制，已经撤废。每省置法政学堂，各从海外聘教师。法律者，盖教权利义务之为何物者也。又于他之一面，数万海外留学生，岁岁输入新智识。当此之时，国内到处利权收回论益嚣然起，亦理数之当然，而毫不足怪者。如彼悲观者，谓支那人极堕落，绝对不可济度，则所谓利权收回之议论，当不郁勃隆起。是以悲观者，任有许多根据，余所以仍左祖乐观之说。又支那人有气力，故一时虽受时潮压迫，国势趋于陵夷，而今也上下觉醒，可认其为着手于国运之再造也。

此余之乐观的支那也。是实施立宪政治于支那，除一点时机外，不仅无他异论，且以满腔热诚欢迎之，翘望其善首尾而告成功也。夫所谓时机者，即宪政实施之时机也。不可不进一言。现在之清国，足以为宪政实施之准备者，一无所有。试区别论之。

第一，不可不图教育之普及。

所谓宪法政治者，与参政权利于国民之谓也。若国民智识程度极低劣而遽与以参政权，则徒为紊乱国政之基，其有百害而无一益，不待智者而知。今支那教育现状，纵令与之以参政权利，而国民不堪其任，固尽人知者。夫我日本国民于教育普及之点，几不让于欧米先进列国，尚不可谓不误代议士之选举。故在议会众议员之全部行动于无可如何之中，求其能遵宪政之本旨者，或有过半数乎？再三思维，为宪政基础之选举权，其行使之难已可概见。以日本国民犹且误用其行使，而欲支那国民之不误，诚属无理之希望也。各省仅置一二个法政学堂，以为宪政准备，到底不能满当初之望，确实见其结果，固已明若观火。即使徒有法政、经济之智识，而宪政准备，仍不可谓充足。又全国教育上之言论，既不一定，因难共通。纵令开设国会，其议员各自之讨论，又非用舌人不行。故小学教育之普及，最为必要。中学教育，更不可忽。中学校之教育虽已普及，而法政、经济等专门的教育，苟不图其普及，则宪政准备所注入之新识，仅窥门径，未入堂奥。其结果反至多招危险。盖不啻悬镜当前，愿当事者深长思之。

第二，不可不改革法制，不可不确立货币制度，不可不均一度量衡器。

教育普及之结果，其国民智识虽如何进步，思想虽如何向上，究不得谓宪政准备足矣。夫今日之清国,有全国共通之法律否耶? 昔威尔特尔氏尝形容法兰西为古代惯习法国曰:吾旅行法兰西时,每换一驿马,即不能不立于相异之法律下。其言虽颇简单,究活画出一个惯习法国之面目。窃以为今日支那之状态,傥如此评,真无实施宪政之资格。试观其货币制度,果何如耶? 是亦一基础之乱。现今清国货币,流通无数。然一旦施行宪政,其议会之职务,必将监督财政。至于斯时,恐现在货币之状况,终不能举其监督之实。至若度量衡之制,则与前二者同一理由,必不可不均一者。其他种种事体,不一而足。当事者宜慎密注意,预先就此等诸点而十分整理之。但此等之改革,或有谓系立宪政治后之事者,或有谓即是宪政目的者,然究其实际,于宪政实施之前粗立规模,略略施行,乃全局之利益也。

第三,不可不图运输交通之便利。

图谋邮便、电信、铁路之发展,乃急务中最大急务。盖清国改革旧制,施行立宪政治之大主意,在使全国人民知帝国之位置及任务。支那帝国者,非谓北京政府之帝国,乃支那人民之帝国也。质而言之,即是打破仅知利益一地方、一部分而不知其他之现今状态。俾各地方、各部分互相知共通利益,为协同一致之活动也。于是乎,设备全国交通机关之事,在宪政准备上为急务中之最大急务。夫铁道、电信,实国家之血脉,譬诸人体血液,其运行活泼,则人元气旺盛。故国家之铁道发达,则可使国家富实力而盛元气,更可增长协同之意识。此外,则宜举中央集权之实。非不知此属大难事。要其所以为大难事者,即在交通机关之不发达。例如欲扫荡南清革命党,而邮便、电信、电话等不完备,一则难得敌之情报,二则自己传命令、发报告亦不能如意,以故屡屡失好机会。且铁道不发展,道路之修筑因之不能普及其僻远地方。设有暴徒蜂起,而讨伐之军队尤难迅速从事,终必大失政权,不能发挥军队之威力。有此等重原因,生出种种可悲之现象,致国内不统一,中央政府之权力失坠也。此实为宪政准备不可一日忽略之问题。以上所述数点,皆宜于宪政实施之先,而豫为完成者。惜现在之清国,一无所能。故余不事蹰躇,直断言之曰:今日施宪法于清国,其时机尚早。虽然,余非绝对悲观清国者,固前已言之。惟愿成功于将来耳。但所谓实施机会,果须若干年耶。必至若干年后,始为适当耶。盖不能不言之于先。我日本地势乃四面环海之极东一小岛,人口虽曰稠密,总计不过五千余万,比之支那庞大国土四亿民众,原不可同日而论。尚且于施宪政之前,费豫备时代者二十有余年。乃实施之后,议会重回二十四次,阅年十九寒暑,其经历颇不为浅。然于真正意义,果能尽宪政妙用否耶? 则不得不大有所疑。若直截言之,在形式上固是非常堂皇之宪法,在实质上则不得不大有所疑。是以过于翘望立宪政治,而欲遽然实施者,乃名义上之事,实际上则不能见效果,绝不足为宪政喜也。据余所推想,清国之宪法政治,此后至早非经十年二十年,至迟非经三十年五十年,恐难见其实现焉。

余对于清国宪政,将来切望其成功。故自此又稍进一步,以研究具体的之实行方法。世人动谓清国之树立宪政,以我日本宪法为其有力之参考。余虽不敢谓其必不然,第鄙见所及,恐日本宪法难为有力之参考。夫移日本宪法之于支那也,惟钦定宪法中关于君上之主权所在一事,可活动规定。袭用大体,以奏果效。其余,则日本宪法,皆不可用。然则仿何国之宪法为最宜? 惟有在大陆交通最不便之加拿大之宪法,其次则濠大利等之宪法。至若如合众国为极端地方分权主义之事,尚须审量。虽然,绝对的中央集权主义,亦不甚宜于支那。要在不失其中庸而已。

宪政准备既举,将渐次见诸实施。其国会究当何如耶? 或谓为支那全体计,宜开一惟一之国会。不知此说言之当,而行之难。何则? 第一,东西异其地,民俗有非常之差别。第二,各地方言语不通,将来教育普及,其言语始得归一。言语既不通,则议员相互之间,易招意外误解,惹起感情冲突,自然缺意思之疏通。其重要议事,将呈不能进行之奇观。是以为全国开议会,先不可不造共通言语。或曰汉语乃通于支那全体之语,用之甚宜。然其实际上,则无论何如为之,不能通于支那全体。

依右诸理由观之,倘欲为支那全体开一惟一会议,其会议必难保有满足之成功,而结局终归于失败,固所显而易见者也。危险既如斯,则以前途无望之议会为支那全体唯一之议会,姑且附诸淘汰,未敢滥取。

然则欲采所可实行之方法,果何如始得其宜乎? 以余所思,则用比较的方法,于全国之内择其人民智识富足,思想有进步之场所,如直隶、湖南等省者,先设一地方议会,征其实际之成绩,再渐次考查各省能否胜任议会运用,然后于最有进步之一省或二省,酌量时之异同,以期实施。由是依此手段,次第及于他省,以至十八省全体,庶几其无谬欤。

其各省权力,比日本府县强大者,则各省认各省之宪法,于其宪法范围内之立法权、行政权、司法权,凡关于各省者,各省有专断独行之权力。与其本省督抚,附诸议会,而中央政府,对于此只有最高权之法律裁可不裁可权。宛如加拿大、濠大利各州之事体。凡一切各州之政府,得议会协赞,即可单独施行。中央之总督,不过认其裁可不裁可权。如此似觉为宜。由是各省全体,苟能整齐地方会议,即可开始组织中央议会(其实际比地方议会,不可不稍后时日)。为支那计,窃谓适当。然则所谓中央议会者,果何为乎? 此又如加拿大、濠大利然。其责任在制定所共通于支那全体之法律,与财政之监督耳。于议会开设之顺序,如右所言,谅无不合。然议会如何构成耶? 又以如何之方法选出议员耶? 凡各省之地方议会,若依前所言之次序行之,其议员直接从人民选出为宜,固不待言者。即中央议会,欲骤易不自人民选出,亦所不行。先是当置上下二议院于中央,上院之组织以各省总督、巡抚、布政司与被敕任者成之,不甚大见困难。至下院之组织,则非容易之谈。下院之议员所议者,乃关于支那全体之重事。其议员直接从人民选出,极属困难。不若使各省地方议会,由其议会之议员中选举之,以送之于中央,其或无大过乎。

究之,如合众国之为极端地方分权,亦不宜于支那。即若日本中央集权,是巨大的,其实际亦系不能之事。故结局取两派之中庸,以加拿大、濠大利之制为主,至某程度时,则使存联邦之形。苟有是,则支那之宪政始确立,国势之颓废能救济,与日本同立于东洋文明之地,将无不可。

虽然,关于满汉轧轹,终不可不一言置之。世间多数之人,目满汉之状态为毒支那,又曰支那之自促灭亡。余所怀抱之意见,全与此相反对。满汉之轧轹,非毒支那者,亦非支那自促灭亡者;与其谓满汉轧轹致支那今日内治外政紊乱萎靡,以底〔致〕灭亡,则宁曰因有满汉轧轹而国民始幸免紊乱灭亡之祸。质而言之,今日之所以维持支那,拯国民于涂炭者,即在满汉之竞争。因有满汉竞争,既互相掣肘、互相警戒。当此之际,满人之有失政也,汉人则摘发之。汉人之有失态也,满人则摘发之。交相弹劾于君主,其结果官纪之废弛虽达于极,而官吏之专恣横暴,究不昂上其度。论者于其内政上,因所经过之事实,与上所云同一理由,遂恐满汉轧轹致为支那国难之一。余盖不踌躇认之。

夫然则过去满汉之轧轹视为支那之幸福,已属明白之事实,而将来殆何如耶？其对于立宪政治，又有何如关系耶？或谓苟满汉有轧轹，则难望真正宪政。然据余言之，彼谓满汉轧轹为宪政树立之妨害者，殆亦无价值之问题。余确信至宪政施行之后，使之达成功之域者，仍赖满汉轧轹。夫泰晤士河畔之英国会议，自由、保守两党别为二大势力，互相牵制、互相规戒，常争其是非不已，故讴为世界模范议会，以致有如今日。将来清国之议会，满汉二派各组织一党以临之，而大相争竞，则余所希望者也。特以其相争竞之结果，即为宪政之昂上与进步，今更不待絮说。故余决不以满汉轧轹为困其极也。两派相争之盛，或决输赢于中央议会，或角胜负于地方议会，则余所切为希望者也。虽然，余之所谓争者，决非如今日拘于区区末节（现今满汉之争，极鄙劣），徒趁攻击人身。须正正堂堂，一扫此风，而为君子之争。勿阴险、勿鄙劣，以正义公道为标榜，忠实国务、亲切国民，所争莫出于私，则其争可大也。于是使清国宪政，能济有终之美，则尤余之所切为希望者也。

余望宪政树立于支那，不啻清国自望。我日本盖位于东洋之立宪国也，然与我同在东洋有唇齿关系先进株之支那国，果因何意味，坐视其终久不得施行宪政。诚我日本之不面目也。窃闻君子之德风，而日本宪政不足以风化我邻邦，其惭愧为何如。若自此支那犹长为专制国，便是日本宪政之德不若君子。余尝低徊此意，不禁为支那、日本两方面倾倒满腔热诚，庆喜清国宪政树立，而祝祷其成功也。

伯烈曰：智矣哉！浮田氏也。卓矣哉！浮田氏也。狡矣哉！浮田氏也。其智处令人心羡，其卓处令人心折，其狡处令人心惊。何以见其智也！前之悲观、乐观二说，后之教育、法制、交通三项，以及宪法采择、议会选举各端，无不沉痛酸楚，持论入微，非智者而能明察及此乎？何以见其卓也！以收回权利之事证我国民进步，以满汉轧轹之事视为宪政成功，皆独具只眼，道人未经深得造物絪缊之意，以言乎卓。孰卓于是。何以见其狡也！本笑骂也，而出以誉扬，如所谓陈列日本书籍于书斋等类是也。本夸炫也，而出以谦仁。如所谓日本宪政之德不若君子等类是也。令人读不终节，辄泪数行下。中村进午之延期百年未来可得消极的幸福一语，固足使闻者生戒惧心，生愧愤心。然而当头之棒易感痛刺。若浮田氏所言，殆所谓笑里之刀，非浅人所能窥测也。其狡直与大隈重信相上下。要之，其智足以资我，其卓足以壮我，其狡足以耻我。尤足以励我，是在吾国当局者自取之耳。惟于豫备期限谓早则十年或二十年，迟则三十年或五十年，此乃胸无把握，游移无定见之谈。夫十与五十，乃一与五之比例，岂有迟早之期以相去五倍之差，而活动下其判断者乎。如以此判断，为合于论理，则谓早则一年二年，迟则百年千年，又何不可之有。试问其所需之年限，谓非事实上之豫备乎。其事实苟必须五十年豫备者，无论其速如何，究非十年所能了结。其事实苟第须乎十年豫备者，值我国稍纵即逝之秋，又何敢不于十年内备齐，而必须待三十年五十年乎。况政治之思想发达，与日俱进。事实之变迁，月异而岁不同。即使豫备五十年，岂即可称为成功而无遗憾耶。我国九年之诏，固已表示事实，吾犹嫌其虚延时日也。朝廷苟不欲实施宪政则已，如欲实施宪政，此后若不缩短年限，吾恐堕于外国野心家计中矣。吁，政策不张，岁月何尝逼我。列强环伺，光阴不肯待人。黄粱果尚未熟耶？愿枕上人寤寐思之。

其十五

众议院书记官长、法学博士林田龟太郎

前清国考察宪政大臣达寿氏来视察我国立宪政治之状态，数以关于清国立宪问题及议院事务局之组织等事，征意见于余。余即其所陈述者，对于清国宪政，无所疑惑，确信其可成功也。

夫立宪政治，是欧洲人之特有物。若非白人，则无运用代议政体之能力。一时倡此说者甚盛。然此说无论何时消灭与否，而一般人皆公认此为白人之呓语，殊属可喜。是以白人以外，今日得以壮丽立宪政治，成立为国家者，不止一二。而其中达于成功之域者，自证据上论之，则请观我日本。我国之宪政，颇有种种非难，其弊害所在，无能为讳。即余对于我国宪政，必辩护其为完全无缺，不惟不敢，亦不得。然虽有多少弊害存在，第就其利弊之数比较之，则所得视所失为多，故不可不于大体上，姑认其为成功。日本宪法既成功，则所谓非白人不能具备自治能力之呓语，有此积极的证据，可以不攻自破。然则白人以外，谓属于黄种之支那人，无立宪国民资格，殆又不足信之妄说也。由此言之，是清国之宪政，自无何等悬念。且宪法政治，不惟不与支那历史相反，

并可为宪法政治之证明,其故果安在? 盖宪法政治之最重者,民意也。希腊古代格言云:民之心即神之心。现在欧洲列国,即以此义为宪政普行之根本。又考支那历史,当尧舜之世,天子尝宣明曰:以民之心为朕之心。比诸希腊格言,其所异者,不过神与天子名称之用语,而意义则全相同。可谓东西历史,其揆一也。迨及汤禹文明时代,虽非极端的如今日所行于欧洲者,然一种民众本位政治,自是实行不诬。故支那今日,虽极堕落,而一旦改良,亦可达于文明域。就广义一方面言之,支那布发宪政,原属依民意以行政治。回复支那二帝三王之旧,非敢模仿欧洲新制度,全然与其国历史相反。此吾所以谓清国实施宪政,决无不可能之事。即我国宪政之得,至于今日者,其事由亦宛如支那。何则? 我国幸有如尧舜时民意即朕心之天皇也。明治维新以后,所宣明万机决于公论之件,史不绝书,只此一事,足见其易于成功。由是类推,清国之宪政问题,其前途当勿庸悬念。

或谓就清国民情观之,则颇有忧虑者在。然据余所见,古来之支那,即谓为行自治政治,亦无不可。如以支那人为无自治能力,是乃大谬之诬说,决非正当之断定。即曰今日其堕落达于极点,而其国究不至于分割以蹈陷灭亡,此乃确乎不可拔之议论。若谓其确处何在,即是所行之自治政治。他若国民等之团结巩固,商人等之信用发达,其令人惊叹之点,诚有非世人所可想像及者。例如某商人与他人订交易,既不重视证书,亦不烦及证人。在古代罗马时,凡买卖交易,必依极复杂之方式,始利其行。而支那之于罗马相当时代,其法制虽未发达,究已有不须证书、证人之特长。反复思维,不胜敬佩。迄今买卖无大小,贸易无繁简,公然圆满敏活,行之于口头契约之下,毫无障碍。夫法制不备、裁判制度亦不完全,何以有如是通达坚定之效用耶! 其中究大有原因。譬若甲乙二人,各以口头契约决定买卖。倘有一次不能践行,则可立加制裁于违约者。但所谓制裁者,非法律上之制裁。假定其违约之商人系汉口人,则自此凡汉口之商人,无论何人,皆不再与彼交易。此等制裁,固系道德上事。然较诸法律,尤为峻酷。质而言之,此违约之商人,其结果即如在商界上受宣告死刑一般。此所以不能不发达其信用也。由是观之,彼动谓支那人为骄慢之国民、为懒惰之国民、为二三其德、虚妄不实之国民者,其评断未免过于轻率。故余信其有立宪国民之伟大资格而无疑。

　　夫然无论从何方面观察之，清国树立宪政，殆无不能。未可以绝对不得布施宪法政治之土耳其衡之。且敢断言之曰：清国实施宪政，并无如世人所是是非非困难等事。虽然，谓其绝无障害，余亦何得放言如此。总之，所谓支那国者，领土广大，人口四亿，各地之风俗人情既殊，思想言语亦异。对于宪政施行，终必不无障碍。但如斯之困难，无论何国施行宪政，都属常有之事，非清国特有之现象。俟教育普及、交通发达之时，此等困难自可渐次除去，固所不待言者。至若满汉之轧轹、财政之紊乱、法制之不画一、裁判之不统一等事，对于宪政，实亦属大障碍。然亦并非清国特有之困难。与我国宪政准备时期，处于同一事情之下。

　　支那之历史与国民之元气，虽无妨于宪政实施，而其余复杂之困难，当努力于宪政准备时代极力排除，以免至宪政实施之后，尚负多少系累。即使万一排除不尽，将来亦可随宪政之发达，渐次就于消灭。夫一利所在，一害即从而生，乃事物普通之状态。是以无论作何事业，必有多少难关。只要打破此难关，即便收得效果。今清国之于宪政，苟能力为打破难关，善首尾以告其成功，固余所不能已于望者也。

　　清国宪政，余不疑其成功，已言如上。兹乃就为宪政基础之议会制度，聊陈其所见。原来如清国之大国，若摹仿日本之议会制度，则属大误。宜鉴支那国情之实际，取独逸联邦、北美合众之制度，择两用中最为适当。质而言之，先于某一二省开设地方议会，由是渐次及于全国，其中央议会则最后起之，庶几不至大差。中央议会宜为二院制。上院之组织，以皇族与被敕选者及各省地方议会议员中所选出之人为议员，下院之组织则直接从人民选举，亦无不合之处。第今日之支那人，果不误于议员选举耶？果能得代表民意而不倦之良选，以济宪政有终之美耶？议论纷纷，不一而足。要此问题，亦不独支那有之。即现在如我日本，亦不无多少问题。大凡此等缺点，俱可随宪政之发达而渐次除去之，又何足忧之有。

　　伯烈曰：喜誉仇毁，固人之常情。然不虞之誉，求全之毁，第可以颠倒小人，不足以淆惑君子。君子每于毁誉之来，辄以己所行为标准。其所誉当于所行，君子不谓之誉，谓之曰举实。其所毁当于所行，君子不谓之毁，谓之曰告过。其所誉浮于所行，君子亦不谓之誉，谓之曰贡媚。其所毁浮于所行，君子亦不谓之毁，谓之曰寡识。若林田氏之言，绝无一语丑诋我中国，其论我国过去之陈迹，人以为诬者而彼以为有。征论我国现在之民状，人以为劣者而彼以为独优。论我国将来之进步，人以为难者而彼以为最易。虽准备期间不无障碍，而要非我国所独有。即进行以后，难免流弊而亦非他国所绝无。细绎其意，似属近于誉我。然而于我心有戚戚焉。是岂余为甘言所诱，过于喜誉也哉。特以林田氏善举我国状态之实也。二院制组织之法，诸论中于兹为最。其为我国铁板注脚，固不待智者而知。更可叹者，谈我国商家性质，较他人为详切，吾不禁因之有感。当今世界列强，通过殖民政策，为灭人国家、攫人土地之不二法门，已非一日。我国向在醉梦黑窣中，不知殖民为何物。辛零丁子遗，东奔西窜之商人，已于不知不识之中，独立生活，蔓延海外，以客民敌主权，以私人竞公家。数百年来，虽听天演之淘汰，受异类之排斥，犹能团结族居，盘踞绝域，以为我黄种独树一帜，彼绝不事保护之政府，始于客岁派舰南行，以为收拾殖民之计。吁！假使我国无此商人，则东亚河山，将日蹙百里之不暇。彼欧天美地之间，尚有我国人容足地乎。苦哉，我商人！杰哉，我商人！无惑乎世界称道之弗置也。

其十六

众议院议员岛田三郎

清国欲树立立宪政体，调查列国制度及习惯，以资参考。此次又派遣视察员来我邻邦日本，征朝野人士意见，其豫备周到，令人心感。夫为国家之制度者，要自两方面观察。所谓两方面者何耶？曰内则其国民发达历史之由来，外则诸国之制度是也。若专就内之事实而不参考外之制度，则不能采人所长补己所短。然心第趋于外，纯醉乎外国制度，则又蔑视国民之性质及史的事实，易起枘凿不相容之弊。苟能调和二者，斯内不失国民之本质，外采用适合之制度，而国家进步、国民幸福，始可完全图之。

清国革四千年来之专制政体，以树立立宪政治者，盖与列国交际，深鉴内外形势，出于一新国本之奋励。又因我邻邦日本，最近时期之发达效果，归于宪政，须毅然模仿之。其着眼最为得宜。但欧米有欧米之历史事实,日本有日本之发达历史,当审慎鉴别异同,以定取舍,不宜漫采他国制度。大抵通行于世界各国者,其于立宪政治,必有不可缺之要素、不可缺之原理、不可缺之资格。昔英国政治哲学家君士丢亚特米尔氏尝说明代议政体之国民,有不可缺少之性质。其一在希望代议政体,其二有支持代议政体之能力。有此二者,始足以运行代议政治。由是言之,凡多数国民,处于希望代议政治之国,则当与以参政权。若此希望者之范围,当其时际,犹被区划于少数人之间,则更当人人与以参政权。然则清国之采用代议政体也,果国民多数之意向乎? 抑在廷有识之缙绅窥破专制政治不足,以巩固国本,始变而尚立宪制度乎? 据余所观,清国多数人民,尚无切望宪政之意气。特实地政治家,迫于时代,有不得不采用适宜制度之识量也。尝思我日本最近四十年间之经历,其始也废德川幕府武权制度,措于天皇直管下,以开帝国一统之新纪元。际此果采如何之制度乎? 是亦一问题。而我天皇乃英断宣明曰:广起会议,万机决于公论。当此时代,封建之大小诸侯,皆使存在国内。以运用万机决于公论之精神,其诸侯臣下之有学识者,亦俾出于中央,以拟之于机关。次乃废封建,置府县知事,使会同之于中央评论民政。时代之变迁至此,而国会开设之希望遂盛倡于民间。由是言论、出版、集会自由,致立宪之思想渐次生长,渐次普及,卒至蓬勃而不可遏。政府爰应其要求,竟行制定宪法,开设议会。

总之,无论如何制度,非与国民智德如车之双轮相符合,则不能见其效用。若脱离国民智德,徒欲炫制度之美观,殆如审美者第知邸宅之美而不暇择乎住此邸宅主人之品格也。故欲实收代议政体之效用,则上宜有依赖国民之度量公心,下之各个国民亦宜鉴察国事有分担责任之观念。不然虽制度之形式无恙,外观完备,而是等实质之变化不能相随进步,将不久即招上下之乖离,致制度之颓废,甚且酿成祸乱。固其势所必至者,岂可不深长思耶。今清国树立立宪政体,正在调查制度,着手准备,其实地施行之期,谅在此后数年或十数年。其间所宜紧要准备而不可须臾忽者,乃国民之立宪的教育。夫调查制度是有形之准备,图谋国民智德之涵养,是无形准备。此二者盖两相需,否则宪政实施,终属空名。余所谓立宪的教育者,在使国民理解代议制度之为何物,立宪国民之资格、责任为何如,国民对于政府之权利、义务为何如。凡如斯紧要问题,无不一一指导,移一言以明之。即于学校之内,以此紧要问题,使之实地评论、讨究,俾国民周知立宪政体为何物也。虽然,余所谓政治的教育者,又不徒贵在学校之内使之评论、讨究,不然则鼓吹一部青年之政治思想,将无满足之意。是以尤贵行实地之教育。质而言之,一面揭明当如何确立立宪制度之问题,使中央政府大臣作成原案,招集地方大官,尽其评议。然后进呈皇帝御览。其第一要义,在先使百官有司会得立宪政治之要义,再徐行间接启发国民之立宪的智识也。又一面宜许人民言论、出版、集会之自由,俾国民于此机会,识得政治自由意味。夫人之欲自由者,天性也。政府一旦布此公心与国民以政治自由,在智上则开政治问题讨究之芽,在德上则生长眷恋国事之爱国心,是即立宪的教育之最大要件,而立宪政治之基础亦可谓萌芽于此。虽然,余于此间尤有紧要事项忠告清国政府。国民久屈于专制政治下,天性发挥早被壅塞。一朝得此等自由,或者缺乏自省,流于放纵。譬如久积之水,一旦开其水门,其势必滔滔汹汹,不至于拔树木流巨岩而不已。当此之时,政府苟不仔细察其利弊,滥驱一片怯臆心,而多方压制之,是乃大谬。夫言论文章,时有涉于危激者,亦须视为他山之石,以资自鉴。可者采之,不可者默而置之。努力与国民以自戒之机会,则立宪之思想,其沛然充溢于天下之时期必不远,一涌而来。然则清国自今倾心豫备调查相应之制度。俟一旦时机到来,直毅然捕捉之,以入实行之幕,则彼宪政创设之大目的,庶几其可达欤。

夫所谓政治者,其根柢起于国民的历史,顺应人心,以树立合于时代之制度。俾上下安宁,得达一国进步之目的。故舍历史之要素,而第拘泥理论,则陷于空论徒说之弊,终必劳多功少。再或拘泥过去之史迹,疏略时代之要求,而不察世界形式,则又陷于胶柱鼓瑟之愚,改良进步必至绝望。原来清国之政体,四千余年所因袭以为基础者,虽是一点君主政治,然自唐虞三代以来,皆以民为国家之基本,以德为政治之要素。六经之所载、孔孟之所教,当通于百代而不变。《书》有曰:民为邦本,本固邦宁。今世界之形式,大抵与参政权于为邦本之人民使之分担国事者居多。其精神所在,实与尧舜禹汤所行之政术、孔孟圣贤所垂之教义隐相吻合。故欲遵守如斯古训以应现代之要求,则莫若君主立宪之政治。今清国朝野之识者,新着眼于兹,毅然有一大改革之壮举,余不禁欢迎之。聊就其着手次序,略述鄙见,以供一端之参考云。

伯烈曰:内不失国民之本质,外采用适合之制度。从两方面观察去，自是吾国宪政正轨。至若立宪的教育，较诸教育普及，尤为当务之急。医家云急则治其标，缓则治其本。教育普及乃治本之说，而立宪的教育则为治标之上品药也。言论、出版、集会自由，与板垣氏之言相发明，然以可者采之，不可者默而置之，为政府开一纳言容物之路，豫杜压制之弊于将来，尤属板垣氏见所未及。其深思远虑，诚非粗心人所能步武。但其左见有二，我国之采用代议政体者，本由各省人民希望代议政治，相率上国会请愿书，有以致之耳。而岛田氏乃归诸实地政治家之识量，不亦大可怪乎。此其见左者一也。既曰立宪制度，则当附诸议会，君民共定，方不失为公法性质。而岛田氏乃曰使中央政府大臣作成原案，似不解宪法为何物者，此其左见者二也。或谓岛田氏牖于日本钦定宪法，故其言不得不如此。然不宜漫采他国制度一语，固出自岛田氏口。岛田氏独忘之欤。岛田氏之言，可谓瑕瑜互见者矣。

其十七

众议院议员江东生

今也我国政治界里腐败堕落达于顶点，余辈投身其间，更不得不骇其丑状。谓予不信，请观一议案之现于议会也，果依正真之舆论而决其可否乎？盖依贿赂（亦曰运动费）之多寡，权势利禄之得丧，而决其可否也。我国有识者见及于此，盛倡宪政危机，以政界革新之急务，叫号于全国到处，岂偶然哉！且现在见于我国之宪政，毫无酬报。君主国民，均未因之以增进其幸福，是非深可慨欤。当此之时，我友邦清国与日本立于唇齿辅车相关之地，适亦声明树立立宪政体，余辈固不以此为清国进步，究不得没清朝英断之功。窃以为清国之采用宪政，必先加十分戒心，勿如我国现在之状况，玷宪政之名，失宪政之实。则将来见诸实施者，或可树立堂皇宪政，以挽回已倾之国威，增加人民之幸福。不然与其所树立之宪政，不能挽回已倾国威，救出四亿大民族于悲境，则宁肯改良今日专制，以图其发达，反不失为利益。余辈兴言及此，用略述我国宪政状态，唤其注意，勿蹈覆辙。且将运用宪政不得宜亦不能富国强兵之理由，附呈于后，以备刍尧。夫清国之国情，果能容纳宪政否耶？

姑无论其形式为何如,果能期健全之成功耶? 世上原多明眼人,固不待余辈呶呶焉。

凡遇有新奇事件,辄艳羡其良好者,非我日本人一大恶癖乎。自外面观之,似觉明白解识,究竟惯于抱豚忘臭。而日本人之自身,初弗自悟也。日本人因有此缺点,故凡有新奇事件,不问内容如何,直左袒而欢迎之。即近来对于清国立宪问题之态度,余亦深有所感。现在清国政府,舍数千年相因袭之专制政治,进一步以就近世之宪政,宛如渴者甘饮,其勇气颇可赏赞。加之英断所及,废大清会典、大清律令,打破二百年来之旧例,尤令人敬服之至。然退一步以思之,纵有何等勇气,亦不过如野猪而已。英断虽施,将取后悔,诚不足强为喜也。余于此际所希望者,每作一事,愿进退以慎重为旨。勿徒贪一时之快,而凝千古之虞。假令清国宪政,卒能前途成功,出人意外,勇气非不可赏,英断非不可称。然而据余辈所信以衡诸清国现在之国情,宪政成功之无望,盖十居八九。即时机上亦甚不得其宜。我国多数舆论之代表所发见于新闻纸者,概谓清国宪政足救现在清国出于悲境,余因之敢苦言曰:请看我宁妒他人亲切而扫除自家鼻下。夫讴歌清国宪政之日本人,今果因自国之宪政而得享如何之幸福耶? 宪法政治足令立宪国名为之一新,又较诸专制政治进一步,固所无容疑者。第其名虽新,亦无所谓。可试贯通其理论以明之。宪政与专制,孰是孰非,未易猝加断定,毕竟视其运用为何如耳。是专制亦无所谓不可。质而言之,上有圣贤君主,下有英智宰相,酌量时局,处理国法,虽专制不可谓不善。若君主不贤,宰相不良,徒被制于情实,其不能断行自决,类于无气无力之人物,使之掌理国务,而行有腐败堕落议会之宪政。比诸贤君良相之专制政治,其劣不止一间。姑不必远征历史也。即如日露战后,极我国宪政状态,缕缕述之。其有完全宪政之价值与否,盖早已判然矣。

回顾振古未有之日露战争,实不啻以振古未有之财政难,降于我日本头上。其结果凡战后经营者,悉归于挫折蹉跌。即政府所建之计画,亦属可怜。讵皆非由此财政难,使刀折矢尽,至于饿毙之不已耶。再就国民一方面言之,向所欲使图谋种种有利事业者,亦因金钱困乏,致与所谓泡沫社会,同其末路。质而言之,凡战后所经营者,无论为官设为民业,皆从根柢颠覆,而不可见交通机关之发达,非迟迟不进耶。港湾之设备,非蠢蠢有绝望之势耶。甚至为国民生命之教育事业,徒据二三有志家之寄附金，含辛茹苦，以企扩张，岂非无始无终，而恣意为之耶。

再回首而观民间事业状态。始而忍战时过重之负担者，其疮痍尚未痊愈。乃一变战时税而为永久税，迄今口血未干，其增税之事又见断行。夫民力之疲弊、人心之萎靡，既已达于极度，而政府之政策不得宜，外资之输入不如意，民间资本全然欠乏。致许多有利事业，无所投其手足。虽入于宝山之中，亦不过空手垂涎，徒呼负负。以故生产事业，日不加振，直呈挽近来未有之景况。吁！凡资助国家发展之事，毫不见有起色。凡灭杀国家生气之事，其进行速度不可思议，令人如何不感慨系之。

我等战胜之国民，自以为世界一等国民。此种观念，深刻脑底。竞虚荣、喜奢华，已于不知不识之中，相习成风。堕落之处与日俱进。战后军马之补充，本急务也。然托无理取闹之名，置堂堂马政局，其长官才非伯乐，分偫首领，腼然滥厕于豪杰先生之间，受亲任官待遇。更可痛者，以指头之金，向一般社会良民，鼓吹竞马赌博热，至使人疑国法为虚设。凡百诸事，皆此调子轻佻、浮薄滔滔为风，我大和民族所固有坚实沉着之美德，竟荡然扫地而空。只剩此种流弊，迄今不改其前途，真不胜寒心也。

由是言之，日露战后之我国，只彻头彻脚可厌，绝无可喜之事。若终如斯放恣，则所谓日本将来〈日本将来〉者，非敢曰百年二百年后之事，即今此廿年卅年后，其所行之转移为何如，窃恐作悲观者，不止余一人也。现今第廿四次议会，其增税案之委员会，与余辈同一悬念。用以议员资格，质诸政府。彼有责任之当局大臣，其对此紧要质问，果何如为之答辩耶。不意方静耳倾听间，忽大失所望。大臣曰："以悲观日本之财政故，致在外日本之公债，低落市价。然自爱国之一方面言之，则财政悲观，固所愿也。若谓一朝有事之日，当如何以为之。则至其时自有所为，先事杞忧，恐亦无济"云云。此岂非呆话耶。夫悲观日本财政，在神经过敏之市场，致我公债低落，亦未可知。当局者从而以悲观日本之财政，为非大佳事，余辈亦无不知之理，何乃遽以爱国相绳。即曰爱国忧国，余辈虽愚，固非敢劣于该大臣者，果何故以悲观日本之财政，悬念日本宪政之将来见责耶？非不知无忌无惮，指摘国患，有干政府大忌。然谓为不忠，究无是理。其所以指摘一国之弱点，而谆谆告戒之者，毕竟出于一片爱国之至诚也。今清国之政体改革，不独清国之问题，实亦东洋之大问题。战云暗惨之象，愿不再见于东洋天地，固是幸事。要之，无论何人，皆为清国前途忧虑，而惟我日本为特甚。二十七八年之日清战役、三十三年之团匪事件、前年之日露战役，无不发源于清国。清国者，盖与我国及东洋平和有至大关系之国也，今也拼国运而提起此问题，余辈捧满腔同情，称扬不已。且旦暮默祷其成功，望清国克副初念。然先顾自国宪政，不得不忍耻而举其缺者，特以此问题关于东洋一带永远和平。不仅清国之兴废系之，即我日本之国运消长，亦将因之大受其影响。

使我国今日之政界如斯堕落，财政如斯紊乱者，乃政府措置失宜之咎。果其措置得宜，则日露战后之财政，无论如何困难，必能设法救济，决不至于无望。然观彼当局者之所为，对此应再三慎重之战后经营，殆如海市蜃楼，梦想庞大之物，遂无从实行之。乃托缲延之名，而年年任其缲延。事业既系缲延，终必生出亏隙。欲免财政之紊乱，讵可得乎。于是财政之基础动摇，又不可不努力弥缝之。夫弥缝与经营，到底不能保其真面目，势必又不可不为无谋之计画。究之事出无名，则豫算上之纲目，终属不合。是非造一虽有若无之剩余金，募所不当募之公债，则议会不能承认之。此事若在专制国，固听任官僚专横自如，虽腐败堕落，莫可如何。然既称为立宪国，自必有议院存在，而其岁计之纲目，当此时际又万不能一一相合。无已，乃千辛万苦，图合岁计纲目。前此虽呈报不实，而今日之下究不得不挥谲诈的手段，瞒过议会。奈议会中又非全然无识之小儿也，讵为彼甘言所诱，唯唯听命，至于此，政府遂又变一种鬼怪伎俩。或以政权啖政党，或以利益诱个人，再或滥用国家权力加以非道压迫，而强制其协赞。夫谓之曰协赞，其规模非不善也，无如盲从与屈从何。由是观之，政党之堕落，其大部分之责任不能不归诸政府。故余辈敢断言之曰：现今日本宪政之危机，其罪多在政府，殆非苛论。大局虽如斯，苟国民之政治思想健全，得选举不媚权势、不眩利禄、独立不羁之良代议士，未尝不获矫正一切。惜乎方今之世，国民之思想知识，其程度不甚高尚，未能以此求之也。

清国如采用宪政，我日本宪政之现状，可大省鉴。夫今日之清国，其病根所伏，即是压制民意。此弊政久，已于代远年湮中深铸入四亿民族头脑，固非一朝一夕所可得拔而去者。然使竟不拔去之，则宪政必要之思想，不易普及。宪政必要之知识，亦难开发。思想知识既不得普及，而开发之则必如日本现状。选举媚权势、眩利禄之代议士，以送之于议会。其结果，所谓代议士者，将以自己之利害为本位，蔑视国民得失，而呈一种可忌之现象。至是国民同人，一变代表民论之议会而为迫压民论之政府机关。专恣横暴，无所不至。自外观上观之，非不平心静气与以协赞，然而无理之计画、租税之诛求必至，如日露战争后之日本议会。识得如此性质，则所谓立宪政体者，不惟毫无酬报，而且贻累国民。余辈关于此点，见得清国国民，其知识思想，较我日本国民，有不啻霄壤径庭之别。兹欲实施宪政，不敢轻易赞成。盖以今尚非其时机也。

虽然，宪政之弊，随宪政之利而生，亦当然之消极的弊害耳。俟国民知识进步，思想昂上，再施宪政，未尝不宜。此后清国若五十年、六十年间，锐意为宪政准备，其实施非不可望。然清国今日之现状，能否假此长日月，从容余裕准备宪政，究属可疑之事。无已则入虎穴取虎子之奇道，或可置之死地而后生耶。

盖现在之清国，内忧不足以毙命，其制命伤乃在外患。质而言之，革命党之跋扈跳梁，虽不能过事压制，将不至于垂毙。若外遭列强迫害，则必受痛绝之攻击而不能再起。方此时，欲防遏国难于未然，奠清国于泰山之安，无论如何，非有莫大之富力与强大之武力，两相对待，不易为功。然则所谓富力与武力者，果何如可以致之耶？是诚非容易之问题。欲解决此问题，非使清国十八省有无相通，四亿大民众熔成一丸，以利用其合成力，则无他良策也。势既至此，又不得不实施宪政，统一财政，从根本上整理税制。但清国除官吏外，其国民半属赤裸裸之穷贫人，即实施宪政、整理税制，亦无骤臻富强之理。世人往往谓支那人之消费力最强，此乃揣摩而下断定，失诸正鹄之论。夫蓄积之财产不能保障安固之，其信用之机关又不能膨胀发达之状态既如斯，何能以消费之过度责其国民耶？然则使法律制度确立，信用机关发达，此不愚不狂之支那人，遂自能制限其消费力，力图财产蓄积，而为国民中之富人软。国民既富，而有课税权之国家，遂亦得随之而富，以作其他之武力软。无论能否至此，凡彼四亿民属究不可不共通图其利害，以建惟一之基础。欲建惟一之基础，则莫如实施宪政，擢国民之总代表人会于一堂，而起议事之议会。不然君主、国民意见各别，两不相侔，非随便之从事，即专横以逞威，吾恐富国强兵之计画，其目的终不能达必也。君主爱抚国民如其赤子，国民尊崇君主如其父母，具有此等观念，则君主国民深信无猜，而在国民同志之间者，又能一心一德，共天下之忧而忧，共天下之乐而乐,视政府为我的政府。斯真个之宪法政治可与言实施矣。

余敢断言之曰,能挽回清国今日之颓势,救济清国今日之悲境者,惟有此一宪政。然今日施宪政于清国,又可一举而决其兴废焉。质而言之,济清国者,惟宪政。毙清国者,亦惟宪政。

日本宪政之弊害,今已达其极点,劈头处已经絮说。但其所谓消极的弊害者,乃使宪政上进之所不能免者也。纵令有之,不足以亡国家。若反此而为积极的弊害,不惟于宪政进步,大有妨碍,且易导国家于危殆。例如露国宪政、波斯宪政,其君主与国民,既未获享何等之幸福,反为乱国之基。幸其国威虽衰,而中央政府之命令尚能通行国内。虽有如余所谓之积极的弊害,犹可迫压之、剪除之。而今日之清国,其事情大与露、波相反。朝权久衰,威令不彻于下。国民奉君主之命令,其面目极不真。然则实施宪政于清国,苟一朝崛起积极的弊害,即以政府之力,亦莫能如之何也。

政府之力既不济,则凡国内之力,更难为图,亦属明明白白之事理。至此而推清国之结局,或因实施宪政而转以缩短其运命,殆亦不可测者也。

现在拯救中国之途,终不外于宪政。然自他之半面视之,则所谓宪政者,诚不可不谓拼一国之运命。此不独为清国悲,即为我日本与东洋之全体,亦所深悲而不容自已者。

总之。据余辈所思,清国施行宪政,在大体上其时机尚早。即或如余所希望,听其于五十年、六十年后以为宪政准备,而其间之形势,果如何变化穷神,固亦不可逆睹者。此外以宪政准备为好饵,能否压制蜂起于全国之革命党,能否得免虎视眈眈列国之强迫,又是一真正大问题。否则不必附诸疑问,已知其绝对不能。然则此际,即之欤? 抑离之欤? 惟于近四五年间实施一番宪法政治,以期侥幸于万一,亦是或一道也。

伯烈曰:江东氏痛陈己国宪政之弊,因愤生偏,遂谓专制立宪,无所判其是非。与寺尾氏之言同出一辙,我国人当不因噎而废餐也。此外所最不可解者,乃济清国者惟宪政,毙清国者亦惟宪政二语。文言之则为骑墙之见,质言之竟属不通之说。夫宪政既足以济我,则必不至毙我。既足毙我,则必不能济我。一济一毙,势不两立。殆如辨黑白之色,察金革之声。苟非盲而聋者,虽妇人孺子,无不知其为定理,何江东氏言之如此。或谓宪政本足以济清国,特恐运用不宜,适足以速其亡。

故江东氏袭取水能载舟亦能覆舟之义,以断定中国立宪,不得斥为无见。据此言之,则江东氏亦第可就运用适宜与否之处,慷慨直陈其得失。又何得忽曰其时机尚早,忽曰清国今日之现状恐不能从容余裕准备宪政,窥江东氏之意,盖以我国近日现象,如鬼神之不可度,而又欲自炫其识以成言中之名。此后我国勃然而兴也,则彼必将曰我固谓济清国者惟宪政。使此后我国忽焉而灭也,则彼必又将曰我固谓毙清国者亦惟宪政。模棱两可,二者居一,有识者固如是乎?况防遏国难于未然之策,终归于不得不施宪政。欲建惟一基础之策,终归于不得不起议会。乃江东氏所已见及者,何以自相矛盾乃尔。岂以我中国立宪亦亡,不立宪亦亡,惟有坐以待毙欤。姑无论我国实施宪政,自足图存,断不至转以短缩运命。即令不然,与其不行宪政,于万死中待一死,曷若急行宪政,于万死中求一生,以副江东氏出奇道之言耶。总之,二十世纪以来,凡专制政体之国,不能容于世界,此乃一般进化之天演公例,不独我国为然。如必谓时机尚早云云,则请想日本当年之态度,与日本今日之现象,当自哂其言之诬也。

其十八

众议院议员犬养毅

　　清国随时势进运,制定生命不可侵、财产应保护之法律,以图增进国富,且欲行圆滑国政,树立立宪政体。凡向之壅塞民意、拘束自由、不尊重个人权利、不确保财产安全之旧制,俱极力打破之,毅然行大改革,企国势发展于将来,实属最有条理。不惟为清国喜甚,即我善邻交谊之日本帝国,亦庆甚。当今之时,非若畴昔之运输交通不便,通信机关不灵,一国之治乱兴衰,直破坏全世界共通经济。外邦受其影响者,其利害颇大。故西洋和平一旦破坏,则东洋直感痛苦。东洋和平一旦扰乱,其西洋之痛苦亦所不可预测。窃惟现下之大问题,当即由清国之治乱而分,兴衰而定。清国近欲挽颓运图再造,废旧法行新制,以树立立宪政治。自此问题发生以来,顿使世界各国深加注意,并使世界知名之学者以及政治家、实业家等,公同表白多年所研究之支那结果,诚非偶然也。我国之于清国,仅隔一苇带水,壤地鳞接,风气相通。无论清国之治乱兴衰,与我国有绝大利害关系与否。然对于这般问题,比较之下,徒作冷淡之观,已属索解不得。而我国学者及政治家、实业家等之对清意见,又极肤浅孟浪,缺少笃实真挚,甚至误传事实,其弊诚不忍见。此等不真面目之扫地之意见,竟无忌惮而公于世,余之遗憾殊深。

夫对清之关系也,我政府久失信于清国上下。迄今一举手一投足,无往不以猜疑之眼,迎其国人。因而国际交涉为害甚巨,真出人意料之外。而学者及政治家、实业家等之意见,又如斯轻率浅薄,其愈足以失国民之信,固所不待言者。愿世之言清国事者,于此深留意焉。

清国之于立宪政治,果能圆满行之耶? 抑为清国及其国民之幸福耶? 此等大问题,颇有研究之价值。余牖于知识,不知立宪政治能否圆满行于清国。但清国无立宪政治,则不可以图存。

今日之所谓立宪政治者,在支那只须备其形式,其精神则于尧舜之时已发生(即立宪政治之要素),洵非无稽之谈。《书》曰:询四岳,辟四门,明四目,达四聪。是岂非以民意为本,表明咨众精神,以建宪政之基础者乎? 又再征诸史乘,当尧舜时代之行政机关,其中央设有明堂以祭鬼神,以议政治。质而言之,即将州牧等官,视为各地方代表人。俾集会于此场所,以评议亘于国内全体之政治。是虽不能直谓为今日议会,然其精神所在,即谓为议会亦无不可。今日之立宪政治,其为中央的机关者,独有议会事件,集合国民之代表于一堂,亦不过从民意以行政治。然尧舜时代之政治,更不仅集州牧于中央,俾其代表民意,且天子亦躬亲巡视各地方,就地方官吏所施之政,而严为监督可否。此毕竟天子悬念民意向背,一为征察,以资改革耳。当时之实际情势,大抵如斯。然尧舜时代,不惟宰相倦勤民意,不能保其官位。即万乘之天子,一旦误用驾御之道,亦不能不急掷重器,而让于他之有德者。若强为恋栈不退,而王室即骤招颠覆之祸。是贵如天子地位,亦依民意向背以为左右。故有德者收揽民心,即得居天子之位。失德而倦于民意者,直去位以让有德之士。此实为尧舜时代政治基本之特长,可垂模范于后世者也。尔来物换星移,汉唐而下,以至于今,迭经无限变迁,然其政治道德之基础,则依然万古不易。质而言之,支那历代之朝廷,虽动辄实现专制政治,其国民皆不忘以民意为本之尧舜美政,惜居恒希求,竟不得达其目的。

要之,支那四千年间以来,其政治之形式专制。虽曰专制,然其专制之义意,则与我国所谓专制者大异其趣。我国先有天皇,而后始有人民。天皇之位,是先天的,是确定的,不许人民窥伺。若支那,则所谓天子之位者,系天之一职分。先有国民,而后有天子。支那四千年间之教育史上,尚且明认此事。柳宗元之《封建论》亦曾言之。孔子尝曰君不君,臣不臣,父不父,子不子。孟子尝曰君之视臣如土芥,则臣视君如寇雠。其义意,尤为昭著。支那旧来之格言亦云:有德则君,无德则匹夫。夫岂偶然哉。

由是观之,政治道德之基础,在支那原注重民意一边。今日支那人之进步,虽不能随乎时势,被世人误解而嘲笑之。要其多数之国民,梦想尧舜美政,墨守圣贤遗教,具此忠实,坐以待治。四千年间之政治精神,始终无少渝者。迄今尚依然以民意为基本,盖亦思过半矣。然则实施宪政于支那,非敢尚新,只须复古,固不待立宪论者之主张。余所以谓施宪政于清国,比我国二十年前创设之时,殆见其易而不见其难也。

施宪政于支那之易,不但如上所言。又支那之土地甚广大,只因交通机关不发达,故东西之利害不一,缓急不能互相赴助。其结果东人自东人,西人自西人,南人自南人,北人自北人,不相亲爱,不相倚托。然迫于自卫之必要,东西南北诸人,又能各自团结,各自会合,缓急相应,长短相补,以为抵挡他人之计。今如广东、四川、湖南等省,殆有一自治团体之观,究其团结力之巩固与发达之沿革,其最初则自一地方之家族的团体关系,渐次及于一部落,更扩张以至一县一府一省,足为明证。以故支那之今日,或一部落,或一地方,或一府一县一省,随通信机关发达之高低,人智启发之异同差而别之。各地方成立各个自治政治之精神,是等自治之精神从今更进一步,即可与我国市、町、村、郡、府、县比肩无逊,至于斯时国内全体之自治,俱扩张发达而有进步,其实施立宪政治,又何难之有焉。

然则施立宪政治于清国,或自历史上观之,或自将来地方自治之精神察之。余虽不敢必其困难与否,但欲挽回清国已衰之气运,以期积极的昌隆,非树立立宪政体,确保国民权利自由与财产安固不可。此外则别无良图也。

清国果欲依立宪政体以新国运民命,其实施次序为何如?亦所当研究之吃紧事项。夫历史之要件与国民自治之能力,已略略粗备,无庸悬念。所苦者,其领土广大无垠。除满洲、蒙古、新疆外,其本部面积尚有一百三十余万方哩，人口伙多优于四亿，而交通之机关未能行于全国。故国民知识之程度，东西南北，非常悬隔，全不一致。其形势既如斯，姑无论历史上之要件如何完备，然欲火速实施宪政，直收良果，殆不可能之事。例如招集各地方代表于中央评论全国政治于一堂之下，假定开议会于北京，彼在云南之议员，自接召集令状之日起程北上，至少须费三个月。加之议会之开期三个月，归乡又须三个月。出入都九个月，是彼等为参列议会，致令一年岁月失去四分之三。姑不问议员自身可否能为，然以所考察十八省之四亿民族利害休戚、期无遗憾之事，求决赞否于往来数月无聊羁旅之议员，实属无理之事。然此不过其一例也。此外不自由、不适宜之事，不遑枚举。欲除此难，则不可不先图交通、通信机关之伸长发达，此乃对于宪政实施之有形准备，诚急务中之最急务者也。

其次为无形之准备，教育普及是也。所谓宪法政治者，原为舆论政治。据此则从舆论以行政治之能力，究不可无。夫在上流社会之人数少而有识，固无庸过为忧虑。然其国民之大多数，尚未能以通信机关为经，交通机关为纬，虽在一地方一部落，或一府一县，有自治的能力，而此以外，则非自治能力所可波及、自治智识所能扩张者，盖亦不可讳之事实。质而言之，支那人多数之自治能力、智识及爱国心，未十分扩充于国家全体。但此非独支那人之特色。凡依交通通信机关之程度，以径庭其智识，异同其思想者，虽欧米先进国民，亦所不免。然则通信交通之机关，果能十分见其发达，则支那人之自治的能力、智识、思想，必随之昂上进步，与欧米文明国人同一程度。是此无形之准备，与前项有形之准备，必两相需、两相用，然后可告完全，以表现宪法政治。虽然，如清国领土广大之国，欲一朝一夕间以交通通信之完备，终不可得。此所以欲使支那脱离现下之悲境，向昌隆之顺运，以树立立宪政体，惟于此点关系，公认其有多大困难。顾困难虽大，而前途绝不足动悲观。何则？依次序方法之若何，转祸为福以至成功，谅无有如彼之困难。夫所谓次序方法者固何如？余实为支那计，其最初不宜采用进取的立宪政治，宜采用保守的（亦曰制限的）立宪政治。质而言之，为国民代表人之议员选举，宜取制限的阶级的选举制度，采用狭义之代议政体。俟将来有形的准备之交通机关发达，无形的准备之教育普及，则渐次解制限、撤阶级，最后乃采用进取的宪政。斯则毫不危险，如坦途驱骏马，必易

得达其成功之域。又如议会之开设,其第一要义当先起地方议会。夫
先起地方议会者,特以支那有四千年来之历史与地方自治之沿革,颇不
感其困难,前已证述,兹不复赘。于是有此地方议会,俾国民储积政治
之经验,备尝代议政体之利弊,然后再开中央议会,则支那之立宪新政,
自能蒸蒸日上,水到渠成。其必达于成功之域,殆无容疑惑于其间也。

　　或有盲论者,谓清国绝对不能行立宪政治。若强而行之,不但不能
进于昌隆之域,且驱于危殆之地,将不幸而见四分五裂之祸。尝闻其言
曰:支那无边无岸,终不能成一国家。何则? 夫古来之支那,原非与英、
佛、德、露旧有一定之国名,其所谓汉、唐、宋、明者,均非其国名,不过当
时朝廷之名耳。先是支那之英雄豪杰,小之结党徒而起暴动,大之举兵
夺地,从其所掠取之范围内,随时随处,充其野心。乃于自己相因名义
之下曰汉曰秦,随在出现,其来历既如斯。因而历代朝廷各起于相异之
目的,各进于相异之方向,是以无永续的国家。既无永续的,则缺国家
要素之一,故不能称之为国家。加之英雄豪杰,当崛起于各方之时,无
不蹂躏朝宪,国民遂怀疑惧之念,至于不能安堵。以故有爱乡心、爱国
心者,颇乏其人。夫人宜以有爱乡心、爱国心为贵,而支那人则缺如。
是国民以国家为本位也,既以国家为本位,其所被选为应当开设国会之
议员者,究有何等之才能效力耶? 即此一点,推之施立宪政治于清国,
极属无益之举云云。此乃彼等主张之要约,然实不晓支那之历史,不知
现在之状态,一种无学无识之议论也,不足以当反驳而论者。又曰支那
国土常不一定,汉、唐、宋、明之疆域,各有不同,此又支那所以非国家之
证。不知此乃大误。夫每当历代朝廷之变,多少政治的范围,损益异
同,皆关于事实。然直以之谓支那无国家,令人不堪喷饭。不然若因国
土时有广狭之别,而遂谓其非国家。则泰西列邦之间,竟多有认其为大
国者,无论何人,均不之怪。即就近百年间变迁观之,亦甚明白。如西
班牙其国者,盖一显著之例。况领土之广狭,于为国家之性质,并无何
等影响,非亦国际法所公认耶? 例如桦太之割让,露国领土不无少狭,
日本领土不无少广,然均于为国家之性质,不受何等影响。而支那亘四
千年之久,其本部之国土,在大体上原无非常之变动,故得以维持之。
当昔元朝时代,其势力范围,固尝及于欧洲,究不得以此之故,致谓国家
加增。降至明朝以后,而疆域又见复旧。以如斯之势范,虽不无多少伸
缩,要所谓支那本部者,卒无何等变化。且支那人自号其国,或曰中国,

或曰中华，其证据不一而足。难之者非不曰此支那人以支那以外为夷狄，自满之辞，原不足重。不知呼其内曰中曰华，呼其外曰夷狄。姑无论其为耀威、为谦下，究于其实体，毫无所异。是以其名垂于四千年之长，间虽时有多少变更，而支那本部，则依然如故。然则支那人曰中国，曰中华者，与英人呼曰英国，佛人呼曰佛国，米人呼曰米国，终无所别。是谓支那为非国家者，殆不足取之愚论也。

又有人非常侮蔑支那人，谓其乏爱国心。眼中只知有己，而不知有国家。是乃误解支那人也。支那坐于国土广大，其结果因通信交通机关之不备，致多数国民感觉迟钝，有权利思想幼稚之点。然支那国民之爱乡心，随交通机关便利之范围渐次发达之，将来比于他之文明国人，定当不输一步，余曾言之如前。若有人自他方闯入以扰乱支那本部者，终必依本部之人始能驱逐殆尽。况如自支那以外袭来者，短则五六十年，长则百数十年，其后必被驱逐于支那以外，历史上固多所明证。由此观之，谓一般支那人无爱乡心者，亦可怜之近视者流也。

支那国土过于广大，铁道不易开通，电信电话不易架设，故南事而欲使北人知之，必须半年或一年之后，虽报告多谬，亦常自满足。再者西方之人而欲使赴东方之乱，虽投以巨费，亦不能达其目的。从而东西南北之人，其利害遂各不一致。但在如斯事情之下之国，不独一支那，无论世界何国，就其实际衡之，东方之人不忧西隅之人忧，西隅之人亦不忧东方之忧。质而言之，其爱国心亦不能扩张于国家全体。再就支那观之，四川一省之人口将四千万，其面积亦副之，几埒于日本与英本国。然则四川人之爱省心何如耶？彼等爱四川省之程度，其厚殆如日人爱日本，英人爱英本国，乃支那人固有之常态。夫广东人与广东同志，云南人与云南同志，湖北自湖北，湖南自湖南。既有以方限的一致团结抵挡于外之积习，其结果藉运输交通之便，而能缓急相应、利害相通，则又不待言者也。

由是观之，支那人之爱国心薄弱、权利思想幼稚，皆是支那人先天之本分，无所谓为不能。然则支那人与他之文明国人，有同一之爱国心，有贮蓄心，有忍耐力，而且有气魄，诚最重信用之壮丽国民也。谓予不信，试观支那之劳动者，其在世界列国，每被排斥，其事则均起于他国之劳动人，究其排斥之理由，自表面上言之，固曰支那劳动人性格下劣，绝无卫生思想。然察其里面之事实，则白人劳动者终不外于恐惧彼等之伟大爱乡心、坚忍力、贮蓄心也夫。然今日之支那人所以因他故被误解者,非支那人自身无爱国心、无坚忍力之所致,其罪源乃在交通通信机关之不完备,教育之不普及。质而言之,即以此罪归诸现在不完全之政治组织及社会组织为至当。脱是等之缺陷,随交通机关之发达,教育之普及,政治之刷新,社会之改良等,而得扫除一切,则支那之利害将见全国一致。至此其爱国心犹不扩张于国内全体者,未之有也。彼谓支那人无爱国心等语,实属齐东之误说。盖既有爱国心,则国民之生命财产皆可确保安固,以新国运民命。立宪政治之施,自无不能之理。彼敢行主张立异而为无责任之僻论者,皆栏外之流言也。

又有一持反对论者,其言曰支那者不能统一之国也。四千年间之历史如是,现在之状态亦如是。质而言之,支那旧来每州每省政治的习惯各有不同,其根柢已牢不可破。今于历史与民情各异之下,蔑视相沿之政治习惯,欲以同一形式制度律束十八省全部,势必不能。若强为断行统一,则各州各省将至利害各别,互相仇视,其结局举全国投于一大扰乱涡中,土崩瓦解,难保必无。而现在朝廷实力缺乏,权力不振,自始至终,恐莫如何。吁! 此诚不知北京朝廷之权力为何物,徒以清国人民绝无爱国之念相拟者,未免侮辱北京朝廷及清国人民过甚。夫支那人富于爱国心一事,业已详述于前,今试再引伸言之。清国人对于国之一角、土之一块,原俱不肯放失者。如彼铁道敷设权、矿山采掘权,向之与于他国者,今尚欲收回之以试热烈之活动,况肯睹其国土四分五裂,各州各省割据独立,互持愚见以相争耶? 不待智者言之,已知其必不出此。而论者又谓朝廷之权力甚微弱,是亦近于杞忧。夫清国朝廷之权力今尚依然强大,各省文武大权无不归其统制。虽有生杀予夺全权之督抚,尚且绝对的黜陟交迭,操纵自如。即以此事视之,亦可知其权力强大之一班。彼或狐疑朝廷之威信,或蔑视清民之行为,而鳃鳃为立宪前途危者,皆徒自豫寻劳苦,不值一粲之说也。

呜呼! 征诸历史的事,考诸圣贤教言,支那国业已有立宪之要素。移一言以明之,即其精神完备也。且历朝所采之政治精神,均不能已于民意。其形式上虽异,其实质上则始终一贯,相沿至今,绝不变渝。故今日实现立宪政体,其结局不过将从来政治之实质的使变化为形式的以云实施,何难之有。美矣哉! 支那宪政,从此产出。其便宜真有不可思议者。虽然,徒恃变实质的为形式的,遽尔轻率躁进,或终难保其成功。故清国之于立宪政治也，当于最初之时，统计大体，俾其满足而无遗憾。此非余一人之私见，实四千年之历史使然，现在之国情使然。世界之有识者，聆余言，或亦首肯欤。

伯烈曰：犬养氏谓我国之于宪政，只须变实质的为形式的，此深悉我国历代之史案也。所见与有贺氏相上下。又谓宪政次序方法，宜先采保守的宪政，后采进取的宪政，此深悉我国现在之民情也。所见与板垣氏相上下。他若以交通机关为有形的准备，以教育普及为无形的准备，虽属人人共知之件，然能即此情形发明我国民有自治团体，有爱国与爱乡心，本本源源，切中事理，以视乎泛言交通机关如何，教育普及如何，虚张己国声势，故骇他人听闻等辈，殆不啻薰莸计年，同床异梦。尤可服者，其认中国为有国家之处，虽我国人自道恐未能如此其详而确。彼因秦、晋、楚、豫之各别，汉、唐、元、明之递嬗，遂以为我国兴灭者，可以自鉴其无学矣。其认朝廷为有权力处，虽我政府自问，亦未必不服其远而明。彼谓中央政府之命令、天子统治之大权，不通彻于国内者，可以自鉴其无识矣。然足以瞻其学识者，犹不止此。如谓日本先有天皇而后始有人民，中国先有国民而后始有天子等语，殆从宪法源头处立论，眼高于昆仑山口，大于太平洋。册子小儒，当为咋舌。姑无论日本诸政治家无人见及于此，即有见及此者，恐亦了于心而不敢出诸口。犬养氏可谓瞻识兼备者矣。然则日本之言论、出版自由，可想见其文明一斑。是又我国当局者，宜悟于立宪问题以前者也。

一档馆藏私拟清国宪法草案

整理者按：本部宪法草案存于第一历史档案馆"资政院档案"第 3 号卷宗中，编目为"清政府拟订宪法草稿"，毛笔楷体手书折本，共 91 页，每页 4 行，每行 20 字。宪法草案无总名称、目录和作者署名。开篇为总论，后为章、条内容。每章开篇均有小引，之后为条文，大部分条文后有法理说明，以"法理"二字跟条文分开，某些法理中还包含"案"。目前第一历史档案馆"资政院档案"因电子化等原因而封存，无法查阅，整理者未见到原本。本部草案整理以俞江整理的文本为基础（载于韩延龙主编《法律史论集》第 4 卷，法律出版社 2002 年版，第 447－487 页），进行重新标点。

这部宪法草案作者不详，据内容推测，估计为民间人士而非政府官员，有过日本留学经历，谙熟法政知识。草案大概撰写于 1906－1908 年之间，光绪皇帝和慈禧太后去世后不久，递交给宪政编查馆，目的是为清政府制定宪法提供参考。

学术界对这部宪法草案进行了长达二十余年的争论，至今仍无定论。俞江最早对这一草案加以研究，见俞江《两种清末宪法草案稿本的发现及其初步研究》，《历史档案》1999 年第 6 期。但之前曾有学者介绍过这部草案。见郑里《清代中央军政机关的档案》，《故宫博物院院刊》，1979 年第 4 期。文中附以草稿前 5 页的影本，但未对其研究，也未引起学界注意。后来俞江、尚小明、彭剑、迟云飞、崔学森等学者又对这部草案的作者、撰写目的、内容等加以探讨，基本确定这部草案并非清政府拟订的《钦定宪法草案》（"李汪宪草"）。尚小明《"两种清末宪法草案稿本"质疑》，《历史研究》2007 年第 2 期。俞江《关于第一历史档案馆藏清末宪法草案稿本再说明》，参见俞江《近代中国的法律与学术》，北京大学出版社 2008 年版，第 149－151 页。迟云飞《清末豫备立宪研究》，中国社会科学出版社 2013 年版，第 302－306 页。彭剑《"乙全本"不是"李汪宪草"》，《史学集刊》2015 年第 6 期。崔学森《中国第一历史档案馆藏"大清帝国宪法法典"考论》，《历史档案》2019 年第 2 期。

这部草案是清末新政期间中国人拟订的一份宪法草案，深受明治宪法和普鲁士宪法的影响，堪称二者之合璧，是一部典型的二元君主制宪法方案，同时又具有浓郁的中国特色。这部方案体现出典型的二元君主制宪法的特色，与议会君主制宪法精神有较大的距离，但它突破了宪法大纲和明治宪法的束缚，以"欧洲宪法之精神"，较为严格地将皇权的行使限定在法律框架之内，体现出了较强的立宪精神，反映出当时的中国人在帝制框架下对宪政体制的探索。

总论

宪法即定〈国〉家统治之原则,非定国家自体之存在,乃定国家统治之方法者也。欧洲各国制定宪法事实,其精神出于永久确定一国政体,而运用国权于宪法之范围内,不能以国家机关单独意志违背之。故称宪法有特殊之效力,非普通法律所能变更。日本宪法制定,悉本欧洲立宪政体之精神,以变更从来之政体,亦具特殊之效力,非通常法律所能变更。我中国制定宪法,其形式宜法日本,其精神宜法欧洲,盖二美并从也。

希腊大儒亚里斯多德曰:以一人而谋国家共同之利益曰君主政治,以少数人而谋国家共同之利益曰立宪政治。中国今日立宪,是由君主政治进步于立宪政治也。

立宪政治与专制政体为反比例。专制政体之国家,基础多未能巩固,只适用于人民幼稚之时代,若国家之组织已整理,人民之智能既发达,非变更立宪政体不能为功。立宪政体胜于专制政体之点:一、人民权利自由,依宪法之负担,各自安图个人及社会之发达;二、人民依宪法受议政权,关于国务利害之观念甚切,且发一种公共之观念,以助国家之进步;三、代表议会之设置,不但使人民对国家之注意甚深,且可使政府注意施政,以矫正专断压制之弊。

第一章 帝国领地

中国因改革专制政体,变更君主立宪政体,保存国家独立,规定帝国领地。

第一条 列于大清帝国各领地。曰:直隶、山东、山西、河南、湖南、湖北、江西、江苏、安徽、浙江、福建、广东、广西、云南、贵州、四川、甘肃、陕西、奉天、吉林、黑龙江、新疆、伊犁、青海、蒙古、西藏。

法理:欧洲各国法学家以土地为国家第一要素,故国家必有一定之土地为存立之基础,乃成为国。国土为统治客体之一。在国家法性质上,凡对己国领土之人民,均完全行其国权,而禁外人行其权力。现今各国制度,凡在国土内者,不问为内国人为外国人,皆服从其国权,外国权力不得干涉之。此国权之作用曰领土主权。中国自与万国交通,外国人在我领土内皆不服从我国权,而又有多方要求借占,是我自弃领土主权而不顾也。今宪法第一章首揭帝国领地,意在复我领土主权,不得予人分寸。

第二条　定直隶顺天府为中央统治省,此外各领地为地方分治省。

法理:东西洋各国国家行政组织,有中央组织与地方组织之别。中央组织者,乃将行政机关据其事务之种类而区别之。如政府与各省大臣为上级官厅,地方组织者,则据土地之区域以定机关之权限者也。例如府县知事与地方自治团体等为下级官厅。中央官厅有事务统一之利,而不能悉应各地方之情形;地方组织虽能各应其地方之情形,而事务又不能全国归于画一。二者利害相关,必相辅为用,庶得存利而去弊。故中央组织为中央统治省,地方组织为地方分治省。

第二章　皇帝大权

中国因改革专制政体,变更君主立宪政体,巩固统治主体,特定皇帝大权。

第三条　皇帝为一国至尊,依宪法之规定得统治之大权。

法理:皇帝即君主之尊称。君主为统治之主体,统治帝国权力之所存在者。欧洲各国多共和国体,以君主为国家最高之机关,其权限范围甚广,威力甚大。惟权力非固有者,不过代国家行其权焉。反是日本纯然为君主国体,君主为固有之统治权,惟据宪法之条规而自行之也。我中国国体同于日本,宜取法日本为当。

案:日本宪法第一条,首揭君主既为主权之本体,则统治权之全部,君主一人总揽之。君主以统治权之一部委任于臣下则可,而不可抛弃其权。君主若抛弃其权,即为失其君主之资格,而背视其对祖宗上帝之义务。故日本宪法前文所谓"制定大宪,朕先率由,朕后嗣及臣民之子孙皆当永远遵行",实即示其总揽大权之至义。臣下有潜窃此大权者,即为觊觎神器,必科其罪。

第四条　皇帝圣神不可干犯。

法理:欧洲各国,目君主为圣神不可侵犯。然君主不担一切责任,其过失悉委之冢宰。日本亦目君主为圣神不可侵犯,而君主则担一切责任,不尽委之于冢宰。此东西国体之异点。盖主日本主义之学者,以圣神不可侵犯之说,实以君主为统治国家之人,君主得以法律制裁其臣下,臣下决无加制裁于君主之权。而且保持君主之尊严,即所以巩固政治上国家之基础。中国国体与日本同,亦宜采日本主义。

第五条　皇位遵皇室典范,依嫡长次序,以正系男子承之。

法理:国法学者曰,君位之继承权,国君主承继之资格,及君主承继之顺序而定。君主继承之顺位以皇室典范。又,其他法律豫定之国甚多,按其规定,有限于男系之男子与女系之女子者。日本皇室典范,以男系之男子为定法。普鲁士亦同。英国则以男系之女子与女系之所出,亦由长幼之顺序得继承君位。中国国体与日本同,亦宜取法日本。

第六条　皇帝经帝国议会之协赞,有立法大权,并有裁可公布及执行之权。

法理:立宪君主国通则,法律须议会之协赞。国会之参与立法者,非有创立法律权,参与立法之办法耳。主权者制定法律,不可不有立法之办法,非通国服从不可。故制定国法之办法,不尽委之官吏,必经议会之协赞焉。立法办法有四级:一级,法律之提出,即主权者将法律案提出于国会;二级,法律之议决,即国会会议决定;三级,法律之裁可,国会参与议决后,仍请主权者之裁可;四级,法律之公布,即法律案成立,通行全国也。

第七条　皇帝特有行政大权,可任免文武大臣,为施行法律之故。可发紧急命令以代法律,然不得以命令变更法律。

法理:命令者,对法律以大权颁发国法之一部也。日本宪法,统治权所发表之意思有二:一须国会议决后始发表者曰法律,一以大权之亲裁发表者曰命令。宪法所谓之命令,因对于法律之关系,分为四种:一曰大权命令,可代法律,即紧急命令;二曰行政命令,即补充命令;三曰执行命令;四曰委任命令。

案:宪法上原则,非法律不能变更法律。变更法律者,即法律之废止也。有永远废止者,曰废止;有暂时废止者,曰停止;又有废止其一部者,曰免除。统论之,曰变更。

第八条　皇帝召集议会且命其开会、停会及命众议院之解散。

法理:议会者,统治之机关,所以参与立法权之行使者也。又曰:议会者,君主之事务所也。君主依一定法律,使国民选举,而后国民始得与于选举之事,而议会之组织乃能成立。君主若不许其选举,国民自不能违背法律,专行其选举之权。故君主召集议会之权,即统治权之行动也。

议会非为时时集合之会议体。故有开会之期限,又有特别召集之制度。法国于通常之会,不必召集,每年在一定时期内自然会合。大统领不论何时,得召集临时会。日本、英吉利、普鲁士等国议会不经召集,不得开会,著为定例。

议会召集之权,专属于君主之大权,各国皆以法律定之。君主召集之权限:英国三年召集一次,惟陆军条例及豫算等事,则每年召集议会定之;普鲁士、日本亦每年召集,在紧要时亦可召集。

于议员资格有关系者,则有解散。解散者,剥夺议员之资格是也。解散之事,各国有并上院在内。日本及英、法、普等国则惟下院得行其解散。下院解散,上院亦当停会。

停会者,非废止其会,不过停止其议事而已。停会之事,必两院同时停会,不得一院独行停止。

中国将来议院组织,应以英、日、普等国议院法为准。

第九条　皇帝为海陆军元帅,得编制海陆军制度,定常备兵额之权。

法理:君主之大权,统帅海陆军者,乃指挥运用组织已成之战斗力也。海陆军编制者,编制战斗力也。定常备兵额者,亦定常备之战斗力也。欧洲各国常备兵额,须以国会议决之法律规定。日本兵额归君主大权,编制无须国会议决。盖国家战斗力之伸缩乃政治之问题,苟委之政党之议决,非巩固国家之道也。

第十条　皇帝有宣战、讲和、与外国政府缔结条约之权。若所约系关消费国财与变改疆土,或因之起国民之负担者,必须得两院同意承认,乃为有效。

法理:宣战讲和及缔结条约亦为大权事项。宣战者,与外国开战;讲和者,复其和平也。欧洲各国宪法,凡宣战讲和,以及政治条约,均有国会协赞之规定。

案:中国数千年历史上,因宣战、讲和、缔结条约种种失败甚多,推其原因,皆由君主专以一人之意思,或与一二大臣之私见,从无取决于公论者。今求补救之策,亦必经议会协赞,庶几永久不动摇国本,丧失国权。

第十一条　皇帝有恩赦之大权。惟大臣以溺职得罪,非由弹劾其罪之议院上奏请免,不得施行此权。

法理:宪法独立之精神,凡大权事项,皆君主亲裁之,决不委任于国会与行政官府。此条盖防大臣专权误国、君主大权旁落之弊,必准国势以行之。现今欧洲大陆普鲁士宪法第四十九条有此规定。

第十二条　皇帝有授爵位勋章及封典之权。

法理:臣民有功劳于国家,为国家所公认之荣誉,属于国家政务之一。是为君主特权,他人不得滥用。

第十三条　皇帝未成年不得亲政时,则内阁大臣召集两院,遵皇室典范,公选一摄政。

法理:君主为国家之主体,而总揽大权。故国家之意思,依君主之意思而生。君主之地位,由君主继承之法而定。若君主尚未成年,及有大事故之际,不能完全行其国权时,不得不筹充补之方法。故君主立宪国家特设有摄政之制度。

摄政之地位与权限,即以君主之名,得行其君主之大权,以补充君主之能力。君主能力因之而发生。若君主能力自能完全发生时,则摄政即应消灭。

摄政之设置,非奉君主之意思,乃依宪法之规定而成立。若宪法上无特别制限规定时,应有行君主大权全部之权力。然各国宪法皆设有二三限制。日本宪法谓摄政不能改正宪法及皇室典范,即明示以制限也。

第十四条　摄政以皇帝之名行大权,惟无变更宪法及皇室典范大权。

法理:摄政之行大权,非由君主之委任,而实为宪法上所认许者。宪法上若决定摄政之为必要,则摄政即得行摄政之大权。变更宪法之提起,非君主自己之意思表示不可,他人不能代也。皇室典范有皇统之关系,亦非摄政者所当议。

第三章　臣民权利义务

中国因改革专制政体,变更君主立宪法政体,上下一心,力图国是,共增臣民之幸福。特规定臣民权利义务。

第十五条　大清帝国臣民升进之资格，与公权之得丧，及其施行诸要件，皆依宪法及法律定之。

法理：臣民为统治客体之一，对于统治权为绝对无限之服从。立宪君主国之臣民，本此主义，绝对无限服从君主者，即所以服从国权也。臣民绝对无限服从其国权，非因法令约束所生之服从关系，乃视国家为人类生存之要件，当然之服从也。

权利者，为国家承认保护人格之存在也。人格与权利之生，生于臣民对国权有无限之服从。国家对臣民之无限服从，特付以人格与权利。此人格权利即谓之公权。

义务者，依权利对国家承认保护而生之感情也。臣民赖国权保护，得享安全之幸福，断无有违抗之情事。于是绝对服从之义务以生。此义务即臣民对国家当然之义务也。

今日凡立宪法治之国家，欲避专制政治之弊，制宪法以定国权。行动之形式与人民服从之程度，非据宪法，政府不得强人以服从。故人民于宪法外，不受非法之压制，是为原则。

立宪国家之通则有三大机关：一、政务，二、裁判所，三、国会。臣民之升进属政府，公权之得丧属裁判所，诸要件之施行属国会。三者缺一，非立宪国之性质。

第十六条　凡大清帝国臣民，于法律上皆平等。

法理：就个人对个人私权上观之，如不平等，则权利关系不生。虽然，此平等云者，非事实上之平等，乃法律上之平等也。就事实上个人对个人，则有身体、精神财产，有自然天赋之不平等；若以法律上观之，必变不平等者为平等，而法律乃能平。是为法律的平等。法律因平等遂使臣民得享权利负义务，绝对无限服从其国权，国权亦遂以其威力，抑制智力、体力、贫富之不平等，使归于平等。是以无绝对无限之服从，国家与个人之关系必不能存立，即权利亦不能生矣。

第十七条　人身许有自主权，欲制限之，或逮捕之，其条件与格式皆以法律定之。

法理：宪法上所谓臣民之权利义务者，非臣民相互之存在之权利义务，系对国家而享有此权利，对国家而负担此义务之谓。个人因绝对服从国家之权力，国家遂认定为法律上有自主权而保护之；若为抛弃其自己之权利而侵犯国家权利,国家得强制之,是为不法之行为,或限制之,逮捕之,均有法律之规定。

第十八条　大清帝国臣民因互保国家完全独立之主权,均担任服兵之义务,其服兵之范围、种类及服役年限以法律定之。

法理:兵役义务者,举全身以奉国家之义务,又曰国民一般之义务。约言之,即不可不服役海陆军军队义务也。然此义务者,仅可使国民负担之,在本国之外国人不负担之。非仅服得计算于金钱劳务之义务,必实心捍卫国家,共保国家完全独立之主权,不令他人侵害,各尽国民一分子之义务也。

案:近今世界各国征兵之法,皆先使国民担任服兵义务,国民从自幼皆受军人教育,人人皆知有爱国热衷。如日本明治初年,一变古者征兵制度,广使人民一般就于兵役。此为今日征兵制度之基础。现行之征兵令,以国民年满十七岁为兵役义务发生时。兵役之种类有常备兵役、后备兵役、补充兵役、志愿兵役等名。

第十九条　大清帝国臣民因保有个人权利,均有纳税义务。其制限条件以法律定之。

法理:租税之意义,欧洲学说甚多。英国霍布士曰:租税即对政府所行政务之交换的对价。是为对价说。法国学说孟德斯鸠曰:租税即人民因生命财产上受国家保护之利益所付之报酬也。是为租税保险说。又克兰德曰:租税非对价,非报酬,盖因国民对国家有绝对的服从义务所牺牲之金额也。是为强制赋金说。又克萨曰:租税者,即对共同费用之共同分担也。是为分担说。总之,不外国民因各保有个人之权利对国家关系而发生纳税之义务也。纳税义务之范围及征收租税之方法,皆宜以法律规定,系一定条件,使纳税义务永续发生履行,以期经济社会之发达,以达国家财政之目的。

案:日本以二万六千六百余方里之土地,四千六百余万之人民,平时岁入总额达二万万五千六百九十七万元。其国民负担纳税之义务,每人每岁平均以三元计,遇战事则纳至六、七元,国民踊跃乐输,遂一战而败强俄。

中国地大人众,计十倍于日本。统计每年收入租税,不过七、八千万余两,合国民负担税额,每人不过二钱余,战时则款无着落,是租税制度不备,民不知纳税义务也。

租税之发达,必依生产之发达为标准。凡生产不发达之国,欲求租税进步增加,实为至难。

第二十条　大清帝国臣民非依法律,不受逮捕、监禁、审问、处罚。

法理:法律无正条者,无论何等所为,皆不得罚之。是为刑法上之原则,亦实明定裁判官职权之范围,与国民所应遵守行为之界限也。夫如何行为为犯罪,乃立法者所定;如何行为而认其为犯罪者,乃裁判官之执掌。裁判官据立法者所定之规则,判决有罪与否,以适用刑法,是为其职务。若违背宪典,起不法行为时,臣民可反抗争议,国家必加以制裁。

案:普鲁士宪法第五条云:"人身许其自由。若欲制限之,或捕逮之,其如何方可制裁捕逮等条件,及如何方能制限捕逮等格式,皆以法律定之。"又第八条:"非据法律不得布刑罚,不得治罪人。"与此意同。日本宪法亦同。此条列于宪法,则残酷官吏锻炼周纳人罪之事,与豪贵依势凌践平民之风,不禁自除矣。

第二十一条　凡大清帝国臣民设不违背法律,官吏决不以私意干涉臣民一切法律上之自由。

法理:近世文明进步,人人权利之思想发达,其视自由益重。人不能自由,殆与无生命等。故世界立宪各国为人民谋福利之增进,认许个人之自由,且定法律以保护之。个人自由者,即不受国家干涉各个权利之范围也。其一个人自由之范围,各国宪法法律上所规定者,分为四大端:一、身体上之自由,即关人身居住转移之自由;二、精神上之自由,即关信教、学术、出版、言论、集会、结社等自由;三、经济上之自由,即选择自己适当事业之自由,又曰营业之自由;四、财产上之自由,即所有权不可侵之事。

第二十二条　大清帝国臣民所有权与财产自主权不可侵之。若有因公益之必要,则从法律与以相当之价值,即紧急时亦必给之。

法理:财产权者,即由权利与财产之关系所生之私权也。国家以权力保护私权之享有,可以自由处分。特设权利变更之例外。权利变更之中之最著者,即公用征收是也。公用征收之性质,于公益上有必要时,征收特定物件之所有权及其他之物权而移于他之行政处分也。事实虽有强制买卖之性质,然非属于国家公益之事业,则不得为公用征收。

公用征收法,各国之规定莫不相同。认定公益之机关,因国而异。如普鲁士制度,凡重大事业以敕令定之,如铁道、矿山、电线等,轻小事业则使行政机关认定之,如学堂、病院、慈善事业等。日本土地收用法亦采用此主义,一般之土地收用,以内阁为认定公益之机关,若为国防上之工事,则假认定权于该主务大臣,至于须急切实施者,虽郡长、市长,亦得为其认定之机关。英国宪法亦然。

第二十三条　大清帝国臣民居处住所不得侵入。凡强入人家宅屋,搜索人家中,又验看人秘密文书、信函等事,皆有法律定之,不得出法律范围之外,不得违法律之所定之格式与时效。

法理:人为权利之主体,个人对国家所有之权利,曰法律上权利。法律必保护个人之利益。如有侵犯之者,必加以制裁。然有不法行为,生法律上之结果时,则不能不服从法律,受国家权力之干涉。

案:诉讼法上,人民居处住所家屋为私权上之特有权,他人不得侵犯之。书信秘密权,亦为宪法上所保护,他人不得差押之。虽然,豫审判事如因事实有必要时,不能不侵其所有权与秘密权,以达检证搜查之目的。

第二十四条　大清帝国臣民均遵孔教为国教,其如何阐扬宣布,则以法律定之。

法理:凡国教必公诸通国人民,不可以少数人据为私产。中国孔教,惟儒者乃能崇拜,而平民不与焉,甚非国教之性质。嗣后应立遵教、传教法规,宣布万国,以符宣圣周流列邦行道之热心。

第二十五条　大清帝国臣民若不妨碍国家安宁,不悖臣民义务,亦准任意信教。

法理:在古代蒙昧之时,法律与宗教、道德浑然未分立,似均有密接之关系。如古代之宗教经典,存于现今法律中之规则甚多,殆备于法律同一之性质而强行于臣民间者也。如印度弩吗经典、回回教咯兰经典、罗马宗教典等是。

宗教之性质,本来以信念为根基,只可配人之心神而止。法律之性质,基于共同生存之必要,而羁束人之外部行为。又宗教以事神为目的,与人内部之安全;法律以人事为目的,与人外部之安全。要之,达人生目的之事件虽相同,而目的与效用则各异。道德之界说,以意志之自由为基础,故道德的行为非有必至之性质者,如以良心辨别善恶邪正,为道德之行为所生,然良心不能司配各种行为,法律则不然。法律无以道德自由为基础,而有必至之性质,且能强制而行之也。夫法律本于人类共同生活之必要,因国家统一之权力所成立,故有一般强制力,与宗教道德不能以外部之力强行适相反。

现今世界各国法律与宗教分立。既无违背法律,无论何国宗教均有任意信教之规定。是条原为信教无害于法律者,故不禁止。如害国家安宁,违背臣民义务,是即违背法律,决不能顾宗教道德而废弛法律。如各行省民间私立各种教门教会,均为违法律之行为,应一律禁止。

第二十六条　大清帝国臣民于法律范围内,许其任意言论、著作、印行、集会及结社。

法理:近世立宪国家之特性,凡国家与政府不可侵入各人自由之境界内,且须防护自他而侵入领分,即防止外来之侵犯。是为法律上之自由观念。国家应人民开明发达,渐次扩张其自由活动区域,否则国利民福之增进,必不能得完全之效果。国家之政治,遂不免有压制之讥。是以近世政治思想之自由发达,较之法律上之自由更为美备,其范围亦广大。政治思想之自由,谓直接关于一国之政治。如人民精神上之自由言论、著作、印行、集会、结社等,苟不出乎法律范围,皆得任意选择施行。按日本宪法第二十九条、普鲁士宪法第二十七条,均有此规定。

中国往代文字之狱,党锢之祸,史不绝书。究之防民之口甚于防川,国家遂因之促其进步,渐以灭亡。有此条规定,自无上下隔阂不平之鸣,自少奸权倾陷贤良之祸。国家巩固之业,即基于此。

第二十七条　大清帝国臣民均应注意儿童之教育,如儿童至七岁,除废疾者外,不受小学教育者,父母与代理人必受法律之制裁。

法理:古者儿童之教育,皆任其父母之自由,至近世国家发达进步,遂普及国民一般之必要,渐行义务教育之制度。义务教育之目的,在使儿童受相当之教育,以期生长发育成完全人格。儿童年满六岁为学龄儿童,其儿童之父母及代理者为义务之主体,其父母代理者使儿童受教育义务,属公法上义务之一种。普鲁士宪法第二十一条有此规定。

第二十八条　大清帝国臣民互守相当之敬礼,于敬老、慈幼、礼重妇女人格,须有特别规定。

法理:近世东西洋各国伦理学发达,人类爱国爱群之热念膨涨,其范围极为广大。就伦理之种类而言,有家庭伦理、国家伦理、个人伦理、社会伦理、庶物伦理，是皆为人类道德行为之自然法则，为时时当行不可违之模范。总之，持博爱主义之国家，无不以物与同胞为目的也。

案：此条属于社会伦理。社会有此伦理之维持，则社会安宁秩序方能完全无缺。是为道德上价值之行为。今泰西国俗，凡见老者、幼者与妇女，均有尊重礼让之风，于车船上尤臻美备。所以通国人民无不自重个人之人格、权利。中国变更立宪政体，宜先使国民通晓社会伦理，各尽道德行为之自然法则，乃能达宪法上之精神。

第二十九条　大清帝国臣民对度量权衡法必协同遵守，划一定律，永不得违背参差。

法理：保持度量权衡之整一，是为国家必要之条件，宜先作定原器为通行之标准。然非严重监督，则不免有为利惹起伪造、变造等诈伪之恶风。故国家严制度量权衡，并考究完全之检查方法，其制作须受政府之允许，禁止个人之私造。犯者加以制裁。中国度量权衡法之参差已达于极端，国家社会均蒙损害，甚巨于商业上，租税上影响尤大。禁绝之道，惟归划一，或取简易，立磅吨制度。

第三十条　凡大清帝国臣民，永不得令妇女缠足，以防种族衰弱之渐。

法理：妇女缠足，始于五代衰乱之世，浇薄所染，天下靡然向风，以至贻患今日，实为中国人类最不幸之事，亦最可鄙之事。以至贻笑万国，目为野蛮行为。宜垂诸宪典，以昭万世禁绝。

第三十一条　大清帝国臣民永不得倡议鬻爵，以防滥司法、行政之权。

法理：鬻爵为不得已之事，亦致乱之阶。其原因每由兵事，出纳不支，为一时权宜之计。今国民既有征兵纳税之义务，国有缓急，均须由国民担任。当永不得倡议此事，宜垂诸宪典，以昭万世禁绝。

第三十二条　大清帝国臣民永不得以人身视为个人财产，任意买卖，以息摧残凌虐伤害天和之惨。

法理：在昔欧洲有奴隶制度，凡妻子奴隶，皆视为个人之财产，并不认其有人格。日本从前亦有此风，人级之分别甚多，后皆废之。明治三年颁布除奴之令，同年布告许娼妓有自由权，不得转相买卖，又布告申明凡以身体买卖之娼妓，皆遣放之，不追还其身价，自此买卖之制遂废。至第五次布告，约云人之身体，不能看作财产云云。米国自大统领林肯解放黑奴,开南北花旗战,卒得成功,至今列于宪法。

中国买卖女婢,与娼妓家买卖幼女,近年外人调查,有二十兆人之多。其残虐情状与买卖黑奴无异,最为文明国家所非笑者。宜垂诸宪典,以昭万世禁绝。

第三十三条　大清帝国臣民永断吸食鸦片,以除妨害青年发达之毒物。

法理:鸦片发源英印度,流入中国,中人累世受其毒,人类儿童遭灭种之祸。宜垂诸宪典,以昭万世禁绝。

第三十四条　大清帝国臣民应制限使用奴隶,以养自治自助之精神。其如何制限,以法律定之。

法理:中国官史任奴隶用事,万民受其荼毒者不少。而官吏因之疏懒懈怠,糜烂仕途,国家间接受害匪浅。此种奴隶多富财产,均为不正当收入者,是为一种蠹世之游民。宜垂诸宪典,以昭万世禁绝。

第四章　帝国议会

中国因改革专制政体,变更君主立宪政体,万事取决公论,特设帝国议会。

第三十五条　帝国议会以贵族院、众议院两院构成。

法理:国会制度者,即古原社会进步构成之变象也。近世欧洲各国哲学家行天赋人权之说,打破数千年君主专制之迷梦,而国会制度之组织日臻美备。考其性质则分为二:一则主权在民,国会为国民之代表会,国法学者所谓民主立宪制度是也。一则主权在君主,而以国会参与立法之机关。欧洲中央各国与东洋之日本皆行此制度。国法学者所谓君主立宪制度是也。是以政体之制度不同,则国会之组织亦异。有一院制度者,有二院制度者,欧洲大陆如瑞士各州、德意志联邦与希腊及室而比亚等国采一院制度,其余各大国均采用二院制度。

第三十六条　贵族院以宗室、贵胄、元老、勋臣、名儒、硕士、富绅、巨商组织之。

法理:君主国上院之组织由君主敕令。举现今各国制度以明之。

普鲁士之贵族院以三种议员组织之。一、皇族男子已达成年,据敕令而为议员;二、世袭议员;三、受敕选之终身议员。

英吉利上院之组织分五种：一、英格兰之皇族及贵族为世袭员；二、爱尔兰贵族中互选于终身议员二十八人；三、苏格兰贵族中互选议员十六人，每当国会之改选，以敕令使选举；四、大僧正及僧正因其职务为议员，其人数二十有六；五、法官限定一代，列于贵族者为议员，其人数四。然法官之为上院议员，非在高等判事之职至二年以上，为辩护士至十五年以上者，不得任之。又，非英国之臣民及受家资分散之宣告者，国王不得召集于上议院；未成年者、曾受重罪之刑者及由上院宣告除名者，不得列席投票。

日本上院为贵族院，然亦参列平民。分终身议员、有期议员共三种：一、皇族及有公族之爵者，已达法定之年岁即为议员；二、有伯子男爵而受同爵中之选举者即为议员，任期七年；三、由敕任而为议员者有二，一、终身议员，二、即有大勋劳于国家或有学识年满三十岁以上之男子，而经天皇敕任者。有任期之敕任议员，即各府县中有土地或工商业而纳多额之直接国税者，十五人中互选年满三十岁以上之男子一人，任期七年。其余，除充神官、僧侣及诸宗之教师、现服军人并犯罪而失互选人之权者，及现为刑事被告人而被拘留，或在保释中不得为互选人，皆为互选人。

第三十七条 众议院由法定选举区中公选议员组织之。

法理：选举之方法，有直接选举即单选举，有间接选举即复选举二者。诸国现行制度概用直接选举法，采用间接选举法者为普鲁士、巴耶、龙典赫斯圣、挪威等国。一部用直接、一部用间接，惟奥大利、瑞典二国。其余英国、法国、意大利、日本皆用直接选举组织下院。选举权之要件，诸国之制度不一，分三种：一、普通选举。不问选举人财产之有无，但具备一定之要件即有选举权。此法法兰西、美利坚、德意志、瑞典诸国行之；二、制限选举。以一定之财产或纳税之额数为选举资格之要件。此法现今各国多行之；三、等级选举法。稍复杂，普鲁士国行之。

普鲁士不以财产为选举权之要件，惟依所纳直接国税之多寡区别之。分原选举人为三级，各级所纳之税，其数须同。即以纳税之多寡，定各纳税者之位次。如总额为三十万元，分三级，每级应十万元。如有百人，平均每人纳至千元者为第一级；如二百人，每人平均纳至一百元者为第二级；如四百人，每人平均纳至二百五十元者为第三级。

被选举人之资格，各国制度不一。有官吏有被选举权者，有官吏无被选举权者。米国、瑞西、意大利、比利时不与官吏被选权。法国亦采用不与官吏之主义,惟大臣、次官、公使、县知事、警视总监、大审院长、会计检查院长及检事长有被选权则为例外。英国惟税务官、裁判官及官署之属官无被选权,其他官吏皆有之。德国、墺国、荷兰、西班牙、葡萄牙诸国亦有被选权,惟普国会计检查官无之。日本则宫内官、判官、检事、行政裁判所长官、行政裁判所评定官、会计检查官、收税官吏及警察官吏无被选权,余则皆可为议员。

第三十八条　无论何人,不得兼两院议员之任务。

法理:两院制度即避多数专横之弊,以保少数者之自由权利。是以上议院议员归君主敕任,下议院议员归人民选举,不得兼任,是为原则。普鲁士宪法第七十八条载各院自监其议员之权限,且审判之。无论何人,不得为两院议员,即为此意。

第三十九条　帝国议会有参与立法权,凡一切法律,必经帝国议会之协赞。

法理:宪法上原则,不经议会参与,不能立法。然立法有二义意:一、制定国法;二、制定国法之办法。制定国法属君主之大权,制定国法之办法属议会之协赞。其故以主权者制定法律,不可不依据立法之办法以图法律之成立。是以立法权为君主之大权,非议会所得擅专。惟参与君主立法权之施行,则为议会上实质之权限。

议会之职权,各国不同。欧洲各国政体多以议院制度与君主立宪制度混合为一,惟日本及中央欧洲各国制度不取议院制度,而取君主主权制度,认国会为参与立法之机关,不为立法之主体。

日本宪法上国会之职权有实质职权,有形式职权二者。实质职权即参与立法及豫算;形式职权即上奏、建议、质问及受理请愿是也。

第四十条　政府提出之法律与各院提出之法律案,必两院议决,乃可公布成为法律。

法理:国会有提出法律案之权。是为各国宪法之通则。然亦有以此权与政府而不与国会者,亦有因其种类以区别政府与国会之提出权者,亦有上下两院其发案权各异者。日本宪法,政府与贵族院、众议院皆有平等之法律案提出权。

法律案提出,即对宪法上有制定法律之权限,或有参与制定法律权限之机关,提出法律案之谓也。法律之提出权,欧洲诸国中有专属君主者,惟英国、普鲁士等国政府及两院皆有之。法律案之提出亦有限制。一、财政法律案,法国、普鲁士国等法案规定,财政法律案须先提出于下院,亦为宪法上之法则;二、不得同时将同之法律案提出于两院;三、关于变更宪法之法律案,其发案权多有制限;四、于同会期中不得再行提出。

第四十一条 两议院有一院未认可之法律案,同会期中不得再行提出。

法理:既经一院否决之法律案,同会期中不得再提出。是为各国之通则。如日本宪法三十九条、普鲁士宪法六十四条等是。法国政府之发案权无此制限,如一院可决一院否决之法律案,非经三月不得再提出。一院可决一院修正,终至因议论不合归于消灭之法律案,非经两月不得再提出。又普国君主不裁司之法律案,于同会期中亦不得提出。

第四十二条 两议院于立法、行政事项有建议于政府,政府未经采纳,于本会期中不得再行提出。

法理:政府者,君主大权施行之机关也。君主亲裁之政务,当发动于外部时,必须政府之参与,且须通过政府,为宪法上之原则。又曰:政府者,为国务大臣及枢密院所组织之行政官厅,由君主大权委任,以辅弼君主大权为职务。如两院有建议事项,均由政府上奏君主。君主认可,政府即副署施行。君主不认可,政府即不采纳。故政府又为大权使行参与之机关。

日本宪法议院于上奏外,对政府有建议权。建议之事或关于立法,或关于行政均可。惟须述其将来如何改革,不得非难已往之失。政府如不采纳,则本会期中不得再提出此议。

第四十三条 两院均有监督、行政、上奏皇帝之权。

法理:上奏为议会形式上之权限。有因祝辞、吊辞而上奏者,或答敕语之故而上奏者,有因立法行政上有当改革之条件而上奏者,有因国务大臣及行政官厅有不当之行为而上奏者,然上奏之事不必皆应允许。但宪法上规定上奏之权,则君主须收受其所奏,不得拒绝。

君主立宪国家之通则,国会有检岁用、弹劾政府、监督官吏之权。凡关妨害国家安宁秩序、社会人民幸福及违背宪法上规定之法律、命令等事项,国会均有上奏君主之权。盖议会层层监督政府,国家政体方能坚固不摇。普鲁士八十一条、日本宪法四十九条如此规定。

第四十四条 两院议员为全国人民之代表,各以所自信之智识判断法案,不得受他约束训示。

法理:议会选举权为公权。所被选举之议员为大公之任务,其资格均为学识优美,对国民负担重大义务,绝不能无是非辨别力,甘受人之指使也。于是各国宪法中,议院均有审查议员资格之权。英国一千八百六十八年选举相争事,经裁判所裁判。日本则贵族院有审查议员资格及裁判选举诉讼之权,众议院则惟有资格调查之权,而无判决诉讼权。有因选举而诉讼者,于裁判所裁判之。普鲁士宪法第八十三条如此规定。

第四十五条　两院得受人民请求书。

法理:两院受人民请求为各国国法所公认者。请求之目的,或述将希望之事,或陈述行政官厅以前所处分者有侵害自己利益之处,而求其伸白,或关系兴利除弊之事,均可请求。

第四十六条　帝国议会两院必每年召集。通常以正月中旬至四月中旬为开会期。如有未毕要紧事项,皇帝可令延长其会期。

法理:宪法上通则,通常会与临时会之情形,除开会期与闭会期外无区别。英国于开新会期,在二十五日前发召集命令,又对选举长发选举之命令。议会已开以后,即预定下次议会开会之时日。若变更其时日,则于六日前检定时日,召集议员。法国以大统领之命令召集议员,普鲁士国以敕令行之,日本以敕谕定召集日期,于四十日以前发布其敕谕,揭载于官报中。

会期既终,则行闭会之式。此亦属于君主大权。凡一院未议决之事,或已议而尚未通过两院之一切议案,皆归消废,俟下次会议时再行发议。然有紧要未毕之事项,君主以敕令可展其会期。日本宪法四十二条。

闭会之大权所在,各国之制度亦异。法国通常会期极少,五个月后,大统领不论何时,得命其闭会。五个月内,不得闭会。日本以三个月为通常会期,三个月内,君主不得命其闭会。

第四十七条　若有要紧事项,于常会外可开临时议会。

法理:关于议会散后又召集之议会曰临时议会,此问题各国议论不一。日本学说以此为一种特别之议会。但此特别会无一定开会之期日,故必由君主大权以敕令定之。何以故?盖此种议会非因国家有重大事件,关于一国安危治乱之机,不得已于常会外而召集。此临时会议以决临时应付之策。各国宪法均有此条规定。

第四十八条　帝国议会闭会及会期延长,两院同时行之。

案:英、普、日本等国议会开闭仪式皆同属于君主之大权。君主使两院会同或亲临议场,或使人赴议场依敕语开会,以敕令定开会之日期,使两院议员会合于贵族院中而行开会式,会期即由此日计算。闭会及会期延长均同此仪式。

第四十九条　若命众议院解散时,则不敕谕使选举新议员,由解散之日起五个月以内召集之。

法理:解散议会之事,各国有并上院在内者。日本及英、法、普等国,则惟下院得行其解散,上院不并行焉。解散之命令属于君主大权。英国于解散以前先闭议会,国王示以解散之意而以敕令行之。普国与日本皆然。解散之事必须召集一次方可解散。若于选举既毕,尚未召集以前行之,则为违背宪法。普鲁士宪法第七十五条,各议员期满后即另行选举。解散亦同,但前为议员者仍可当选。

第五十条　贵族院、众议院如有应议之事,非各有总议员人数三分之一以上出席不得开议及议决。

法理:二院组织议会之国,两院之议决若不一律,则不至议会之议决,是为通例。然各院开议与议决若无法律之规定,恐生议论纷扰之现象。故各国议院法上均有一定之规则:凡议之事,会员必过半数乃为决定,总议员必三分之一出席乃能开议及议决。日本宪法四十六条有此规定。

第五十一条　两院之议事以过半数为决定。若同数时,则以议长决之。

法理:议院会议各事项,必须全体之认可乃生议决之效力,是为议会之原则。然各个人之判断力与是非辨别力,原随程度之高低,因是不一,故往往生反对竞争之议论。若望全体均必承认,将无一事可决议之时,岂不牵制国家之进步乎? 各国有鉴于此,遂均取决于多数而不顾少数之是否为通则。普鲁士宪法第八十条、日本宪法第四十七条,均如此规定。

第五十二条　两院会议皆当公开,若因政府之要求得议员之决议,得开秘密会。

法理:两院所议之事项,无非为保全国家安宁与增进人民幸福之事,原无须秘密,故各国议会莫不采公开主义,不用秘密主义。然有例外,如关于国际上问题与经济上问题及有妨害社会人民一切祸患,或由政府要求,或由议长发议,须秘密时遂共同议决开秘密会。普鲁士宪法七十九条、日本宪法四十八条皆如此规定。

第五十三条　凡议员犯刑罚罪名，若在开会期内，不经议院许诺，不得捕逮之。

法理：议员之资格既以法律定之，当永无违法行为为原则。然偶有犯刑罪须捕逮时，若在开会期外，议院不得干涉之；若在开会期内，议院有检查议员之权，必经议长、议员公同许诺，方得捕逮之。若不许诺，不得妄捕逮之。盖议院有监督行政、司法之权，决不能使不法之捕逮行于议会也。普鲁士宪法八十四条云：凡两院议员，虽犯刑罚于开会期内，若不经议院许诺，不得捕逮之。但现行犯即日被获者，不在此例。又，因负债而逮捕者，亦宜经院中许诺。又，因其院有请者，不论民刑，皆宜释放。日本宪法第五十三条：两院之议员除关于现行犯罪或内乱外患等罪以外，于会期中不得院之许诺，不能逮捕。

各国宪法，议员于开会期中，不经议院同意，不得逮捕议员。英国则于开院时及开院前后四十日不得逮捕。法兰西、普鲁士则于开议中不得审问议员。但此事各国亦有例外。如法兰西于现行犯则得逮捕。又英、法、普及其余各国宪法，于开院以前所逮捕之议员，依议院之要求，可以行释放，并停止审问。

第五十四条　两院开会闭会，皆皇帝亲临或特派大臣行之。

法理：各国宪法，两院开会闭会，君主以敕令定之。法兰西不行开会仪式，普鲁士、英吉利等国则由君主命其开会，而属于君主之大权。君主使两院会同，或亲临议场，或派人代赴。日本亦以敕令定开会之日期。

会期既终，则行闭会之仪式，亦属君主之大权。仪式与开会同。

第五十五条　政府各大臣无论何时，得于各议院有出席发言之权。

法理：政府与国会有互相维持监督之责任，如国家与社会有应兴革之事业，议院可建议于政府，政府亦可发言于议院。现今世界各国宪法上，各大臣均有列席两院之权，无论何时，均有发言之权。如各议院有必须与大臣应议之事，亦得要请大臣入议会。惟各大臣除为议员者外，不得有评断权。普鲁士宪法十六条，日本宪法五十四条有此规定。

第五章　立法权

中国因改革专制政体，变更君主立宪政体，从新组织经国法典，规定立法大权。

第五十六条　大清帝国依宪法所定，于各领地内行立法权。帝国法律于北京帝国官报公布之，报出四十日内有效。

法理：立法权为君主统治权之作用，由议会之协赞而行，其权属于君主，而不属于议会，为日本宪法之原则。法兰西宪法上立法权属国会，而不属大统领，与日本正反对。英国则君主与国会立于同等地位，两者协同而行其立法权。中国国体与日本同，宜取法于日本为当。

第五十七条　大清帝国臣民遵守法律，均受法律之保护。握有权利，不许政府所制限。

法理：政府者，法律通过之机关也。政府有反法律之举，则全部法律必不能成立。故政府不制限人民权利者，以其无反法律得保护而生也。

第五十八条　大清帝国臣民受帝国法律如左：

一、刑法、民法、商法、诉讼法、裁判法、检查法；

二、议员选举法、参政法、集会法、团体法；

三、赋税法；

四、度量权衡法；

五、货币法；

六、订公债契约与发行纸币法；

七、银行事业规则与营业保险规则；

八、新书新器之专卖与版权保护法；

九、铁道与国防之道路、交通之道路与运河舟筏、水路通行及修缮水路法；

十、邮政电报法；

十一、帝国海陆军法；

十二、警察、卫生、兽疫法。

第六章　大臣

中国因改革专制政体，变更君主立宪政体，慎重国务大权使行，特定大臣责任。

第五十九条　内阁大臣、军机大臣、八部大臣，均有协理国务大事之责任。惟内阁军机大臣辅弼皇帝。凡法律、敕令及关于国务敕诏,须副署其名。

法理:大臣者,为辅弼元首之机关。辅弼者,启牖君主之聪明,使君主政治上之行为得完全无缺之谓也。东西洋各国有国务大臣、宫内大臣名称,是皆辅弼君主,以辅佐君主大权之行使。则对君主不可不尽其职务之责任也。所谓大臣之责任者,即政治上责任,即对宪法上应尽其职务之责任也。宪法上大臣之责任,凡君主施行法律、敕令及他国务所关之敕谕,国务大臣必署名。何以故?盖国务大臣隶属于君主,则有服从君主命令之义务。君主之命令若合于宪法,大臣自当副署其名。君主之命令若有违法之处,则大臣不得署名。盖违法之命令非真正之命令,大臣不能遵奉也。日本宪法五十条有此规定。

第六十条　各大臣均有列席两院与发言权。除各大臣为议员者外,不得有评断权。

法理:与五十五条参观。

第六十一条　各大臣犯宪法及收贿、谋叛诸罪,各议院可弹劾之。此等事应归大理院判断。

法理:弹劾大臣制度与大臣被弹劾之原因,东西洋各国皆大同小异。或因大臣违犯宪法及法律之故,或因大臣有害于国家之故。英国则于犯逆及收贿以外,凡诸事处分之当否及得失,亦使大臣负责任。米国、普国、法国则惟以叛逆、收贿、违反宪法等为大臣被弹劾之原因。墺国则弹劾之事甚多。大臣被弹劾之裁判,英国、米国、法国、西班牙、葡萄牙等国以贵族院为裁判所,普鲁士、白耳义等国则以高等裁判所为裁判大臣之裁判所。又有组织政治裁判所者,墺太利是也。普鲁士宪法第六十一条有此规定。

第七章　司法权

中国因改革专制政体,变更君主立宪政体,改良民刑裁判,特定司法独立大权。

第六十二条　司法官由独立不羁之法院代皇帝行司法大权。凡属裁判所范围,除法律外,不服从他权。

法理:立宪政体之特质,分国权之作用为立法、司法、行政三大端,设国会、裁判所、政府三统治机关,其各机关之作用不互相侵犯。主权者使行司法权作用之处,即裁判所。裁判所代君主使行司法大权,有独立不羁之特性,决不服从他权之下。是为各国宪法上之原则。

司法权之实质,惟于民事、刑事、诉讼上区域以内使行之。民事者,为个人相互间私权上之法律关系,即婚姻、继承、财产、债务等诉讼是也;刑事者,个人对国家罪犯之行为,即叛逆、杀伤、抢劫等诉讼是也。故司法权必裁判所行之,裁判所以外之官府则不得行。

第六十三条　非具法律所定资格者,不得为法官。

法理:为裁判所行司法权之主脑者,即判事、检事。判、检事者,即关司法事务有最完全之权能者。又名曰司法官。夫巩固司法制度之基础,与保全司法之独立,则司法官一席不可不审慎选择。欲得司法之人才,必先定任用之资格与任用法。

日本现行司法官任用法,一由公家试验。及第,先在裁判所与检事局为实地之修习三年,然后次第任用判、检事;第二,不经试验修习,如为大学科教授三年、为辩护士三年或由大学法科毕业者,即得为试补判事官与检事官。

判事有敕任者,有奏任者,其任官为终身官。大审院长由敕任判事中天皇亲补之。各控诉院长及大审院长因司法大臣之上奏,由敕任判事之职者,必须曾为判事、检事五年以上者。又,帝国大学法科教授或辩护士,且曾任判事也。

补大审院判事者,必十年以上为判事者,或十年以上为检事,或帝国大学法科教授,或辩护士,且曾任为判事者。

第六十四条　各等裁判厅开审判时,无论民事刑事,均认国民入厅听审,以示大公。惟有伤害风俗之事,裁判官公议宣告,停止国民听审,其地位、时间以法律定之。

法理:裁判所办理司法事务之原则,于裁判所构成法定之,即司法事务办理规定是也。司法事务办理规定中最重要者,即关于开廷之规定与维持开廷中秩序,一切权限属裁判长。

开廷之对审以公开为原则,公开者,诉讼审问时许公众入廷旁听也。然有关害风俗之虞时,可退遣公众,停止公开。但判决时仍使公众入廷。普鲁士宪法九十三条、日本宪法五十九条有此规定。

第六十五条　行政官厅有违法处分、伤害权利之诉讼,属于特别法律所定行政惩戒裁判所之裁判者,则不限定于司法裁判所受理。

法理:行政惩戒裁判,专为行政之一部而不属于司法之范围内。行政裁判所之裁判,但对违法之行政处分而审查其诉讼。与日本宪法六十一条同。

第八章　财政

中国因改革专制政体,变更君主立宪政体,扩充全部政治费用,特定通国财政。

第六十六条　凡国家岁入岁出,必记于豫算表,每年订之。

法理:豫算者,豫想国家之岁入岁出所立统计表也,为国家财政之极要条件。国家之岁出,若不准据豫算,则法律上财政之处分即无端绪之可理。豫算议定之范围,诸国之制度不同。英国于常定之岁入岁出,则不必每年揭出;法国则与英国异,其岁出岁入之全部,每年皆须议决;普鲁士一切之岁出岁入,每年于议会议之;日本亦然,惟皇室经费每年不必经议会之协赞。

财政者,即预筹全国政务继续费之计划。分三大纲:一、宪法上之经费,即皇室经费、国会经费与中央各省部院官府之经费是也;二曰保护权利,维持国家之目的经费,即司法经费、治安经费、外务经费、海军经费是也;三曰达教化,增进幸福之经费,即内务行政、经济行政、教育行政、财务行政等经费是也。

第六十七条　岁入岁出如不记于豫算表中,复不为特别法律所规定,则不得课税于民。

法理:欲知豫算之性质,不可不研究历史上之沿革。夫豫算与租税承诺权,实并相发达。君主因收入不足以充国家政务之费用,于是始召集议会,使承诺租税之事。租税之承诺为议会重要之权限,与法律之协赞不同。政府若欲增加租税,必须将增加必要之情形通知议会,明示其现在所收入之数不足以敌支出之数,此为豫算之原起。是以各国课税于民,必列于岁入岁出豫算表,或特别之法律提出于国会,经国会之协赞,乃能课税于民。普鲁士宪法第一百条有此规定。

第六十八条　凡课新税及变税率,皆以法律定之。

法理:综合东西各国租税制度,不外对人税、对物税、行为税三者。

对人税者，即以人身为课税物件之租税也，如人头税、家族税是也。对物税，即以有形货物为课税物件之租税也，如地租税、家屋税、财产税、所得税等是也。行为税者，即对行为所课之租税，又曰事实税。盖以消费移转等之事实为课税物件也，如消费税、学业税、交通税等是也。方今世界各国文明发生，而租税之制度亦日臻美备。最当者，惟有屈伸力之租税。屈伸者，即伸张之谓，既不课新税，又不加税率，而随人民财产之增加收入之租税也。如所得税、消费税、奢侈税，随国运之进步，其所得及消费额增加，不必加税率，且能使租税增加。如租税制度不完全之国家，往往因课新税，加税率易惹起国民之反抗之扰乱。各国有鉴于此，于租税课收入，加税均有法律之规定。日本宪法第六十二条有此规定。

第六十九条　非据法律不得募国债，若为国库负债之契约时，须经帝国议会之协赞。

法理：国债为私法上最要之收入。因租税及其他项之收入不能支办国费之际，必使国库所负之债务也。国库所负之债务非皆称为国债。必财政上之目的而负担之债务，乃称为国债。负担财政上目的之债务，与负担行政上目的之债务有差异。财政上负担不问为补国家经费之不足与否，亦不问为新营业与否，凡因充财政上之需用所生之负担，皆属焉。负财政上之债务，必依宪法经帝国议会之协赞，是为宪法上之原则。日本宪法第六十二条、普鲁士宪法第百零三条均有此规定。

第七十条　国家岁入岁出已经帝国议会协赞，若所费超过豫算之所定之数目者，日后须求帝国议会之承诺。

法理：豫算之款项不得超过豫算所未设者，亦不得支出。若当万不得已之时，则间有支出者，此则各国之立法不同。英国有十二万磅以内之豫备金，以防豫算外之支出，及豫算之支出。但此等支出非系确定不移。若一旦支出后，则当于次年相当之项目中抽补此十二万磅之数。法国豫算内之项目则为补充费，豫算外费用则为临时费，皆要经议会议决。若于议会闭会中而豫算有不足之处，则经枢密院之议决及阁议，以大统领之命令补充之，于下次会期之始十四日以内提出于议会，以求其承认。惟不得另设新项目。日本宪法第六十四条、普鲁士宪法第一百零四条均有此规定。

议会不仅协赞豫算，如经费支出之后尚有检查、决算，防其违背豫算,有侵吞公款之弊。

第七十一条　豫算须先提出于众议院。

法理:提出豫算案属政府之大权,即以豫算案作为议案提出于国会之谓。其始,先由各行政大臣将各部局之豫算报告大藏大臣,大藏大臣据以编成国库全体之岁入岁出表提出于内阁,经内阁议会之议决,即成豫算案,复由政府提出于国会,国会议决,再经会计检查上奏君主。惟政府提出豫算案于议会时,必先提出于下院,为各国之通例。盖以通国财政全赖下院之负担,宪法上故畀以修正豫算案优先权。

第七十二条　皇室经费依现在之定额,每年由国库支出,将来若有增加额,必经帝国议会协赞。

法理:各国法学者学说,大约皆以豫算为形式上法律,而非实质上法律。故以豫算之议决,必于法律范围内。然有例外。日本皇室经费依现在之定额,每年由国库支出,可不必经议会协赞。惟将来有增加时,方经议会协赞。日本宪法第六十六条。

案:中国皇室经费,每年一百六十万两,日本皇室经费,每年三百万元,比中国尚多五十余万两。将来似宜增加。

第七十三条　由宪法上大权所已定之岁出,及法律之结果或法律上义务办公经费之岁出,不经政府同意,议会不得废除之或减削之。

法理:所谓宪法上大权所已定之岁出者,如法律命令或条约等国家之行为所定,于将来皆有效力者是也。其岁出额即依此法令或条约所必要之额而定,未必年皆相同。所谓政府义务所属之岁出者,系包含法律结果所关之岁出及法律上义务所关之岁出二者在内。议会对此二者有废除削减之意思时,必经政府同意,乃为有效。如不得政府同意,不能废除削减。日本宪法六十条有此规定。

第七十四条　因补豫算时意外之不足或充豫算外所生必须费用之故,可设豫备费。

法理:豫算经国会之议决,即不能变更增减。然当实行之际,难免无过多、不足之事。如有余时,可无须筹他办法,然意外有不足时,或由豫算所未设之支出而忽生必要费用之时,如此种种,不设筹备之方,则国家生存之维持、政务之行动,必受绝大之影响。各国于此均设特别之规定以补充之,曰豫备费。日本、普鲁士两国宪法均有明文之规定。凡豫算外之支出、豫算超过之支出,以政府之责任支出之。次期国会开会时,须得其事后之承诺。

第七十五条　凡于国计民生有大危害,须紧要需用时,不能骤然召集国会,政府得依皇帝敕令支出费用,备目前之急。日后宜提出帝国议会,求其承诺。

法理:国计民生之危害,如水、火、地震、叛乱等皆是也。然此等事大小均不能预测。损害丧失之巨细,是豫算中亦不定之数目。如直漠然不顾,设临时如无有应付之策,则必更生有意外之虞。各国于此际遂有特别之规定。如事变仓皇,国会又不能据〔遽〕集,君主可发紧急命令以代法律,先由他项费用支出以补充之,日后国会开会,须提出以求其承诺。

第七十六条　帝国议会若不议定豫算或豫算不成立时,则政府即依上年支出之豫算施行。

法理:豫算不成立之效果,各国学说分歧不一。有依法律说者,言法律系以豫算之成立为条件而有效力,若豫算不成立,则法律所规定之款,政府即不得收入及支出。有曰委任说者,以委任政府财政之权,故豫算若不成立,即使有法律命令,政府亦无施行财政之全权,此时内阁大臣当辞职。有曰财政计划说者,以豫算之事,专为财政之计划。议会议决豫算之效果,系预先免其政府之责任,即豫算不成立时,政府亦得收入支出,但于他日决算之际,当向议会说明其收支必要之原因。此为政府之责任。有唱财政条件说者,以豫算为财政施行之必要条件,若豫算不成立,则政府不得处理其财政。以上诸说,虽为欧洲大陆通行,然究背君主立宪政治之真理。要言之,豫算者,所以预定次年之费用,故于次年之开始以前,不可不成立。若因种种原因,豫算不成立之时,可仍依前年度之豫算执行。日本宪法第七十条如此规定。

第七十七条　国家岁入岁出之决算,会计检查院检查确定,呈之政府,政府并其检查报告提出帝国议会。会计检查院之组织,以法律定之。

法理:国家经费支出之原则,要及于国民之一般。其故,收入既征自国民全般,支出亦必须普及国民全般。若以一地方之财不为一地方图利益,是违背使一般人民负担经费之条理也。近世君主立宪国国家之财政与皇室之家政分离,经费之支出比收入更宜慎重。除议会之监督外,而又组织特别之机关监督之。其种类有三:

　　一、行政上之监督。即行政之一部,监督行政各部出纳之谓也。日本大藏省主计局、各省会计课之职务即属此;

　　二、司法上之监督。立宪政体之国家,与立法及行政机关对立,设有财政之司法监督机关。如会计检查院是也;

　　三、立法上之监督。议会协赞豫算支出之后,尚有检查之决算,以防其通挪滥用之弊,违背豫算款项之法规。

　　日本会计监督豫算之报告。各省大臣从七月三十日金库闭锁之时,于四月整理决算,以其决算报告至十二月三十日为止,提出于国大藏大臣,而大藏大臣本乎各省大臣之报告书,于翌年之七月中作总决算书,提出于阁议,经其议决,乃提出于会计检查院,又于会计检查院检查确定后,政府以其检查报告与决算同提出于议会。会计检查院者,为监督国库之财政而设之官厅,其组织及职权要宪法上以法律而定之也。依现行会计检查院法,以观会计检查院之组织,会计检查院以院长一名、部长三名、其他检查官、检查官补数名组织之。直隶于天皇之机关也。故其院长直接以每年年度决算成绩上奏。又,其关于会计规定之变更,或其解释有意见时,亦得上奏于天皇。

　　又会计检查院于检查其会计之际,不仅为计算上之检查,其他适用于豫算与否,或收入支出违反于法律命令与否,得检查之。

　　会计检查院之外,有监督会计之任务者,帝国议会也。虽然,议会非如会计检查院,得泛为关于会计之检也。一、检查有无超过豫算款项,或为豫算外支出而未受议会之承诺者;二、检岁出之支出有无违反于豫算之所定者。对此二者,如有意见,得上奏于天皇。

第九章　通例

　　第七十八条　大清帝国臣民依宪法所公布之法律与敕令,均有遵守之义务。审查、监督、实行此法律敕令与否属于议院,不属于官吏。

　　第七十九条　宪法条项将来有必须更正删改时,则议院随皇帝敕令,付于两院会议。此时必两院非各有总议员数三分之二出席,不得开议与议决。

　　第八十条　皇室典范之改正必经帝国议会议决。

　　第八十一条　宪法及皇室典范于置摄政之间不得变更。

比较宪法学

刘鸿翔　编

美浓部博士曰：比较宪法者，取各宪政国之宪法，比较其同点与异点而说明之也。由其同点，可以见一般之法理，而推其原则；由其异点，可以知一国之特质，而研其真相。今欲本此意详说明之。先绪论，次本论。

整理者按：刘鸿翔编著的《比较宪法学》，除绪论外共分 10 章，刊载于《北洋法政学报》第 59 至第 73 册。

《北洋法政学报》由直隶总督袁世凯节制的北洋官报局主办，创办初衷在于"政治法律之学问尚在萌芽，非藉报章之力以发挥，不足去阻力而导先路"。于是将在法政速成科留学的清国学生编撰的《法政杂志》，和此前官报局编辑的《北洋学报》进行合并，由留日毕业归国的吴兴让主持编撰事务，于 1906 年开始发行。至 1910 年停刊更名为《北洋政学旬报》为止，共发行了 156 期。

目前，学界对这部中国人编著的早期比较宪法学著作关注不多。吴迪认为，这部《比较宪法学》与同时期其他编译著作一道，在近代中国宪法教育开展的过程中，扮演了承前启后的过渡角色。见吴迪《近代中国宪法教育中的日本要素》，载庆应义塾大学《法学政治学论究》2020 年第 127 号。

绪论

宪法之意义有种种，有为成文法规即宪法之说者，曰宪法者，定国权组织与国权作用之根本法规也。国无论为共和，为专制，有国家必有组织此国家者。有组织此国家者，必有行使此国家之权力者。有组织此国家而行使其权力者，必有定此国家之组织与权力之行使者。定此国家组织与权力行使之法规，即宪法也，此第一义也。顾今学者之言宪法，大率不主此意。于是则有为实质宪法之说者，曰宪法者，非成文法规也，有代议政体之谓也。代议政体者，国家立法必归议会，即不归议会，亦必得其同意之谓也。有代议政体之国，虽无成文宪法，此代议政体之法，即宪法。以例言之，世界立宪之母国，必推英吉利，而英国实无成文之宪法者也，此第二意义也。第三意义又不然，曰宪法必有成文法典，而较一般之法典，为更强有力也。较一般之法典强有力者，即一般法典为可动之法典（可变更），宪法法典为固定之法典也。以例言之，日本自明治二十三年所发布之宪法，常较一般法典，有重大之效力。匪唯日本，凡有宪法之国，靡不然也，此形式宪法之说也。由此说则知第一说之不合，宪法本为国家之根本法，以各国成文法典观之，国权之组织与作用，有不尽定于其内者，亦有出其外而定之者。不能以定国权之组织与作用，遂为宪法也。第二意义则自英吉利、匈牙利之外，更无可证之实例，亦非所语于一般之宪法也。

欧洲古世无所谓宪法也。在中世纪，与宪法类似之政体，间或有之，如德意志、法兰西、西班牙。十六世纪时，亦有国会，然不转瞬全归消灭，变为绝对之专制国。虽荷兰、瑞西，由中世纪传来之议会尚有存者，其制度与今之代议政体，亦大相径庭。何则？今之代议政体者，以国民参与政权体，代表全国之利益。彼之所谓议会者，以一般特权之贵族、僧侣、市民，代表其一部之利益也。至十七世纪，唯英不然，始亦为代表一部之制，渐进而为代议政体之制。宪法之早，实于世界称最。逮亚米利加于十八世纪脱英国之版图，依其代议政体，一变而为立宪共和政体。立宪共和政体自美始，其立宪制度，实自英胎之也。当米之倡独立，法兰西人实左右之，盖民主主义，佛国人所心醉者也，其后经大革命之惨剧，宪法确定，影响所被，披靡全欧。盖在十八世纪之末、十九世纪之初，逮十九世纪之中，由西而东，日本亦变为立宪国矣。今则露西亚、土耳其，亦为立宪之发布，皆其余波所振荡。自今以往，立国于地球，将无不为立宪国，可断言也。各立宪国之宪法，各依其国之情势，不能无差异，而共同之点，亦居其多数。此多数共同之点，必有一般共同之原则。研究立宪政体之为何物，在求其差异之点，而更推其共同之原则，此非可纯以理想研究之，必钩稽其实质之制度。钩稽其实质之制度，则比较学之重要者也。

本论

第一章　国家及国体

国家者，定住于一定地域之多数人类之团体，而结合于唯一主权之下者也。故国家之要素有三：

（一）地域

国家必定住于一定地域，故游牧时代，逐水草而居之人民，不可谓为国家。盖定住于一定地域者，即有一定之领土也。然如中世封建时代，直以领土即国家，而人民为其附属物，亦属偏于极端。何则？领土与国家之关系，非如通常之物权所有者，以行使其物为目的，特于其领土内以为完全行使权力之地域限界也。由其行使权力于领土，其结果有二：

（甲）积极的

于领土范围内，使人民完全服从国权（包外国人之在内地者言）。

（乙）消极的

于国家承诺以外，不许他国于领土内行使其权。换言之，即不得本国之承诺，他国不能以其权力行于境内，所以完全其本国独立权也。

两者兼有，乃可谓之领土，乃成为国家。

（二）人民

国家为多数人类之团体，无人民则团体不成立。人民为国家之要素，不待言也。人民对于国家，有两方面之资格：

（甲）使人民为组织国家之团体员，有参与政权之权利。若此者，通谓之公民。

（乙）使人服从于国家权力之下，若此者，通谓之臣民，亦谓之被治者。

（三）权力

国家为人类团体，结合此人类团体，必有统一之方法。此方法即权力也，亦谓之国权，又谓之统治权。权力虽因国而异，而既成为国家，则必有此权力。盖此权力为国家最初事实上所固有，有此权力，而后可以对人民发命令行强制也。

是故国家之外，所谓人类团体者亦多，有由天然结合者，有由目的共同组织者。由天然结合者，如家族、亲族是。然家族、亲族，近世学者以为事实上之结合，于法律上无权力，以法律不认其团体为权利之主体也。由目的共同组织者，如会社组合是。此等团体，有一定之规则，于其规则范围内，亦可行使其权力。然其所以能行使权力者，必在社之社员，先有服从之意思，无其意思，则权力立穷。非如国家之权力，虽反于人民之意思（如强制命令），亦可以行使也。反乎人民之意思，而亦可以行使其权力者，谓之统治团体。市、町、村亦统治团体，可以反乎人民之意思，行使其权力。而与国家有异者，则市、町、村之权力，为国家所委任，国家之权力，则国家唯一之固有者也。

凡法律上所认为法人者，皆有权利义务之主体者也。国家为人类团体，可为权利义务之主体，故亦必认为法人。法人者，存乎法律界，非由自然而生，故无自然之人格，而唯法律上之人格。以事实观之，行使国家之权力者，无论为君主、为大统领，皆自然人也。此自然人所行使之权力，非自然人之所有，实国家之所有，故行使此权力者有变更（如君主、大统领易位），而国家不变更。因行使此权力而施之政体有变更（如专制变共和或共和变专制），而国家不变更。以例言之，法兰西当十八九世之间，由共和变专制，由专制变共和，风诡云幻，变迁极矣，而国家不为中断。盖国家者，唯一固有权力之主体，且有继续存在之性质，特不能自行使其权力，必委任于自然人类。自然人类，被委任而行使其权力者为机关，于众机关中，又必有统一之最高机关。此最高机关，为国家活动之源泉,可以伸缩众机关之活动范围者也。因此机关之组织不同,故国体亦遂各异。

分国体为三类:(一)君主政,(二)贵族政,(三)民主政,实肇于希腊大儒亚里士多德,后世学者多宗主之。所谓君主政者,谓以君主个人掌握国权也。贵族政者,国中分二阶级,一贵族、一平民,而贵族操全国之政权也。民主政者,国家之政权由人民掌握之也。虽然依此分类,于学理上甚不明了。何则?所谓民主政者,非人民全体能握政权也。女子、婴儿、有精神病者,虽民主国,皆认其无握政权之能力。其能握政权者,特人民中之一部耳。以贵族对君主,亦人民也,其掌其权,亦人民中之一部也。彼掌政权者,为人民中之一部,此亦人民中之一部。对于君主政,鼎峙而匹为三类,实无正当之理由。且世界为君主国以外之国体,固有非贵族政亦非民主政者,依此析类,而欲包括之,固知其难也。

今世学者知此分类之不当,乃又分为君主政、共和政之二种,而以共和政统括一切之贵族政、民主政。凡国家非共和即君主,非君主即共和,只此两类。已为一般学者所公认。虽有于此分类,别匹为压制政治之说者。然压制政治乃君主行政之变体,非君主治之外,另有所谓压制政治也。至有认分神主政之说者,以国权之大势,为神力所主持。求之近世,罕见其例。古时崇尚僧侣,虽有以君主为代表神之意思者,然国权之行使,非神使之,实君主使之,仍包括于君主政治之中。故无论何国,不属君主,即属共和,不属共和,即属君主,可断言也。

君主政与共和政之别,由学者之言曰,个人掌握国权者为君主政,多数人挡〔掌〕握国权者为共和政,此亦不正当之论也。何则?君主专制国,固可认国家之权力,挡〔掌〕握于个人,而不可概之立宪君主国。夫立宪君主国,有议会为立法之机关,非得议会之同意,君主无立法权。不独立法为然也,君主之敕令,必有国务大臣之副署,而司法之大权,复属之裁判所。虽国务大臣,为君主所任命,裁判所亦于君主之名,代君主而执其法,其权犹可谓君主所授与。若议会之权,则并非君主所授与,且与君主立于对等之地。如论者之说,个人掌握国权者为君主,多数人掌握国权者为共和,则今之立宪君主国,皆非以个人掌握国权者,即宜皆谓之为共和政矣。此不可通者也。

然则君主政与共和政何以区别乎,曰是宜以国家机关之组织为前提,而以最高机关区别之。最高机关者,非国权之全部掌握于一机关之谓,乃国家之活动统一于一机关之谓也。国家之全权不能合掌于一机关,国家之活动不可不统一于一机关。此统一之机关为国家机关活动之本源,有并立者,则国家之活动必阻滞,故以议会论,亦掌握国权之机关也。其活动则非由最高机关之召集,不能自由开闭,自由集议,在为维持统一,不得不以最高机关之意思为前提。故谓议会与君主立于对等之地者,以掌握国权言,论活动作用,固非能立于对等之地也。明乎此,则知最高机关组织之实体,即君主政与共和政之区别,以个人组织此最高机关者,为君主政,以多数人组织此最高机关者,为共和政。君主政之最高机关,有称天子者,有称天皇者,有称王者,名异而实皆同。共和政体之最高机关,组织因多数人而成,虽或用皇帝之名,亦不可云为君主政。如独逸,共和国也,而有皇帝之称,其实例也。君主政与共和政之区别,既详言于前矣,进请言其种类。

第一、君主国

(一)选举君主国及世袭君主国

君主国通常皆为世袭。世袭者,继君主之位,仅限于同一之血统,不待选举,据法律上所著之顺序定之。近世此类最多,若中国、日本、白耳义、英吉利、独逸联邦中之多数国皆是也。选举君主国,求之历史,亦不乏其例。凡选举有定选举之机关,君主即世,由是机关选举之,被选者即为君主。如英、法、独在现世纪或变为世袭君主国,或为共和国,在中世纪,皆尝用选举制者也。选举君主国之惯例,多于君主同一血统内选举之。惟独逸于中世纪,选举君主,设选举机关,由选举侯七人内选举,为选举君主之变例。要而言之,由君主同一血统内选举者,其后多变为世袭,英吉利其最著者也。非由君主同一血统内选举,其选举长存者,后多变为共和,独逸其最著者也。

(二)专制的君主国及制限的君主国

专制君主国者,君主一人不仅为国家最高之机关,而且总揽国权之全部者也,如中国及明治三年前之日本是。君主专制国之特色,君主不受纤征之限制。虽以事实论,或受限制于大臣,或受限制于宦寺,自法律上观之,则君主即国家,固绝对不受限制也。制限君主国则不然,国权之全部,不属于一人,君主必制限于法律上者,且不一而足。然制限之方法,古与今不同,故君主之受制亦异,就历史上制限君主国观之,又约分为二种:

（甲）封建国

欧洲中世及中国、日本古时皆有之。古时欧洲与东洋，全无关系，况其制度大相仿佛。然则封建国者，其国家进化，必经由之阶级乎。封建国之特色，以私法上之占有权与公法上之领土权两者相混同。故封建国之君主，于自己一部之领土内，能直接〈对〉人民行使其统治权，而并有土地之所有权。其他之一部分，分割为多数国，各领其土，各君其民，君主之权力为领主所制限，不能直接统治其人民。欧洲自十一世纪迄十六世纪，西欧一带，若意大利之类，皆具此现象。维新前之日本亦如之，日本以君主之权委之于将军，其制度与欧洲封建，固略有区别。然将军为最高之领主，各诸侯之对于将军，犹欧洲封建国各领主之对于君主。君主之大权，全被制限，则皆同也。虽以法律论，将军实君主所任命，似其权仍在君主。以事实论，则君主徒拥虚位，唯将军所左右而已。故四十年前之日本，君主无亲执政权，日本君主之有亲执政权也，自废封建后始也。

（乙）立宪国

近世各国事实上最重要者，统为立宪国。其由历史上发达之理由，待次章详述之，兹但举立宪国之特色。

（天）代议制度之存在

代议制度者，即君主以外之议会，由人民选出之议员组织之者也。虽组织议会之议员，亦不尽由人民所选举。而由人民所选举者，至少必有一部分。此议会之权限，足以限制君主者，即操立法之权，君主不得其同意，不能立法也。且有监督政府财政之权，国务大臣之副署法令，得询于议会。议会对于国务大臣，得行其弹劾，而国家岁出入之决算，亦必以报告提出于议会。故议会有特殊之效力，为立宪国第一特色。

（地）国务大臣之副署

副署者，君主之敕令，必经国务大臣署名，始于法律上有效力也。故副署非仅形式上之画诺而已，实可以制宪君主不当之法令，此为立宪国第二特色。

（人）司法权之独立

立宪国行司法权者，裁判所也。裁判所以自己之意思，独立行使其职权，不受政府之命令指挥，虽君主不得干涉之，此为第三特色。

由是以观，立宪国君主虽为最高机关，必受以上三种之限制。故立宪君主国,亦可谓之制限的君主国。

君主国如以上之区别外,犹有多数区别,以不占法律上重要之地位,不赘。

立宪君主国之实例:

英吉利、独逸联邦中之大多数国。独逸为共和国,其组织之二十六国,除三国外,通为君主国。伊、白、墺、匈、荷兰、瑞典、挪威、西班牙、日本。

以上诸国,皆立宪君主国。其制限君主之程度,广狭不同,如日本君主大权之范围甚广,欧洲一般立宪国,君主之大权范围甚狭,是其例也。又日本与独逸联邦中之多数国,立法固由议会协赞。法律公布、对于人民行使之权力,仍操于君主,议会弗过问。英则不然,内部之立法,必得议会之同意。对于外部之公布,亦以君主议会之行名,共同行之。学者或谓英非正当之君主国,君主与议会共同,即宜例诸共和之数。不知英之君主,实非与议会立于同等之地。召集活动,必本君主之意思,议案议决,必经君主之裁可,是君主仍为最高机关也。白耳义之宪法有曰,凡国家之权力,由人民所委任。学者或据此亦谓白耳义为共和者,不知白耳义君主仍为国之最高机关,议会之召集,议决之裁可,皆君主行之,宁得以宪法有国权为人民委任之文,而遂没其实耶。

第二、共和国

共和国为多数人集合,组织国家之最高机关,前已详言之矣。然此多数人之组织最高机关,亦有种种不同。析而言之,又得三类:

(一)寡人的共和国

寡人共和国者限于宪法所规定之少数人,行使国家最高之权力,此外之多数人,皆不得与其列也。其与贵族共和国不同者,则贵族共和国以阶级分。据贵族之阶级者,皆得为组织最高机关之分子。寡人共和国,则宪法上有定之限制也。求其实例,则独逸帝国是。独逸为联邦国,其组织联邦之各国,虽多为君主政,其组织之联邦帝国,则为共和政。故独逸君主,虽称皇帝,以法规观之,实不可谓为君主,以其地位非国家之最高机关也。独逸帝国之最高机关,在联邦参事会。联邦参事会为合议体机关,以联邦各国之君主及元老院之代表者组织而成。其组织之人数,规定于宪法,因各国之大小而生差异,或一人、或二人、或十人,总此少数人为国家之最高机关,故谓为寡人共和国。然以世界大体论,寡人共和国殊少,则谓此为共和国之变例可也。

（二）贵族的共和国

贵族共和国者,国民分贵族、平民两阶级,而贵族总揽国家之统治权也。贵族共和国,人民自有生以来,即有严重之区别,生于贵族为治者,生于平民为被治者。既为被治者,则没世无为治者之望。近世公理大明,治者与被治者之关系,自有生时即分之,法律所不认。故贵族共和国惟古时有之,今无其例,不过历史上一经过之事实而已。

（三）民主的共和国

民主共和国,为近世共和国最普通者,故近世共和国之名,几为民主国所专有。所谓民主共和国者,总国民全体为最高机关,极力之本原也。然谓总国民全体者,非真谓国民之全部,一一皆有国家最高机关之地位。女子、婴儿、有精神病者,及其他种种缺格之原因,恒不认有参与政权之能力。不过除此特定理由外,总国民皆有参与国权行使之权,即总国民之意思,为统治权之源泉之谓也。近世民主共和国之重要者,又得区为三类。

（甲）直接民主国

直接民主国者,总国民全体,组织一合议制之国民总会,为国家之最高机关,行使其权力者也。此惟小国适用之,大国地域辽阔,断不能合国民全体为一总会也。古时人种常有此制。近世惟瑞西国内三数小州行之,瑞西与独逸极相类,亦以多数国组合而成者。此组合之多数小国,谓之康通联邦之意也。各小国以古时之习惯,其制度法律,必依总国民之集会,故谓之直接民主国。

（乙）代议民主国

代议民主国者,非集合总国民而组织合议体,乃别举代表以总揽统治权之谓也。代表之机关,为代议会。其行使统治权,非国民全体行使之,而代表者由国民全体所自举。以实际论,即谓国民全体得行使统治权可也。故代议民主国,非仅选举代议士,如君主国之议会然也。君主国之议会,不过得限制君主,实国家之最高机关,开会必得君主之召集,议事必得君主之裁决。宪法之改正,亦必得君主之裁可。代议民主国则不然,代议会即国家之最高机关,开会自主之,议事自主之,宪法之改正自主之。虽然,亦设置大统领,而与君主国之君主不相侔。盖大统领仅对于外国代表其国家,仅对于议会则无裁决权,第有否认权而已。大统领与君主国之君主不相侔之理由,非谓君主国之君主为世袭,大统领为选举,实以法律观之。君主国之君主,为最高机关,大统领不得为最高机关也。代议民主国,现世最著者,为法、美。法兰西当十八世纪未革命之初,纯为君主国。逮革命以后,推倒君主之制。迭经迁变,至千八百七十五年,发布现行之宪法,始为继续之代议民主国。美利加则自建国以来,即为代议民主政,略无变更,此则其历史之不同者也。

(丙)有直接民主的组织代议的共和国

有直接民主组织之代议共和国者,本为代议民主国,又兼有直接民主之组织也。原则一切事项,由代议会议决,惟重要之事,必由全体国民决议之。此以全体国民决议,与直接民主国不同之点,则直接民主国集总国民而成一合议体之机关,此则无总国民之机关,但依总国民之投票而已。行此制度之国,现世如瑞西联邦及联邦内之数州,美利加合众国之各〈州〉,其通常立法权,归代议会。重要事项,若宪法改正之类,则用国民之总投票是也。

第二章　　立宪制度之发达

立宪制度,滥觞于英吉利,流渐于欧洲,波荡及于东亚。其沿革历史,俟详于后。就其大概论之,则立宪发达之原因,必由人民不堪君主之压迫,而互为抵抗之结果。君主或以一部之权力授与之。其激烈者,或推倒君主之权力,起而代之。征各国之历史,殆如出一辙。所以然者,人民之喜自由,其天性也。人民有喜自由之天性,亦有服从之天性。服从者,为谋团体之利益,以保持公共之安宁秩序,非甚不得已,万无欲自起而侵扰之理。惟政府对于人民,侵夺其自由,人民对于政府,乃反其服从而为抵抗。反其服从而为抵抗,是求自由之心所迫而出,非本无服从之天性也。近世立宪各国,始虽由人民求自由而生,终俱帖然于统治权之下。其求自由也,即所谓个人主义也。其帖然于统治权之下也,即所谓国家主义也。以个人主义餍其求自由之天性,以国家主义达其服从之天性,集两主义而组成为立宪国。此立宪制之所以可久也,谓予不信,请征诸各国宪法发达历史上之事实。

第一、英国

论英国宪法发达,不得不溯诸六百年前之历史。盖英国之宪法,非他国宪法可比,实由历史习惯而成者也。英自有历史以来,即有直接民主制之惯习,惟其制度不久存在。纪元十世纪,君权渐盛,浸成为君主国。一千六十六年,诺耳曼人种征服英国,起而代其位,专制政体渐涨,压迫之程度亦渐高。至于二百十五年,国王滥肆威权,贵族僧侣大反对之。于是贵族相结,起兵迫王。王势穷,遂与贵族互为约束,承认个人之权利自由,其约束之文,即最有名之《自由大宪章》是也。宪章之规定,最要者,为不经国会之议决,不得征税,遂为后此自由宪法规定之基础。此英国第一次革命,为宪法发生之初期。

当宪章未发布之前,亦有所谓顾问会议者。以大僧正(僧侣最高级之官)、侯伯组织之,亦得会议政事,应君主之咨询,然于法律上无效力也。大宪章发布以后,一切重大之事,如征收租税、制定法律之类,须会议决定者,事务烦多,宪章乃定为国民会议,每年召集一次,遂由顾问会议制度入于国民会议制度。国民会议与顾问会议之异者,顾问会议仅僧正、侯伯等参与之,多数国民之代表者,不得与其选也。然当时虽入于国民会议制度,终以普通召集,不能达其目的。其得召集于国会者,仍为僧正、侯伯及其他小贵族等。惟昔之顾问,仅备咨询。至是国会有议决权,凡收税、制法诸事,非经国会,君主不得独立发布命令。国会之权力,于法律上有效力,自此始也。

顾问会议时,僧正、侯伯参与会议,皆国王所选择者也。至国会成立之后,僧正、侯伯各以会议为固有之权利,浸成世袭,君主不得随意委任,即世所称为大顾问会者是。后世上议院制度,实导源焉。大顾问会既发达,人民程度亦渐进,权利思想遍及于领土之国民。昔时国会,仅〈僧〉正、侯伯握其大权者。千二百五十四年,各州派武士二人参与会议。二百六十四年,各市府亦派代表二人参与会议。由僧正、侯伯以参与议会为权利,进而普及于各州及市府之人民,实出于西门德门之力。英国宪法之成立,其功不小也。然是时各州市府,虽派代表,尚无定则。二百九十五年,爱特华特一世沿其先例,召集各州市府之代议士开一大会,名之曰模范国会。各代表者对于国会应享之权利始巩固。既因当时召集之国会,庞然团体,组织杂驳,永集于一处,甚不便也。于是国会又分为二院,以旧例之僧正、侯伯等集合者,为贵族院。其各州市府之代议士集合者,为庶民院,议事各有制限,后世上下两院之分制,此其权舆也。

两院既分之后,权力渐涨,非如昔之仅备咨询,且足限制君主矣。限制君主之权力,第一即承诺权是也。最重者为租税问题,为防君主之暴敛,致有民不堪命之虞,故征收租税必召集议会,待其承诺。浸至收入支出,议会一一皆干与之。今世所谓豫算必提出议会者,盖本于此。又其时君主行为之不当,皆责之内务大臣,内务大臣对于议会负责任,亦自此始也。

限制君主之权力,第二即立法权也。昔时各州市府,无参与立法权者,其后惧僧正、侯伯会议之不当,乃以关于地方之政治,各选代表者上奏于君主,君主乃下于贵族院,得其同意,始得成立。以此上奏之权,称为请愿权。至庶民院之权力扩张后,凡制定法律及改正法律,皆得直接提出议案,无须请愿于君主,经两院合意议决,付君主裁可而已。近世所谓立法归国会,为立宪国特色者,此其基础也。

以上种种制度,皆在十五世纪之末,议会规模盖具备矣。至十六世纪,忽起反动之风潮,伸张王权之说倡,而国会之范围渐缩。如推由大王朝,王权重于国会是也,然其时国会实质虽无权力,形式犹存。逮司推亚路王朝,乃挟其势力以蹂躏国会,征收租税,发布命令,纯任君主之自由,无复召集会议之事。国会形式,扫地荡然,民党大愤,群起而反抗之。最甚者为清教徒,古落姆率铁骑,驱民党,败王军,执王而处以死刑,一变其国体,为共和政治。逮古落姆死,共和政治随而消灭。千六百六十年,王政复古,家族再盛,压制愈烈。至千六百八十八年,国民之不平,益结而不可解,起而逐其王,迎荷兰哇伦其公即位,此英国第二次革命,历史家所谓有光辉之革命是也。当国民之迎立哇伦其也,以国民本来之自由,预附条件,求其承诺,王一一承诺之,谓之"权利宣言"。权利宣言者,即明载国民对于君主应享之权利不可侵,君主对于国民有限之权利不可混者也。其宣言以千八〔六〕百八十九年公布,是为英国宪法确立之时期。

宪法既决定以后,君主对于国家,无绝对之权力,国会势力复日涨矣。先时国会之纷争未酬,君主得于大臣中择其亲信者,以供咨询,谓之最高顾问府。浸至顾问府亦成故事,复于顾问员中选特别信任者为内阁,执行政务,而应君主之咨询,维时尚无政党之冲突也。至十八世纪,内阁纯为政党之代表,任命大臣,君主下敕令于庶民院。庶民院奉敕,与其议员商内阁之组织,定大臣之名而进之君主,君主依以任命。

其政党分二派,一自由党,一保守党,迭起竞争,此兴彼仆,每一更代,则阁员全易。千七百四十二年,其最激时代也。内阁大臣既为政党之代表,政党入内阁者,对于国会负说明政略之义务,图国会与大臣间之调和。遂以立政、行政之事,集大臣议员于一堂,而合议之,是为议院内阁制度。至此国会之势力发达已极,君主第安坐签诺而已。

以上所述,英国宪法发达历史之概略也。现今各立宪国皆以英为模范,总其大要,可分四种:

第一、代议制度

即国民各举代议士组织国会,凡制法律、收租税,必得其承诺也。

第二、二院制度

分上下两议院,国会以两院组织之,议事必得同意,始有效也。

第三、大臣责任制度

君主处理该务,必咨询于大臣,设有过举,大臣负其责任也。

第四、议院内阁制度

内阁大臣与下议院政党占优势者选任之,议院内阁聊为一气也。

英以此四种制度,成为完全之立宪国。十八世纪以前,英以外无有也,迄十九世纪,风潮所被,遂传播于各国矣。

第二、欧洲大陆诸国立宪制度之传播

欧洲大陆诸国,十六世纪以前,皆黑暗之专制国也。虽十六世纪中,王权亦或有限制者,然至十七八世纪,仍纯然为专制之政体而压迫滋甚。当英之初次革命,其风潮犹未有所及也。千七百八十八年,第二革命起,英国宪法既制定,各国专制之命运亦将尽。法大儒孟德斯鸠,本研究英之政体而推奖之,本其学说,著一书曰《法律精神》。其内容则力崇英制,而欲法人之效之也。此书一出,立宪思想既印于法人之脑筋。其时法王路易第十六世,承累世中央集权之治,张专制之毒帜,夺人民之权利,国会召集,弗一举行(历史家谓其时为王政时代)。国民大愤,争起而求权利之付与,法王不得已,乃发命令,召集国会,时千七百八十九年也。路易十六世之召集国会也,非其本意,实有大不得以者存焉。自路易十四世以来,财政紊乱,公私交困,王室无夙储,外债累累,实有不能支持之势。不加税则无以济急,加税又无以藉口,乃借国民之反动,阳应其请求,而实使决定加税,以纾财政之困难。于扩张国民之权力,非所计也。然既以国民之力开议会矣,彼国民者,必欲组织一立国之基础,以餍其希望。故于旧都集会之际(其时法犹未迁都),第一着手,即于八月十六日,发布人权及公民权宣言。人权者,谓有人格即有应享之权利也。公民权者,谓国民对于国家所应享之权利也。宣言全部凡十七条。第一条之意,谓人自受生以来,即有自由平等之权利,如身体自由、出版自由、信教自由,皆列举之,总以神圣不可侵犯为极则。自有此宣言,而宪法之基础遂大定矣。嗣是以后,各国宪法于臣民之自由,皆采列载主义,此其先导也。

　　权利宣言虽为宪法之基础,而宪法之讨论成立,实历两载。至千七百九十一年,始确定发布之,欧洲之有成文宪法自此始。虽英吉利号称立宪之母国,其宪法实由习惯而成,如此之以成文法典,定国家之基础者,未之有也。此宪法之内容,虽源本孟德斯鸠之法律精神,模范英国,而新主义之参加,尤为特色。新主义之最足动人脑筋,表著一世者,则国民主权是。国民主权者,以国家最高主权在国民,凡事必得国民之主持也。详言之,即其宪法基础民主主义,不采纯粹三权分立之组织,而以立法权为最高权也。溯自十八世纪之初,君主主权主义,法为最盛。曾不几时,君主为最高机关者,一变而以国民为国权之根本,潜转之力,实肇于卢骚之《民约论》。卢骚者,主张民权主义之极端,与孟德斯鸠正反对者也。孟德斯鸠之学说曰,立宪多生于历史之阶级,经其阶级,宪法始有利于国民。卢骚之学说曰,立宪者求有利于民而已,求有利于民,在人之改革而已,无所谓历史上之阶级也。孟氏立宪制度为历史派,卢氏立宪制度为纯理派,两派互争,各执一是。故宪法未定以前,讨论经二年之久,卒调和两派,而发布之。其模范用历史派(模仿英国),根本主义则采用民权精意者固多也。今考其宪法之要点,则以国家之权,掌握于国民之手,国民之代表者为议会。议会制度,不采英之两院,而改用一院,立法全部皆属焉。君主对于议会,非但无提起议案权也,并裁可之权亦无之。与王政时代,适成反比例,彼以王国为有最高权力者,至此则举而属之议会,国王但有行政权而已。此法国宪法制度定之初期,于欧洲诸国最有影响者也。

　　第一期宪法制定之后,法之纷扰犹未靖也。千七百九十二年,革命之势亟亟,共和党起,幽闭路易十六世,依先年宪法,解散立法议会,更自召集国民会,变止王政,旋取王而处以死刑。千七百九十三年,发布共和宪法,即所谓耶哭平宪法是。未至实施,旋即废止。千七百九十五年(共和历第三年),制定新宪法,以督政官拿破仑任之。此宪法对于立法权,稍趋重于行政权矣。千七百九十九年,拿破仑再改宪法,废督政官,置三统领,而自为其第一统领。此宪法用共和之外形,而树立帝政。自拿破仑之初兴及其失败,始终行之者也。总法兰西累次之立宪,影响及于各国者,以千七百九十一年之宪法为最。千七百九十三年之宪法,及于各国之影响,惟国民全体投票法,即耶哭平宪法。由国民全体投票批准,而并为定制者,前此未有也。千七百九十五年之宪法,及于各国之影响,惟二院制,即法之二院制由拿破仑定宪法而设者,前此未有也。自余影响及于各国者,卒为第一次宪法之力。欧洲大陆学者,论文明先进国,于法首屈一指,亦以其由国民要求,其成文之宪法,为各国先例也。

自千七百九十九年宪法制定后,拿破仑以武力雄视全欧。千八百四年,各国同盟军起,流拿破仑于荒岛,尽毁其所建设,迎路易十六世之旧裔路易十八世而立之,复王政之旧观,历史家所谓王政复古时代是。路易十八世之即位也,本自己之意思,改定宪法,以国王之名颁布之,谓之钦定宪法。与前此宪法适相反。前此宪法,皆以国民权为基础。即拿破仑以宪法行其帝政,犹以权力为国民所委任,未能尽取民权而铲绝之也。路易十六〔八〕世之宪法,不谋诸民,而出于钦定,已达宪法之本意。其颁布之也,直以自由意思,强国民之遵守也,然其影响之及于大陆,亦颇与千七百九十一年之宪法等。受此宪法之影响者,以白耳义、德意志为最。路易十八世之制定宪法也,亦以英为模范者。然英之宪法,一传及于米,即成为民主主义。路易十八世仅袭其初制,而不采其发达之结果,至其末年,益趋于专制之势,宜民之大失望,而后此之冲突,踵相接也。

法国以外,宪法之有影响于各国者,称白耳义。白耳义自千八百三十一年,由荷兰独立。国民制定宪法,国王承认之。其宪法之特色,在采各国之制度,而加以研究,详瞻精核,至今犹为各国模范。当日研究之有得,可想见也。独逸联邦帝国及普鲁士宪法,全模仿白耳义。日本宪法,取材普鲁士,实间接模仿白耳义。试取日本宪法内容观之,率皆不出两国宪法范围之外,此最易知者也。以上所述,由英国导宪法之源,而流播于法兰西。由法国张革命之焰,而蔓延于大陆,宪法制定之由来,概可识矣。虽法自路易十八世以后,迁变殊多,然第足供历史上之研究,于宪法无大关系,勿暇详论。至于米洲宪法,皆由英国脱胎者,亦无俟缕述。综之吾人研究宪法,必求影响之最大者而研究之。第一当究英国本国宪法之发达,第二当究英国宪法发达之及于米洲者,第三当究法国革命时代及王政复古时代之宪法,第四当究白耳义之宪法。此外各国,皆承流学步,虽亦可为研究之资料,以期限太促,不及缕陈,愿诸君之自为稽考也。

第三章　三权分立

三权分立者,分国家之作用为立法、司法、行政之三机关,不受制于一人也。近今立宪制度之根本,皆采三权分立主义。明三权分立之理,即于立宪制度,思过半矣,请分言于下:

第一、三权分立说之由来

欲知三权分立之理,必除专制政体,始可言也。三权皆属于国家,国家为无形团体,不能自行其权也。不得不委之自然人,委之一自然人之手,将滥用其权,以蹂躏人民之自由也。不得不分配于各机关,相制相维,以为人民自由之保障,此三权分立之思想所根据也。倡三权分立之学说者,始于孟德斯鸠,其《法律精神》,第三、四、六章皆言欲保人民之自由,非行三权分立之制不可者。其所分之三权,曰立法权、执行权、司法权,与今所谓三权者略异。大意则谓三权若属于一人,或属于一议会,皆足启滥用其权之渐,而铲灭人民之自由。详言之,即谓立法惟宜属议会,执行属君主,司法属裁判所也。虽然,孟氏之为此区别也,事实恒难实行,理论亦未为满足。缺点之著,学者辞而辟之,盖亦伙矣。请略举于左:

第一、孟氏之立说,根据于英国立宪之制度。其《法律精神》第六章所明言也。彼谓立宪制度,必如英国三权分立,始为善制。其信英国之三权,为各自独立,是误解英制也。以立法、执行两机关言之,孟氏之所主持者,以为必不可撼越,英制实不然。自议会内阁制度发达以后,内阁大臣皆议会占优势之政党所组织者。故议会政党,甲党胜则执行为甲党之领袖,乙党胜则执行大臣为乙党弁冕,合立法、执行两机关而调和之。虽当孟氏之时,尚未有此极致,而政党内阁制度,原始树立,实肇于立宪之初,后此特延于习惯,并非如孟氏所云截然两立也。

第二、孟氏分国家之权力为立法、执行、司法。其所谓执行者，专主于外交权（见《法律精神》），遗漏国家权力之大部。即孟氏之学说，谓立法者立此法，执行者行此法，司法者司此法，似无不完全之憾。然而法律者，一制定则不能骤改，故只能定其大纲，不能尽定其细目者也。地异宜时异尚，因时因地，而为之酌定。在国家种种行政之行为，法律断不能统纤细而毕具，即亦断不能以执行法律，为足尽国家之政务。况乎其所谓执行权者，固明逸出于今日所谓行政权之外也。总之，行政之观念与名称，在孟氏时，犹未发明，故陷于此谬也。

第三、孟氏分三种机关为三种作用：立法者专立法，执行者专执行，司法者专司法，各行其作用，而不能参酌。此诚可防滥用其权之弊，不知国家具统一之性质，三权实有互相联属之势。立法机关，有不完全者，以行政为之补助。行政机关，有不完全者，以立法为之补助，基本两不相离，而后能为用。谓孟氏所云，国家机关分三种，即作用分三种，立法者专立法，执行者专执行，司法者专司法，各不相涉。理论容有之，施之实际，可决其必滞也。

以上评论，皆其缺点之所著。而最后所谓国家之性质本统一，三权绝然分立，则决不能统一者，尤其缺点之最甚者也。何则？孟氏谓三种机关不能相互为用，立独立之地位，行独立之权限，是国家无统一之意思，直成三种各别之固体。世固无三种各别固体性质之国家也。国家者，统一国体也。统一权之下，其权不妨分，而必悖最高之机关且统一之意思。无统一之意思，任各别机关，自为其意思，立法者主张立法之意思，执行者主张执行之意思，司法者主张司法之意思。意思与意思相分离，则必相剌谬，相剌谬则必相冲突，相剌谬相冲突，国之能为国也几何矣。

由此观之，孟氏学说之不当，盖可识矣。然谓孟氏学说不当，即谓三权分立之说不当，亦误也。三权分立者，国家之善制也，立宪根本思想实基之。今之立宪国，靡不由此。虽然，孟氏之学说未甚圆满，其影响所及之大而远，固不可诬也。三权分立，最表著于世界者，为法兰西之大革命时代。千七百八十九年，特于《人权宣言》第十六条规定，后此立宪各国，皆宗主之。其实行之始，为千七百九十一年。今时之所谓三权分立，与近世不同，即略依孟氏说而制定者。以立法权专属于国民之代表之议会，国王无裁可权，并无提起议案权。其执政大臣，于议会无发言权,更无论也。且议会之召集,不由国王,自定时期,自由集合,自由提议,自由裁决、发布,对于人民,即生效力。与执行权之政府,固绝对分立也。然虽〈绝〉对分立,而与孟氏说亦不尽同。盖当时定制,采孟氏之说居其半,而采卢骚民约之精神,亦居其半。孟氏说三权各为独立,卢氏说则偏重于民权。立法机关专属议会,此基于孟氏分立说也。以立法机关之议会为最高之机关,此基于卢氏民约说也。议会处最高之地位,为国家权力之基本。其分立也,非对等之分立也,直以执行权、司法权为属于立法权之下,而绝不使之相参酌也。依此分立,断不能收良善之结果,缺点甚多,无暇缕举。即以立法、执行分离为用之弊略言之,其不便亦甚矣。政府执行事务,因时因势,而或有变更,不能不待商于议会,此一定之理也,如外交上之战争,经费之决定,全恃议会之协议。若政府不能提出议案,声气隔核〔阂〕,必至坐困。议会于政府,既不容其置喙,即政府对议会,亦不能使其负责任。甚且意见不同,互相冲突,无复调和之日,此千七百九十一年之宪法,所以不能久行也。

千七百九十五年,法兰西再定宪法,即少去千七百九十一年三权分立极端之制。防滥用国权之害,分划之以相制。防分裂国权之害,调剂之以为用。自此宪法定,而立法、执行两机关可以互参酌矣。现时法国之所行及各国所模范者,则千八百四年路易十八世之钦定宪法也。请更即各国现行制讲述之。

第一,立法设特别机关,行政机关于一定限度内,可以参与之。法兰西之初以议会为最高机关也,立法专属之,执行机关不能过问。今则不然,议会立法,行政之政府亦得参与于立法事件。其参与者,即裁可权、提起议案权是也。或谓裁可权惟君主国之君主于议会所议决者得有之。共和国之大统领,即无裁可权,似共和国之立法、执行两机关,绝分立而不能参与。不知大统领虽无裁可权,对于议会,得提起议案权固在也。且议会所议者,大统领不认可,得却下而命其再议,是仍有参与立法事件之权力。况政府大臣,无论何时得出席,于议会有发言之权乎。惟政府得参与议会,议会与政府愈亲切,则政务愈整理,即或少起冲突,亦自有调和之法。如下议院之一部为反对时,政府得命其解散更选,再行议决是也。

第二,立法以属于议会为原则,而行政作用,亦时得有立法之效力。立法必属议会,非绝对之原则也。凡关于拘束一般臣民之法,则必经议会之协赞。一部分之手续法,因时地而制宜者,则行政机关所发之命令,即与法律有同一之效力。特因国势不同,此与法律同一效力之命令,范围广狭,微有差异。如日本宪法第九条,所谓天皇为保持公共之安宁秩序,增进臣民之幸福,得发命令。又使发之,为保安宁增幸福之命令,即不经议会协赞,可以等效力于法律者(属内务行政命令)。欧洲各国命令范围不如日本之广,然以行政之便宜,亦不得不认委任命令。因时有立法之用委任命令者,谓为法律所委任,其命令即可以代法律也。

第三,行政作用,立法机关得参与之。行政作用,立宪君主国属君主,共和国属大统领,隶于其下之行政机关甚多,总以君主、大统领提其纲。君主、大统领之参与立法,非绝对有其权也。抽象之法律,君主、大统领,可以命令定,具体之法律,终必属议会之协赞,君主、大统领亦不能不遵守之。且属于行政作用之国事,其重且大者,尤必取决于议会。以各立宪国之制言之,如府县境域之变,公债之募集,及国家于限度外设铁道,皆行政事务也,非得议会议决,则不得施行。外国人之归化,国家不动产之买卖,土地公用之征收,亦行政事务也,非得议会议决,则不得专断。最著尤莫如豫算,国家岁出入之豫算,凡在立宪各国,无不以提出议会待裁决为原则。且议会对于大臣,认为不当者,得行其弹劾,使负责任,此立法机关得参与行政作用之实例也。

第四,司法权由裁判所执行之。裁判所之设立,以处理民事、刑事诉讼者也,与立法、行政机关无涉,得以自由意思行之。执行裁判权之裁判官,虽必遵法律、命令,而法律、命令之解释,则其独立之权限,立法、行政两机关,皆不得干涉之。然不得干涉,非绝无关系也。裁判所所执行之法律,皆立法机关之所立者,其关系勿论矣。行政于裁判所有关系,在法律上亦有可见者,如裁判官有惩戒处分,即涉于行政事务是也。

由此观之,三权决非绝对分立者,必互相参酌,而后能为用。然三权分立之制,于国家利益固甚多也。立法归议会,行政归君主或大统领,司法归裁判所,三种机关具备,而后成为完全之立宪国,特必少有等级。或以立法占国家意思之最高机关,行政、司法率此行之,或以行政之长之君主,于多少限度内,得参与立法,以维持其统一。现今所谓三权分立之立宪国者,大率不出此,以后当更分言之。

第二、立法权之范围

欲知立法权之范围，必先明各国之宪法，请姑置此而言宪法。

第四章　成文宪法

第一、成文宪法主义及不成文宪法主义

近世所谓立宪国者，率多用成文宪法。成文宪法者，以文字表著为宪法法典。如明治二十二年制七十二条之宪法，定国家之根本，别于普通法律者是也。虽然，成文法典发于近日，古代罕有也。法律之最古而最完全者，莫如罗马。罗马古时，即分公法、私法之二种。其私法，则今日民法制定之模范。公法之影响及于今日者亦大。然罗马仅私法有法典，世所称法典者是，而公法则无之。宁惟罗马，支邦文明之古国也，其无法典犹是。英吉利，立宪之母国也，至于今日，成文法典尚付缺如。即私法中之民法，亦由习惯而公认为法律者。匈牙利之文明，由历史而来，其延于习惯，无成文法典，犹之英吉利也。然则由国家固有之文明循序发达，以实际论，成文、不成文，其非甚切要者乎。顾以近世观之，既有所谓成文宪法、不成文宪法矣。研究宪法者，固不得不分为成文、不成文之二种也。

不成文宪法，以何者为规则乎？其大部则沿于习惯，次则依各种法律之规定，又次则依裁判所之判决例，即以为基础之宪法，英吉利、匈牙利皆是也。成文宪法则不然，以特别法典颁布之，视普通法律，有独殊之效力。现世各立宪国，大多数皆是也。比较二种之间，其得失实难确定，要而言之，不成文者由自然，成文者由人为。由自然发达者，宪法之观念深印于人民之脑筋，不必成文而自知所守。何者？国家之文明，由国内衍出，而不受国外之输入，累世相嬗，浸成为习惯故也。即以地方团体论，市、町、村之自治制度，在以人为发达之国，其权力皆国家所委任。国家为之组织，而详定以法律。自然发达之国则不然，其自治组织，人民自组织之。互相约束，渐臻于完全，无待国家法律之详定。故曰不必成文而自知所守也。近世各国之文明，恒由国外之输入，自然发达者少而人为发达者多。故用不〈成〉文宪法主义者，寥寥可数，而用成文宪法主义者，大数皆是也。

第二、成文宪法主义之由来

近世成文宪法之发达，以北美为最先。风潮渐及于法兰西，革命一起，再世递变，遂传布于各国。推北美宪法之所由起，则以十七世纪以来，自然法学派研究法理日益精深。如霍布士、陆克等，倡为社会契约说，由其学说所披靡而渐促成文宪法主义之发生也。社会契约之精谊，实难骤馨，以大概言之，即谓国家必有所以为国家之根本者。国家之根本，即国家与国民相互之契约。国家与国民互为契约以组织国家，即国家与国民皆不可以不共守。此主义所由肇，则以人自受生以来，即有完全之自由。人人竞于自由于共同之生活，或虑其相妨，于是以契约为之界限，由契约之结果，国家纯成为组合之性质。事事皆以契约定之，契约遂为国家永远之基础。所谓国家之权力，分为立法、行政、司法各机关者，非本原国家之权力，实由契约既定而后发生之权力。故虽以立法机关，不能于契约少为更变。何者？立法机关之权力由契约结果而发生，不能以发生之结果变发生之原因也。当时主张契约说者所用之名词，则以国家根本之组织构成契约者为构成权，各种机关由契约既成而发生者为被构成权。被构成权不得变动构成权，即欲为构成权之变动，必构成构成权者，始得变动之。构成权者，即国家，实即国民之全部也。由此思想，于是以不可变动者为基础法。其渊源于基础法而可以变动者，为普通法。别基础法于普通法之学说，即北美成文宪法之所由胎息也。

北米宪法胎息于自然学说，其直接之影响，尤在英国之宗教革命。当十七世纪迄十八世纪之间，宗教冲突殊甚。清教徒颇恨国王压制，乃起而为极端之反动，其为宗教革命也，实自然派社会契约之学说深入脑际而爆发生者。爆发之影响，适直接及于美洲也，然尤有其远因焉。先是昆古来开西派之教徒，不堪英政，移住于美洲，其派中之最先往者，四十余人，别为名曰夸罗古里姆亚。于千六百二十年，美伊甫拉亚乘之甲板船航海船中契约，以为将组织一最完全国家之法，卒于宜爱甫里殖民地成立契约。此契约之成立，即根据于自然学说者，故自然学者之社会契约说，实例良鲜，求其确证，固惟济来古姆里之一团者也。后英民之移住于美利坚者益盛，推演夫社会学说益炽，一般理想皆谓组织国家之基础，维持国家之秩序，是必先定契约而后有所服从。虽与现与今之宪法组织之思想不同，其根芽实由此苗也。于六百三十八年，清教徒既以反动之故而移于米，于宜罗洼古其殖民地明定规则，即名为宜罗洼古法。立法、行政、司法条理略备，与今世所谓成文宪法者，大略相类。虽以形式观，非国家之组织，而推于国家之组织，盖吻合者，即谓此为世界最古之成文宪法可也。

清教徒既移住于美洲者渐盛，英主乃承认之为殖民地。凡组织一新团体者，皆必有英主之特许状。特许状所载，即关于团体政治之组织者。新团体之组织，以宜罗洼古为最完全。故各团体之特许状，一依宜罗洼古为之范。此在十七世纪之上半期，至十八世纪各殖民地以经济界利害之关系与英国大启冲突，于是乎有独立之战争。十三州已受时〔特〕许状者，于一千七百七十六年，悉脱羁绊而独立。初各州之未独立也，其特许状即其法律，惟必待英主之许可，而后生效力。至是既脱英辖，十三州即为十三国，乃自起而订定宪法。其十国之宪法，则损益特许状而成。其三国则绳仍特许状者，以特许状规定甚完全，而宜罗洼古尤为完全之最者也。是为北美国成文宪法确定之始期。

美国宪法之性质，实为国家最高之法律，视普通法律，其效力最强。故普通法律对于宪法，不得有变更，且不得有抵触。普通法而与宪法抵触，即失法律之效力。裁判所直行法律，必审定其抵触宪法与否，而后适于用。适于用者，必不抵触宪法。抵触宪法者，决不能适用也。至于宪法改正必得国民之同意。国民同意，即用总投票之方法以定之。盖以其为最高之法律，不轻更变，故为此最繁难之手续也。其内容分二大类：一、权利之宣言，凡个人公法上之权利，皆以简明之文字列举之也；二、政府之组织，立法、行政、司法各机关，其组织一一明为规定也。权利、宣言为宪法最要之部分，后当详述之。政府之组织，则取孟德斯鸠之学说，及米国延习之历史而构成者，此各州宪法之概略也。当各州初定宪法时，虽订联邦条款，尚未成中央之大国家。至千六百八十七年，联邦十三州为合众国，于是有合众国之宪法。合众国宪法与各州自定之宪法实相类，兹概举于左：

第一，宪法者，国民得直接发表意见，为最高之法律，普通法律不得与之抵触。即各小国之宪法，不得抵触合众国之宪法，其裁判所亦各审其法律之抵触宪法与否，而后适于用。

第二，普通立法机关不得变更宪法，若宪法有更变，虽不能用各小国总国民投票之法，仍定为详细繁密之手续，以昭郑重，其手续另述之。

第三，三权分立制度，同于各小国。

第四,权利宣言,合众国宪法无规定,以各小国规定明备。各从其规定,无须另订也。

千七百八十九年,复以宪法相当最要之事项,追加十条。于是合众国之宪法益完备,实为世界成文宪法之渊源。影响所及,始于法而及于各国,固有由也。法兰西革命之媒,实酿于北米未成立之先。米之为独立战争也,法人最表同情,力为翌〔翼〕助米出版之书籍,复盛行于法,其政治组织,印于法人之脑者既深。千七百八十九年,法之人权及公民权宣言,盖渊源于米之权利宣言者。后以二年之研究,发布宪法,为欧洲成文宪法之鼻祖。继是者,中亚米利加与南亚米利加,亦脱西班牙、葡萄牙之版图而独立,各定成文宪法。英属之坎拿大、澳洲亦相起而为宪法之制定。日本更起而开亚洲之先声,近今俄国亦颁布宪法,与民更始。盖世运既进,凡所谓文明国者,未有无宪法者也。

第三、成文宪法之种类

由宪法构成之不同,得大别为二种类以研究之。(一)从手续上之区别;(二)从效力所及之范围区别之者。二者之区别,今世法律家所共认也。请分言之:

(甲)基于手续区别之种类凡四

(一)民定宪法

民定宪法者,国民自定之者也。即国民破坏旧有之法律,而自为创定,或令代表者制定之。求其先例,则法国革命时,国民倾倒政府,新定宪法。米之十三州独立战争,脱英羁勒,以国民之意思,制定宪法是也。

(二)钦定宪法

钦定宪法者,君主为其子孙计,欲使永保其地位,于是以关于国家之权利为之限制,使不得自恣,与民定宪法绝对不同。民定宪法由人民之同意而制定,钦定宪法则以一人之意思自由发布者。宪法起源于民定,民定者居其先,而钦定者居其后。钦定宪法以千八百四年,法兰西王政复古时代,路易十八世所颁布者为最先例,次则普鲁士之甫里德里四世所制定者。日本宪法亦钦定之一种,其制定不由革命而由平和,即明治二十二年以天皇敕令颁布之者也。

(三)新组织国宪法

新组织国宪法者,一种人民欲组织完全之国家,而当未成为完全之国家时,所组织以为共守者。求其先例,首白耳义。白耳义于千八百三十一年,始由荷兰独立,其先为荷兰之一部,国民即公举代表制定宪法是。北米自千七百九十年后,始纯为独立之国家,其先独立未完全时,即有宪法,亦其例也。或谓新组织国宪法,由国民之同意,即可谓为民定宪法。不知新组织国宪法与民定宪法,性质同而实体异。民定宪法,必旧有国家、旧有政体与国民起而推翻,整理之。新组织国宪法,则旧无国家,旧无政体,惟此新团体缔造之也。

(四)联邦宪法

联邦宪法者,合多数小国为一大国,而共同组织之宪法也。联邦国与国家联合不同,国家联合为各保其独立而定以条约。与国际法上之关系,国家联合恰如町、村组合,仍各不妨其独立之权。联合之全体,不成为一国家,不能直接对于国民行使其命令,其决定于联合全体之事项,仍由联合各国,各以自己之命令于国民,始生其权。联邦国以各国之合意,组织一共同之机关,为国法之上之关系。(联邦国以其全体为一国家,直接对于国民有统治权。联邦国所定之法律,可直接拘束各国之人民。)联邦国宪法最著者,莫如米利加、瑞士、德意志帝国之宪法。米之初定联邦宪法也,为十三州,今则增为四十六州,即为四十六合众国。然合众国之各国,虽组织有共同之机关,又不可混视,如自治团体也。自治团体权力皆国家所委任,而不可以独立。合众国之权力则非联邦之全体所委任,而不以独立。合众国之权力,则非联邦之全体所委任,故各国仍可以有大统领,有议会,有政府,惟不能不受共同组织之宪法所羁束耳。米利加合众国之名曰司推德,瑞士谓之康德恩,德意志谓之司大德。德联邦由二十五司大德组织者,与米、瑞又小异,以米、瑞联邦皆民主国,德联邦中其三为自由市府,其二十二则皆君主也。

(乙)基于效力区别之种类

(一)固定宪法

宪法效力强于普通法,其改正变更,特为郑重,不能以改正变更普通法之手续,改正更变宪法也。虽因时因势,宪法亦非绝对不变,而以变更之手续困难,则一定即不可以更动,是为固定宪法。固定宪法多属于成文者。

(二)可动宪法

可动宪法者,宪法之改正与普通法同一也。此多在于不成文宪法。强成文宪法之改定,亦有一二国与普通法同一者。比较观之,实少数之例外也。

固定宪法有极端之固定，既定后毫不能更变者。法兰西初革命时之宪法，即固定之极端者也。然法者，求适于社会者也，社会有变迁，则法律不能无转移，否则背于时宜，而不可适用。普通法固极于一般社会，宪法为普通法之基础，尤与一般社会有重大之关系，若极端固定而不可动，是国家自扼社会进化之吭，而促其毙也。故近世立宪各国，其为固定宪法者，惟用繁密之手续，以昭郑重，皆无绝对不可变者。其可动宪法与普通法，同其变更者，更无论也。

第四、宪法之改正

宪法之改正，或于改正普通法外，另为困难之手续，或即以改正普通法之手续改之。前者名固定宪法，后者名可动宪法。既述于上矣。固定宪法之各立宪国，其改正手续难易又各不同。或用极困难之手续，或惟较繁密于普通法之改正，而不必取极端之困难。总之，其改正之郑重，视普通法律之改正为有加者，实固定宪法与可动宪法之区别，即成文宪法（但除一二国之例外）与不成文宪法之大异点也。

改正宪法手续之最困难者，惟米洲合众国。凡欲改正宪法，必合众国上下两议院之议员，三分之二以上之决议，以其决议之案传于各州，由四十六州得四分之三之赞成，乃得定之。普通法改正则不然。合众国议院议员，二分以上之决议，即不必更须各州之赞同。以视改正宪法，合众国议院，其议决仅为提出议案，尚待决于各州者，其手续简，不可同日语也。米之宪法，虽非绝对不可变，以手续过于困难，故改正甚鲜。自千八百九年至今经九十七年，宪法之改正仅三次耳。其改正之原因，皆由南北米战争时，有无国家处理之争不相宜者，不得已而为之。自是以后，固未常少动也。米国最有名之商埠曰桑港（即旧金山），其加里甫落州，近以放逐日本学童，违背合众国政府之条约，日本要求合众国政府处理之。而各州违背条约之处分，合众国宪法无明文，大统领极力为宪法改正之运动，尚未得当，诚哉其难也。

法兰西之初定宪法也，以宪法为代表国民之意思，改正必得国民全体之同意，故宪法一定，几如铁案之不可动。其后再定宪法，则改正较易矣。普通法之改正，由上下院开议，各以过半数决定宪法之改正。上议院、下议院各得过半数议决后，再合上下两院而议之，复以过半数取决，与普通法改正之手续略同，惟多一次之合议耳。普鲁士改正宪法，与普通无大异。普通法由两院议决，各得过半数即定，犹之法兰西也。宪法改正，由两院各得过半数议决后，不如法之集两院而合议，惟经过二十一日，再使两院分议之，仍各得过半数之协意，即取决矣。

由是观之，米改正宪法之难，普、法改正宪法之易，迥不侔也。然米之改正宪法，为此困难，亦有不得已者存焉。米之政党竞争甚烈，若宪法之改正过易，占优势之政党得挟其势力，以行私意，继起者又将变更而无已时。是益党派之竞争，而措国家于不安也。且政党于政治上道德思想尚未发达，一政党必有一党腐败之现象。以国民全体公共之宪法，委诸无道德思想政党之手，必无以压国民之意，而危险且不可以思议。故必郑重其手续，以预防政党之弊。然国家之宪法，当因时因势而制宜，宪法亦犹是也。改正过于困难，即不通于事势者，亦苦其繁重，而不能遂改。既无以应国民之希望，或反启国民激昂之意，迫为革命不至破坏宪法而不止，此亦事理所必至也。

日本改正宪法，提出议案权属于天皇敕令，其由上下两院提出者，必经天皇之许可，开会必得两院议员过半数之出席，必得议员三分之二以上之同意。若天皇有故障，而置摄政时，则不能改正宪法。盖以改正案之提议许可，属于天皇之大权，非天皇亲政，即绝对不能为之也。

总之，各立宪国之宪法改正虽有不同，其预计改正而定一定之方法者，比较而区别之，不外左之四种：

第一种方法，以通常立法机关为决议宪法改正之机关，唯议决方法较普通方法为郑重。

（甲）定足数之制限

定足数者，开议出席员之限数也，即议决宪法之改正，较议决普通法之改正，非更得多数之议员出席，即不得为之。日本以三分之二以上之出席，为定足数，白耳义亦同。巴威伦则必得四分之三之出席。

（乙）投票数之制限

普通法律之议决，投票以过半数为足。宪法改正之议决，必过半数以上之多数投票。诸国宪法，其例甚多。或限四分之三，如希腊、撒逊是。或限三分之二，如北米合众国、挪威、白耳义、路马尼、塞维亚、蒲路加里等是。日本与白耳义，亦以三分之二投票决议。

（丙）二回以上之议决

限一定之时间为数回之决议，各国改正宪法多用此制者。其后或经一次议决后解散议会，再行总选举，取选举人之舆论，更于次回议会待同一之议决。行此制者为荷兰、挪威、葡萄牙等是。或经一次议决后不再行总选举，第于次回议会，待同一之议决者，如瑞士、撒逊是。或经一次议决，并不俟第二会期，唯隔一定之期间，为数回之议决者，如普鲁士于两院议决后，经二十一日使为二回之决议，巴威伦于国会处案时，各经八日为三回之议决是也。

（丁）发案权之制限

宪法改正发案权，各国多属议会，惟日本则专属君主之大权。巴威伦于宪法中一定之条项，君主得为改正又发。除一定之条项外，发案权仍在议会也。

（戊）两院议员合并议决

法兰西采此制，两院既依通常议决之方法以议决，更合两院之议员而集议之。两院合同组织者，谓之国民会。虽不得谓竟同于通常立宪机关，然组织国民会之会员，仍通常立法机关之议员也。故仍可属于第一种方法。

第二种方法，变更宪法必组织特别之议会。采此方法者，为米国之诸州。米国诸州宪法之改进，若止变更特定之条，顶〔预〕先于通常议会议决，再由总国民直接投票，为最后之决定。若为宪法全体之改正，则最初之决议，亦不属通常之立法议会，而组织特别之立法议会，此议会议决更由国民直接投票决之。

北米合众国宪法变更之手续有二种，任一种皆得行之。其第一种则宪法有改正时，由各州三分之二之立宪议会请求，组织特别议会，议决改正之法律案。最后之决定，以各州之特别议会，得四分之三之同意而议决之。第二种，则以通常立宪议会议决者。前之一法，最难施行。故历来所采用者，仍为后之一法也。

第三种方法，仅行于联邦国之制度。以宪法改正之议案，付联邦内各州立宪议会之议决。例则北米合众国，如前述方法之后一方法，为历来所采用者。先以合众国国会各院三分之二议决改正案，再付于各州立宪议会议决。总各州立宪议会得四分之三之同意，即为确定。此外，瑞士、墨西哥及濠州联邦亦同。惟此数国不如北米合众国，须各州四分之三之同意，得过半数即足。又瑞士及濠州得过半之同意后，尚须得国民之同意，用总国民投票之方法，此则少有异者也。

第四种方法,用国民直接投票。采此方法者,北米合众国内大多数之州,瑞士、濠州及瑞士国中之或康登,率以国民直接投票过半数取决。惟米国之多数州中或有需四分之三之多数者,或亦有需总选举人之过半数者。

以上所述,固定宪法之改正皆必加郑重之手续。不用郑重之手续,以成文宪法与普通法律之改正,视同一律者,如意大利、西班牙二国是,然实少数之例外也。

第五、宪法之内容

各国宪法之内容种种不同,有大体明晰而细征亦详备者,有仅载国法之原则,而细征属于普通法者。有凡关于议会之规则,皆定于宪法者。有以议会规则,不载于宪法,而载于普通法者。有国最小而宪法最繁,有国最大而宪法最简者。有凡关于敕令、省令、地方官厅令,并规于宪法者。有定其或一种于宪法,有全不以之规定于省令者。总之,宪法者,由形式定之,内容并无一定之原则。何谓宪法由形式定之也?宪法者,一定而不可轻变,无论何人,认为应遵守之法律也。其载于宪法之内容,必为不易变之大节。即细微之载于宪法,亦必其不可经动者。或繁或简,一依各国之情势。以米洲各小国论,近年以来,所增加之宪法条文,较前不止二倍。其所由来,则以政党盛行,议会受其左右。防政党之争竞,而除其越权腐败之弊,不得不严加制限,故繁密规定。至有各国载之警察法,而米洲各国载之宪法者,盖约束政党,而计人民之安全,其情势不得不然也。然宪法内容之繁简,虽任各国之情势,惟有最要之二事,无论何国,于宪法之内容,不得不明为规定者,请举于左:

(一)臣民之权利

自米国权利宣言开其端,法国人权及公民权宣言承其流,于是各国宪法,关于臣民之权利,无不列举于条文,以为之保障。日本宪法于臣民之权利义务,亦于第二章详定之。即谓宪法有保持人民之权利之性质可也。

(二)国权之组织

如立法、司法、行政各机关一定之权限组织,必明为规定。在君主国则君主权限、议会权限、裁判所权限,皆列举之。共和国之大统领权限、议会权限、裁判所权限亦然。

第五章 议会之组织

立宪国有最重显著之特色，则议会是矣。议会者，国民选出代表，参与立法事项，而与监督行政者也。无议会之组织，则不得为立宪国。故今世之立宪国，无不有议会者。惟组织权限，或稍有出入耳。权限将于次章详之，兹先言组织。

第一节 议会之二院制

议会分二院：（一）上院，（二）下院，在今世立宪国，为共同之原则。其采一院制者，如希腊、瑞士联邦之各州，及独逸联邦中之四五国，皆为地小民寡者。其稍大之国，不问君主、民主，无不采两院之制。虽独逸帝国，仅有一院，本为唯一之例外。然独逸帝国议会之外，更有联邦参事会，由表面观之，联邦参事会本非议会之一院，其地位相当于诸国之政府。以组织论，则实由联邦各国选举代表而成，又适与〔于〕地联邦国之上院有相当之位置，是虽名为一院制，实与二院制仍相类也。

二院皆为国家议事之机关，既分为二院，则必各有议场，各有议长，各有议决权。而二院之会政，开会、闭会时期必同一。若一院开会，一院闭会，不得谓之二院制度。开会时同，则可议相同之事项。若一院开会，一院停止，不得谓之二院制度。开会同，开议同，尤必有一致之决议。若一院可决，一院否决，亦不得谓之二制院制度。现今各立宪国，用二院制度者，率主此旨，其不同者，惟二院之组织及其相互之关系而已。

二院制度盛行于各国，实由于英之制度而出者也。粤在中世纪，欧洲大陆诸国，若德、法、意大利之属，皆有等族会议，然与今世之议会不同。今世之议会，其组织之议员，为国民全体选举之代表者。中世之议会，则由各阶级之代表者，为各别之合议体。阶级有三：（一）贵族，（二）僧侣，（三）市府之人民。三种阶级皆有独立决议之权，实即有三院之形式。惟英国不然，以历史上偶然之事实，合僧侣、诸侯为一院，各州之骑士及市府之代表者别为一院，反乎各国之三院制，而为二院制度。自十四世纪以后，至于今日，皆沿此惯例而未变者也。

英之历史惯例，欲详数之，甚形烦杂，兹姑从略，唯述各国二院制度。奉英之惯例为模范者,则以米国为最著,次则法国,承革命之后于千七百九十五年之宪法,亦采二院制度,而后传播于欧洲。日本宪法颁布以后,贵族院、众议院亦分二。盖二院制度,实立宪国不可易之原则。其所以必遵此原则,由历史之沿袭,非必为抽象的理论之结果也。然即以理论言,亦未始全无根据。当二院制度未盛行以前,有取一院制度,如法兰西者在革命时代,国民会议代表者,与政府时起冲突,卒不能收良善之结果。一院制度不能收良善之结果,则二院之能行于今而不坠者,固必有不易之理由也。

主张二院制度之理由者,或以社会上层之阶级,宜使得为特别之代表者,谓议会代表国民,必于国民中有种种相当之势力。若但以人数论,则下级远过于上级。虽上级势力绝大,而数既绌于下级,混同选举,决不能相当之代表。必使上级为特别之代表者,取贵族豪富组织为一院,则上级社会,始有相当之位置,而秩序不至于紊乱。故英之上院,以皇族贵族充其选,普鲁士亦如之。日本于上院,虽有任命之学者,而贵族实居其多数,诚基于贵族之势力,应得相当之位置之理也。然执此以为二院制度之理由,实非二院制度之真谛。英、普、日本之上院,诚有类于此。英、普、日本以外诸国之上院,固有与下院同由国民选举,而不以贵族充之者,乌可以概论也。且必欲使社会之上级得特别之代表,即以一院制度,与上级以特别之选举权足矣。固无二院区别之必要,此理由之不圆足,甚易知也。然则二院制度真确之理由,果安在耶? 试举如左:

第一、目的在预防议会权力之滥用

立宪国议会权力之重大,不仅民主国为然也,即在君主国,亦有绝大之权力。法律之协赞,豫算之议定,皆操其手。稍滥用之,即足为行政之阻障。故议会之压制,累行政之活动,实不让于暴君之专横。仅有一院,则一院议决,即为议会之议决,最易招权力滥用之弊者也。以二院制度,预防其害,一院虽为过激之议决,他之一院,尚得抑制之,此主要之理由也。

第二、目的在调和政府与议会之冲突

立宪国政府与议会,各以独立之权限相对立者也。其在瑞士联邦之各州,独逸联邦之诸小国,各府县之议会,地狭人少,虽仅一院,尚不至有大起冲突之虞。若以大国而仅一院之组织,事物繁,人数赜,冲突之烈,实有不可避之势,法兰西始行一院之制,卒受不利,旋即变更,职此之故。若议会由二院而成,虽一院或与政府生极端之冲突,他之一院,固犹得为调和机关也。

第三、目的在慎重立法之手续

法律非一时之应用,必有久远之效力,不可以短促时间,简单制定之也。一院制往往有以一时之感情,为匆卒决议之弊。二院制度则手续郑重,由二者特别观证之点,各为独立之审查,所以期其无误,而效力乃可以久远也。

要而言之,二院制度正当之理由,实为补立宪制度之缺点,而防多数议决之专横。盖立宪制度,即为多数议决制度。多数所欲者,少数必从之,此立宪制度之根本思想也。二院制度则二院议决,必须一致。若有冲突,即有不能为议会之议决,与以多数制少数之主义,适成相反之比例。盖多数议决之制度,非纯然善良之制度也。若以多数议决为善良之制度,可断言曰,非采一院制,则宁采三院制。有两院议决,虽有一院之反对,亦可为议决之成立。以其与多数议决之理论相贯彻也。然而多数议决之制度,既不能谓绝对有利而无弊。补其缺点,为适当之设备,不得不取二院制度,使为一致之议决。故各国之取二院制度,虽模范于英之历史惯例,不得谓无深意存其间也。

法兰西之议会,为欧洲大欧〔陆〕之模范者,千七百九十一年之议会是也。由热心政治家谋立法机关之统一,组为一院制。至千七百九十五年,积多数之经验,遂改为二院制。独逸联邦中各小国,取二院制者十六国,取一院制者为普鲁士、索逊等六国。其三自由市,亦取二院制。独逸帝国取一院制,而别有联邦参事会,仍隐然二院制也。此外,如奥大利、匈牙利、意大利、荷兰、白耳义、瑞典、挪威、丹麦,皆取二院制者。

第二节 上院之组织

凡立宪国,大多数必有上下院之组织。组织之内容,国各不同。下院组织请俟第三节言之,兹述上院之组织。

第一、联邦国上院之组织

联邦国之上院,以联邦各国代表者组织之,与单一国之上院有别。即联邦上院之议员,以由各国政府选派为通利也。北米合众国为联邦之一,其议会名康古拉司者,由元老代议院组织而成。元老院之议员,即以各国所举代表充之者。合众国为四十六州,大小虽各不同,平均每州举二人,故元老院之议员,为九十二人。元老院议员与他不同之点,他之议员代表国民,元老院之议员则代表政府。其议决投票,不能以自己意思行之,必得本州政府之训令,犹之外交官,非得政府训令,自己不能主持也。米有元老院,独逸有联邦参事会,瑞士有尊族会,皆适当上院之地位。瑞士联邦上院之议员,亦由各敦康所选之代表,联邦计十二康敦各选二人,合计二十四人。此与米之元老院由各州选举议员同。其不同者则元老院议员,议决投票,不能自主。瑞士之上院议员,则得以己意行之,无待政府之训令也。独逸议会,本非二院制,惟一院以外,有联邦参事会,实际与他联邦国上院等。组织之议员,由各国选举代表,与米、瑞同。惟国有大小,则代表之人数有等差,普鲁士十七票选十七人,巴威伦六票选六人,其他有四票权者二国,三票权、二票权者各二国,余各小国均有一票权。议员在参事会必有本国政府之训令,始得议决。独逸帝国之宰相,即为普鲁士代表,当参事会议长之地位。此联邦国上院组织之大略也。

第二、单一国上院之组织

普通单一国上院之组织,各国不同。从最大之区别不外二种。

第一种,上院议员之全部,或其大部分,不由国民选举,而以世袭之贵族及敕任之议员组织之者,可假定为贵族院制度,亦谓之世袭院制度。

第二种,上院与下院无别,同以国民中公选议员组织之者,可假定为民选上院制度。

贵族院制之上院,或以世袭之贵族,或以君主敕任者组织之,采此制者,大概为君主国,如英吉利、独逸之诸国。奥大利、匈牙利、意大利、西班牙、葡萄牙及日本皆是采民选上院制者。大概属民主国及君主国有倾向民主主义之势者,如米国之诸州及法兰西、荷兰、白耳义、丁抹、瑞西、挪威皆是。

贵族、民选两制度,以历史观之,则贵族制度发达为最早。英之初有国会也,实起于国王选贵族中之信用者,召集为顾问,始以供咨询,后浸成为上院之制。而国王之召集权限于贵族,亦与今之贵族院制同。至立宪发达,一般经济上既增加市府之权力,于是都市亦得举代表者。浸至各地方发达,皆以举代表为其固有之权。遂于君主召集之上院以外,更成为下院组织之制。下院组织之与上院分也,则以两院之议事不同地也。始而君主之召集,惟在贵族院,其后国民代表组织之下院,亦非君主之召集不得议事,此完全之二院制。英自立宪以来,至今行之不废者也,今请征英国上院之组织。

(一)僧官

有宗教之大权者,欧洲大陆各国,历史相沿,贵族会议中,宗教居其大部。无论何种会议,无不有僧侣之贵族,故英国必以僧官为上院议员之要素,凡大僧侣正二人,僧正二十四人。

(二)世袭贵族

即有各等爵位者,其祖先得爵位,子孙承继之,即得占贵族院之一席。或由国王敕定为新贵族者,亦有世袭之资格。

(三)爱尔兰及苏格兰之贵族

英国上院之组织,由三者而成。虽自上院始设以来,中亦稍有变更,是宪法沿革史所当研究,兹姑从略。自英以外,立宪国之取二院制者,皆模范英国。若独逸联邦中,普鲁士、巴威伦及诸小国,又奥大利诸国,皆与英极相类者也。若伊大利、葡萄牙,则少有不同,即其上院组织不取世袭,全以君主敕选者为之。日本上院制,间接取法英国,直接取法独逸联邦中之君主国,而尤以采普鲁士者为最多,故甚与普制相似。前举日本制,得有上院议员资格者,分为三种:

(一)由身份当然为贵族议员者;

(二)由贵族中互选而得为议员者;

(三)敕选议员。

所谓由身份当然为贵族议员者,皇族中之成年及公侯爵之世阴是也。惟皇族男子满二十岁以上,即有此资格。公侯之男子,必限于二十五岁以上。所谓由贵族中互选为议员者,即伯、子、男爵,各由其同爵中选举者也。(为子爵互选子爵,男爵互选男爵,伯爵互选伯爵是。)有伯、子、男爵者,二十以上之成年者,即皆有选举之资格。满二十五岁以上,即有被选举之资格。被选举员之员数,于选举期前,以敕令定之,但各不能超过总数五分之一。所谓敕选议员者,其资格有二:

(一)有勤劳于国家及有学识满三十岁以上之男子,以敕任终身为议员;

(二)由各府县多额纳税者互选,敕任为议员。多额纳税之有选举权者,即土地所有权,及商工业资本最多者。但一府县中有此权者,只限十五人。其多额之准,原无一定,惟比较府县税额,而以最多者授以选举权耳。有选举权者,于其中互选,当选者敕任为议员。

凡二种敕选议员之数,不得超过有爵议员之数。

贵族院制自英发源以来,各君主国皆取之。然自近世民主主义发达,为米州独立战争、法兰西大革命之结果,其影响波及于大地,遂与贵族制有不相容之势。所谓民主主义者,即平等主义,谓国家之事,无一非国民应有之权利义务,不得以贵族独占最优之阶级。贵族院制对于平等主义,最不调理者为世袭。世袭不问本人之智愚贤否,但凭藉余阴,即得为议员,不平等之极者也。故主张民主之国,必不容此阶级之制。如法、米虽有上院,不以贵族组织,仍由国民选举代表者,可以见也。然上下二院之组织,统为国民选举之代表。名虽分为二院,实则二院制度之精神,已失其半。何者?国会之必区二院者,以处理国家之事务,欲得其当,必由资格不同者,互观察之。下院别一资格,上院别一资格,合两资格之人注为观察之点,而后可以推求尽致。若上下院组织议员之资格同,其观察之点亦必同。观察之点互相同,即于二院制度之精神不能合也。各国之取民选上院制者,亦俱如此。于是以国民选举代表,上下二院皆从同,而其组织之制度则必与以差异之点。今举其通常差异之点如左:

(一)财产资格

下院议员由国民全体选出,用普通选举,上院则必以财产资格为要件,或富豪,或有学问、经验及在上流社会有势力者,始得选之。是上院为国民之一部,视下院为国民全部者,资格实有不同,于分别观察点之意,仍无妨害也。

(二)年龄

上院必得老成练达之选,故年龄之要件,必高于下院之议员。

(三)选举方法

下院由国民直接选举,上院之议员由地方议会选举之。(惟挪威上下二院选举同一为例外,美国虽下院亦用间接选举,而上院之选举区别较大于下院。)

(四)员数

上院员数常少于下院。

（五）任期

上议院任员期较久于下院。

（六）一部改选

下院议员同时改选上院议员，各国皆采一部改选之制，或改选二分之一，或三分之一，无全改者。

由此观之，则用民选制之国，上下二院之组织，实非全同者。盖组织上院，较之下院，其目的在温和之地位也。

第三节　下院之组织

上院之组织，有贵族制、民选制之区别，下院则无此也。无论何国，下院无不以国民公选之议员组织之者。惟选举之手续、方法、资格，因国不同，请比较而详说之。

第一、选举权

选举权者，国民参政权之一种，而行选举之权利者也。各国关于选举权之制度，可大别为二种。

（甲）普通选举；

（乙）制限选举。

普通选举者，一般国民皆有选举权也。制限选举者，有种种资格之制限，但于国民一部分中有此资格者，始予以选举权也。普通选举虽予全国民以选举权，然亦未尝无例外。如未成年者，精神丧失者，女子，在公权剥夺及停止中者，禁治产者，受破产宣告而债务办济未终者，受政府贫民救助未经过一定年限者，皆不得有选举权，久已成为通例。惟此中有一问题，则女子无选举权是也。论平等主义，男女无异，本无绝对不可与以选举权之理，且世固有以法律定女子有选举权者，如北美合众国之一二小国及奥大利是。英国女子，近今要求选举权者，不一而足，尚为未决之问题。要之，女子之所以不有选举权，实因程度不及之故。他日程度发达，或亦得有选举权，未可知也。又或有国定选举之条件，必于一定之年限，定住于其选举区内者，此要件非例外也。总之，前之例外、后之要件，均不妨于普通选举之制，普通选举之特色，即不拘财产资格，均得与以选举权。若制限选举或以纳税之定额，或以土地之所有权，或以财产之定数为限，正与之相反对者也。

普通选举，又得分为二种：（甲）平等普通选举；（乙）等级普通选举。

普通选举 { 平等普通选举
　　　　　等级普通选举

平等普通选举者，即前所云，除特别之例外，凡成年之男子皆有平等之选举权也。等级普通选举者，全国民虽亦与以选举权，特于选举人中之一部分，与以最大之选举权也。等级普通选举，有以税额分等级，一级之选举多于二级，二级多于三级者，有以身分分等级者，有以国民皆有一票权为原则，而特于一部分之人，与以二票或三票权者，种种不同，后当详说之。

溯国会之起源，本以制限选举为原则，当其初惟有财产资格、学问、经验者，得有选举权，无所谓普通选举也。普通选举之肇始，实基于法国之革命。法国革命之机，胎于自然学者之自受生以来天然平等之说。法民以此说印于脑筋，而行诸事实。革命既起，争以平民选举，为不可剥夺之权。千八百四十八年，宪法既定，遂实行普通选举法矣。然所谓人权平等，由于天赋者，其思想诚极进步，其谬戾亦正复不少。何者？国家者，公之国家也。选举者，将以组织公之机关，而尽公之职务也。人始受生，即当组织公之机关，而尽公之职务，此理已不可尽通。况尽此职务，必得适当之人才，欲得适当之人才，则选举必有适当之资格。有适当之资格，而后可以选举，则无适当之资格者，不得选举，势也，亦理也。若谓一般平民，皆生而应有选举，平民于一身之生计，尚有不能完全经营者，以处理国家之政务，其结果尚堪问乎？故欲处理政务之适当，不能不限以资格，如财产丰、税额重者，其于国家之关系也切，即其国之观念，亦必较平民为独优。近世学者多谓制限选举，优于普通选举，盖以此也。

虽然，制限选举亦正有弊，以财产资格为标准，悬额过高，则一国之选举权，将为少数之富豪所专占，而多数国民皆受其压制。在国民智识未备之时，或可相安于无事。若国民政治上之智识日益发达，而以此多数者受制于少数，不平等之结果，必生激烈之现象。且代议政体者，以国民全体得参与国政而成立者也。若仅一部分握其权，而大多数人不得与于选举之列，名实亦不相副矣。更以今世各国之现状观之，劳动者之在社会，古以为下流，于国家视为无关系者也。今则于经济界特占一部之势力，若仍以为无关于国，而不予以选举权，实万不能行之事实。故自法国革命以后，因劳动者于社会经济势力增加，普通选举遂渐行于各国。本此以推，则世界将来之大势，或尽趋于平等普通选举，亦未可知也。

由制限选举而渐趋于普通选举，最著为英国。英以保守为国，必非轻于变法者，以时势所迫，选举法不能不屡变。十九世纪初，英之下院有选举权者，以大地主为限，与普通选举程度相去甚远也。逮千八百三十二年，一次改正，越千八百四十七年，再改正之。又千八百七十余年，三次改正之，浸趋于普通选举之制。论者谓英之立宪为平和的革命。盖谓国民之程度增加，以平和手段，屡为政治上之改革也。然英之现制，虽隐趋于普通选举，尚必以能构成一户为有选举权之要件，仍非纯然之普通选举也。取纯然平等普通选举制者，为法兰西、独逸帝国及独逸联邦中各国之一部，瑞士、西班牙、挪威、希腊及北美合众国之大部分，其所以必取此制者，非基于天赋人权之说，实即由劳动者之势力增加，迫于不得不然者也。

等级普通选举，以纳税额为比例者，普鲁士及独逸联邦中之数国行之，其法分三级。例如一市之国税总额为一万五千元，三分之，每级为五千元，依次递算，以定其迁〔选〕举权。表释如左：

一级五千元：取纳税最多者，或一人或二人，足五千元之数，即为第一级。

二级五千元：取纳税次多者，或十人或二十人，足五千元之数，即为第二级。

三级五千元：全数少数纳税者之集合。

假如市选举额为十五人，各每级各选五人，是第一级一人或二人即得选五人。二级十人或二十人，始得选五人。三级则合最多数之人，亦只得选五人也。奥大利、白耳义亦取等级普通选举制，然与以上诸国方法不同。即奥大利以身分之阶级为区别。白耳义则选举人通常以有一票之投票权为原则，特于一部中有财产、资格、学问、经验者，与以二票以上之投票权是也。然此等选举之制，虽名普通，实未平允，学者或诋为机械的限制焉。

取限制的选举，独逸联邦中之各国，及匈牙利、瑞典等国。意大利微有限制，亦当属之。日本国会成立未久，故制限之数较多。以理论之，国民之程度渐进，则选举制限之程度必渐低。日本选举资格，限于纳直接国税拾元以上者，然自日俄战争以后，税额增加，向不及拾元之数者，今多增为拾元。向不得选举者，今皆得选举，是选举之范围。已渐广于昔日，故敢断言曰，国民智识程度，日进一日，选举限制必日低一日也。

此节先生本讲义较详，节译于左：

制限选举者，以有一定之资格为选举权之要件也。其要件中特别资格之重者，为财产、纳税资格及教育资格。然亦因国不同，匈牙利、瑞典与等国，以财产资格为要件。独逸诸国之一部分，以纳直接国税为要件。英之选举法极复杂，概言之，则以能构成一户为选举权之要件，荷兰稍类之。葡萄牙、意大利以普通教育为要件。然意大利于有一定之财产资格者，不必须教育之要件，荷兰限于户主有选举权。

日本选举法亦取限制。选举者依现行法，选举之要件如左：

（一）财产资格

须纳直接国税年额十元以上者。直接国税虽不论为地租或为他之国税，然地租满十元者，须于选举名簿调制期日前，满一年以上，引续纳之。其他之直接国税（为所得税、营业税）满十元或地租与他之国税共满十元者，须满二年以上，引续纳之。

（二）年龄

二十五岁以上。

（三）男子

（四）国籍

日本臣民。

（五）居所

选举人名簿调制之期前，满一年以上，于其选举以内有住所，且引续居住者。

备以上之要件，原则即有选举权，尚有数例外。

（一）华族之户主。

为避与贵族院之选举相重复，故于众议院不使有选举权也。多额纳税者则不然。贵族院可以互选，众议院亦得有选举权。

（二）现役及战时事变召集之海陆军军人。

（三）官立、公立、私立学校之学生生徒。

（四）禁治产及准禁治产者。

（五）受破产宣告未复权者。

（六）剥夺公权及停止公权者。

（七）由受禁锢以上之刑之宣告至于裁判确定者。

（八）由关于选举之犯罪，而被刑依裁判所宣告禁止选举权者。

第二、被选资格

被选举权者，得为法律上有效之当选人之资格者也。被选举权亦与选举权同，分普通被选举、制限被选举之二种。普通被选举者，国家不拘定资格，一般皆可以被选为议员（但除例外）。制限被选举者，国家定如何之资格，合其资格，始得被选为议员。大概各国制度，选举权若何规定，即被选举权若何规定。如纳税至十元以上者，有选举权之资格，即有被选举权之资格，选举与被选举资格皆同等者也。

然亦有不取同等者，纳税十元以上者，可以有选举权，而有被选举权者，必较十元高至若干以上。其理由则以选举议员者，将以处理国事也。选举者选举议员而止，其距处理国事也尚远。被选举者，一被选即着手于国事。非较选举者，高其财产程度，处理国家事务之际，或有不甚关切之虞。唯富于财产资格者，其与家之关系也密，其处理国事也自周。葡萄牙之于被选举者，即取此主义也。

亦有与之相反，选举资格，以财产资格为要件，而被选举绝不取财产资格者，其理由则以为选议员以处理国家事务，必得学识俱优之选。优于学识者，未必富于财产，限以财产资格，转使不能得其用，故选举权有资格之限。而被选举权则不限制之，瑞典即取此主义者也。

日本初亦于被选举者，必有高度之财产资格。明治三十五年改正之，普通皆得被选，盖既于选举权加一定之限制，被选举人更无需为限制，放任选举人之意思可也。要而言之，普通被选举与制限被选举，为因其国而异用。在宪法新定之国，国民之程度尚浅，则以制限选举为优，若文明进步，国民程度发达，则固宜用普通选举之制。此日本所经验，可断言之者也。

虽然，被选举资格，尚以有选举权不以为要件，而被选举以为要件者，更有选举权不以为例外，而在被选举定为例外者。

（一）年龄之制限

有选举权者，成年以上，即有选举权，此通则也。被选举人，则必需较选举人有加高之年龄。盖以议员参与国事，须经验较多于选举者，故必取年龄较高于选举者也。年龄限度，各国不同，大率以三十岁为准。

日本选举权,以满二十五岁以上为要件,被选举权则必满三十岁以上。

（二）归化人之制限

选举权、被选举权,外国人不能享有。若既归化,则应同享权利。故归化人亦可有选举权,至宜有被选举权与否,则尚为一问题。议员者,以处理国家之政务者也,处理政务,全凭忠实。归化人之能否忠实,非可以臆计,宁不与以被选举权,以严其防。故各国对于归化者,于国籍取得之后,非经过一定之年限,于一定之期间,住居于国内者,不得为被选人。日本法于归化人,归化人之子取得国籍者,及为日本人之养子、入夫者,除由国籍取得之前,过一定之年限,经敕裁除其制限者外,概不得有被选举资格。

议员资格之限制,又有所谓当选禁止及兼职禁止者。当选禁止者,从事如此职业及有此身分者,不得当选。苟或当选,即为无效。兼职禁止者,有此职业及身分,不能兼任。苟或当选,非即无效,或辞其当选,或辞其原有之地位,从其选择是也。分言于下：

兼职禁止者有二：

（一）上议院之议员

二院制度之精神,在处理国家之事务,由两院特殊之观察点使为独立之议决,故两院必异其议员。若以同一议员组织之,则二院制度之精神全失。故为国通例,不许同一人同时为两院之议员。或此院之议员,他之议院亦被选,则必任辞其一。

（二）地方会之议员

下院议员代表全国之利害,地方会之议员（即府县会议员）代表一地方之利害者。若使一人兼为之,则有地方利害与全国利害混同之弊。议员将专顾本地,营私徇情,不能统筹全局,故限制之。苟或当选,必任辞其一。

当选禁止者有五：

（一）裁判官

裁判官判理民刑诉讼,为司法机关,不可混涉于政治。且裁判官之裁判,以公平为主要。若使当选为议员,将志存运动,难保公平。故当其为裁判官时,绝对禁其当选。

（二）宗教僧侣

宗教与政治判然两途,若宗教僧侣得任议员,有政治之权力,是混政教而一之也。

（三）从事于普通教育之教员

小学为养成国民之基础，教员宜使其专心任事，故不与以被选举权。且教员之生徒，即其选举区内居民之子弟，如得被选，尤易起运动之弊也。

（四）军人

现役及召集之海陆军人，各国皆不与以被选举权。

（五）收税官吏、警察官吏

收税官吏与居民相习，各得选举，将故示恩惠施其运动，收税必有不公平之弊。警察官吏亦然，可以示恩，可以示威，其弊滋大，故绝对禁其当选。

第三、直接选举、间接选举

直接选举者，国民直接投票选举议员之方法也。间接选举者，国民不直接投票，先选选举机关，再由选举机关选举议员也。间接选举，先选选举机关者，谓之原选举人。其选举议员，必经二重之手续，故亦谓之二重选举制度。近世各国，多用直接选举，其采间接选举者，唯独逸联邦中之数国、挪威、丁抹而已。议会以外，亦或有用间接选举者，如美洲大统领之选举是。总之，二者比较，直接实优于间接可断言也。或谓多数之选举人，政治上之智识恒不足，未能鉴别议员之适当，以选举权任之，徒滋冒滥。若由选举人选少数之选举机关，使以独立之识见为公平之投票，则可以有得人之望。不知代议制度者，以国民之得参政权而成立者也。用间接之制，使国民不得直接与有选举，将视选举为无足重轻之事，益冷淡其政治之思想，于代议制度之精神，殊为背戾。且国民冷淡政治之思想，因而弃其选举之权，欲得适于舆望之议员，此必不可能之数，是一大弊也。然此犹以国民程度未发达之国言也，若国民程度高尚，热心于选举，当其选选举机关之时，固已豫为议员候补者之决定。选举机关特依其决定之候补者，为形式上之宣言，是其实际仍无异于直接选举，徒增繁复之手续。观于美洲选举大统领，国民党、共和党势力之优胜，早在国民意计之中，其选举机关特奉行其意，而为虚文之布，盖可知也。故论选举之制，必以直接为极则，间接选举，直可废而不用。日本于众议院定法之初，即用直接选举，诚见于此也。

第四、公开选举、秘密选举

公开选举者，选举时用公开之法，某人为某人所选，发表之使人人共知之也。秘密选举者，其内容不使人得知之之谓也。公开选举，用记名投票法，投票时记明被选举者与选举者。此必一般有选举资格者，皆能执笔作书，而后可行。其不能作书者，则有口头发表之法。口头发表，必发表于选举会，会中之事务员，以选举人与被选举人，代记于投票简，开票以后一览可知。秘密选举则不然，其所取之方法，为无记名投票法。无记名投票者，仅以被选人之名氏，记于投票用纸，而选举人之氏名，不记入也。然依此方法，虽云秘密尚不完全，盖谓之秘密者，必绝无痕迹之可寻。无记名投票法，虽选举人名不载于票端，而选举人之笔迹，固可以形迹而得其一二，终不能达秘密之目的。故现今各国采此法者甚少，别制公定之投票用纸，豫以选举候补者之氏名印刷之，分布于各选举人，使加一定之符号（或加圈或加点），无须为文字之记明。其尤密者，或并符号而亦除之，但使贴用交付之印纸以为记，所以严守其投票之秘密也，此为现世各国通用之方法。

公开选举与秘密选举之得失，于诸国之实际及理论，实为论争最烈之点。立宪制度盛于十九世纪之初，其时各国之选举法，或用记名投票，或用口头发表，均有趋于公开选举之势。近世则多数之立宪国，皆倾向于秘密选举。盖公开选举，合于理论而实难行于实际也。主张公开选举之理论曰，选举者，选举人之公之职务也。公之职务，必以众见灼知为适当，不取公开而取秘密，是以公职而故为隐蔽之行，已失选举之真意。且国家之制度，在公之职务，无一不取开公之主义，如裁判所之裁判，议会之议事，皆其最著之实例。独于选举故为秘密，敢信其无正当之理由也？持此说者，光明正大，本无可訾。然以实际论之，在公德浅智识卑之社会，用公开选举之法，恒不能得大公之结果。何则？被选人之欲图被选，恒施种种之运动，此人情之所不能免也。运动之术，或以贿赂，或以燕会赠与，要结于平日，实有不可穷尽之势。投票之际，必明记选举人之名氏，则受其运动者，即不能不有所顾惜。且不独有运动者为然也，即本无运动，而于身分交际，有种种之关系，亦决不能无顾惜之见存于胸中。如佃户之对于大地主，工人之对于资本家，与夫宗族姻娅之所系属，选举时必揭其名于票纸，则恐以不选招关系亲切人之怨恶，宁舍其心中所欲选之人，而曲徇其私情。况乎威迫势挟者之踵至，而更有不能自主者也，防此种种之弊，宜用秘密选举之法，盖亦势之所不得已者。以英国之例言之，千八百七十二年以前，采用公开选举之法，弊端之多，不可胜言。至千八百七十二年，改用秘密选举，诸弊悉绝，其效果之最著者也。英国选举法未改正以前，多国亦有用秘密选举者，至英法改正以后，几于全趋一致。如法兰西、独逸帝国、独逸联邦中之大多数国、奥大利、瑞士、白耳义和南瑞典、挪威等国，皆采秘密主义。今者世尚用公开之法者，惟匈牙利及丁抹而已。

日本选举法，最初用记名投票法（即公开选举法）。明治三十二年正政，亦采秘密制，盖公开之弊，大而且多，较之秘密，实为不及。处今世而用公开制，决无优胜理由之可言也。

第五、选举区及议员之配当

选举区者，分划全国为若干区，各于其区内选举议员，为选举之便宜计也。选举分区之理由，以选举者将以为国民之代表，必国民亲实行之，而后不背于投票之理。然取全国之民，集于一地，使亲行投票之事，势既不便，即决不可以实行。通其变而划为定区，各于其区内选举之，所以计便宜也。

选举区与议员之关系，绝无代表之关系。盖议员不问选自何区，总以代表全国民，而非代表其选出之区也。投票区与议员之关系，惟存于选举之时，选举既终，则关系即绝。故议员既选之后，其选举区之区划，或有变更，又或以其选举区与他区相并，除有特别明文之外，于议员之资格，固不受丝毫之影响也。定选举区有大选举区与小选举区之别，小选举区者，于一区之中，只选一议员之谓也。大选举区者，于一区之中，可选二人以上之议员是也。以小选举区之制，选举之结果，被选举者只一人，是单对一人而投票，故亦谓之单名投票法。大选举区之制，各选举人于其选举区内，应选议员之数，悉列记于一票而投之者（如一区选议员五名，五名并书于一票），谓之连名投票法。或于其选举区内，应选议员之数，票纸所记，减一人或数人而投之者（一区选议员五名，投票时只书四人或三人），谓之有限投票法。

小选举区单名投票，与大选举区连名投票之利害，可以法国之历史证之。盖法国于大小两区之制，为政党竞争之问题，在历史上最烈者也。法于千七百九十三年之宪法，本用单名投票制，其后政党各持其重，相争不决。甲为大选举区党，乙为小选举区党，甲党胜则用连名投票法,乙党胜则又用单名投票法,两党互争,屡变屡更,而迄无定轨。及千八百十九年改正法律始,专用单名投票法矣。

法国以外,采小选举区单名投票之国亦属多数。独逸帝国之投票法,取每区各选一人之制,联邦各国大多数皆同,即皆以一人一区制为原则。其他现时取一人一区制者,匈牙利、丁抹和南意大利、英吉利、北米合众国皆是也。即取连名投票者,如白耳义、瑞士、挪威、瑞典等国,亦非全国之各选举区,皆必一区选数人,惟一区数人与一区一人之制相并用耳。是可见现今各国,选举区之制度,皆有趋向于单名投票之势。所以然者,则以连名投票之缺点甚多也,请言其缺点。

(一)连名投票,政党占过大之利益,政党以外之人有不能当选之弊。

盖连名投票,各选举区非能独立判决各候补者之资格材能也。唯依政党指定连名之候补者,而投票已耳。故政党之首领,占绝大之势力,无所属之候补者,尽失其当选之望,此最不公平者也。

(二)连名投票,政党中之占优势者,得最大之利益,势力少小之政党有不能当选之弊。

选举法以多数取决,各国所同。连名投票之制,由一选举区选出多数之议员。此多数当选者,依选举之比较多数而决之。故以其选举区内之多数党占选举之全部,少数党且不能得一人之代表者。例如一区应选十人,有选举资格者为万人,分三党,甲党五千,乙党三千,丙党二千。甲党连名所举之十人,得五千票。乙党、丙党或三千或二千票,则其数不相胜。议员全部必尽归于甲党,是无异以五千人为一万人之代表也。又如东京市应选二十人,政友会占选举人数之半,进步党、宪政本党共占选举人数之半,则议员全部,必尽归于政友会,亦犹前此之理由,不公平之甚者也。用小选举区单名投票则不然,区分狭、人数少,政党未必能占全部之势力。即使政党占势力,而政党势力之大者,断不能尽摈小政党于不得当选之列。何者? 甲政党占势力于甲区,未必占势力于乙区。乙政党占势力于乙区,未必占势力于丙区。一区只选一人,甲党于甲区占优胜,乙政党亦得占优于乙区,丙党亦犹是。是所谓优胜者,不过优胜于一区,优胜于一人。其劣败者亦仅一区一人,不得于此犹可得于彼也。如东京市举议员二十人,用大选举制,既有如上所言之弊。若用小选举区制,划东京为二十区,牛入区占势力者为政友会,小石川区占势力者为进步党，神田区占势力者为宪政本党，三党合较，虽势力或远不相及，分区比较，断不使一党全胜而一党全败，此与连名投票正相反者也。

由是观之，小选举区单名投票，与大选举区连名投票，结果之相去甚远，就二者而论其所取，亦重要之问题。今各国所取，多用一区一人之法，其取大选举区制者，亦因防连名投票之弊，而用有限投票法，以补救之。盖有限投票，弊较少于连名投票也。如一区议员应选三人，选举者投票，只能书二人之名氏。虽有大政党占一区之势，力不能尽举三议员而垄断之。其所未选之一议员，势不得不归于小政党。故有限投票之目的，在使少数投票者亦得有当选之实利也，其详当于后少数代表者项内言之。

日本选举区，初定选举法时，以一人一区制为原则，例外有一区选举二人者，用连名投票法，略如近世各国普通之主义。至明治三十三年，改正选举法，乃为特异之选举区，实各国未有标准之制度。所谓特异之选举区者，何也？即现行法所谓市部、郡部之区别是也。市部为一区，不问其地之大小，但人口在三万以上，即为独立之选举区。郡部通全府县为一区，亦不问其所属之广狭，其选举之数，每市选一人，特别者乃定一员以上。如东京市得选十三人，即其例也。郡部每区选二人以上，其多者得选至数十人，此定制，实与今世各国不同者也。日本现行选举法，虽以大选举区为原则，而纯用单名投票制。如东京市应选十三人，选举者只能一人对于一人投票，不能连名列记也。此法为各国所未行，本以防连名投票之弊，而结果之缺点，实亦有不能讳者：

（一）不能得公平之结果；

（二）与定选举法之主义不能一贯。

总此二弊，实定选举法者，智识不完全之所致，此余之所极不赞成者也。近有主张用小选举区制者，若从其说，前途之改良进步，或有可望乎。

选举区内议员员数之配当，各国皆以人口为标准。人口多者，议员之数多；人口少者，议员之数少。日本亦依此法为配当。每人口满十三万人，得举议员一人，其超越十三万人之端数，用四舍五入之法。五人者，谓超越之数，得十三万之半（即十分之五），即收零作整，以二十六万计,并之可选二人也。四舍者,谓超过之数,若不及十三万之半,在全数之四分以下,即舍弃也,仍只以十三万计也。然此惟郡部为然,市部则人口满三万以上,即为独立之一选举区,至少亦得选一议员。以此配当,殊有不公平之憾。盖郡部以十万人选一人,市部不及其四分之一,亦得为一人之选出,其差距大悬绝也。

第六、少数代表及比例代表

少数代表者,谓代表人之选举,不使多数之政党独占,少数政党亦得选举之也。比例代表者,谓选举代表之数,应各政党之势力为相当之分配也。少数代表,不过分大政党之势力,不使小政党之选举全归于无效,非必能应其势力,适得平均之数也。比例代表,则务于其势力相当而分配也。例如,一选举区内,甲政党占十分之六,乙政党占十分之四,在少数代表制,不必尽应其六分、四分而为代表之选举。惟不使代表之全数,尽归甲党而已。比例代表制,则以六分、四分为标准。选举代表之数,为一定之等差,所以期获公平之结果也。

少数代表与比例代表,皆所以救以投票多数决当选之弊也。盖现今各国,无论用小选举区制,与用大选举区制,率以投票之多数决定当选者为通例。如一区选一人,此小选举区制也。其有效投票,设为一千,甲候补者得五百一票,乙候补者得四百九十九票,甲当选,而乙之四百九十九票,全归于无效。大选举区连名投票制,其弊犹甚。如一区选十人,有效投票为一万,其五千一票,归于甲党之候补十人,四千九百九十九票,归于乙党之候补者十人。甲党之十人当选,而乙党乃不得其一。以理论之,甲党势力虽优,乙党势力虽绌,宜应其优绌分配,使各得为代表之选举,乃可以归于公平。扭于多数以决当选,使势力优者独占代表,而稍差者全数向偶〔隅〕,不公平之结果,其弊岂可胜言。欲救其弊而筹其法,此少数代表及比例代表制之所由起也。

少数代表与比例代表,皆防多数决定当选之弊。而少数代表,限界不明,较比例代表之配当平均,实有不及之势。然关于二种制度之议论,及各国之经验,甚为复杂。如米国、瑞典、法兰西、意大利学者之著述,各持其意见,而亦各有理由。其见诸实行者,则尚无完全之法。今取其主张之重要者略述之。

少数代表制之最著者,为有限投票法。有限投票法,专行于大选举区（详前）。选举投票者，于其区内应选之定额，必减一人或数人而选举之也。如一区应选五人，一人投票，只能记被选者四人或三人之名。虽有极大之政党，不能举其区内之全额而尽选之。其所未选之一部，尚可归之于小政党，此调剂之一法也。然调剂之道，贵乎持平，如一区内政党三千人，甲党占二千，乙党占一千，有限投票，果能应其相当之数，而得代表人。甲党占二千者即得其二，乙党占一千者，即得其一，其结果亦何让于比例代表之制。顾其势，只能绝大党独占之弊，而决不能得分配之平均。且与不平均者，非独使大党选举代表之数过于小党。小党选举代表之数，实亦可以多于大党。如前例，甲党二千人，乙党千人，二千人之投票，其所选者虽为其党，而非共举其党之一定之人。千人之投票，则对其党之一定之人为之。以千人同一之票与二千人互歧之票相比较，则千人所得之代表，必多于二千人所得之代表，此亦势之所不能免也。

日本现用大选举区制，而投票则以一人一票为定则，其法实为各国之所未有。然亦不过为有限投票制之极端，其不公平之结果，亦与各国行有限投票制者同也。

少数代表制，又有所谓集积投票者，此与连名投票法同。所不同者，可以一人之名连书数次也。如一区内应选五人，投票者举一人，可重书五次于票上。其区内之政党，大者或占七分，小者或占三分。占三分之政党，以一人得重书五次之故，一人选举，可以抵五人。设均对于一人而投票，则三万人之选举，即不啻十五万人也。此亦可以分大党之势力，与有限投票之用适同。然究不得谓为院〔完〕全正确之法，以其不能应政党之势力，为相当之分配也。

应政党之势力为相当之分配，自宜以比例代表制为完全，然施诸实行颇难。在今实行此制之国，亦俱在幼稚时代，为白耳义及瑞士联邦中二三小州、北米合众国中二三小国是。此数小国之所以热心实行此制者，以选举法之试验改正，易于为力，为大国则地广区多，非经研究得确实之效果，不轻改也。

各国实行比例代表制，稍具成效者，为白耳义。白耳义之选举，为名簿投票法，其选举区义〔议〕员之配当，少者三人，多至十八人。选举期前，由各政党调制本党名簿，记名议员候补者申出之，汇集各党名簿，而后行选举。选举人不直接对于候补者投票，而先对于名簿投票，其分于某党者,投票必对于某党之名簿者也。对于名簿投票,同时以其名簿中之候补者记入之。选举既终,计算各名簿之得票数,应其得票之数,由其名簿中决定几人之当选。图释如左:

三人	一人	一人	〇〈人〉
甲党	乙党	丙党	丁党

　　如图,甲乙丙丁四党,各有名簿。各党即对于各名簿中投票,且以名簿中候补议员之名记入之,其结果按名簿投票之多寡定选员之数。甲党或占五分之三,可选三人。乙党、丙党各占五分之一,即各得选一人,丁党不及五分之一,不得入选。党派之员数既定,定当选者,则以其派中得票占多数者定之,此法在白耳义定于千八百九十九年十二月,至今犹行之者也。

　　白耳义之现行法,使议员之员数,有比例于各党势力之利益。视少数代表之制,虽较均平,然谓之为完全之制度,亦不可也。何则? 选举议员之数,以各党之势力为比例,则各选举人必以分属于政党为前提。政党以外之候补者,政党以外之选举人,一切皆将蔑视之,此必不可避之势也。夫政党立于立宪制度之下,固为不可少之事。而选举人及议员之选举,不可专属于政党,亦公理也。比例政党势力,以决当选者,使政党以外,不得为候补者,不得为选举人。惟白耳义之政党发达,几于无人不党,犹之可耳。政党未发达之国而行之,其踬也,可立见矣。

　　总之,选举法有一定之要件,即使国民容易理解,一望即知是也。比例制度,复杂太甚,断非国民所易知,于选举之要件,实为不合。故行此法之国,亦与少数代表制,同无完全之结果。故为防多数决定当选之弊,学者研究其法向未决之问题,无已,则惟取小选举区单记名投票制,犹有彼善于此之势。盖分区狭,人数少,一政党之势力,不能偏占于各区,得于此者或失于彼,失于甲者或得于乙(详前)。犹可以调剂而持其平,虽未尽善,其害较少,现今多数国之所以通行之者,殆为此也。

第六章　议会之召集开会闭会及解散

第一、召集及开会

无论何国,议会非终年开会无断续者,其开会必有一定之时期。开会可分二种:

(一)由议员自己之集合;

(二)由君主之召集。

由议员自己集合而开会者,为民主国之制。以民主国之最高机关,不在大统领,而在议会,议员即有当然自行开会之权利。若民主国之议会,其开会必听大统领之命令,即失民主国之性质矣。法兰西定通常议会,每年一月第二火曜日开之。大统领无召集权,惟重要事件,须临特开会者,大统领得为召集。或两院议员要求开会,达过半数,大统领即有应其要求之义务。北米合众国通常议会,议员亦有自行开会之权利,以每年十二月第初一日月曜日为期,或欲展期,必依国会全体之议决。惟临时会议,大统领得为召集,亦与法同。瑞士联邦无论通常会议,临时会议,大统领概无召集权。通常会议于定期中,议员自为集合。临时会议,亦由议员集合酌定之。

由君主召集而后能开会者,概为君主国。如英吉利、普鲁士、独逸联邦中之君主国及日本皆是。非君主之召集,会议不得开始,无召集而开会,即同一之议员,集于同一之场所,只为通常之集会,不成为法律上之议会。

亦有一国而兼用二制者,如独逸联邦帝国,非民主国,亦非纯粹之君主国。其议会由君主召集,联邦参事会由参事会员三分之一要求开会,独逸皇帝乃有召集之义务是也。

议会召集之时期,各国不同。一般原则,每年必举行一次。即不待召集可自由集合之国会,亦必按年一举行之。所以必逐年举行者,以国家重要之事,必经议会议决而后能施行。议决之最要者为豫算,国家之岁出岁入，阅年即有变更。每年度会计，必定豫算以为之标准，即每会计度，必须求议会之协赞也。通常议会，视会计年度以为开会之期。豫算案提出，必定何时为会计年度之始，何时为会计年度之终。每会计年度之终，即为议会开会之始，以须先定豫算，为次年之准则也。

临时议会，或由一定机关召集，或由议员自行集合，或由议员一定数要求召集，其手续各不同，而认为必要时，必须开会者，则各国皆同也。

召集及开会，在民主国并无区别，在君主国则为两种之行为。虽经召集，不得遽行开会议事。开会议事，必更得君主之命令。议会必有部长、委员、委员会之属，由召集之议员中选举之，选举既定，乃命开会。开会有开会式，举行开会式之后，乃能继续议事。

第二、停会及解散

停会者，于议会议事未终了之时，而中止其议事之活动也。解散则无论何国，皆只对于下议院行之，即使下院成立之议会消灭也。解散在政治上之目的，当议会与政府有冲突之时，解散议会之组织，再召集〈初〉二次之议会。评定议会与政府之孰曲孰直，一决于二次之议会舆论也。英国依从来习惯之例，政府或提必要之议案，而议会否决之，或议会不信任政府，而施其弹劾，内阁大臣辞职时，则解散议会，再行召集。重集之议会，又复反对，则政府当然辞职，不得再为议会之解散。英国以外诸国于解散议会，亦无确定明文。总之，解散必因政府与议会之不能调和。重组织之新议会，乃与政府反对，则政府辞职。皆与英大致相同也。

解散之效果，下议院议员失其议员之资格，重组织新议员。解散之制，多行于君主国，民主国有不认解散之事者。如北米合众国及诸州、瑞士联邦及诸州，大统领皆无解散议会之权，以议会为国家之最高机关，行政之权力，不能加于议会之上也。若一般君主国，则解散议会之权，全操于君主，如英吉利、普鲁士、独逸联邦中之君主国、意大利及日本皆是。

法兰西亦民主国也，独认大统领有解散议会之权。法之宪法，较北米合众国、瑞士联邦国，稍趋重于君主，即此可见也。惟法之大统领虽有解散议会权，究必得上院之同意，而后可行之。独逸联邦中，帝国皇帝其解散议会权，亦必得联邦参事会之同意。

停会有二目的,一为必要之准备。议事中或有必须准备始可开议者,可命暂时行停止准备一切,经若干日再行开会。二缓和议会与政府之冲突,政府与议会起冲突,非暂时停止,或成激烈之反抗,非国家之利也,故停会以谋其缓和。

各国中有不认停会者,如北米合众国、瑞士联邦国,其大统领不得有停会之权是也。独逸联邦之君主国、意大利及欧洲多数君主国、日本皆认君主有停会权。法兰西虽为民主国,大统领亦得停止议会。停会必有定期,有不载于宪法,由临时酌定者,如意大利是。有以定期载于宪法者,如日本宪法,定为停会不得过十五日是。然日本停会之期,虽有一定,而次数则无定。独逸、法兰西则限于一次,一次以后不得再停之。

第三、闭会

开会必有一定之会期,会期终了,当然闭会。闭会有二:一由议员自行闭会,一由君主命其闭会。总之,闭会者,终止议会之活动之行为也。

自开会至闭会,其中间谓之会期。会期必有一定,各国有订明于宪法者,有不载明于宪法者。其载明于宪法者,亦各国不同。大概民主国及倾向于民主主义之国,其会期必较长,君主国及倾向于君主主义之国,其会期必较短。所以然者,以民主之议会,较君主之议会,更占优胜之地位,其议事多,其会期不得不长也。日本会期定为三个月,至期当然闭会,其必须延期者,别以敕令定之。会期亦有通常会与临时会之区别,通常会期皆有定,临时则另酌之。凡一会期与次会期之间,不得继续其议案,谓之会期不继续之原则。一会期中未议决之议案,总归消减。既经一院议决,未通过于他之一院之议案亦同。其同一议案,或于次期议会再提议者,则视为新议案之提出,不得认为继续之决议。以议会不得延期,其议事必于定期内绝止也。

第七章　议会之权限

第一节　立法权

立法权者,即制定法律,为议会最重要之权限也。立法归属议会,各立宪国皆然。其沿革及手续详述于后:

第一、立法权之沿革

世无无法之国，即无无立法权之国。故立法权者，非立宪国所独有也，即专制国亦有之，特所属之机关不同耳。在昔国家未开化之时代，人民即有共守之则，然多因于习惯，而不可以谓之法。世运既进，国家发达，社会之程度渐增，于是立法必以立法者之意思制定之，是由惯习而进于成文法之始。顾其时之所谓立法者，仅属于君主，及君主以外之官吏，自以其意思定为规则，而约束人民，无所谓议会也。有议会以操立法权，则自英始。

立法属议会自英始者，以其国会成立，时对于国主有请愿之权，而其后遂变为立法之参与也。中世纪英之立宪尚未发达，而国会之权，犹足以为君主之限制，即君主征收租税，必得国会之承诺是也。君主对于国会，必求征税之承诺是也。君主对于国会，必求征税之承诺，故国民对于君主有所希冀，亦得以代表者上呈其请愿书。君主不许其请愿书，则国民将不承诺其租税。其时请请愿书之上进，待君主之裁可，略与今世议会之提案相类。惟君主对于请愿书，意见不合者，恒变更其内容而发布之。且既许之可后，亦或加以更改，于国民之希望，终不能尽副。国民又争起而要求君主，以请愿书既经两院既议决以后，内容不得变更。已决可者，不得轻改。君主未之遽许，遂与国会起极端之冲突，卒经种种之困难，得达其目的。其请愿不复用请愿书之形式，直以法律议定之形式，进呈而求裁可，于是国会遂真有提起议案权矣。国会既有提起议案权，于是非国会提出者，君主不得颁布法律。已颁布者，不能任意修改，此种种变迁，盖皆在十六世纪时也。

立法属议会虽始于英，然英之所谓法律，非如近世各国普通所用"法律"之文字之意义也。各国普通法律，所用"法律"之文字之意义，实指一般人民之所共守者。英国之所谓法律，则专指国会之所议决者。其人民一般共守之则，谓之法规，而不谓之法律。盖英以惯习法为原则，惟惯习须变更之。始由国会议决，以法律之形式颁布之，称此颁布者为法律，其用语之范围狭。各国则凡颁布于人民共遵行之者，皆谓之法律，其用语范围广。

各国立法会、议会，源于三权分立主义。以议会为独立机关，与以制定法律之权限。凡有议归之国，其人民共守之法，以经议会协赞为原则。英国议会协赞者，仅法律之一部。一般共守之惯习，谓之法规。法规与法律不一致。视德、法、意诸国，十九世纪以后，法律法规合一者，迥不相同也。

第二、法律之意义

欧洲大陆，法律用语之意义，与英不同，既略言于前。今举其意义，分为二种：

（一）实质的法律；

（二）形式的法律。

实质的法律者，即定法规之国家之意思表示之谓也。法规者，定国家与私人之间，又私人与私人之间意思之限界，有一般的拘束力之法则也。法规第一要素，为定一般的法则。一般者，对于特别者而言定。凡特别对于人民一部分之法，在司法、行政中，皆有过用者。如杀人者处死刑，是特别对于犯杀人之法者用之，而裁判所之适用此法，得应其罪而自为伸缩。若法规则以抽象的为标准，并不指定其适用之为何人。凡一般臣民，苟不遵守，即谓之违法。故实质的法律，约言之，即一般人民实行之法律也。

形式的法律者，经议会之协赞，以法律之名称公布之，国家之意思表示也。欧洲大陆诸立宪国，定法规之命令，以经议会之协赞为原则，是实质的法律，其形式亦与形式的法律无异也。然原则虽严重，而实际难施行。盖议会所协赞者，法律之重大者耳，其纤纲者，不能尽制定之。且议会非常设之机关，其开会议事，必有定期。设有急须施行之法，而不值开会之期，以必经协赞之故，而开临时会议，手续既嫌过烦，俟二次开会而后决之，又嫌于迟缓。于是于一定之范围内使行使机关，得以命令代之。行政命令得代法律，各国所公认，特其权限范围，广狭有不同耳。

法规制定，以议会协赞为原则，而实际亦不必定经议会。是实质的法律，惟期实行于一般之人民也。其非实质之性质，而不得不经议会之协赞者，如铁道敷设之许可、外国人之归化、国有不动产之卖却，本不可谓之实质法，而形式上以法律规定之，乃区别为形式上之法律。

第三、立法之手续

法律制定之时，必要之手续有四：（一）法律案之提出，（二）议决，（三）裁可，（四）公布是也。请分言之。

（一）法律案之提出

　　法律案提出者,法律未经开议以前,由一种机关提出其议案也。有提出议案之权者,大多数国概属于政府及上下两院。议院之有发案权,各国皆同,惟手续少异。即当发案之时,必经若干议员之赞成始可提出。各国议事规则所定,微有差异也。若政府之提案权,有认之者,亦有否认者。绝对否认者,为北米合众国,提案权专属议会,大统领与政府皆不得过问,盖行极端之三权分立主义。大统领与政府为行政机关,不得参与立法。立法属议会,即提出法律案,亦惟属议会也。如此制度,实未圆满。何则? 政府处理政务,依法律而施行之者也。法律之宜于政治与否,惟施行者关系密切,乃能审慎周详。提出议案,不属于施行之政府,专属于议会,或于时势扞格,必不能成完全之结果。北米合众国亦知其弊也,于是于议会之外,设有委员会,即以议会之议员组织之,常年继续。大统领有改正法律之意,可表示于委员会,再由委员会提出议案。是政府虽无提案权,实则与政府自提案无异。此外,诸国如米国者甚少,盖各国虽取三权分立主义,立法、行政非极端之判划也。议会有提案权,政府对于议会,亦得有法律案之提出也。

　　凡有二院制之国家,法律案或提出于上院,或提出于下院,均无不可。惟豫算及关于财政上之法律,必先提出于下院,而后移于上院。豫算为宪法上重要之点,后当另讲之。财政上之法律,必先提出于下院者,何也? 议会以代表国民,下院议员为国民选举者,其关系较切。国民负担之最重者为租税,非关系切者,不能知其疾苦,故必以先议权与之于下院也。

　　(二)议决

　　议决之共同原则,必上下院一致。而议员议决之标准,大多数国以过半数定之。

　　各国议会开议及议决,皆必有定足数之制限。开会之定足数者,即必议员若干人到会,始可开会也。议员之定足数者,即必议员若干人之赞同,始可决议也。盖议会为多数决定制度,若不必取多数,殊失议会之性质。然过求多数,则集会、决议,又多困难。故或以二分之一为标准,或以三分之一为标准,而三分之一较为允当。以集会、决议,易而捷也。

　　现今各国议会议决,以过半数为原则。其重大法律,则必待三分之二以上如前所讲宪法改正之项是也。独逸联邦帝国,关于各小国特权变更时,虽经联邦帝国议会议决,犹必得其本国之各同意,此亦不止以过半数而取决者也。

独逸联邦参事会议会,必政府之意思合致,然后议决。米国元老院议员,以自由意思决议,而受政府之训合。

议决权包含修正权。修正权,两院均有之。盖两院议事皆平等,下院议决,上院或否决之,或加修正而后赞同之可也。上院议决,下院或否决之,或加修正而后赞同之亦无不可也。一院议决,一院否决,其议案消灭。或一院议决,一院未即否决,仅待修正而后赞同,议案不即消灭,由两院协赞,协赞之结果至于意思合一,即决议矣。

英国下院议决之议案,上院多可决之,或有时加以修正而后赞同之。若下院经两次议决,则上院绝无否决者,此并非由法律规定,实由习惯而来也。

（三）裁可

法律案既经两院议决,法律成立矣,然犹非完全成立也。完全成立,必待君主之裁可。君主裁可为君主国之通则,其手续则由发最后议决之议院(如先由上院议决再经下院议决,则下院即为最后议决之议院),以文书呈于政府上奏之。君主认为适当,与〔予〕以裁可。经国务大臣副署,而后公布,法律乃完全成立矣。

裁可为君主国君主之特权。有裁可者,即有不裁可者。然各国君主于议会议决之法律案,裁可者恒多,而不裁可者少。以英国言之,君主于法律上,虽有裁可、不裁可之自由,二百年来,实无不裁可之事实。其他诸国议会所决者,关于国家重大之事,君主间有不裁可者,然亦罕见。盖君主不裁可议会之所决,议会与政府之冲突必甚,各国多于议决未成立之前认为不当者,先筹其法以阻其成立,不至议决后以不裁可生冲突也。日本亦然,自国会成立以来,其议决亦未见有不裁可者。凡君主对于议会之议决,惟有裁可、不裁可之两途,无加修正条而后裁可之者。

民主国国会议决,即为法律之成立,大统领无裁可权,此与君主国不同之要点。然大统领虽无裁可权,而有付再议权。此所谓付再议者,即大统领认议决者为不当,使为二次之决议也。虽瑞士联邦及各小州,有不认大统领有付再议权者,法兰西、北米合众国及合众国中诸小国,则皆认之。附再议权与裁可权之区别。裁可为法律成立之要件,非经裁可不能成法律。附再议则已决者即成为法律，不过暂停止其效力，使再加斟酌而已。附再议必有定期，议会以法律案上于大统领，若认为不当，于一周间或十日内当通知于议会，停止其施行。过期而不通知，即认为完全之法律，不能使之再议也。议会再议，若仍如前次所决，大统领不能复使再议。惟第二次议决，不能以普通过半数取决为标准，或以三分之二，或以四分之三取决之。

实行付再议权者，以北米合众国为严，规定于法律。大统领时利用此规定。故议会议决之法律，时有更动者。

（四）公布

法律成立，君主国以裁可为准。民主国大统领有付再议权者，以经过付再议定期为准。无付再议权者，以议会议决为准。然成立后必通知于一般臣民，始有拘束之效力。日本旧时法律，仅通告官吏，使示知于国民，无所谓明定宣告也。近世法律进步，必使人人周知，而后生效力，周知之法，即公布是也。

公布之手续，学者分为二种：

（一）事实的公布；

（二）形式的公布。

事实的公布者，即实际使人民通晓之方法也。或于稠人广众之中使人朗读之，或张示通衢或木铎徇路皆是。欧洲古代有行之者，如于裁判所朗读法文，揭为明示，总以实使人民之通晓。近则此制久废矣。

形式的公布者，即经一定之手续与一定之形式，使人民周知之也。普通实行之者，政府以法律明文载诸印刷，特发布之，如日本之官报，是各国有谓之法律公报者。人民对于法律之发布，非必人人须阅官报，由他新闻所转载，亦得取而阅之。故法律既经公布，虽或有未周知者，亦认为必周知也。

（五）国民投票

法律之成立，君主国以裁可为准，民主国大统领有付再议权者，以经过定期为准，无付再议权者，以议决为准，既言于前矣。尤有一特别之法，即于议会议决后，用国民总投票法定之是也。此惟瑞士联邦中有之。虽瑞士联邦外，他国于宪法改正，亦有用总国民投票者。然瑞士联邦则不惟改正宪法用之，凡关于国家重大之事，皆用总投票之决定，此其异点也。

第二节　豫算议定权

立法权以外，议会最重要之权限，即为豫算议定权。豫算者，以国家岁出岁入之总数，于每会计年度决定之也。凡以稍大之会计，供流转之用，即一私人或一会社，无不预为筹画，量出入而定其用途，国家之大，用途之多，其不能不定标准，以免临时之困难，无待论也。故豫算者非独立宪国为然，即专制国亦有之。惟专制国之豫算案，其编之也由政府，其范围之定也由政府，出其范围而支出也亦由政府。立宪国则不然，豫算案虽由政府提出，而决定之权操之议会。政府之支出，超乎豫算之范围，即当负其责任，此与专制国不同之点，即为立宪国之特色。

议会之有豫算议定权。关于租税之承诺，欧洲中世，英国代议制度实先发达，以租税承诺，为议会重要之权限。其理由则以租税者国民所负担，议会者国民之代表。议会之承诺，即不啻全国民之承诺也。租税非得议会之承诺，或出乎承诺范围之外，政府不得征收之。然其承诺之目的在收入而不在支出，既承诺之租税，收之用之，一听政府之自由，议会弗过问之。又其时，租税无永久之法律，惟有一年之性质，政府必无年以租税案提出于议会，待其承诺。其后以为不便，于是以永久之法律，定其租税。此定租税之永久法律，即议会所公认也。租税既变为永久之法律，承诺权之变形，遂为豫算。其目的亦变，重支出而不重收入。盖收入有一定，惟问其以一定之金额能用之于其目的与否也。此历史上豫算沿革之大略也。

豫算分岁出豫算、岁入豫算。岁入豫算者，约计国家岁入之总额也；岁出豫算者，决定国家岁出之用途也。豫算之目的，在支出而不在收入，故岁出豫算，惟约计收入总额而止，于法律上无拘束政府之效力。政府之收入亦从法律命令之规定，或超过豫算，或不及豫算，或为记载于豫算外之收入，均之可也。若支出则必一遵豫算之规定，豫算所未定者，法律不能定。如以法律设定官制，而豫算中未认定其俸给，不能直以法律添俸给也。

豫算提出于下议院，始于英，传于法、德诸国，日本亦然。提出豫算案之权，属之政府。其理由则以国家之支出，操诸政府之手，于其支出之用途最明晰也。议会对于政府提出之豫算案，有修正权，各国皆同。修正权者，认其豫算案之不当，或增之，或减之，或补其遗漏是也。惟英国议会,对于豫算案,能减少而不能增加,又不能于政府提出之外,新设用途,此其独异之点。

豫算议决与法律同,即必须两院之一致也,或议会不应召集,或会期终了,而豫算案犹未决,或豫算未决之时,值下院之解散,或一院议决,一院欲增减之,豫算即不成立。豫算不成立,政府将何如处置乎?于此问题,在独逸诸国议论最多。或豫算不成立,多原于政府与议会之冲突,政府不可以不辞职者。或谓政府可指定用途,自负责任,将来求议会之承诺者。如独逸当普奥战争时,议会与政府不调豫算屡不成立,毕士马克独任之,其结果对于议会要求免其责任。英国亦然。豫算不成立,政府以自己责任为收入支出,于第二次会议,要求承诺,承诺则责任解除,不承诺则大臣辞职是也。日本则此等之问题,可以不发生。以政府于豫算不成立之场合,得施行前年度之豫算,宪法明有规定。又豫算外之支出,各国皆由大臣酌定,于二次议会要求承诺。日本则豫算规定之外,又有豫备费,以应不时之支出,故亦不生大臣责任之问题。此与各国豫算之异点也。

日本议会决定豫算权有种种之限制,举其要点于左:

(一)基于宪法上之大权既定之岁出;

(二)由法律之结果之岁出;

(三)法律上属于政府之义务之岁出。

基于宪法上之大权既定之岁出者,法律之外,由君主之大权作用,于设豫算之前,既定其支出之用途者也。豫算前既以敕令定其用途,即有将来继续之效力,议会不得任意废除削减之。由法律之结果之岁入〔出〕者,即因法律之制定而生出之支出也。如裁判所构成法成,或议会选举法成,必有附随而生之一种费用是。法律上属于政府之义务之岁出者,即法律上认为政府必负支出之义务者也。如议豫算前之国库负法律上之债务,或依条约,国家对于他国而负债务,政府须负偿还之责。又如一切奖励金、补助金之类,皆须由政府之支出者,此等支出非得政府之同意,议会皆不得废除削减者也。

第三节　上奏及建议权

议会对于政府得陈述其意见、希望。在君主国,对于君主为之者,谓之上奏权。在民主国,对于大统领为之者,谓之建议权。君主国之议会,亦有所谓建议权者,则对于国务大臣为之者也。议会之上奏、建议,或关于行政将来之希望,或因欲提起法律议案,取调困难,不自发案,而陈意见于政府者,亦有时以上奏弹劾政府,要求其退职者。惟君主国议会之建议,不得摘发既往之失政为目的,以其与上奏之性质异也。

议会之建议、上奏,各国所公认,然惟陈述其意见、希望而止。法律上无拘束之效力,政府对之有受理之义务,无必从之义务也。

第四节　请愿之受理及送付权

人民呈请愿书于议会,议会受理之而送于政府,此亦自英国始,而各国模范之者也。各国皆于议会设请愿委员,以审其当否。

请愿书各国有视为最重者,有视为无足重轻者。重视者以英国为最,以请愿书既经委员审定,议会议决,而送付之。政府对于请愿书之要求,即无异对于议会之要求也。

第五节　质问权

质问权者,议会对于政府处理政务之行为,而质问于国务大臣之谓也。凡立宪国之大臣,对于议会当负责任。无论为何种政务,或属于天皇,或属于下级官吏者,国务大臣皆必负其责。议会认为不当,当然有质问权,大臣即有答辩之义务,其详当于大臣之责任项内述之。

第六节　大臣弹劾权

大臣弹劾权,即大臣对于议会负政务之结果也。大臣处理政务,或违宪法,或背法律,或有害全国利益,议会得行弹劾。此制亦始于英国,各立宪国仿行之,其详述于大臣责任项内。

第八章　议会之权利义务

第一、受岁费权

议员因为议员所生之费用损失,有积极的,有消极的。积极之损失,如应召集之旅费,会期中滞居之费用是也。消极之损失,如会期中不能营其本业是也。此等失费,使议员自担之乎?抑国家为之办偿乎?使议员负担,国家不为之办偿,则非富于资产足以偿其所失者,不能为议员,其结果使议员为富裕者所独占,而贫者无厕足之地,是一大弊也。故今日多数之国,必认议员有受给费之权利。其无给费者,惟英吉利、独逸联邦而已。然独逸联邦之议员,由各州之所选送,在联邦虽无给费,在其本州,国仍各有给费也。

认议员受给费权之国,有取日当主义者,有取岁费主义者。日当者,计日而给费也。岁费者,计年而给费也。取日当主义者,以独逸联邦中诸小国为最著。取岁费主义者,以法兰西为最著。日本亦即岁费主义。就两者比较论之,日当必议员应召出席而后给与,岁费则不问其应召出席与否,惟按年而给之。欲求多数议员之应召出席,岁费似不如日当之为优也。

总之,议员之有给费者,因国家不给以费用,恐人皆以议员为苦,致议会有不能成立之弊,不得已而为之,非以是为其劳务之报酬也。故无论取日当主义,或岁费主义,惟以偿其失费为标准,不可定过高之金额。定过高之金额以为报酬,将有以议员为职业者。以议员为职业,是以处理公之职务,而洵于营利之性质,弊滋大矣。日本议员之岁费额,为二千元,未免失之过高。又岁费之外,议员应召集,更得受必要之旅费。议会之闭会中,继续而当委员之职者,一日得受五元之手当。

第二、发言之自由权

议员发言之自由,即开会时可自由发表其意见也。自由发表意见,不惟在院内不受制裁,即在院外,亦不负责任。盖其意见发表,实以议员之资格行议员之任务,必有完全之自由,而后可以发挥尽致也。议员发言,院外不受制裁,可分三项言之。

(一)不受刑法上之制裁

刑法上对于普通人,有诽毁罪及官吏侮辱罪之制裁,议员则不可加以此等罪也。

(二)不受官吏之惩戒处分

官吏或抗违上官之命令,或反于政府执行之方针,可加以惩戒处分。议员或与政府反对,不能以惩戒处分为之制裁也。

(三)不受民法上一切之制裁

议员有发言自由之权,其理由则以议员之发表意见,为其职务,必使无所顾忌,而后可以尽抒其蕴蓄。此主义始于英,行于各国,宪法条文明定之,虽或少有差异,其大体则皆同也。

第三、身体之自由权

普通人有犯罪之嫌疑，即可以令状拘留之，以待审判，议员则不然。会期中无议院之承诸〔诺〕，不得逮捕议员。此亦始于英而行于各国，宪法条文皆明定之者也。

议员身体自由权之发生，以古代代议制度未发达时，议员对于政府或施反对，政府得倡犯罪嫌疑之名，拘留其首领，而压抑其势力。欲防其弊，故必予议员以特权也。然惟古时司法权未能巩固，政府得以自由意思为非罪之逮捕，议员之身体，不能不予以保护耳。若今之立宪国，行政司法，判然独立，议员即反对政府，政府亦不能行司法之权，而以己意逮捕之。沿旧时之历史，设身体自由之规定，使司法权之行动，系于议院之意思，亦未为当也。

第四、议员之义务权

议员集会，在须召集之国，应召而集会。在不待召集，自行集合之国，于一定之期间集会。既集之后，发表适当之意见，表决诸种之议案，皆议员之义务也。古者初有国会，议员不过代表其阶级之意见。如贵族则代表贵族团体之一部，僧侣则代表僧侣之一部而已。今则立宪制度发达，议员非代表其被选举区之意见，而实谋全国之利益，故白耳义宪法规定议员不得仅顾一方之利害。各国虽无此规定，而以议员代表全国民，实所公认。若议员沾沾赡顾其一方，即为违反义务，法之所不许也。

开会中议员有出席之义务，不得已而缺席者，必受议会请假之许可。

第五、议员之立惩罚权

议员不受刑法之制裁及官吏之惩戒处分，此以院外言也。议院内部自有惩罚之条规，议员违反义务时，即依条规处分之。议决惩罚何院议员，即由何院议决。如上院议员惩罚归上院，下院议员惩罚归下院是也。

议员惩罚之规例，各国不同，其同者惟除名。次则于一定之期限，停止出席。再次则到会之日，停止入场。又次则于议长前认其过失。

第九章　君主及大统领

第一节　君位继承

君位继承分选举主义与世袭主义二种。欧洲古世选举为普通主

义，先帝崩御，皇子不能即位，必俟国民之推戴。但其选举以门阀血统
为重，所被选者，多为历代帝王血统相传之子孙。虽为选举，实与世袭
无异。故行此主义者，其后多变为世袭。既变世袭之后，虽或于先皇无
嗣之际，亦偶行选举，实不过选举主义之余风也。如英、法初用选举主
义，至中世纪皆变为世袭是。独中世纪之独逸，则由世袭而为选举，适
与英、法反对。独逸选举君主，设选举侯七人，先皇崩御，召七人开选举
会，以一人为议长，议决嗣位之谁属。自十九世纪之初，至旧独逸国政
正时，皆行此制也。今则凡君主国皆属世袭，所谓选举主义者，不过过
去之历史。日本二千年来，皇位一系，纯然世袭，更无所谓选举也。

世袭主义，又分二种：

（一）长系继承法；

（二）近亲继承法。

长系继承法以年长者为继承。近亲继承，以散亲最近者为承继，图
如下：

$$王 \begin{cases} 皇长子——孙 \\ 次子 \\ 三子 \end{cases}$$

如图长系以长子为继，长子不在则及长孙。近亲承继则不然，长子
不在，则及于次子、三子，此其异也。今世袭各国，皆用长系继承法，如
日本、英吉利、独逸诸国皆是。皇位继承之资格，有限于男子者，有男女
皆可者。日本、普鲁士、露西亚及昔之法兰西，皆限于男子。英吉利、奥
地利则女子亦可继承，即女系之子孙，亦可继承。然亦非男女子绝无区
别也，继承必先男子，无男而后可以及女。英以直系为主，直系无男，以
女继之，虽旁系有男，不之及也。奥则必直系、旁系皆无男，而后可以及
女，此其少有不同之点。

凡奉耶教之国，继承必以嫡子，庶子则绝对不能继承之。嫡子者，
其婚姻由国王敕令特许之皇后所生之子也（如皇子结婚，由国王敕令，
其后乃有皇后之资格）。皇后以外，违法之姻或婚姻而外所生之子，皆
不得继位。日本则无此限制，凡先皇之血统，皆有继承之资格，不过先
嫡后庶耳。

独逸诸国君位继承最重之条件，必为对等婚姻之子。对等婚姻者，
国王结婚必于他之国王之女，门阀资格与国王相当者也。

更有以宗教之信仰规定继承者，如英国定非信耶稣教、基督教子〔之〕皇子，不得承位。此由古者国教主义，合政教为一所流衍也。

第二节　君主一身上之权力

（一）君主之不可侵犯

凡君主国之宪法，皆有君主神圣不可侵犯之规定，一切行为，君主不负责任。故君主处理国务，虽极失政，不负政治上之责任。负其责任者，属国务大臣。虽一身之行为，属于私人者，亦不负刑法上之责任。如以暴虐杀人，刑法不能加以裁判是也。英谚有曰，君主可以无恶事。其意非谓君主真无恶事，以虽有恶事，法律上不认之也。

君主不负责任，古时有不认之者。然君主事事负责任，或偶失政，国民得以君主为攻击之中心。革命之机，即由是而起。国家以保持和平为主，不可使立于危险之地。欲免国家于危险之地，固必使君主不负责任而后可也。

（二）君主之财产权

古者君主之财产与国家之财产相混同，凡国家属理政务之费用，皆由君主之收入内支出。而其所谓君主之收入者，实即国家之租税也。近世则国家之财产与君主之财产，判而为二。君主之财产，即所谓皇室经费是。以君主为国家最高机关，欲保其尊严，有维持之费用，其费用各国皆由国库支之，惟定额少有不同耳。日本皇室经费，每年为三百万元。

（三）君主之荣誉权

君主之荣誉权者，为维持君主一身上之尊严，随君主之地位，种种公法上之权利也。君主之荣誉权，有特别之敬称（如称陛下是），有尊重之徽章，附从者有一定之仪仗兵。皇族之事务，设特别官厅处理之，谓之组织宫廷权，日本谓之宫内省。宫廷组织，各国以历史之沿袭而互异。其同者，则宫内省之职，专司皇室之事，不及国政，行政官吏亦不得与闻宫廷之事也。于此惟近世则然，古时固有宫廷官吏与政治官吏混而为一者。

第三节　君主之大权

君主以个人之资格应享之权利，谓之一身上之权。其为国家最高机关,关于政治上之权力,则谓之大权。在行极端三权分立主义之国,立法属议会,司法属裁判所,君主第有行政权而已。今各国立宪国,取极端分立主义者少,故君主之大权,不独在行政,并行于立法之各部。大权之行于立法者,法律案之议决,必待裁可而能成立也。行于司法者,裁判所之执行裁判,实代君主执行之也。惟君主之执行大权,及于立法、司法,不能如用于行政者之全无限制。如法律之裁可,必待议决之后。裁判所虽代君主之裁判,君主究不能躬亲之。非如行政大权,仅须国务大臣之辅弼,而自实行其任务也。

近世所谓行政大权者,实除立法、司法外,所生出之种种作用,由此可分为二:

$$行政权\begin{cases}执行权\\自由大权\end{cases}$$

执行权之说,始于孟德斯鸠,谓法律所定者,君主执行之。不知君主于法律之外,固犹有自由行动之余地,仅云执行权,未免遗漏。凡国家之事务,定于法律者,特有其大纲,断不能纤微悉备。谓执行法律,即可以完全处理政务,此断不敢信者也。政治之方针如何措置,国际之交涉如何施用,因时递变,断不能守一成不变之法律。于是以自由作用操于君主,因乎时势而应其机宜,此自由作用,即谓之自由大权也。

自由大权之作用,各国范围不同,举其公认者如下:

(一)宣战讲和及条约缔结

宣战媾和,为外交上极重之关系,故对于外国,或起战争,或息战争而结条约,皆必基于大权作用。苟拘拘于法律,处置万难得宜。唯有一种国家,战争媾和大权虽属于君主,因战争媾和之结果,割让土地,赔偿金额,必经议会之议决。缔结条约大权作用,仅限于一定程度内得行使之。如普鲁士、白耳义、意大利诸国,条约内容有必依法律始能缔结者,须经议会之协赞是。若英、日两国,则君主缔结条约之大权,毫无限制也。

(二)海陆军统率权

全国海陆军指挥命令,无论何国,皆属君主之大权作用。盖军队之性质,必活动自由,而后可以随机应变。苟拘拘于法律,非惟戾于性质,或且以是偾事,故须直隶于大权作用也。统率权之作用有一特色,即凡君主以大权处理政务,必经国务大臣之副署,国务大臣参任其责。陆海军之指挥命令,则国务大臣不副署,亦不负责任是,此在各国宪法虽无明文规定,其认为当然则一也。

（三）官吏任命及官制制定权

君主执行政务时,不能以一身亲理万机,必有官吏辅佐之。辅佐官吏,君主有命令权。其范围权限,谓之官制,君主有制定权。然官吏任命及官制制定,亦未尝尽无限制。如裁判所、会计检查院、行政裁判所,皆为独立机关。其权限及任免,皆定以法律,君主不能自由任意左右进退之,多数国所公认也。又地方制度中市、町、村长,各国皆由地方公选,不由任命,是亦任命权限制之一。

（四）爵位荣典之授与权

爵位荣典,皆对于臣民之有功者锡与之者也。爵分五等,位列八阶,荣典即勋章之类。

（五）戒严之宣告权

戒严者,战争事变之时,或被围于敌之地,或敌人所希冀之地,或内乱蔓延之内地,君主发戒严命令,以保全其安宁也。戒严命令之效力,凡属于行政机关之权限者,皆移于军队执行之。可发戒严命令之时,定以法律命令宣告,则属于大权作用。

（六）议会之召集、停会、止会、闭会及取消解散权

详前。

（七）发紧急命令权

紧急命令者,可代法律之命令也。通常一切法律,必经议会协赞,始能成立。唯议会非常设之机关,设于议会闭会,有临时紧急制定法律之必要,为待议会之开会,必以迟延而失机宜,故以君主之命令代之。一时命令,其效力与法律同,惟使其效力继传于将来,则更须一定之手续。英国宪法,无发紧急命令之明文,依其惯例,则发此命令时,国务大臣必负责任。二次开会要求承诺,承诺则责任免除,不承认则大臣辞职。独逸之普鲁士以外诸国,及日本发紧急命令,皆规定于宪法。紧急命令继续效力必得二次议会承诺,否则无效。故不能即谓之法律,而谓之假定法律。

（八）发独立命令权

此为日本所特有者。各国制定法律,必依法律,日本则以独立命令发布,即法与律有同一之效力。详言之,各国制定法律,必经议会协赞,或有不经议会协赞,而以命令制定者,其命令必为法律所委任。日本则

于委任命令之外，更得以独立命令制定法规也。此为日本君主大权作用中最重要者。按独立命令与委任命令，皆可以代法律。其区别则委任命令，由宪法上定为必以法律定之者，而以命令制定，其命令称为法律所委任。独立命令制定之法律，则必宪法上未规定必以法律定之者。

第十章　国务大臣及内阁

君主国以君主总揽统治权，共和国以大统领执行政务，既屡言于前矣。然君主、大统领，非能一身亲理万几，必分设辅弼机关。辅弼机关非独立宪国分设也，专制国亦有之。惟专制国之辅弼机关，与立宪国之辅弼机关，法律上之地位不同。即专制国大臣之辅弼，与宪法上之必要，君主或俟其辅弼而行政务，或不俟其辅弼而行之，全属一人之任意。立宪国则凡君主国法上之行为，必得大臣辅弼而后有效也。

立宪国之重辅弼机关之地位也，自君主不负责任生也。君主国之君主，神圣不可犯，共和国之大统领，亦有然者。如法兰西是以神圣不可犯之身，而处理政务，又不负政务上之责任，任其独裁，将有蹂躏宪法，毁裂法律，无可为救正之虞。故关于君主大权之执行，必使辅弼机关负其责任，而后生国法上之效力，此为立宪国之特色。

对于君主之行为而负责任者，国务大臣是也。国务大臣，通常为行政各部之一切机关，分任其一部之职务，合之则为国务大臣。其分任一部之事务也，可以自己之意思执行之。其为国务大臣也，则翌赞君主，而行其副责之事。然亦有不必为行政一部之机关，而任命为国务大臣者，谓之无定职大臣。无定职大臣，只任副署之责，不担一部之行政也。亦有为一部之机关，而不得为国务大臣者，如日本之宫内省大臣是。英国则各省长官皆得列于国务大臣。总之，国务大臣者，辅弼君主国务上之行为，而负其责任之机关也。

国务大臣与普通官吏不同之点，即国务大臣以辅弼君主为当然之任务。君主执行政务，或抵牾宪法，违反法律，害全国之公益，国务大臣必为之匡正也。普通下级官吏，对于上级官吏，有绝对服从之义务。上级之官吏之命令，无论违法与否，不得抗拒。国务大臣对于君主之命令，苟认为违法，即可以拒绝副署，此一异也。普通下级官吏，惟绝对服从上级官吏之命令，故因遵行违法命令生之责任，下级官吏不负之，而负于上级官吏。国务大臣对于君主之行为，必合于自己之意思，而后加以副署，既副署而有违法之责任，国务大臣必自负之，此亦一异也。

国务大臣之副署，所以证明其表同情于君主之行为也。副署之形式，即以某项法令之明文载于前，由君主署名钤印，国务大臣再署名于君主之后，既副署而后，法令始有效也，然亦有例外。

（一）军事上之命令

军队之性质，须自由活动，不可拘以法律，故以指挥统率，属于君主之大权。关于此项命令，不待国务大臣副署，各国皆同。

（二）爵位之授与

授有功者以荣典，由君主亲裁，无须副署。

国务大臣副署之责任，非代君主负之，实大臣自负之也。大臣所负普通之责任，与一般官吏人民，并无异点，如官吏黩〔渎〕职，应受惩戒处分。大臣虽无受惩戒处分者，然君主无论何时，皆得行其罢免权，即以代惩戒处分可也。个人有刑事上不法行为，即受刑法上之责任，有民事上之不法行为，即受民法上之责任。一般官吏犹是，国务大臣亦犹是也。

国务大臣特别之责任，可分为二：

（一）宪法上之责任

宪法上之责任者，即以宪法载明大臣有特种之不法行为，而予议会之一院或各院以弹劾之权。大臣被弹劾，付特别政治裁判所，审查处罚之也。大臣宪法上之责任，始于英而行于各国，制度微有不同。有以弹劾权专属于下议院者，有分属两院者。弹劾之范围，有仅属于违反宪法事项者，有兼及于违反法律者，有兼及于损害公益者。弹劾裁判，英属诸上院，各国有仿之者，有设特别裁判所者，有归于通常最高裁判所者。裁判之结果，其处分亦因国而各异，有以通常刑法处分者，有依惩戒处分者，最甚者免职不得再为大臣。总其制度，彼此参差，其认为宪法上之责任则一也。然自近时政治上之责任既发达，宪法上之责任实行者甚少。盖以弹劾裁判，手续繁杂，不如政治上之责任，仅以决议大臣之不信任，奏请大臣之黜免，手段最简而最有力，于目的亦最易达也。英国百年以来，无议会弹劾大臣之事。普鲁士虽以裁判大臣载于宪法，而至今无裁判手续法之规定。日本宪法更不认议会有弹劾权，又无特别审判之政治裁判所。国务大臣，全无特别法律之责任，惟负民法、刑法上之责任而已。

(二)政治上之责任

政治上之责任者,即大臣对于议会之责也,其与任法律上责任之异点,法律上之责任,其制裁由法律上之强制力,政治上之责任,无强力之制裁,惟生事实上之效力而已。盖议会对于君主,不能问其责任,对于一般之官吏,亦不能一一问之。惟于国务大臣行其质问,国务大臣对其质问负答辩之义务。又国务大臣之行为,议会不信任时,得上奏于君主,请其黜免。或质问,或奏请黜免,纯属政治上之问题,即不生法律上之裁判制。惟大臣或因此而辞职,则为事实上之结果。故曰政治上之责任,惟生事实上之效力也。

政治上之责任,最发达者莫如议院内阁制度。议院内阁制者,即以多数下议院之议员组织内阁。其重要者,为政党问题。下议院之议员属于何政党,即内阁大臣属于何政党也。内阁为合议制,议院亦合议制,既同出于一党,则处理政务,所执之方针,必无抵牾之虑。政府提出之议案,议院不至反对之。或有时于重要事项,出于反对,或内阁大臣辞职,或解散议院,二次召集以听舆论。二次议员再为反对,则大臣当然辞职,由反对之政党从新组织内阁。然此多在于议院、内阁不一致时。议院、内阁不一致,处理政务甚难得宜也。

议院内阁制度之发生,由于大臣责任制度之发达,英国大臣责任制度发达最早,故议院内阁制度,实为先导。踵行之者,为法兰西、奥大利、匈牙利、意大利、白耳义、荷兰、西班牙诸国。惟独逸联邦及联邦内之各国、瑞士联邦、北米合众国及合众国内各州,尚未行此制耳。

行议院内阁制度诸国,议院议决不信任大臣,大臣之辞职,非必于法律上负辞职之义务,由事实上之惯习而确定之也。日本初未采议院内阁制,亦以事实上之惯习,有倾向于议院内阁之意焉。

宪法管见

马吉符 撰

整理者按:《宪法管见》,全 1 册,不分卷,民国同益印书局铅印本,线装,宋体字。封面为毛笔隶书"怀宁马吉符撰拟/宪法管见/查介杰署签",页面 24.5cm×15.5cm,版框 17.2cm×11cm,四周双栏,每页 8 行,每行 22 字。黑口,单鱼尾,版口有书题、页码及印局名。全书共 22 页,由序、凡例和正文三部分组成。书中未标记出版时间,从序中"暂假定国体为共和……乃时历四年"判断,出版于 1915 年。现已影印再版,收录于吴海鹰主编《回族典藏全书》"政史类"第 119 册,甘肃文化出版社、宁夏人民出版社 2008 年。

作者马吉符(1876－1919),字竹君,生于安徽怀宁(安庆)马氏家族。马吉符早年肄业于安庆凤鸣书院,后自学,精通英语、日语。15 岁获优附贡生,25 岁时入四川提督马维骐幕府。次年驻藏大臣有泰咨请川省推荐人才入藏襄助,马吉符在马维骐的举荐下入藏,不久便熟练掌握藏语,历任拉里、靖西、后藏同知、亚东、江孜关监督。1908 年赴不丹西部处理外交事务。马吉符入藏十余年间,一面积极建设西藏,一面依据国际法与觊觎西藏的英、俄列强进行外交斗争,为保卫西藏主权完整作出了重要贡献。民国后马吉符任蒙藏局佥事等职。马氏著有《藏牍劫余》和《藏政辑要》等。

《宪法管见》是一部民国初年洪宪帝制前夕私拟的君主制宪法方案。方案共 8 章 72 条。第一章总纲(一至二条);第二章大皇帝(三至十七条);第三章帝国臣民(十八至三十二条);第四章帝国议会(三十三至五十条);第五章行政(五十一至五十五条);第六章司法(五十六至六十条);第七章会计(六十一至七十一条);第八章附则(七十二条)。

《宪法管见》因洪宪帝制闹剧而昙花一现,淹没在历史尘埃中,学界对其研究仅见崔学森《共和国中的君宪方案——民国初年马吉符〈宪法管见〉研究》,载《或问》(日本)第 32 号 2017 年 12 月。该文认为,《宪法管见》以明治宪法为蓝本,对普鲁士宪法有所参照,强调"大皇帝"的绝对权力,具有典型的二元君主制宪法色彩。它是袁世凯复辟帝制运动中的产物,反映了共和制度下残存的帝制思维。从试图收拾民初政治乱象,以法律的形式树立最高统治者政治权威的角度而言,该方案具有一定的合理性。

序

君主民主，本无绝对之美恶，要以适合国度为前提。吾国君主制沿袭五千年，何尝不可臻郅治而登上理。醉心欧化者，不明外界之大势，不悉内国之实情，冒冒然曰共和共和，削足适履，自誉也。而乃以自杀，何其偾也。

辛亥革命，举国靡然从风，顾所以颠覆满洲政府者，为其专制无艺，假立宪以愚民也彰彰甚。厥时因新旧递嬗，顺时势潮流，暂假定国体为共和，以维持现状。然使行之而国利民福，虽好事者，亦断不敢轻议更张。乃时历四年，暴民则四海毒痛，外交则环生险象，兆姓受共和之赐，呼吁无门。长此不变，吾中华古国将随印度、埃及之后，为世界字典上一名词而已，可不惧乎？

当共和建设之初，心窃非之，至今日而始乞灵于君主，已痛苦备尝矣。国体变更，朝野士夫一致主张，行将演为事实。吾人所蕲达最后之目的，强吾国、耀吾族者，厥为立宪问题耳。杨皙子有言：非君主不能立宪，非立宪不能救国。谅哉！

虽然，宪法云云，非剿袭他人成文，即可命为立国良规也。作始不慎，蒙害往往及数十百年。英之宪法，决不适于德。德之宪法，决不适于日。此为治国闻者所公认。何则？一国有一国之国性，一国有一国之国情。国性、国情之间，精神寓焉。曷以求立国之精神？征之历史成迹与人民习惯是也。

蒙不揣梼昧，妄有论列，作《宪法管见》一书。根据吾国固有之精神，考镜各国之成宪，于普、日宪法条文，刺取尤多，意在表著其为吾中国宪法已耳。一得之愚，多所挂漏。无当宏旨，知不免有识之讥，但为法理上之研究，当亦大雅所不禁。为帚之享，为瓴之覆，任之可也。

怀宁马吉符竹君
自识于京师寓次

凡例

一、本书宗旨为法理上之研究，无党见，无私见，一得之愚，以待海内宏达指摘疵谬。

一、国体解决后，宪法或由钦定，或由钦派起草，交院议决，均非草野匹夫所敢妄拟。然为法理上之研究，亦属著作之自由。

一、国号国徽，均应钦定。本书成于国体未定以前，故于帝国之上，用两○○，以示不敢僭越。

一、各项法定机关名称，将来或改或否，均应由法律规定。本书仍沿用现有名词，以醒阅者之目。

一、著者学识谫陋，仓卒成篇，挂漏之处，在所不免。海内博雅，尚祈教之。

第一章　总纲

第一条　○○帝国以万世不易之大皇帝统治之。

第二条　○○帝国领土为二十二行省、内外蒙古、西藏、青海、回部。

第二章　大皇帝

第三条　大皇帝为帝国之元首，依据宪法，总揽统治权。

第四条　大皇帝神圣不可侵犯。

第五条　皇位继承，依皇室典章所定之皇嗣继承之。倘未成年或遇其他必要时，得置摄政。

第六条　大皇帝召集帝国议会，凡开会、闭会、停会及解散立法院，均以敕令行之。但解散立法院须得参政院之同意，并于六个月内另行召集之。

第七条　大皇帝对于议会法律案，有提案交议及裁可公布权。

第八条　大皇帝为维持公安或防御非常灾害,视为紧急必要,于帝国议会闭会时,得发布代法律之敕令。但此敕令须于下次会期提交追认。

第九条　大皇帝为保持公安增进臣民幸福,得发布命令,或使官府发布之。但不得以命令变更法律。

第十条　大皇帝制定官制、官规及任免文武职官。

第十一条　大皇帝统帅全国陆海军及定陆海军之编制与兵额。

第十二条　大皇帝可宣战媾和及缔结各项条约。

第十三条　大皇帝依法律敕告戒严。

第十四条　大皇帝颁给爵位、勋章,并其他荣典。

第十五条　大皇帝敕行大赦、特赦、减刑复权。

第十六条　大皇帝制定皇室典章,不须帝国议会参议。但皇室典章不得与宪法抵触。

第十七条　皇室经费由国库支出。

第三章　帝国臣民

第十八条　○○帝国臣民无种族、宗教之区别。

第十九条　帝国臣民之身体,非依法律不得逮捕、拘禁、审问、处罚。

第二十条　帝国臣民之家宅,非依法律不得侵入或搜索。

第二十一条　帝国臣民于法律范围内,有保有财产及居住营业之自由。

第二十二条　帝国臣民于法律范围内,有言论、著作、刊行及集会、结社之自由。

第二十三条　帝国臣民于法律范围内,有书信秘密之自由。

第二十四条　帝国臣民于法律范围内,有信教之自由。

第二十五条　帝国臣民依法律所定,有请愿于议会之权。

第二十六条　帝国臣民依法律所定,有诉讼于法院之权。

第二十七条　帝国臣民依法律所定,有诉愿于行政官署及陈诉于平政院之权。

第二十八条　帝国臣民依法律所定,有选举及被选举之权。

第二十九条　帝国臣民依法令所定,有应考试及为文武官吏与其他公务之权。

第三十条　帝国臣民依法律所定,有纳税之义务。

第三十一条　帝国臣民依法律所定,有服兵役之义务。

第三十二条　本章之规定,与陆海军法令及纪律不相抵触者,军人适用之。

第四章　帝国议会

第三十三条　大皇帝以议会之协赞行立法权。

第三十四条　帝国议会以参政院、立法院组织之。

第三十五条　参政院议员以皇族、贵族、硕学鸿儒、富商大贾敕任之。

第三十六条　立法院议员以有法定资格之臣民选充之。两议院组织法及选举法,别以法律定之。

第三十七条　无论何人,不得同时为两院议员。

第三十八条　两议院各得上奏于大皇帝。

第三十九条　各项法律案,无论由政府提出由两院提出,须经议会协赞,奏请大皇帝裁可公布,方生效力。

第四十条　立法院议决之法律案,大皇帝如不裁可,得交复议。倘立法院议员三分二以上仍执前议,而大皇帝认为于内治外交有重大危害或执行有重大障碍时,经参政院之同意,得不公布之。

第四十一条　两议院于法律及其他事件,得建议于大皇帝。但不被采纳者,同一会期中不得再行建议。

第四十二条　帝国议会每年召集之,会期以四个月为限。若遇必要时,得以敕令延长会期,并得于闭会期内召集临时会。其临时会召集期以敕令定之。

第四十三条　帝国议会开会、闭会及延长会期或停会,须两院同时行之。遇立法院解散时,参政院应同时停会。俟新选议员召集,再行开会。

第四十四条　两议院议员于院内言论及表决,对于院外不负责任。

第四十五条　两议院议员除现行犯及关于内乱外患之犯罪外,会期中非经两议院之许可,不得逮捕。

第四十六条　两议院得受臣民呈出之请愿书。

第四十七条　两议院所议之案，其表决以出席议员过半数之同意行之。可否同数时，取决于议长。

第四十八条　两议院之会议须公开之。但依政府之要求或议会之决议，得秘密之。

第四十九条　两议院内部各项规则得自定之。

第五十条　立法院议长、副议长由议员互选，以得票过投票总数之半者为当选，由院奏请特任。

第五章　行政

第五十一条　行政以大皇帝特任之国务卿赞襄之。凡法律敕令及关于国务之诏旨，须国务卿副署负责。

第五十二条　行政事务，置外交、内务、财政、陆海军、司法、教育、农商、交通各部分掌之。

第五十三条　各部大臣依法律命令，执行主管各部行政事务。

第五十四条　国务卿各部大臣有违法行为，受肃政厅之弹劾及平政院之审理。

第五十五条　国务卿各部大臣或政府委员，均得到两议院出席发言。

第六章　司法

第五十六条　司法以大皇帝任命之法官组织法院行之。

法院编制法及法官之资格以法令定之。

第五十七条　法院依法令所定审判民事诉讼、刑事诉讼。但重要案件须奏请大皇帝决定。

第五十八条　行政诉讼及特别诉讼，别以法令定之。

第五十九条　法院之审判须公开之。但认为有害安宁秩序及风俗善良者，得秘密之。

第六十条　法官非依法律受刑法之宣告或应惩戒处分外，不得免其职。

第七章　会计

第六十一条　新课租税及变更税率，以法律定之。

第六十二条　现行租税未经法律变更者，仍旧征收。

第六十三条　关于公债之募集及国库负担之条件，须经议会协赞或追认。

第六十四条　国家岁出岁入，应以每年度豫算，经议会协赞者行之。

第六十五条　超过豫算之款项或于豫算外另有支出时，须提交议会追认。

第六十六条　因特别事件，得于豫算预定年限，设继续费。

第六十七条　为备豫算不足或于豫算外支出，得于豫算内设豫备费。

第六十八条　左列事件非经大皇帝之俞允，不得废除或裁减之：

一、法律上属于国家义务者；

二、法律之规定所必需者；

三、履行条约所定必需者；

四、陆海军编制所必需者。

第六十九条　为国际战争或戡定内乱及其他非常事变，不能召集立法院时，大皇帝经参政院之同意得为财政紧急处分。但须于下期立法院开会之始提出追认。

第七十条　豫算不能成立，执行前年度豫算。会计年度既开始，豫算尚未议定者，亦同。

第七十一条　国家岁出岁入之决算，每年经审计院审定后，应由政府报告于议会。

审计院之编制及职权，以法令定之。

第八章　附则

第七十二条　本宪法将来如经大皇帝提议，或立法院议员三分之二以上之提议增修，经议会议员五分之四以上之出席，出席议员四分之三以上之可决时，得奏请大皇帝召集国民议会增修之。